Nicholas Epley
Machen wir uns nichts vor!

W0192014

NICHOLAS EPLEY

Machen wir uns nichts vor!

Wie wir erkennen, was andere
wirklich denken

Aus dem Amerikanischen
von Stephan Gebauer

Ullstein

Die Originalausgabe erschien 2014
unter dem Titel *Mindwise*
bei Alfred A. Knopf, New York.

ISBN: 978-3-550-08063-0

© 2014
© der deutschsprachigen Ausgabe
2014 by Ullstein Buchverlage GmbH, Berlin
Lektorat: Julia Kühn
Gesetzt aus der Melior
Satz: Pinkuin Satz und Datentechnik, Berlin
Druck und Bindearbeiten: CPI books GmbH, Leck
Printed in Germany

Für Jen, deren Gedanken und Empfindungen
zu kennen mein größtes Glück ist.

Inhalt

Vorwort

Unser wirklicher sechster Sinn

> Die einzig wahre Entdeckungsreise, die zur
> Quelle der ewigen Jugend führte, bestünde nicht
> darin, fremde Länder zu besuchen, sondern die
> Augen eines anderen Menschen zu besitzen, das
> Universum mit den Augen eines anderen zu be-
> trachten.
>
> *Marcel Proust (1922)*

Im Frühjahr 2011 fuhren meine Frau Jen und ich in einem
überladenen Kleinbus durch Addis Abeba. Wir kamen aus
einem Gericht, wo uns eine Richterin das Sorgerecht für
äthiopische Zwillinge zugestanden hatte, die von nun an
unser Sohn und unsere Tochter sein sollten. Nachdem wir
unzählige bürokratische Hindernisse überwunden und
Monate auf unsere Adoptivkinder gewartet hatten, ging
schließlich alles ganz schnell. »Es sind jetzt Ihre Kinder«,
sagte die Richterin.

Nun saßen wir auf einer schmerzhaft unbequemen Sitz-
bank in dem Kleinbus, der vor dem mit Klingendraht be-
wehrten Tor des Adoptionszentrums hielt, in dem unsere
Kinder lebten. Der Fahrer hupte und wartete darauf, dass
sich das Tor öffnete. Ich hatte einen Knoten im Magen. Ich
klammerte mich an Jens Hand wie ein Ertrinkender sich an
einen Felsen. Auf der anderen Seite des Tors wartete der
leibliche Vater unserer Adoptivkinder auf uns.

Er lebte in einer Lehmhütte auf dem Land und war mehr

als einen halben Tag zu Fuß und in rostigen Bussen gereist, um am Morgen an der Gerichtsverhandlung teilzunehmen und gegenüber der Richterin zu bestätigen, dass er nicht mehr für seine Kinder sorgen konnte, nachdem seine Frau an einer Krankheit gestorben war. Die beiden unterernährten Kinder befanden sich nur auf dem zweiten Prozentrang der Wachstumstabellen der Weltgesundheitsorganisation, womit sie eigentlich als nicht lebensfähig bezeichnet werden mussten. Sie hatten ein furchtbares Leben in tiefster Armut geführt.

Als der Wagen anhielt, schoss mir eine Vielzahl von Gedanken durch den Kopf: Was wird er von uns halten? Wird ihn die Begegnung mit uns erfreuen oder bedrücken? Will er uns kennenlernen, oder ist er zu der Begegnung gezwungen worden? Fühlt er Reue oder Erleichterung, Schmerz oder Hoffnung – oder eine komplexe Mischung all dieser Gefühle? Gibt es ein furchtbares Geheimnis, das er uns vorenthält? Wie fühlt sich ein Mensch, der sich entschlossen hat, seine eigenen Kinder in ein Waisenhaus zu bringen und wegzugeben?

Wir hatten bereits zwei eigene Kinder, die damals fünf und zehn Jahre alt waren. Ich wusste, was es bedeutet, Vater zu sein. Ich wusste, wie es ist, ein Kind in den Schlaf zu wiegen, wie es sich anfühlt, wenn es das erste Mal »Ich hab dich lieb« sagt, wie stolz man ist, wenn es einen Homerun in der Little League schafft. Ich wusste, wie sich die Gewissheit anfühlt, dass man notfalls das eigene Leben opfern wird, um das seines Kindes zu retten. Aber ich konnte mir nicht vorstellen, wie verzweifelt ich sein müsste, um meine Kinder an der Hand zu nehmen und in ein Waisenhaus zu bringen. Ich wollte diesen Mann wirklich verstehen, ich wollte die Welt mit seinen Augen sehen, um unseren Kindern eines Tages erklären zu können, was er getan hatte. Aber er war ein unergründliches Geheimnis für mich. Ich konnte mir nicht vorstellen, wie es wäre, in seiner Haut zu stecken.

Wir stiegen aus dem Wagen und gingen ins Büro, wo zwei nervös wirkende Männer auf abgenutzten Stühlen saßen. Sie trugen abgewetzte Jeans und schlaff herabhängende Anzugsakkos über schmutzigen T-Shirts. Einer der beiden hob den Blick und sah mich an. Fast im selben Moment liefen ihm Tränen über die Wangen. Der Anblick dieses harten, tränenüberströmten Bauerngesichts überraschte mich. Der Mann stand auf, kam auf mich zu und legte seine Arme um mich. Wir hielten uns mehrere Minuten lang beinahe verzweifelt umklammert und weinten. Es fühlte sich an wie die längste Umarmung meines Lebens. Er ließ mich einfach nicht mehr los.

Diese Umarmung verriet mir viel über sein Leben, über die Vergangenheit unserer Adoptivkinder und die Hoffnungen ihres Vaters für ihre Zukunft, darüber, was das hier für ihn bedeutete, und über seine tiefsten Gefühle beim Gedanken an seinen Verlust. In dieser Umarmung verbarg sich das Wesen des Mannes, den ich so gerne verstehen wollte und der mir körperlich so nahe war, ohne dass sein Empfinden je erreichbar für mich sein würde.

Wir Gedankenleser

An jenem Morgen wurde mir bewusst, wie schwierig es ist, die Welt mit den Augen eines anderen Menschen zu sehen und wirklich zu verstehen, was in ihm vorgeht. Die Begegnung mit dem leiblichen Vater unserer Adoptivkinder ist ein Anschauungsbeispiel für etwas, das ich in den vergangenen zwei Jahrzehnten in meiner psychologischen Forschungsarbeit gelernt habe. Aber die Schwierigkeit, andere

Menschen zu verstehen, ist nicht auf Fremde beschränkt. Genauso schwer fällt es uns, die Welt mit den Augen unserer Freunde und Familienangehörigen, unserer Arbeitskollegen und Nachbarn zu sehen. Sogar unsere Ehepartner sind geheimnisvoller für uns, als wir meinen würden. Die großartigste Fähigkeit des menschlichen Gehirns besteht vermutlich darin, die Gedanken und Gefühle anderer Menschen nachzuvollziehen, um ihr Verhalten besser zu verstehen. In diesem Buch werde ich Ihnen verraten, was die Forscher über dieses Vermögen herausgefunden haben, also darüber, wie es funktioniert und zu welchen vorhersehbaren Missverständnissen und Konflikten es führt. Anschließend werde ich Methoden beschreiben, mit denen man zuverlässiger ermitteln kann, was in anderen Menschen vorgeht.

Ich werde Ihnen etwas über das Gedankenlesen verraten. Allerdings nicht über das, was wir normalerweise unter Gedankenlesen verstehen. Ich werde nicht über Zaubertricks sprechen, mit denen Sie bei der nächsten Party Ihre Freunde verblüffen können. Und ich werde nicht über Telepathie, Hellseherei oder andere übersinnliche Fähigkeiten sprechen, mit denen man angeblich eine Verbindung zum Geist anderer Menschen herstellen kann. Stattdessen werde ich Ihnen etwas über die Art von Gedankenlesen erzählen, die wir Tag für Tag Dutzende Male intuitiv praktizieren, wenn wir auf das schließen, was andere denken, fühlen, wollen oder beabsichtigen. Gemeint ist das Gedankenlesen, das es uns erlaubt, enge Beziehungen zu anderen Menschen zu unterhalten, Beziehungen, die das Leben lebenswert machen. Gemeint ist das Gedankenlesen, das es uns ermöglicht, anderen ein vorteilhaftes Bild von uns zu vermitteln. Gemeint ist das Gedankenlesen, das uns in die Lage versetzt, mit anderen zusammenzuarbeiten oder unsere Konkurrenten richtig einzuschätzen und zu überflügeln. Gemeint ist das Gedankenlesen, ohne das große Gemeinschaften nicht funktionieren könnten, weil es die Grundlage aller sozialen Interaktionen ist und sich zu einem Netz von Annahmen und Vermutungen verdichtet. Diese Art des Gedankenlesens ist unser *wirklicher* sechster Sinn.

Wie alle anderen Sinne kann auch dieser seine augenscheinlichen Grenzen sprengen, wie an jenem Tag, als Jen und ich den leiblichen Vater unserer Adoptivkinder kennenlernten. Wenn Menschen ganz andere Erfahrungen gemacht haben als wir, wenn ihre Kultur der unsrigen fremd ist oder wenn wir nichts über ihre Lebensgeschichte wissen, versagt unser sechster Sinn. Aber die meisten von uns machen derart demütigende Erfahrungen relativ selten. Zumeist gelingt es uns so rasch und einfach, uns in andere Menschen hineinzuversetzen, dass uns kaum bewusst wird, wie wir uns dieses sechsten Sinnes bedienen. Dabei kommen wir nicht auf die Idee, dass unsere Annahmen darüber, was im Kopf des anderen vorgeht, falsch sein könnten.

Unser sechster Sinn läuft fast die ganze Zeit auf Hochtouren. Wir nutzen ihn ab dem Moment, in dem wir morgens aufstehen und uns anziehen, um einen bestimmten Eindruck auf unsere Mitmenschen zu machen, bis zu dem Augenblick am Ende des Tages, in dem wir uns ins Bett legen und uns fragen, ob andere Menschen uns intelligent und vertrauenswürdig finden oder ob sie uns wirklich lieben. Am Arbeitsplatz erkennen wir ohne Schwierigkeiten, wenn unsere Untergebenen ihre Aufgaben nicht richtig verstehen, während wir sicher sind, dass unser Vorgesetzter uns für brillant hält. Wir spüren, dass der Kollege, der sich krankgemeldet hat, die Unwahrheit sagt, aber wir sind überzeugt, dass unsere Kunden aufrichtig sind, wenn sie unsere ausgezeichnete Arbeit loben. Wenn wir auf dem Heimweg aus dem Büro den Obdachlosen bemerken, der unweit unserer Wohnung in einem Hauseingang hockt, *fühlen* wir für einen Augenblick, wie entwürdigend es ist, barfuß auf kal-

13

tem Zement schlafen zu müssen, und werfen ihm ein wenig Kleingeld hin. Daran ist nichts Magisches oder Geheimnisvolles. Unser alltägliches Verhalten hängt davon ab, was andere Menschen unserer Meinung nach denken, glauben, fühlen und wollen. Hier ist unser wirklicher sechster Sinn am Werk: *Wir sind Gedankenleser.*

Es ist leicht zu verstehen, warum das so ist. Sie und ich gehören einer der sozialsten Spezies auf dieser Erde an. Kein menschliches Wesen kann allein Erfolg im Leben haben. Um mit anderen Menschen auszukommen und uns im Wettbewerb mit ihnen behaupten zu können, müssen wir unser Verhalten mit ihnen koordinieren, sei es in der Zusammenarbeit als Freunde, Eheleute, Teammitglieder und Kollegen oder im Wettbewerb als Gegner oder Rivalen. Liebt sie mich wirklich? Ist er aufrichtig, oder lügt er? Wie kann ich dafür sorgen, dass meine Angestellten zufrieden sind? Was wollen meine Kinder, Freunde, Kunden oder Konkurrenten wirklich? Die Fähigkeit, sich in die Lage anderer Menschen zu versetzen, ist eine Voraussetzung für den gesellschaftlichen Erfolg, denn sie ermöglicht es uns, vorwegzunehmen, was andere Menschen wollen, bevor sie ihre Entscheidung fällen, und den nächsten Schritt eines Widersachers zu kennen, bevor er handelt. Wenn es richtig funktioniert, können Menschen wunderbar miteinander harmonieren. Der prominente Koch Anthony Bourdain beschreibt die Beziehung zwischen ihm und seinem Sous-Chef: »In unserer gemeinsamen Glanzzeit [...] sah ich hinüber zu Steven, der auf der anderen Seite des Raums stand, hob eine Augenbraue, machte vielleicht eine kaum wahrnehmbare Bewegung mit dem Kinn, und die *Sache* – was immer die *Sache* gerade war – funktionierte.«[1]

Da soziales Verständnis nützlich ist, sind Sie und ich und fast jedes menschliche Wesen auf dem Planeten mittlerweile so geübt darin, die Gedanken anderer Menschen zu lesen, dass unser sechster Sinn fast nicht mehr erkennbar ist. Wie der Philosoph Jerry Fodor geschrieben hat: »Das ganz normale psychologische Einfühlungsvermögen funktioniert so gut, dass es verschwindet.« Nur gelegentlich, wenn es über das normale Maß hinausgeht oder zu vollkommen falschen Ergebnissen führt, wird uns bewusst, dass es existiert.

Wo unser sechster Sinn versagt

Ich möchte das, was ich für die größte Fähigkeit des menschlichen Gehirns halte, aus dem Schatten hervorholen und wissenschaftlich beleuchten. So wie Tausende andere Psychologen an Forschungseinrichtungen in aller Welt bediene ich mich grundlegender wissenschaftlicher Prinzipien, um zu verstehen, warum wir auf eine bestimmte Art denken, handeln und fühlen. Genauer gesagt, führe ich Experimente durch, um den sechsten Sinn von Menschen zu testen und auf diese Art herauszufinden, wie diese Menschen die Gedanken, Beweggründe, Einstellungen, Überzeugungen und Emotionen anderer einzuschätzen versuchen und wie gut ihnen das gelingt. Dieser sechste Sinn zählt zu den bedeutendsten Fähigkeiten unseres Gehirns, versetzt er uns doch in die Lage, eines der wichtigsten Ziele in unserem Leben zu erreichen: enge und offene Beziehungen zu anderen menschlichen Wesen herzustellen. Dank unserer Fähigkeit zum Gedankenlesen können wir uns mit denen zusammentun, die unser Vertrauen verdienen, und jene meiden, die es nicht wert sind. Dank dieser Fähigkeit können wir uns ein Bild davon machen, was andere von uns halten, und dafür sorgen, dass die Menschen in unserer Umgebung uns als kompetente und verlässliche Personen einschätzen, die ihre Freundschaft verdienen. Und in ihrer vollkommensten Form ermöglicht die Fähigkeit zum Gedankenlesen das Verständnis zwischen Freunden und Lebensgefährten, das Verzeihen zwischen Feinden, das Mitgefühl zwischen Fremden, eine einvernehmliche Zusammenarbeit in Unternehmen und internationalen Kooperationen. Ohne diese Fähigkeit ist eine solidarische und arbeitsteilige Gesellschaft kaum vorstellbar.

Aber selbst unsere größten Fähigkeiten sind alles andere als vollkommen. Es ist ähnlich wie beim Sehvermögen: Die meisten Leute haben normale Augen, müssen jedoch eine Brille oder Kontaktlinsen tragen, um richtig scharf zu sehen. Genauso erzeugt unsere Fähigkeit, das Denken anderer Menschen einzuschätzen, ein soziales Verständnis, das für das Zusammenleben genügt, aber auch anfällig für systematische Fehler ist. Meine Experimente in den vergangenen zwei Jahrzehnten und die Forschungsarbeiten vieler anderer Wissenschaftler haben gezeigt, dass unser sechster Sinn oft gut funktioniert. Aber es hat sich auch herausgestellt, dass er nicht annähernd so gut funktioniert, wie man meinen könnte. In einer Situation, wie ich sie in Äthiopien erlebte, fällt es uns nicht schwer, unsere Grenzen zu erkennen. Aber in Wahrheit wissen Sie über das, was Ihre Familienangehörigen, Freunde, Nachbarn, Kollegen, Konkurrenten und Mitbürger denken, vermutlich sehr viel weniger, als Sie annehmen. Mit diesem Problem werde ich mich in Kapitel 1 befassen. Tatsächlich verstehen wir selbst unseren eigenen Verstand, den wir eigentlich am besten kennen sollten, oft nicht richtig. In Kapitel 2 beschreibe ich, was wir über uns selbst in Erfahrung bringen können – und was nicht. Dass wir niemandes Gedanken oder Gefühle perfekt lesen können, bedeutet natürlich nicht, dass wir nie ins Schwarze treffen, aber unsere Irrtümer sind besonders interessant, weil sie die wichtigste Ursache für die Zerstörung unserer Beziehungen, unserer Karrieren und unseres

Lebens sind und unnötige Konflikte und Missverständnisse nach sich ziehen. Sie verhindern wirksame Lösungen für einige der größten Probleme der Gesellschaft und führen zu unnötigen Kriegen mit furchtbaren Konsequenzen.

Zum Glück können wir es besser machen. Die Fehler, die wir begehen, wenn wir zu verstehen versuchen, was sich im Kopf anderer Menschen abspielt, sind vorhersehbar – also können wir sie korrigieren. Sie entspringen den Fragen, die jeder gesellschaftlichen Interaktion zugrunde liegen. Erstens: Hat »das andere« einen Verstand? Und zweitens: In welchem Zustand befindet sich dieser Verstand?

Die erste Frage beantworten wir falsch, wenn wir es versäumen, unsere Fähigkeit zum Gedankenlesen dort einzusetzen, wo es erforderlich wäre. Mit der Folge, dass wir den Verstand eines anderen Menschen nicht wahrnehmen, womit wir Gefahr laufen, diese Person wie ein relativ geistloses Tier oder ein Objekt zu behandeln. Dieser Fehler führt zur Entmenschlichung. Aber wir können auch in die falsche Richtung gehen, wenn wir unsere Fähigkeit zum Gedankenlesen dort einsetzen, wo wir es nicht tun sollten, und damit etwas, das in Wahrheit geistlos ist, einen Verstand zusprechen. Dieser Fehler führt zum Anthropomorphismus. Mit diesen Fragen befasse ich mich in den Kapiteln 3 und 4.

Sobald wir versuchen, uns in einen Menschen hineinzuversetzen, laufen wir Gefahr, die zweite Frage nach seinem Bewusstseinszustand falsch zu beantworten, weil wir seine Gedanken, Überzeugungen, Einstellungen oder Emotionen falsch verstehen und ihn nicht richtig einschätzen. Die meisten unserer Fehler bei der Beantwortung dieser Frage haben ihre Ursache in übermäßiger Egozentrik, im Vertrauen auf Stereotype und in der übereilten Annahme, das Denken eines Menschen entspreche seinen Handlungen. Aufgrund dieser Fehler, mit denen ich mich in den Kapiteln 5, 6 und 7 beschäftigen werde, halten wir das Denken anderer Menschen für eindimensionaler, als es tatsächlich ist. Das Wissen um diese Irrtümer kann uns natürlich helfen, sie zu vermeiden, aber die vielleicht beste Methode, ihnen vorzubeugen, besteht darin, sich auf einen gänzlich anderen Sinn zu verlassen. Dies ist das Thema von Kapitel 8.

Ein Optiker kann Ihnen erklären, wie Sie mit Ihren Augen die sichtbare Welt wahrnehmen. Daher weiß er auch, wie man Fehlfunktionen des Auges, die Sie daran hindern, Ihre Umwelt richtig zu sehen, korrigieren kann. Als Psychologe möchte ich Ihnen erklären, wie Ihr Gehirn einen sechsten Sinn erzeugt, der Sie in die Lage versetzt, zu »sehen«, was sich im Geist anderer Menschen abspielt. Doch ich habe ein noch wichtigeres Ziel: Ich werde Ihnen jene vorhersehbaren Fehlfunktionen Ihres Verstands erklären, die Sie davon abhalten, andere Menschen so gut zu verstehen, wie Sie könnten. Ich möchte Ihnen helfen, Ihr psychologisches Sehvermögen zu verbessern.

Beeindruckend – und verbesserungsfähig

Bevor wir uns einer genauen Beschreibung der Mängel unseres sechsten Sinns zuwenden, sollten wir uns einen Augenblick Zeit nehmen, um uns bewusst zu machen, was für ein Wunder seine Existenz ist. Schließlich ist der Verstand anderer Menschen vollkommen unsichtbar. Wir haben nie eine *Überzeugung* gesehen, eine *Einstellung* gerochen oder ein *Gefühl* berührt. Noch nie ist eine *Absicht* auf dem Bürgersteig an uns vorbeigegangen. Ein *Bedürfnis* kann man nicht wiegen. Der menschliche Geist kann nicht wie Atome im Elektronenmikroskop beobachtet werden; man kann nur auf sein Vorhandensein schließen. Er existiert lediglich als

Theorie, deren wir uns bedienen, um uns unser eigenes Verhalten und das anderer Menschen zu erklären. Wenn ein Freund einen Apfel statt einer Orange nimmt, beruht diese Wahl auf einer nicht nachvollziehbaren Folge von elektrischen Impulsen, freigesetzten Neurotransmittern und Dendritenverbindungen. Niemand erklärt das Verhalten anderer Menschen, indem er die Vorgänge im Nervensystem beschreibt, denn unsere Intuition liefert uns eine sehr viel einfachere Begründung: Unser Freund *wollte* einen Apfel. Doch im Gegensatz zu dem Apfel in seiner Hand haben wir den *Wunsch* unseres Freundes nicht gesehen. Stattdessen haben wir uns auf die Theorie gestützt, dass Entscheidungen auf nicht beobachteten Vorlieben beruhen, und auf die Existenz seines *Wunsches* geschlossen. Wie jede gute Theorie eignet sich unsere intuitive Theorie über die Funktionsweise des Verstands sowohl zur Erklärung als auch zur Voraussage des Verhaltens und ist in der Praxis sehr nützlich, selbst wenn ihre Grundlagen bloße Annahmen sind.

Aber wie wunderbar praktisch diese Theorie ist! Die Menschen erklären und verstehen einander seit Jahrtausenden, ohne jemals auf ein Neuron Bezug zu nehmen, einfach, indem sie ihren sechsten Sinn benutzen. Es existiert eine so enge Korrelation zwischen den mentalen Konzepten – Einstellungen, Überzeugungen, Absichten, Vorlieben – und den tatsächlichen Vorgängen im Gehirn, dass wir unsere Theorie über den Verstand anderer Menschen anwenden können, um ihr Verhalten vorauszusagen. Die meisten Bürger mit konservativer Einstellung werden eine konservative Partei wählen. Menschen mit eigennützigen Interessen werden im Allgemeinen weniger großzügig sein als Menschen mit großherzigen Absichten. Und Personen, die erklären, mich zu hassen, werden mir eher Schaden zufügen als andere. Um das zu wissen, brauchen wir keine neurobiologischen Kenntnisse.

Offenbar ist unsere Fähigkeit, uns ein Bild von den Vorgängen im Kopf eines anderen Menschen zu machen, genau das, was unsere Spezies außergewöhnlich intelligent macht. Da sie in großen Gruppen zusammenleben, *müssen* die Menschen imstande sein zu verstehen, was andere Menschen denken, glauben, empfinden und wollen, denn nur auf diese Weise können sie miteinander auskommen oder Erfolg haben. Die physiologische Voraussetzung für eine solche Verstandesleistung sind Hirnzellen, und das ist der Grund dafür, dass die Größe der Großhirnrinde – jenes Teils des Gehirns, der dafür zuständig ist, über das Gehirn anderer Angehöriger der Spezies nachzudenken – in direktem Verhältnis zur Größe der sozialen Gruppe steht, in der die Spezies lebt.[2] Je größer die soziale Gruppe, desto größer muss der Cortex (in Relation zur Gesamtgröße des Gehirns) sein, damit das Zusammenleben in dieser Gruppe gut funktionieren kann. Tatsächlich scheint die Großhirnrinde bei Affen zu wachsen, wenn sie in größeren Horden zusammenleben, was vermutlich daran liegt, dass mit den sozialen auch die neuronalen Anforderungen steigen.[3] Der Mensch ist der Primat, der in den größten Gruppen lebt – was erklärt, warum Ihre Hutnummer dreimal so groß ist wie die eines Schimpansen.

Der soziale Vorteil unserer Spezies wird schon sehr früh im Leben sichtbar. In einem besonders ehrgeizigen Experiment verglichen Forscher die intellektuellen Fähigkeiten von 105 zweijährigen Kindern mit denen von 106 ausgewachsenen Schimpansen, wobei sie Tests mit dinglichen und sozialen Objekten durchführten.[4] In den Tests, in denen dingliche Objekte verwendet wurden, ging es darum, Nahrung aufzuspüren, die versteckt oder an eine andere Stelle gebracht worden war, Werkzeuge richtig auszuwählen und einzusetzen, um an ansonsten unerreichbare Nahrung heranzukommen, und anhand von akustischen

Hinweisen (etwa dem Geräusch beim Öffnen einer Tüte Snacks) eine versteckte Belohnung zu finden. In den Tests, in denen soziale Objekte verwendet wurden, waren andere geistige Fähigkeiten gefragt. Hier galt es, ein Problem richtig zu lösen, nachdem der Versuchsleiter die Lösung vorgeführt hatte, den Blick des Versuchsleiters als Hinweis auf eine Fundstelle von Nahrung zu deuten (wofür man verstehen muss, dass der Blick einer Person etwas darüber sagt, was sie denkt) und den vergeblichen Versuch einer Person, einen Kanister zu öffnen, als Hinweis darauf zu werten, dass sich darin Nahrung befand.

Die Ergebnisse waren eindeutig, und sie waren bedeutsam: In den Tests mit den dinglichen Objekten lagen Kleinkinder und Schimpansen Kopf an Kopf: Sowohl die Kinder als auch die Primaten lösten 68 Prozent der Aufgaben richtig. Aber in den sozialen Tests, in denen andere intellektuelle Fähigkeiten verlangt waren, hatten die Schimpansen keine Chance gegen die Kinder: Die Affen lösten 36 Prozent der Aufgaben richtig, die Kinder 74 Prozent. Unsere Spezies hat die Welt erobert, weil wir imstande sind, die Gedanken unserer Artgenossen zu lesen, nicht weil wir opponierbare Daumen haben oder Werkzeuge verwenden können.

Tatsächlich ist diese Fähigkeit die Grundlage für jedes auf Kooperation beruhende Sozialleben. Menschen, die sich besonders gut in andere einfühlen können, unterhalten engere Freundschaften, führen bessere Ehen und sind im Allgemeinen zufriedener mit ihrem Leben. Führungskräfte sind erfolgreicher, wenn sie ein Gespür dafür haben, ob ihre Untergebenen ihre Anweisungen nachvollziehen können. Manager können ihre Mitarbeiter motivieren, wenn sie einen Sinn dafür haben, was diese wollen und brauchen. Verkäufer schließen mehr Geschäfte ab, wenn sie imstande sind, sich eine annähernd zutreffende Vorstellung davon zu machen, was ihre Kunden wünschen, so dass sie ihr

Angebot entsprechend anpassen können. Die meisten von uns vermeiden Schlägereien und Situationen, in denen sie sich lächerlich machen können, weil sie ein einigermaßen zutreffendes Bild davon haben, was andere denken und fühlen, und folglich recht gut mit ihren Mitmenschen auskommen. Die Fähigkeit, andere richtig zu verstehen, ist unerlässlich, um ein harmonisches und erfolgreiches Leben zu führen.

* * *

Daher sollten Sie Ihrem Verstand eine helfende Hand reichen! In einer Welt mit einer Bevölkerung von sieben Milliarden Menschen, in der sowohl unser Glück als auch unser Wohlergehen von unseren Beziehungen zu anderen abhängen, gibt es kaum eine nützlichere Fähigkeit als die, sich in andere Menschen hineinversetzen zu können. Und das Schöne ist, dass unser Gehirn perfekt dafür gerüstet ist.

Doch so beeindruckend und nützlich unser sechster Sinn auch sein mag: Dass man eine Fähigkeit besitzt, bedeutet noch lange nicht, dass man sie auch richtig einsetzen kann. Auf dem wissenschaftlichen Prüfstand stellt sich heraus, dass wir andere nicht annähernd so gut einschätzen, wie wir glauben. Unsere Fehler machen uns nicht zu sozialen Idioten, und trotz unserer Irrtümer können wir alle in unseren Beziehungen jene Art von wortlosem Verständnis entwickeln, das Anthony Bourdain und seinen Stellvertreter verband. Aber unsere Fehler führen uns vor Augen, dass wir Übung, Arbeit und einige gutdurchdachte Strategien brauchen, um soziale Klugheit zu entwickeln.

Wer andere Menschen besser verstehen möchte, muss vor allem herausfinden, in welchen Bereichen seine Fähigkeit zum Gedankenlesen unvollkommen ist, damit er daran arbeiten kann. Ich werde unsere Mängel eingehend beschreiben, aber das sollte Sie nicht dazu verleiten, das beeindruckende Einfühlungsvermögen, das Sie bereits besitzen, aus den Augen zu verlieren oder die Hoffnung auf Verbesserungen aufzugeben. Als das Marist Institute for Public Opinion 1020 Amerikaner fragte, welche übermenschliche Fähigkeit sie am liebsten besitzen würden, nannten die Befragten die folgenden zwei Dinge am häufigsten: Sie wollten durch die Zeit reisen und die Gedanken anderer Menschen lesen können.[5] Komischerweise ist das Gedankenlesen im Gegensatz zum Zeitreisen etwas, das wir schon beherrschen. Und diese Fähigkeit können wir klüger einsetzen, um sie noch wirkungsvoller zu machen.

Aber bevor wir uns den Verbesserungen zuwenden, müssen wir uns die Mängel unseres Verstands genauer ansehen. Denn manchmal ist die Lücke zwischen dem, was wir über andere Menschen zu wissen glauben, und dem, was wir tatsächlich über sie wissen, erschreckend groß.

TEIL 1

Wie wir die Gedanken anderer (miss-)deuten

Das größte Problem ist, dass wir unser Verständnis des Verstands anderer Menschen und sogar unseres eigenen Verstands überschätzen.

1

Warum wir unserem sechsten Sinn zu sehr vertrauen

> Viele Führungspersönlichkeiten kommen hierher, um mich zu besuchen. Ich denke, dass es wichtig für sie ist, mir in die Augen zu sehen. Ich nehme an, dass viele dieser Führer dieselbe Fähigkeit besitzen wie ich: Sie können die Gedanken anderer Menschen lesen. Ich erkenne, ob sich jemand fürchtet, ob er zuversichtlich, ob er entschlossen ist. Und sie können das auch erkennen – daher kommen sie, um mich zu sehen.
>
> *George W. Bush, ehemaliger US-Präsident*

Uns allen ist klar, dass wir einander gelegentlich missverstehen. Zeitungen und Scheidungsanwälte leben davon. Zweifellos können Sie sich an Gelegenheiten erinnern, bei denen andere Ihre Gedanken, Emotionen oder Absichten falsch interpretiert haben. Vielleicht haben Sie schon einmal in einer E-Mail einen ironischen Kommentar gemacht, den Ihre Kollegen ernst nahmen, was zur Folge hatte, dass man Sie nicht für humorvoll, sondern für taktlos hielt. Oder Ihre Ernsthaftigkeit wurde als Streitsucht, Ihre Zurückhaltung als Arroganz, Ihre Großzügigkeit als Manipulationsversuch aufgefasst. Wir alle haben solche Erfahrungen gemacht. Mit ein wenig Abstand wird Ihnen vermutlich bewusst, dass auch Sie selbst manchmal andere falsch verstehen – sogar die Menschen, die Sie am besten kennen sollten. Das scheint nicht oft zu geschehen, aber es kommt vor.

Doch zumeist schätzen wir unseren sechsten Sinn wie George W. Bush ein: Wir haben großes Vertrauen in unsere Fähigkeit, andere Menschen zu verstehen. Bush hatte diese Gewissheit sogar nach seiner ersten Begegnung mit Wladimir Putin: »Ich sah dem Mann in die Augen. Ich nahm ihn als sehr geradlinig und vertrauenswürdig wahr. [...] Ich konnte mir ein Bild von seiner Seele machen.«[1] Egal, ob richtig oder falsch: unser erstes Urteil bilden wir uns schnell und leichthin, weshalb wir ihm sehr vertrauen. Es genügt uns, jemanden 50 Millisekunden lang zu sehen – das ist weniger als ein Wimpernschlag –, um uns ein Bild von seiner Kompetenz zu machen.[2] Diese Blitzurteile sind bedeutsam. In einem Experiment zeigte sich, dass Politiker, die auf den ersten Blick kompetenter wirkten als ihre Rivalen, eine deutlich größere Chance hatten, eine Wahl zu gewinnen (sie siegten in rund 70 Prozent der Fälle), was darauf hindeutet, dass diese in Sekundenbruchteilen gefällten Urteile darüber entscheiden, welchen Leuten wir die Macht über uns anvertrauen.[3] Unser sechster Sinn arbeitet sehr schnell und wird kaum hinterfragt.

Wie zutreffend ist das Bild, das wir uns von den Vorstellungen und Absichten anderer Menschen machen? Die Psychologen versuchen seit vielen Jahren, diese Frage zu beantworten, indem sie die menschliche Fähigkeit zum Gedankenlesen auf die Probe stellen. Beispielsweise fordern sie Versuchspersonen auf, sich Fotos von Menschen anzusehen, die glücklich oder traurig, stolz oder beschämt, zuversichtlich oder furchtsam sind. So versuchen die Forscher herauszufinden, wie gut wir die Emotionen anderer Menschen einschätzen.

Oder eine Gruppe von Versuchsteilnehmern wird aufgefordert, sich dazu zu äußern, wie sympathisch ihnen eine bestimmte Person ist. Anschließend stellt diese Person Vermutungen darüber an, wie sympathisch sie den einzelnen

Mitgliedern dieser Gruppe ist. Sodann werden die Vermutungen der beurteilten Person mit den tatsächlichen Angaben der anderen Versuchsteilnehmer verglichen.

Wie gut schneiden wir in solchen Tests ab? Sind unsere sozialen Fähigkeiten so ausgeprägt, wie wir denken?

Spieglein, Spieglein an der Wand

Um uns ein Bild von unseren tatsächlichen Fähigkeiten zu machen, wollen wir mit einer Methode des Gedankenlesens beginnen, die sehr verbreitet ist und eine wichtige Rolle in unserem Leben spielt, weil wir sie anwenden, um herauszufinden, was andere von uns halten. Wir denken täglich darüber nach, wie andere Menschen uns einschätzen, um auf diese Art den gewünschten Eindruck auf sie zu machen. Hält mein Chef mich für intelligent? Mögen mich meine Kollegen? Können meine Mitarbeiter meine Anweisungen nachvollziehen? Findet mich mein Nachbar vertrauenswürdig? Liebt mich mein Partner oder meine Partnerin wirklich? Oder, was vielleicht wichtiger für Sie ist, wenn Sie jung und alleinstehend sind: Finden mich die Mitglieder des anderen Geschlechts attraktiv?

Tatsächlich dürfte die Frage, was andere über uns denken, zu denen zählen, auf die wir besonders gerne eine Antwort wüssten. In einer im Internet durchgeführten Studie forderten Mary Steffel und ich 500 Amerikaner auf, sich vorzustellen, wir hätten ein »Zerebroskop« entwickelt, mit dem wir die Gedanken anderer Menschen sehen und exakt feststellen könnten, was diese denken und fühlen. Anschließend baten wir unsere Freiwilligen, uns zu sagen, an wem sie ihr »Zerebroskop« ausprobieren und was sie gerne über die Gedanken dieser Person wissen würden. Zu unserer Überraschung hatten die Teilnehmer kein Interesse daran, die Gedanken der Reichen, Berühmten und Mächtigen zu lesen. Stattdessen wollten die meisten von ihnen in die Köpfe der Menschen schauen, die ihnen am nächsten standen, insbesondere in die von Lebensgefährten und potentiellen Partnern, aber auch in die ihrer Vorgesetzten, Verwandten und Nachbarn. Sie wollten also wissen, was in den Menschen vorging, die sie eigentlich am besten kennen sollten. Und dabei wollten unsere Versuchspersonen vor allem eines wissen: Was denkt dieser Mensch über *mich?* Die Mehrheit wollte ihr »Zerebroskop« als narzisstischen Zauberspiegel einsetzen.

Das ist keine schlechte Idee. Herauszufinden, was andere über uns denken, kann verblüffend schwierig sein. Sehen wir uns beispielsweise eine Studie an, in der eine Reihe von veröffentlichten Experimenten ausgewertet wurde, die alle dasselbe Grunddesign hatten.[4] In diesen Experimenten sollten Personen, die in Gruppen arbeiteten, Annahmen darüber aufstellen, wie die übrigen Gruppenmitglieder sie in Bezug auf verschiedene Merkmale einstuften. Anschließend verglichen die Forscher diese Annahmen mit den tatsächlichen Einstufungen durch die anderen Gruppenmitglieder. Die Merkmale waren von Experiment zu Experiment unterschiedlich und umfassten Eigenschaften wie Intelligenz, Humor, Rücksichtnahme, Verteidigungshaltung, Freundlichkeit und Führungsfähigkeit. In den Gruppen herrschte ein unterschiedliches Maß an Vertrautheit zwischen den Mitgliedern: In einigen Gruppen kannten die Kollegen einander kaum (beispielsweise waren sie sich nur ein einziges Mal bei einem Bewerbungsgespräch begegnet), während die Mitglieder anderer Gruppen sehr vertraut miteinander waren (beispielsweise hatten sie längere Zeit als Zimmergenossen zusammengelebt). Wenn die Befragten genau wussten, was die anderen Gruppenmitglieder über sie dachten, handelte es sich um eine völlige Übereinstimmung zwischen Annahmen und tatsächlichen Beurteilungen. Wenn die Teilnehmer keine Ahnung hatten, wie sie eingeschätzt wurden, gab es keinerlei Übereinstimmung. Statistisch werden Beziehungen wie diese anhand einer Korrelation gemessen, wobei eine perfekte Entsprechung eine Korrelation von 1 und eine nicht vorhandene Entsprechung eine Korrelation von 0 (dem Wert bei willkürlichem Raten) ergibt. Je näher die Korrelation dem Wert 1 kommt, desto ausgeprägter ist die Übereinstimmung.

Zuerst die gute Nachricht: Das Ergebnis all dieser Experimente ist, dass die Menschen im Allgemeinen durchaus gut einschätzen können, wie eine Gruppe von Personen sie im Durchschnitt beurteilt. In dem beschriebenen Experiment war die Gesamtkorrelation zwischen den individuellen Annahmen und der durchschnittlichen tatsächlichen Einschätzung durch die Gruppe einigermaßen hoch: Sie lag bei 0,55. Um diesen Wert einordnen zu können, sei gesagt, dass er in etwa der Korrelation zwischen der Körpergröße von Vätern und Söhnen entspricht (diese liegt um die 0,5). Die Annahmen der Versuchspersonen waren also nicht vollkommen zutreffend, aber es kann auch keine Rede davon sein, dass sie im Dunkeln tappten. Mit anderen Worten: Wir alle haben vermutlich eine einigermaßen zutreffende Vorstellung davon, was andere Menschen generell von uns halten.

Und jetzt die schlechte Nachricht: In diesen Experimenten wurde auch untersucht, wie gut Menschen einschätzen können, was eine einzelne Person in einer gegebenen Gruppe über sie denkt. Vielleicht wissen Sie, dass Ihre Kollegen Sie im Allgemeinen für intelligent halten, aber die einzelnen Kollegen beurteilen Sie unterschiedlich: Einige halten Sie für brillant, während andere Sie für keine allzu große Leuchte halten. Wissen Sie, wer das eine und wer das andere über Sie denkt?

Offenkundig wissen Sie das nicht. Die Korrelation zwischen Annahmen und tatsächlichen Einschätzungen war in all diesen Experimenten kaum höher als bei willkürlichem Raten (sie lag bei insgesamt 0,18). Möglicherweise können wir einigermaßen gut beurteilen, was unsere Kollegen insgesamt von uns halten, aber offenbar haben wir keine Ahnung, was ein einzelner Kollege über uns denkt. Der Autor einer der genannten Studien schreibt: »Die Menschen wissen anscheinend sehr wenig darüber, wie sie von bestimmten Personen eingeschätzt werden.«[5]

Aber vielleicht legen wir zu strenge Maßstäbe an, wenn wir unsere Fähigkeiten im Gedankenlesen bewerten? Schließlich kann man Eigenschaften wie Intelligenz und Vertrauenswürdigkeit nicht präzise definieren. Daher ist es nicht unbedingt überraschend, dass es uns schwerfällt zu erraten, wie andere uns in Bezug auf diese unklaren Merkmale einstufen. Wie wäre es, wenn wir Annahmen zu einfacheren Fragen anstellten, etwa zu der, wie sehr andere Leute uns mögen? Hier dürften wir doch öfter richtigliegen. Im Lauf der Zeit lernen wir, uns mit Menschen zu umgeben, die uns anlächeln, und Personen zu meiden, die uns anspucken. Wir müssten also besser einschätzen können, welche Personen in einer Gruppe uns mögen und welche uns hassen. Nicht wahr?

Leider ist dem nicht so. Die genannten Studien haben gezeigt, dass die Menschen die Frage, wer in einer Gruppe sie mag und wer nicht, kaum besser beantworten können als ein Zufallsgenerator (die durchschnittliche Korrelation liegt in diesem Punkt bei einem dürftigen Wert von 0,18). Einige Ihrer Kollegen mögen Sie und andere nicht, aber Sie sollten besser nicht darauf wetten, dass Sie richtig beurteilen können, wer der einen und wer der anderen Gruppe angehört. Eine ähnlich geringe Treffergenauigkeit, die kaum größer ist als bei einer zufälligen Auswahl, wird auch in Experimenten beobachtet, in denen es etwa darum geht, wie gut Teilnehmer an Speed Datings einschätzen können, welche potentiellen Partner an einer Verabredung mit ihnen interessiert sein werden, wie gut Stellenbewerber erkennen können, ob die Personalbeauftragten von ihnen beeindruckt sind, oder wie gut Lehrer ihre Einstufungen durch die Schüler voraussagen können. Zwar kommt es nur selten vor, dass jemand vollkommen falsch einschätzt, wie er von anderen gesehen wird. Die Treffergenauigkeit in solchen Experimenten ist größer als bei einer zufälligen Auswahl – allerdings nur ein wenig größer.

Aber vielleicht verlangen wir zu viel von unserem sechsten Sinn, wenn wir erwarten, dass er derart allgemeine und weit gefasste Beurteilungen richtig einschätzt. Wie wäre es also, wenn wir es mit etwas Einfacherem versuchten, mit etwas Spezifischem und Konkretem, über das jeder von uns vermutlich schon ausführlich nachgedacht hat? Sicherlich können Sie zutreffend voraussagen, wie attraktiv ein Mitglied des anderen Geschlechts Sie finden wird, wenn man dieser Person ein Foto von Ihnen zeigt? Schließlich kennen Sie sich schon Ihr Leben lang. Sie sehen Ihr Gesicht jeden Morgen im Spiegel und haben ein Gespür dafür entwickelt, ob andere Leute Sie attraktiv finden oder nicht. In bestimmten Lebensabschnitten haben Sie möglicherweise über kaum etwas anderes nachgedacht. (Vielleicht beschäftigen Sie sich ja gerade jetzt mit dieser Frage.)

In einer Reihe von Experimenten forderten Tal Eyal und ich die Versuchspersonen auf, vorauszusagen, wie attraktiv ein Mitglied des anderen Geschlechts sie finden werde, wenn wir diesem ein Foto von ihnen zeigten. Wie sich herausstellte, waren die Voraussagen unserer Freiwilligen nicht zutreffender als bei einer zufälligen Auswahl.[6] In zwei verschiedenen Experimenten lag die durchschnittliche Korrelation zwischen vorausgesagten und tatsächlichen Beurteilungen bei 0. Es ist nicht so, dass sich unsere Freiwilligen durchweg für attraktiver gehalten hätten, als sie tatsächlich für das andere Geschlecht waren, aber ihre Annahmen bezüglich der Anziehungskraft, die ein einzelnes Foto von ihnen auf andere Menschen ausüben würde, standen einfach in keinerlei Beziehung zu der tatsächlichen Bewertung, die die Mitglieder des anderen Geschlechts anhand dieses Fotos vornahmen. Es heißt, die Liebe mache blind, aber unsere Teilnehmer bekamen nicht einmal die Chance, von der Liebe geblendet zu werden. Sie waren von vornherein blind.

Das größte Problem für unseren sechsten Sinn ist, dass die Gedanken anderer Menschen nur durch die Fassade ihrer Gesichter, ihrer Körpersignale und ihrer Sprache sichtbar werden. So wie der Mensch die Fähigkeit entwickelt hat, die Zeichen auf dieser Fassade zu deuten, um zu sehen, was sich dahinter verbirgt – er hat gelernt, die Gedanken seiner Artgenossen zu lesen –, hat er auch die Fähigkeit entwickelt, seine eigene Fassade zu errichten, um andere in die Irre zu führen: Er hat gelernt, zu lügen und zu täuschen. Jeder, der schon einmal die Frage »Wirkt mein Hintern in dieser Hose zu groß?« beantworten musste, weiß, dass das, was wir zu jemandem sagen, nicht immer dem entspricht, was wir wirklich denken. Und trotzdem stellen die Forscher ein ums andere Mal fest, dass unsere Versuche, herauszufinden, wann ein anderer Mensch die Wahrheit sagt und wann er lügt, kaum besser als ein Ratespiel sind. Als sich George W. Bush mit Wladimir Putin traf, glaubte er, viel über die »Seele« dieses früheren KGB-Agenten in Erfahrung gebracht zu haben, indem er sein Verhalten beobachtete. Man sollte sich nicht darauf verlassen, dass er Putin tatsächlich durchschaute. Nach der Analyse von Studien aus mehreren Jahrzehnten und der Auswertung von Hunderten Experimenten, in denen untersucht worden war, wie gut Menschen zwischen wahren Aussagen und Lügen unterscheiden können, gelangte eine Forschergruppe zu dem Ergebnis, dass die Fähigkeit der Studienteilnehmer, eine Täuschung zu entlarven, nur um wenige Prozentpunkte treffsicherer war als ein willkürlicher Münzwurf: Die Versuchspersonen erkannten Lügen in insgesamt 54 Prozent der Fälle, während ein Zufallsgenerator in 50 Prozent der Fälle die richtige Antwort liefern würde.[7]

Wir haben keinen Grund, über diese Fehlerquote zu lachen. Denn solche Fehleinschätzungen können katastrophale Folgen haben. Der britische Premierminister Neville Chamberlain glaubte Adolf Hitler, als dieser ihm im Jahr 1938 versicherte, dass er am Frieden mit der Tschechoslowakei festhalten werde, und riet den Tschechen, ihre Streitkräfte nicht zu mobilisieren. Chamberlain sagte über Hitler: »Trotz der Härte und Rücksichtslosigkeit, die ich in seinem Gesicht sah, hatte ich den Eindruck, dass dies ein Mann war, dem man vertrauen konnte, wenn er sein Wort gab.« Er hatte sich getäuscht. Hitler hatte ihn belogen. Die deutsche Armee war bereits für den Angriff auf die Tschechoslowakei mobilisiert worden, und der Diktator wollte nur ein wenig Zeit gewinnen, um eine erfolgreiche Invasion vorbereiten zu können. Fast siebzig Jahre später hatten die amerikanischen Politiker gelernt, keinem Schurken zu glauben. Sie waren sicher, dass Saddam Hussein log, als er wieder und wieder behauptete, keine Massenvernichtungswaffen mehr zu besitzen. Aber wie die Mehrheit der Amerikaner täuschten sie sich.[8] Obwohl der irakische Diktator diesmal die Wahrheit sagte, zogen die Vereinigten Staaten in den Krieg. Es kann eine beängstigende Aufgabe sein, andere Menschen zu verstehen, wenn wir nicht erkennen können, ob sie uns in die Irre führen wollen oder nicht.

Zu verstehen, was in den Köpfen anderer Menschen vorgeht, kann eine große Herausforderung sein; demgegenüber ist das Gedankenlesen im Alltag möglicherweise kein allzu großes Problem, weil wir es bei Bekannten anwenden: unseren Freunden, Verwandten, Kollegen und Ehepartnern. Manche Paare kennen einander so gut, dass sie die Aussagen des anderen vervollständigen können. Man sollte meinen, dass wir uns auf derselben Wellenlänge mit einem vertrauten Menschen befinden und deshalb wissen, was in seinem Kopf vorgeht, ohne dass er ein einziges Wort sagen müsste. Zweifellos *denken* Freunde, Kollegen und Liebespaare, dass sie die Gedanken des anderen besser lesen können als die von Fremden. Aber ist diese Gewissheit gerechtfertigt? Kennen wir unsere Freunde und die Menschen, die wir lieben, wirklich so gut, wie wir denken?

Auch diese Frage müssen wir mit Nein beantworten. Allerdings ist die Antwort zweigeteilt. Auf der einen Seite können wir die Gedanken enger Freunde und geliebter Menschen tatsächlich besser lesen als die von Fremden – obwohl der Unterschied nicht ganz so groß ist, wie man meinen könnte. William Ickes, ein Pionier der Erforschung des Gedankenlesens, hat in seinen Experimenten festgestellt, dass »Menschen die Gedanken von Fremden mit einer Genauigkeit von 20 Prozent richtig erraten« (die Versuchspersonen wurden auf Video aufgenommen und später aufgefordert, ihre Gedanken und Gefühle in jedem Augenblick zu beschreiben).[9] »Enge Freunde und Ehepaare«, erklärt Ickes, »kommen auf eine Trefferquote von 35 Prozent.« Es stimmt also, dass wir besser als ein zufällig ausgewählter Fremder wissen, was unser Ehepartner oder ein enger Freund mag oder nicht mag, aber die Genauigkeit unserer Annahmen dürfte nur geringfügig größer sein. Der zweite Teil der Antwort lautet, dass unsere tatsächliche Fähigkeit, die Gedanken eines engen Freundes oder geliebten Partners zu erraten, keineswegs dem Vertrauen angemessen ist, das wir in diese Fähigkeit setzen. Wenn man jemanden seit langem kennt, etwa in einer langjährigen Ehe, entsteht eine Illusion von Verständnis, die weit über das tatsächliche Verständnis hinausgeht.[10]

Um sich diese beiden Forschungsergebnisse zu verdeutlichen, können Sie sich Folgendes vorstellen: Sie nehmen gemeinsam mit Ihrem Partner oder Ihrer Partnerin an einem Experiment teil, das von einer Forschergruppe unter dem Titel *Das Spiel der Neuvermählten* durchgeführt wird.[11] Sie werden in getrennte Räume gebracht. Man legt Ihnen eine lange Liste von Fragen zu Ihrer Person vor und sagt Ihnen, dass Ihr Partner/Ihre Partnerin keine Ihrer Antworten zu Gesicht bekommen wird. Einige der Fragen betreffen Ihr Selbstwertgefühl. Sie sollen angeben, inwieweit Sie Aussagen wie den folgenden zustimmen: »Ich neige dazu, meinen Wert zu schmälern.« Oder: »Ich fühle mich sehr wohl in meiner Haut.« Sodann werden Sie aufgefordert, Ihre Fähigkeiten und Eigenschaften zu beurteilen: Wie ordnen Sie sich in Bezug auf intellektuelle Leistungsfähigkeit, Sportlichkeit, soziale Fähigkeiten usw. im Vergleich zu anderen ein? Schließlich werden Sie gefragt, wie sehr Ihnen 24 verschiedene Aktivitäten (Kartenspielen, Schwimmen, Ausgehen mit Freunden, Abwaschen usw.) gefallen oder missfallen. Im Nachbarraum wird Ihr Partner/Ihre Partnerin aufgefordert, 1) *vorauszusagen*, wie Sie all diese Fragen beantworten werden, und 2) anzugeben, wie sicher (in Prozent) er/sie ist, dass diese Voraussagen *zutreffen*.

Dieses Experiment wurde tatsächlich durchgeführt. Die teilnehmenden Paare hielten sich genau an das beschriebene Verfahren. Anschließend verglichen die Forscher die

Angaben, um festzustellen, wie gut die Partner einander *tatsächlich* kannten und wie gut sie einander zu kennen *glaubten*.

Beginnen wir mit der guten Nachricht. Die Versuchsteilnehmer sagten die exakten Gedanken ihrer Partner besser voraus, als mit einer rein zufälligen Vorhersage möglich gewesen wäre. Dieses Ergebnis kam nicht unbedingt überraschend, waren diese Paare doch schon bis zu sechs Jahre zusammen. Beispielsweise reichte die Skala für die Bewertung des Selbstwertgefühls von 1 bis 5, wobei der Wert 1 einer kategorischen Verneinung der Aussage (das heißt einem geringen Selbstwertgefühl) und der Wert 5 uneingeschränkter Zustimmung entsprach. Da nur fünf Optionen angeboten wurden, würden wahllose Antworten der Partner in 20 Prozent der Fälle zutreffen (da die Wahrscheinlichkeit, die Antwort des Partners zufällig richtig zu erraten, immer 1 zu 5 beträgt). Die Paare kamen auf eine deutlich höhere Trefferquote: Die Versuchsperson, die voraussagen sollte, wie sich ihr Partner/ihre Partnerin einstufen würde, sagte die Antwort in 44 Prozent der Fälle richtig voraus. Das ist ein durchaus gutes Ergebnis. Im Baseball würde das bedeuten, mit einem Schlag bis zur zweiten Base zu gelangen.

Und nun zur weniger guten Nachricht: Noch größer als die Differenz zwischen der Genauigkeit der tatsächlichen Voraussagen und der Genauigkeit einer Zufallsauswahl war die Differenz zwischen dem, was die Partner *tatsächlich* übereinander wussten, und dem, was sie übereinander zu wissen *glaubten*. Wir müssen bedenken, dass die Teilnehmer nur in etwas mehr als 4 von 10 Fällen genau richtig voraussagten, wie ihr Partner seinen Selbstwert beurteilen würde (im Durchschnitt in 44 Prozent der Fälle). Hingegen *glaubten* sie in 8 von 10 Fällen (durchschnittlich 82 Prozent), die Selbsteinschätzung ihres Partners/ihrer Partnerin mit Sicherheit richtig beurteilt zu haben. Wie das folgende

Schaubild zeigt, legten die Versuchsteilnehmer bei anderen Einstufungen dasselbe übermäßige Vertrauen in die Präzision des eigenen Urteils an den Tag. Das eigentliche Problem beim Gedankenlesen ist die Differenz zwischen den weißen und grauen Balken in diesem Diagramm: Diese Paare schafften es bis zum zweiten Base – aber sie glaubten, einen Homerun erzielt zu haben.

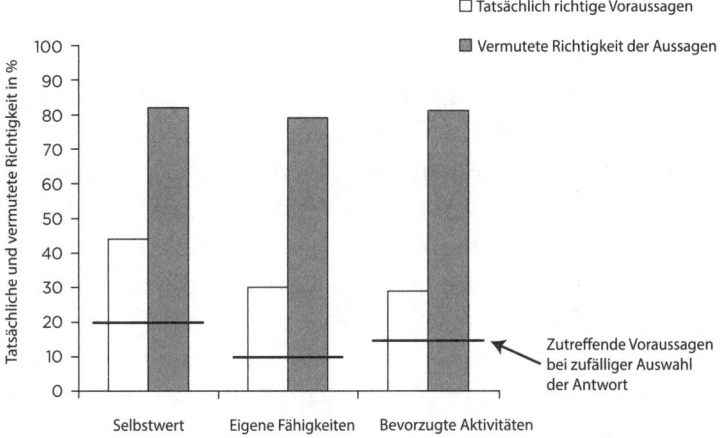

Befragt wurden Paare. Eine der beiden Personen sagte voraus, wie ihr Partner/ihre Partnerin sich selbst in Bezug auf verschiedene Persönlichkeitsmerkmale wie Selbstwertgefühl, Fähigkeiten und bevorzugte Aktivitäten einstufen würde. Die horizontalen Linien, die die Balken kreuzen, zeigen, wie viele der zufälligen Voraussagen zutreffen würden (in Prozent). Die weißen Balken zeigen den Durchschnitt der tatsächlich richtigen Voraussagen der Partner. Die grauen Balken zeigen, wie überzeugt die Partner waren, die richtigen Voraussagen getroffen zu haben. Die Versuchspersonen sagten die Selbsteinschätzung ihrer Partner besser voraus als ein Zufallsgenerator, aber ihre Voraussagen waren nicht annähernd so oft richtig, wie sie *glaubten*. Und genau darum geht es in diesem Buch: Wie können wir die Differenz zwischen dem grauen und dem weißen Balken in unserem Leben verringern? Das gelingt, indem wir uns unserer Grenzen bewusst werden (wodurch der graue Balken schrumpft) und neue Wege finden, um andere Menschen besser zu verstehen (was den weißen Balken wachsen lässt).

Noch überraschender ist, dass dieses übermäßige Vertrauen abhängig davon, wie lange die Paare zusammen waren, *zunahm*. Je länger die Partnerschaften dauerten, desto mehr glaubten die Partner übereinander zu wissen. Aber in dieser Studie stellte sich heraus, dass es keinerlei Korrelation zwischen der Dauer einer Beziehung und der Genauigkeit der Annahmen zum Selbstbild des Partners gab. Die Partner kannten einander nicht besser, wenn sie länger zusammen waren – sie hatten lediglich die Illusion, einander besser zu verstehen.[12]

Diese Illusion kann gefährliche Folgen haben. In einem anderen Experiment sahen sich Freiwillige Videoaufzeichnungen von Personen an, die erklärten, ob sie HIV-positiv waren, und dabei entweder die Wahrheit sagten oder logen. Die Probanden waren überzeugt, einigermaßen zutreffend beurteilen zu können, ob diese Personen die Unwahrheit sagten, und nahmen an, in 70 Prozent der Fälle richtig geurteilt zu haben. Tatsächlich waren sie nicht treffsicherer als ein Zufallsgenerator und beurteilten die Wahrhaftigkeit der Behauptungen nur in 52 Prozent der Fälle richtig (verglichen mit der Zufallstrefferquote von 50 Prozent). Erhielten die Versuchsteilnehmer zusätzliche Informationen über die Person im Video, waren sie sich noch sicherer, den Wahrheitsgehalt der Behauptung richtig beurteilt zu haben, unterschieden jedoch nicht besser zwischen Wahrheit und Lüge. Als Surgeon General Everett Koop, der Leiter des amerikanischen Gesundheitsdienstes, seinen Landsleuten zum Thema AIDS-Prävention riet, sie sollten »ihren Partner kennen«, hatte er vermutlich keine eingebildete, sondern eine tatsächliche Kenntnis des Partners im Sinn.[13]

Es gibt ein gravierendes Problem mit unserem sechsten Sinn: Er ist ausgesprochen fehleranfällig. Unter schwierigen Bedingungen funktioniert er nicht perfekt, obwohl er uns im Allgemeinen ein besseres Urteil ermöglicht als eine Entscheidung nach dem Zufallsprinzip. Und es ist unser sechster Sinn, der unseren Verstand verglichen mit den geistigen Fähigkeiten anderer Spezies auf unserem Planeten zu einer Hochleistungsmaschine macht. Leider übersteigt unser Vertrauen in den sechsten Sinn unsere tatsächlichen Fähigkeiten deutlich, und dieses übermäßige Vertrauen in unser Urteilsvermögen hindert uns meistens daran zu sehen, wie zutreffend unsere Einschätzung tatsächlich ist.[14]

Das wichtigste Ziel dieses Buchs ist es, Ihnen das illusorische Vertrauen in Ihre Fähigkeit zu nehmen, die Vorgänge in den Köpfen anderer Menschen zu verstehen, indem Sie ein besseres Verständnis dieser Vorgänge entwickeln und demütiger in Bezug auf das werden, was Sie über andere wissen – und nicht wissen – können.

* * *

Ein Baseballspieler möchte seinen Schlagdurchschnitt wissen, um seine tatsächlichen Fähigkeiten besser einschätzen zu können. Beim Gedankenlesen gibt es keinen einzelnen Schlagdurchschnitt, denn wir müssen eine Vielzahl verschiedener Urteile über andere Menschen fällen. Ein Teil davon ist so einfach zu bewältigen wie das Fangen eines Balls, der uns von einem Erstklässler zugeworfen wird. Andere Urteile fallen uns sehr viel schwerer – so als würde uns ein Profi mit einem scharf angeschnittenen Fastball angreifen. Manchmal ist es relativ leicht zu wissen, was jemand denkt oder fühlt, weil er uns klare Hinweise gibt: Ein Kollege, der schluchzend aus dem Büro seines Vorgesetzten kommt, wurde offenkundig eher gekündigt als befördert. Fehlen diese Hinweise, ist es viel schwerer zu erkennen, was in einem Menschen vorgeht – die Person, mit der wir verheiratet sind, hat uns viele ihrer Überzeugungen, Meinungen, Emotionen und Gedanken möglicherweise nie mitgeteilt. Doch in jedem Fall ist unsere Fähigkeit zum Gedankenlesen, so ausgeprägt sie auch sein mag, mit einiger Sicherheit nicht so groß, wie wir glauben.

Aber Sie können Ihre Selbsteinschätzung einem weiteren Test unterziehen, denn es gibt einen Verstand, den Sie mit einiger Sicherheit gut kennen: Ihren eigenen. Sie sind sicher, dass Sie Ihre Frau wegen ihres Humors lieben, dass Sie die störenden Werbepausen im Fernsehen hassen, dass Sie an die Gleichberechtigung der Geschlechter glauben. Sie wissen, dass Ihre politischen Überzeugungen auf soliden Kenntnissen beruhen und gut durchdacht sind und dass Sie Unterhaltungen mit Fremden im Bus so amüsant finden wie das Jonglieren mit einem Beutel voll Eiter. Vielleicht haben Sie keinen direkten Zugang zu den Gedanken, Überzeugungen oder Einstellungen anderer Menschen, aber Sie wissen genau, was in Ihrem eigenen Verstand vorgeht. Sie können Selbstbetrachtung betreiben und sich ein gutes Bild von Ihrer Gedankenwelt machen.

Sie sind nicht der Einzige, der so denkt. Descartes war sich seiner Fähigkeit zur Introspektion so sicher, dass er die Gewissheit seines eigenen Daseins und der Existenz Gottes aus der grundlegenden Erkenntnis »Ich denke, also bin ich« bezog. Auch Leibniz hielt die Introspektion für genauso zuverlässig wie den Gesichtssinn und war davon überzeugt, dass man sie nutzen könne, um die Funktionsweise des eigenen Gehirns zu beobachten. Bei einem solchen Vertrauen in die Möglichkeiten der Introspektion überrascht es nicht, dass das erste Psychologielaboratorium der Vereinigten Staaten (es entstand unter der Leitung Edward Titcheners an der Cornell University) nach dem Grundsatz arbeitete, dass die Introspektion die einzige Grundlage der Psychologie sein müsse. Die frühen Psychologen kannten keinen anderen Weg zum Verständnis des Gehirns als den, die Menschen erzählen zu lassen, was in ihrem Kopf vorging. »In der Sphäre der Psychologie«, schrieb Titchener, »ist die Introspektion das einzige und höchste Berufungsgericht, denn es kann keine anderen psychologischen Beweise geben als introspektive Beweise.«[15]

Selbstverständlich können wir in uns hineinschauen. Doch auch hier müssen wir uns die Frage stellen, ob unser Vertrauen in die Introspektion gerechtfertigt ist. Verlassen sich Descartes, Leibniz, Titchener und Sie – zweifellos allesamt sehr kluge Menschen – zu Recht auf die menschliche Fähigkeit, in den eigenen Verstand zu blicken?

Ja und nein. Lassen Sie mich erklären.

2

Was wir über unseren eigenen Verstand wissen können – und was nicht

> Alle Menschen sind fest davon überzeugt, sich ihres Denkens bewusst zu sein. [...] Ich halte diese Überzeugung für das grundlegendste Postulat der Psychologie und alle neugierigen Fragen nach seiner Gewissheit für zu metaphysisch, um mich in diesem Buch damit auseinanderzusetzen.
>
> *William James, Principles of Psychology (1897)*

William James konnte nicht lange verhindern, dass Zweifel an der Introspektion laut wurden. Die wissenschaftliche Reise zur Klärung der Frage, wie gut wir Menschen unsere eigenen Gedanken lesen können, begann knapp drei Jahrzehnte, nachdem James seine Haltung postuliert hatte, in einem klapprigen Kombi, den der Psychologe Richard LaPiere von der Stanford University gut 15 000 Kilometer kreuz und quer durch die Vereinigten Staaten steuerte. Den Anstoß zu dieser Reise hatte eine Entdeckung gegeben, die LaPiere während einer Reise mit einem befreundeten asiatischen Paar gemacht hatte. Die drei legten eine Pause in einer Kleinstadt ein, die für ihre »engstirnige und voreingenommene Haltung gegenüber den Orientalen« bekannt war.[1] Eine solche Einstellung war in der Zeit zwischen den Weltkriegen in weiten Teilen der Vereinigten Staaten verbreitet. Im Wissen um die Vorurteile der Einheimischen betrat LaPiere mit bangem Herzen das beste Hotel der Stadt, um eine Unterkunft für sich und seine Reisegefährten zu mieten. Zu seiner Überraschung gab ihm der Rezeptionist bereitwillig zwei Zimmer. Offenbar waren doch nicht alle Einwohner dieser Stadt so bigott, wie LaPiere befürchtet hatte.

Der Zufall wollte es, dass der Forscher knapp zwei Monate später erneut in dieser Stadt Station machte. Aus Neugierde rief er in demselben Hotel an und sagte dem Rezeptionisten, er werde vermutlich in Kürze in Begleitung eines »sehr bedeutenden chinesischen Gentlemans« wieder in die Stadt kommen. Ob er zwei Zimmer reservieren könne? Auch diesmal zögerte der Angestellte keine Sekunde mit der Antwort: »Nein.« Dieser Widerspruch faszinierte LaPiere. Konnte es sein, dass ein Mensch, der wie ein Rassist dachte, nicht wie ein Rassist handelte? War es möglich, dass Menschen nicht wussten, was in ihrem eigenen Kopf vorging?

Ein einziges Fallbeispiel genügte nicht, um diese Fragen zu beantworten, aber LaPiere glaubte, etwas Wichtiges lernen zu können, indem er Hunderte ähnliche Angestellte mit demselben Problem konfrontierte. Am Ende stellte er seine Frage genau 251 Personen. In Begleitung des befreundeten chinesischen Paars reiste er zwei Jahre lang kreuz und quer durch die Vereinigten Staaten und versuchte, in 184 Restaurants einen Tisch und in 67 Hotels Zimmer für sich und seine Gefährten zu reservieren. Zu seinem Experiment gehörte auch, dass LaPieres Freunde ihre Kleidung von Ort zu Ort variierten. Manchmal wandte er sich an die Angestellten, aber wann immer es möglich war, ließ er das chinesische Paar selbst um einen Tisch im Restaurant oder ein Hotelzimmer bitten. Die Reaktionen der Angestellten zeichnete er sorgfältig auf. Für LaPieres Freunde muss es eine verwirrende Reise gewesen sein, denn er verriet ihnen nie, dass sie Teil eines Experiments waren. Das tat er »aus Rücksicht auf ihre Gefühle« – und um zu verhindern, dass

ihre Emotionen die Ergebnisse des Experiments beeinfluss-
ten.

Was meinen Sie: Bei wie vielen ihrer 251 Versuche wurden die Reisenden in Hotels und Restaurants abgewiesen?

Bevor Sie antworten, sollten Sie wissen, dass LaPiere
und seine chinesischen Freunde Feindesland durchquer-
ten. Sechs Monate nach dem Besuch an einem Ort schickte
er einen Brief an alle Gastbetriebe, die er aufgesucht hatte, und fragte: »Nehmen Sie Angehörige des chinesischen
Volkes als Gäste in Ihrem Lokal auf?« Fast alle Adressaten,
die seinen Brief beantworteten, lehnten ab: 91 Prozent der
Hotels und 92 Prozent der Restaurants erklärten, sie würden Chinesen den Zutritt verweigern. Die Bewohner der
amerikanischen Provinz wurden ihrem Ruf als bigotte Menschen also gerecht.

Und nun noch einmal die Frage: In wie vielen Hotels
und Restaurants wurde dem asiatischen Paar Ihrer Meinung
nach tatsächlich der Zutritt verweigert? In 90 Prozent der
Fälle? In 92 Prozent der Fälle? Weit gefehlt: LaPiere und
seine Freunde wurden *ein einziges Mal* abgewiesen, und
das »in einem eher schäbigen Motel, bei dem wir mit einem
vollkommen zerbeulten Auto vorfuhren«. Ein einziges Mal!
Mehr als 90 Prozent der Angestellten der im Verlauf des
Experiments kontaktierten Gastbetriebe *glaubten*, dass sie
sich wie bigotte Personen verhalten würden, aber weniger
als 0,5 Prozent taten es wirklich.

Wie gut kennen wir uns selbst?

Dieses Experiment hatte Mängel, aber es gab den Anstoß
zu jahrzehntelangen Forschungen, die eine verblüffende
Erkenntnis lieferten: Oft gibt es einen deutlichen Wider-

spruch zwischen dem, was Menschen über sich selbst denken, und ihrem tatsächlichen Verhalten. Dieser Widerspruch wurde seit LaPieres Reise derart oft beobachtet, dass man meinen könnte, die psychologische Forschung beschäftigte sich mit kaum etwas anderem. Obwohl sich die Einstellung zu anderen Ethnien in den Vereinigten Staaten seit LaPieres Untersuchung erheblich geändert hat, wissen die Menschen offenbar weiterhin nicht, wie sie sich in einer Situation verhalten werden, in der ethnische Vorurteile eine Rolle spielen. Mittlerweile lehnt die große Mehrheit der Amerikaner die rassische Diskriminierung ab. Daher überrascht es nicht, dass die Teilnehmer an einem neueren Experiment erklärten, jede offene Manifestation des Rassismus entschieden zu verurteilen, insbesondere rassistische Kommentare oder Scherze. Aber als diese Versuchspersonen tatsächlich mit einer eindeutig rassistischen Äußerung konfrontiert wurden, erhob die große Mehrheit dieser Verfechter der Gleichbehandlung keinen Einspruch. Diese *tatsächlich* mit der rassistischen Bemerkung konfrontierten Personen zeigten sich auch weniger befremdet als die Versuchsteilnehmer in einer anderen Gruppe, die sich lediglich *vorstellen* sollten, wie sie sich fühlen würden, wenn sie einen solchen Kommentar hören würden.[2] Dasselbe gilt für offenen Sexismus. In einem Experiment wurden Versuchspersonen gefragt, wie sie reagieren würden, sollten sie Zeugen eines eklatant sexistischen Verhaltens werden. Die Versuchsteilnehmer glaubten, dass sie dieses Verhalten als empörend empfinden würden. Doch als sie ein solches Verhalten tatsächlich sahen, empfanden sie praktisch keine Empörung.[3] Wissen die Menschen nicht, was in ihrem eigenen Kopf vorgeht?

Die Liste derartiger wissenschaftlicher Demonstrationen ist lang. Zu den berühmtesten Experimenten in der Geschichte der Psychologie zählen Stanley Milgrams Versuche zur Autoritätshörigkeit. Die meisten von uns leben in der Annahme, sie hätten eine unabhängige Persönlichkeit und ein gutes Herz. Daher sind wir sicher, dass wir uns selbstverständlich kategorisch weigern würden, in einem Experiment einem Menschen potentiell tödliche Elektroschocks zu verabreichen. Dasselbe stellte auch Milgram fest: In verschiedenen Versuchsgruppen erklärte nicht eine einzige Person, sie würde bereit sein, einem anderen Menschen Stromschläge von mehr als 300 Volt zu verabreichen. Die meisten waren überzeugt, sie würden das Experiment sehr viel früher abbrechen. Dann forderte Milgram die Versuchsteilnehmer in einem Experiment genau dazu auf – und stellte fest, dass *sämtliche* Teilnehmer bereit waren, einem anderen Menschen Elektroschocks von 300 Volt zu verabreichen. Und sage und schreibe 62,6 Prozent der Teilnehmer legten einen Schalter um, mit dem sie nach Angabe des Versuchsleiters Stromschläge von 450 Volt auslösten, das heißt sehr viel mehr, als nötig gewesen wäre, um den »Empfänger« zu töten.[4]

Resultate wie dieses sind interessant, aber ich habe die Erfahrung gemacht, dass sie kaum jemanden davon überzeugen, dass seine Introspektionsfähigkeiten geringer sein dürften, als er glaubt. In all diesen Experimenten wurden die Einstellung und das Selbstbild *anderer* Leute auf den Prüfstand gestellt, aber da *wir selbst* den Test nicht gemacht haben, können wir weiterhin davon ausgehen, dass wir persönlich uns besser kennen als diese unglückseligen Versuchspersonen. Etwas anders liegen die Dinge beim nächsten Beispiel, denn dieses kennen wir alle aus eigener Erfahrung. Wir können es sogar gleich jetzt ausprobieren.

Ich möchte, dass Sie an eine wichtige Aufgabe denken, die Sie in den nächsten Wochen abschließen müssen. Vielleicht müssen Sie eine Seminararbeit schreiben, im Büro ein Projekt präsentieren oder ein Buch lesen (eines wie dieses hier!). Je wichtiger die Aufgabe, desto besser. Fällt Ihnen eine ein?

Schreiben Sie jetzt unten oder auf einem Stück Papier die genaueste Prognose dazu auf, bis wann Sie die Aufgabe bewältigen werden – und seien Sie bitte ehrlich. Machen Sie genaue Angaben. Halten Sie das Datum und sogar die Uhrzeit fest. Überlegen Sie es sich gut. Sie werden fertig sein bis:

———————————————————————————

Wenn Sie das erledigt haben, nehmen Sie sich bitte einen Augenblick Zeit, um darüber nachzudenken, bis wann Sie diese Aufgabe im besten Fall bewältigen werden, wenn alles wie geplant läuft. Halten Sie diese Frist hier fest:

———————————————————————————

Schließlich möchte ich, dass Sie sich noch einen Augenblick Zeit nehmen, um zu schätzen, wie lange Sie im schlimmsten Fall brauchen werden, um diese Aufgabe zu bewältigen. Wann werden Sie fertig sein, wenn alles, was schieflaufen kann, tatsächlich schiefläuft? Notieren Sie bitte auch diesen Zeitpunkt:

———————————————————————————

Nachdem das erledigt ist, möchte ich Ihnen eine Wette anbieten. Ich werde nicht darauf wetten, dass Sie es nicht schaffen werden, die Aufgabe bis zu Ihrem Wunschtermin zu erledigen. Nein, ich wette, dass Sie nicht einmal die Frist einhalten werden, die Sie sich für den denkbar ungünstigsten Fall gesetzt haben. Ich weiß, dass meine Prognose sehr negativ klingt. Eigentlich bin ich ein überaus zuversichtlicher Mensch, aber ich habe einige Belege dafür gesehen, dass in diesem Fall Pessimismus angebracht ist. Und dasselbe gilt für Sie, denn Sie haben diese Erfahrung schon oft gemacht: Die Menschen unterschätzen gewohnheitsmäßig die Zeit, die sie brauchen, um Aufgaben zu bewältigen. Das geht so weit, dass die Psychologen einen eigenen Terminus für das Phänomen geprägt haben: Sie sprechen vom *Planungsfehlschluss*.

Wissenschaftliche Belege für den Planungsfehlschluss wurden von einer Gruppe von Psychologen vorgelegt, die ihre Diplomstudenten an der Universität aufforderten, Terminangaben wie die zu machen, um die ich Sie eben gebeten habe.[5] Wenn Sie je eine Diplomarbeit geschrieben haben, wissen Sie, dass das ein größeres Projekt ist. Die Studenten hatten etwa die Hälfte der Arbeit hinter sich, womit noch etwa zwei Monate vor ihnen lagen. Nun wurden sie aufgefordert anzugeben, wie viele Tage sie noch brauchen würden, um die Arbeit unter idealen, unter realistischen und unter den denkbar ungünstigsten Bedingungen abzuschließen. Die durchschnittlichen Prognosen betrugen 27 Tage im Idealfall, 34 Tage unter realistischen Bedingungen und 49 Tage im schlimmsten Fall.

Und wie lange brauchten die Studenten im Durchschnitt, um ihre Diplomarbeiten tatsächlich fertigzustellen?

55 Tage.

Die Mehrheit der Studenten schaffte es nicht, ihre Arbeit innerhalb der Frist abzuliefern, die sie sich für den Fall gesetzt hatten, dass »die ungünstigsten Umstände eintreten«. Dasselbe haben die Forscher wieder und wieder beobachtet.[6] In einem anderen Experiment wurden nur 45 Prozent der Projekte in der Zeit abgeschlossen, die die Beteiligten mit 99-prozentiger Sicherheit vorausgesagt hatten. Selbst die Worst-Case-Szenarien scheinen übermäßig optimistisch zu sein. Ich werde meine pessimistische Wette mit ein paar

Lesern verlieren, aber wie die Bank im Casino werde ich oft genug richtigliegen, um mit einem Gewinn auszusteigen.

Bemerkenswert am Planungsfehlschluss ist nicht, dass er uns unterläuft. Ich bin sicher, dass auch Sie diese Erfahrung schon oft gemacht haben. Ich selbst beobachte diesen Fehler ein ums andere Mal in meinem eigenen Leben: Dieses Buch zu schreiben dauerte ein Jahr länger, als ich versprochen hatte, und jeden Montag wird mir klar, dass ich viele Dinge, die ich mir für das Wochenende vorgenommen hatte, nicht erledigt habe. Nein, das Bemerkenswerte am Planungsfehlschluss ist, dass wir unserer Erfahrung zum Trotz an der Vorstellung festhalten, unsere eigenen Fehler würden der Vergangenheit angehören und uns mittlerweile nicht mehr unterlaufen. Aber das ist lediglich eine Garantie dafür, denselben Fehler stets aufs Neue zu begehen.

Wenn Sie etwas über sich denken, aber die Wahrheit eine andere ist, welches Wissen fehlt Ihnen dann? Ganz einfach: Informationen über Ihre Konstruktion. Sie sind sich der Endprodukte Ihres Verstands bewusst – Ihrer Einstellungen, Überzeugungen, Absichten und Gefühle. Aber Sie wissen nicht, welche Prozesse in Ihrem Verstand stattgefunden haben, um diese Produkte hervorzubringen, und deshalb können Sie seine Fehler nicht erkennen.

Lassen Sie mich erklären, was ich meine.

Das Haus des Verstands

Mitte des 19. Jahrhunderts begannen Ärzte und Psychologen zu untersuchen, wie exakt der Mensch seine bewussten Erfahrungen wahrnimmt. Wie sich herausgestellt hat, wissen wir sehr wenig darüber, was die Psychologen dazu bewegt hat, für den menschlichen Verstand die Metapher des Eisbergs einzuführen. »Wir haben das wahre Ich im Intellekt gesucht«, schrieb G. Stanley Hall. »Dort ist es nicht. Seinen Kern findet man unterhalb der Schwelle der Bewusstheit. Der Fehler der Ich-Theoretiker ähnelt dem der Forscher, die nur die aus dem Wasser ragende Spitze der Eisberge sahen und glaubten, diese Gebilde würden vom Wind bewegt, obwohl in Wahrheit neun Zehntel ihrer Masse unter der Oberfläche schwimmen und von den tieferen und konstanteren Meeresströmungen bewegt werden.«[7]

Die Metapher des Eisbergs ist ebenso beliebt wie irreführend. Erstens leistet sie dem Mythos Vorschub, wir nutzten lediglich 10 Prozent unseres Gehirns. Dieser Mythos gefällt vor allem den Anhängern der Parapsychologie, legt er doch den Schluss nahe, wir könnten außergewöhnliche geistige Leistungen vollbringen, würden wir nur all das ungenutzte Potential unseres Gehirns nutzen, das »unter der Oberfläche« schlummert. »Unser Verstand ist zu bemerkenswerten, unglaublichen Leistungen fähig, aber wir nutzen nicht seine ganze Kapazität«, erklärt der selbsternannte Hellseher Uri Geller. »Die meisten von uns nutzen nur etwa 10 Prozent ihres Gehirns, wenn überhaupt. In den übrigen 90 Prozent schlummern ungenutztes Potential und unentdeckte Fähigkeiten.«[8] Es stimmt: Unser Verstand ist zu außerordentlichen Leistungen fähig. Aber es ist falsch, dass 90 Prozent seines Potentials ungenutzt bleiben. Die unbewussten Prozesse laufen in jedem Augenblick unseres Lebens und steuern fast unser gesamtes Verhalten mit akzeptabler Anpassungsfähigkeit. Bewusst ist uns nur ein kleiner Teil dessen, was wir von Augenblick zu Augenblick tun. Aber das bedeutet keineswegs, dass wir den Rest unseres Gehirns nicht benutzen.

Zweitens ist die Eisberg-Metapher irreführend, weil sie eine stabile Verbindung zwischen den bewussten und unbewussten geistigen Prozessen nahelegt, wobei die unbewussten Abläufe irgendwie die bewussten hervorbringen oder zumindest in irgendeiner Form direkt und untrennbar mit ihnen verbunden sein sollen. In Wahrheit muss es überhaupt keine Verbindung zwischen bewussten und unbewussten Vorgängen geben. Die unbewussten Prozesse scheinen den größten Teil unseres alltäglichen Verhaltens zu steuern, während uns die bewussten Prozesse offenbar dabei helfen, unseren Handlungen einen Sinn abzugewinnen, damit wir sie uns selbst und anderen erklären können.

Eine bessere Metapher für den menschlichen Verstand ist die des Hauses: Seine äußere Form erkennt man sehr gut, aber sein innerer Aufbau ist nicht sichtbar. Mein eigenes Haus zum Beispiel wurde um das Jahr 1925 errichtet und seitdem mehrfach umgebaut. Im Obergeschoss haben wir drei Schlafzimmer, zwei Bäder und ein Büro. Die Küche im Erdgeschoss geht auf die Straße hinaus, und unser Schlafzimmer befindet sich auf der Rückseite mit Blick auf den Garten. Sie können meiner Beschreibung vertrauen. Ich kenne mein Haus in- und auswendig. Ich sehe es jeden Tag.

Aber unser Haus ist auch verwirrend. Einige der Innenwände bestehen nicht aus Holz, sondern aus Ziegeln. In einer Wand befindet sich ein Stahlträger, für den es keine offenkundige Erklärung gibt, und hinter einer Zementmauer im Keller verläuft ein versteckter Gang, der einen auf die Idee bringen könnte, dies sei einmal das Haus von Al Capone gewesen. Im Dachstuhl findet man Stücke einer Außenverkleidung, alte Dachteile, die unter dem heutigen Dach liegen. Mitten im Haus gibt es ein Loch von der Größe eines Lichtschalters, durch das über irgendeinen geheimnisvollen Weg den ganzen Winter eiskalte Luft hereinströmt, und während die Ziegel an der Vorderseite abgerundete Kanten haben, sind jene an der Rückseite scharfkantig. Es ist ein Geheimnis für mich, wieso unser Haus so gebaut wurde und wer an diesem Konstruktionsprozess beteiligt war.

Ich kann mir jeden Tag das fertige Haus ansehen. Doch keine noch so sorgfältige Inspektion und archäologische Erforschung wird mir helfen, den Konstruktionsprozess zu verstehen, der es zu dem Haus gemacht hat, das es heute ist. Ich kann genau beschreiben, *wie* unser Haus aussieht. Aber ich kann nur raten, *warum* es so aussieht.

Das menschliche Gehirn ist nicht wie ein Eisberg. Es ist wie ein Haus. Bewusst sind uns die fertigen geistigen Produkte, von den sensorischen Erfahrungen von Schmerz und Vergnügen über das Gefühl der Kontrolle und des freien Willens bis zu unseren tiefverwurzelten Überzeugungen und Einstellungen. Wenn wir zwischen zwei Filmen wählen, haben wir das Gefühl, unser Verhalten bewusst zu steuern. Wir halten uns für unvoreingenommen, wenn wir den Lehrern sagen, wie intelligent unsere Kinder sind, und wir wissen genau, warum wir einen Kandidaten für ein politisches Amt einem anderen vorziehen. Aber wir können nur raten, welche Vorgänge in unserem Kopf diese bewussten Erfahrungen hervorbringen. Wir spüren, dass wir glücklich sind, aber wir können nur raten, warum wir es sind. Wir merken, dass wir unseren Partner lieben, aber wir können nur Vermutungen darüber anstellen, warum wir so empfinden. Und wir wissen, dass wir eine wichtige Entscheidung gründlich überdenken, aber wir können nur raten, wenn wir zu erklären versuchen, warum wir die Option A der Option B vorgezogen haben. Die Introspektion ist blind für die Konstruktion. Das bedeutet nicht, dass unsere introspektiven Vermutungen nie zutreffen, denn wie bei einer Multiple-Choice-Frage können wir die Antwort erraten. Aber wir sollten nicht allzu sicher sein, dass es die korrekte Antwort ist.

Mit Bedacht unwissend

Um zu verstehen, wie begrenzt die Introspektion sein kann, sollten wir mit einer der wichtigsten Funktionen des Gehirns beginnen: dem Gesichtssinn. Ein Drittel unseres Gehirns wird für das Sehen gebraucht. Das liegt nicht daran, dass es so kompliziert ist, Lichtwellen in Nervenimpulse umzuwandeln, sondern daran, dass die Lichtwellen, die das Auge aufnimmt, so mehrdeutig sind, dass das Gehirn erhebliche Interpretationsarbeit leisten muss, um daraus ein Anschauungsbild zu machen. Alle grundlegenden Psychologielehrbücher, die ich kenne, enthalten ein Kapitel über den Gesichtssinn, und in diesem Kapitel findet man immer eine ähnliche Abbildung wie die folgende, die veranschaulicht, wie uns unser Gehirn in die Lage versetzt, die Welt zu sehen.

In diesem Schaubild wird das Sehen als ein Vorgang bezeichnet, in dem durch die Linse des Auges ein Bild aufgenommen wird, das anschließend in Nervensignale umgewandelt wird, die durch das Gehirn geleitet, dort umgedreht und im visuellen Cortex (der Sehrinde) als getreue Darstellung der Welt *da draußen* wahrgenommen werden.

Diese Abbildungen sind zwar sehr anschaulich, haben aber nur zwei Dimensionen. Nicht zu sehen ist der große Teil des Gehirns – die Frontallappen und der Rest des visuellen Cortex –, der aus dieser Abbildung herausragt und die Lichtwellen interpretiert, die auf die Netzhaut treffen. So wird uns suggeriert, dass das Bild, das wir sehen, einzig und allein davon abhängt, was wir vor Augen haben. Aber in Wahrheit ist das, was wir sehen, das Produkt eines unsichtbaren Konstruktionsprozesses, der unserem Bewusstsein ein vollständiges und fertiges Bild liefert. Unser

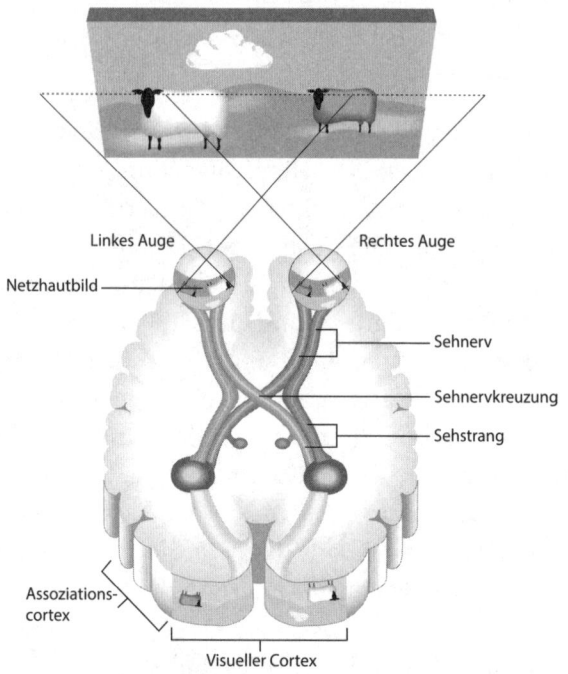

Linkes Auge

Rechtes Auge

Netzhautbild

Sehnerv

Sehnervkreuzung

Sehstrang

Assoziations-cortex

Visueller Cortex

Gesichtssinn scheint uns eine realistische Abbildung der Vorgänge in der Welt *da draußen* zu liefern, aber in Wahrheit wird diese Abbildung *hier drinnen* konstruiert.

Um zu verstehen, wie dieser Prozess funktioniert, sollten wir uns die folgende Abbildung ansehen. Was ist das?

Richtig, ein Elefant. Gut gemacht. Und jetzt sehen Sie sich diesen Elefanten ein wenig näher an. Haben Sie einen Moment gebraucht, um die Beine zu erkennen? Wie schnell könnte dieses Tier laufen? Wäre das, was wir sehen, einfach ein Abbild der Welt *da draußen*, dann würden Sie die optische Täuschung auf den ersten Blick erkennen. Aber das, was wir sehen, ist eine Konstruktion, die auf Informationen beruht, die wir bereits haben – zum Beispiel auf dem Aussehen eines normalen Elefanten. Das erspart unserem Gehirn die Mühe, alles im Detail studieren zu müssen, um es tatsächlich sehen zu können. Daher erkennen die meisten Leute die irritierende Darstellung der Beine erst bei genauerem Hinsehen.

Und was ist mit dem nächsten Bild? Wen sehen Sie?

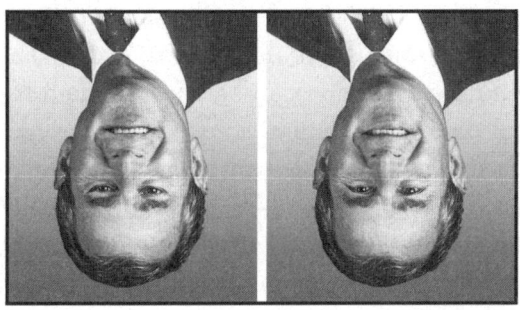

Ja, auch diese Antwort ist richtig. Es ist ein ehemaliger US-Präsident. George W. Bushs Gesicht ist so bekannt, dass wir ihn sogar verkehrt herum erkennen. Aber jetzt bitte ich Sie, Ihr Buch oder E-Book umzudrehen und sich das Bild richtig herum anzuschauen. Nur zu …

Meine Güte! Was ist das? Bush vor seiner ersten Amtszeit und nach seiner zweiten? Als das linke Bild auf dem Kopf stand, konnten Sie die verrückten Gesichtszüge nicht erkennen, gleichgültig, wo Sie politisch stehen. Dass Ihre Wahrnehmung eines Gesichts derart abhängig von seiner Ausrichtung ist, zeigt einfach, dass das, was Sie sehen, aus sehr viel mehr als dem Bild besteht, das Sie vor Augen haben.

Tatsächlich leistet unser Gehirn ein verblüffendes Maß an konstruktiver Arbeit, ohne dass es uns bewusst wäre. Das Gehirn enthält etwa 100 Milliarden Neuronen, von denen jedes einzelne über Synapsen zwischen 1000 und 10000 Verbindungen zu seinen Nachbarn herstellt. »In Anbetracht dieser Zahlen«, schreibt der Neurowissenschaftler V. S. Ramachandran, »ist davon auszugehen, dass die Zahl möglicher Gehirnzustände – die Zahl der theoretisch möglichen Permutationen und Kombinationen der Aktivität – die Zahl der Elementarteilchen im Universum übersteigt.«[9]

Natürlich sind die Verknüpfungen zwischen den Neuronen nicht zufällig, sondern Teil eines Musters, das davon abhängt, wie oft zwei Neuronen normalerweise gemeinsam aktiviert werden. Je häufiger ein Neuron zur selben Zeit wie ein anderes Aktionspotentiale abfeuert, desto stabiler wird die Verbindung zwischen den beiden in einem Netz. Sind sie einmal derart verbunden, so wird mit der Aktivierung eines Neurons auch das assoziierte Neuron aktiviert. Aus diesem Grund lösen Gedanken an eine Sache, die in unserem Leben üblicherweise mit einer anderen einhergeht, auch Gedanken an diese andere Sache aus. Yin und _____, Dr. Jekyll und Mr _____.

Nicht nur Gedanken, sondern auch Verhaltensweisen werden auf diese Art miteinander verknüpft. Ich möchte Sie bitten, für mich die folgenden Worte zu lesen:

Erbrochenes
Kotze
Sich übergeben
Rotz
Sabber
Schleim

Wenn sich dabei Ihre Oberlippe geringfügig zu einem Ausdruck des Ekels verzieht, ohne dass Sie wirklich Kotze oder Schleim vor Augen haben, wissen Sie, worauf ich hinauswill: Die Vorstellung von einem Anblick kann eine Reaktion auslösen, die üblicherweise mit dem tatsächlichen Anblick verbunden ist, so wie ein angewiderter Ausdruck mit dem Gefühl einhergeht, das diese Worte auslösen. Wenn wir an schleimige Körperflüssigkeiten denken, folgt das damit verbundene Verhalten ganz natürlich, ohne dass wir bewusst reagieren würden. Wie Psychologen wissen, ist keine Bewusstheit erforderlich, um das Verhalten zu lenken, denn man erhält dieselben Reaktionen, selbst wenn man die Worte so kurz vor den Augen einer Versuchsperson aufblitzen lässt, dass ihr nicht bewusst wird, überhaupt irgendwelche Worte gesehen zu haben.[10]

Geheimnisvolle Anziehungskräfte

Sie müssen die assoziative Natur Ihres Gehirns kennen, wenn Sie verstehen wollen, warum es so schwierig ist, sich gewisse Aspekte Ihres Verstands zu erschließen. Im Lauf der Evolution wurden bestimmte neuronale Verknüpfungsmuster in unseren genetischen Code eingeschrieben, die dazu beitragen, uns lang genug am Leben zu erhalten, um unser Erbgut weitergeben zu können. Diese assoziativen Verbindungen müssen nicht bewusst zugänglich sein. Das klarste Beispiel ist das geheimnisvolle Gefühl der sexuellen Anziehung. Wir finden manche Menschen attraktiv und andere nicht. Das wissen wir auf Anhieb. Aber *wie* wissen wir es? Wir können versuchen, in uns hineinzuschauen und Vermutungen anzustellen – »Ich mag Blondinen« oder »Er wirkt durchtrainiert« –, aber mit einiger Wahrscheinlichkeit wird uns ein wesentlicher Grund für die Anziehungskraft entgehen, die eine Person auf uns ausübt.

Auch wenn die Redensart das Gegenteil besagt: Die Schönheit liegt nicht im Auge des Betrachters. Alle Menschen, neugeborene Babys eingeschlossen, sind sich im Allgemeinen darüber einig, wer attraktiv ist und wer nicht.[11] Zu den wesentlichen Faktoren, die über die Attraktivität eines Menschen entscheiden, zählt ein Signal, das seit Urzeiten nützlich ist, um einen gesunden Partner zu finden, mit dem man Kinder zeugen kann. Wissen Sie, von welchem Signal die Rede ist? Von Muskeln? Einem breiten Lächeln? Großen Brüsten? Manche Leute finden solche Merkmale attraktiv, aber es gibt eines, dessen Wirkung sich niemand entziehen kann: die bilaterale Symmetrie. Gemeint ist, dass die linke und rechte Körperhälfte identisch sind.[12] Klingt wirklich heiß, nicht wahr? Die bilaterale Symmetrie nehmen wir kaum bewusst wahr, weil sich unser Gehirn derart gut auf die Beurteilung der Symmetrie versteht, dass es augenblicklich ein Gefühl der Attraktivität konstruiert. Dieser Konstruktionsprozess entgeht der Introspektion vollkommen. Wenn Sie also fragen, warum jemand ein Supermodel attraktiv findet, kann ich Ihnen versichern, dass nur Evolutionsbiologen antworten werden: »Weil sie so symmetrisch ist.«

Sich von jemandem angezogen oder abgestoßen zu fühlen ist eine starke Empfindung, die uns vollkommen bewusst ist, aber wie sie konstruiert wird, bleibt uns gänzlich unbewusst. In einem beliebten Kinderreim kommt diese Ratlosigkeit deutlich zum Ausdruck:

I do not like thee, Doctor Fell,
The reason why I cannot tell.
But this I know, and know full well,
I do not like thee, Doctor Fell.[13]

(Ich mag Sie nicht, Doktor Fell. Den Grund dafür weiß ich nicht, aber eins weiß ich sicher: Ich mag Sie nicht, Doktor Fell.)

Gedanken-, aber nicht planlos: Unbewusste Abläufe

So wie die Evolution die neuronalen Netze erzeugt hat, formt das Alltagsleben sie durch Übung und wiederholte Auseinandersetzung, bis sie unbewusste Abläufe hervorbringen, die unser Verhalten steuern, ohne dass wir den Grund dafür wüssten. Wenn ein Kollege Sie auf dem Weg zum Aufzug fragt, wie es Ihnen geht, haben Sie vielleicht schon »Gut, und Ihnen?« geantwortet, bevor Sie überlegen, wie es Ihnen wirklich geht. Sie stehen ohne die Hilfe eines Maßbands fast genau einen halben Meter von einem Freund entfernt, weil Sie das Gefühl haben, dass das die richtige Entfernung ist – näher wäre aufdringlich, weiter entfernt kühl und unpersönlich. Wenn Sie einen Aufzug betreten, wenden Sie, ohne zu zögern, instinktiv das Gesicht der Tür zu, anstatt die Rück- oder Seitenwand anzuschauen. Die neuronalen Verknüpfungen erzeugen Gewohnheiten, die unser Verhalten wie eine unsichtbare Hand lenken. Wir handeln hirngesteuert, aber ohne zu denken.

Mein Lieblingsbeispiel stammt aus einem Experiment, in dem die Routineabläufe untersucht wurden, die Menschen befolgen, wenn sie jemanden um Hilfe bitten.[14] Diese Abläufe kennen Sie. Um Hilfe von einer anderen Person zu erhalten, muss man ihr zunächst sagen, was man von ihr will – »Ich bitte Sie, heute länger zu arbeiten …« –, und diese Aufforderung anschließend erklären – »… *weil* wir bei diesem wichtigen Projekt deutlich hinter dem Zeitplan herhinken«. Man bittet also nicht einfach um etwas, sondern *begründet* seine Bitte. Wenn diese Verknüpfung so gut einstudiert ist, dass sie unbewusst funktioniert – so als würde man mit dem Fahrrad fahren –, dann sollte praktisch jede Begründung einer Bitte eine unbewusste zustimmende Antwort auslösen. Man gibt der Bitte statt, ohne über die Begründung nachzudenken.

Wie wichtig diese Verknüpfung von Aufforderung und Begründung ist, zeigen die Ergebnisse eines Experiments, in dem Personen, die in einer Warteschlange vor einem Kopiergerät standen, auf verschiedene Weise um einen Gefallen gebeten wurden. Zuerst fragte die Versuchsleiterin, ob die anderen Wartenden sie vorlassen würden, und begründete ihre Bitte folgendermaßen: »Entschuldigen Sie, ich habe nur fünf Seiten. Kann ich das Kopiergerät benutzen? Ich bin in Eile.« Dieser Ablauf gehorchte den ungeschriebenen Gesetzen, und 94 Prozent der in der Schlange wartenden Personen ließen die Versuchsleiterin vor. In einer zweiten Versuchsreihe verzichtete die Versuchsleiterin auf die Begründung: »Entschuldigen Sie, ich habe nur fünf Seiten. Kann ich das Kopiergerät benutzen?« Dies widersprach dem üblichen Prozedere, da kein Grund genannt wurde. Wie erwartet, waren sehr viel weniger Versuchspersonen – 60 Prozent – bereit, der Bitte stattzugeben. Besonders interessant ist ein dritter Versuchsaufbau, bei dem eine wenig überzeugende Begründung für die Bitte vorgebracht wurde. Die Versuchsleiterin fragte: »Entschuldigen Sie, ich habe nur fünf Seiten. Kann ich das Gerät benutzen? Ich muss ein paar Kopien machen.« Sie begründete ihre Bitte also mit der unverfrorenen Erklärung, sie müsse am Kopiergerät *Kopien machen.* Dadurch wurde die übliche Vorgehensweise gewahrt, wenn auch mit einer unsinnigen Begründung. Ein Kopiergerät benutzt man zum Kopieren, nicht, um belegte Brote zu schmieren. Alle, die in einer Schlange vor einem Kopiergerät warten, wollen kopieren. Aber da die

Aufforderung dem gewohnten Ablauf entsprach, bestand die automatische Reaktion der Versuchspersonen darin, der Bitte stattzugeben: Nicht weniger als 93 Prozent ließen die Versuchsleiterin vor. Das waren genauso viele wie bei der gut begründeten Bitte.

Die assoziativen Verknüpfungsmuster können nicht nur unser Verhalten gegenüber anderen Menschen lenken, ohne dass wir uns dessen bewusst wären, sondern sie können auch steuern, wie wir über uns selbst denken. Die meisten Menschen führen ihr Leben so, dass es positive Assoziationen mit ihrer eigenen Person weckt. Bittet man Versuchspersonen, den Satz »Ich bin l_stig« zu vervollständigen, so werden die meisten nicht »lästig«, sondern »lustig« schreiben, weil das eher dem Bild entspricht, das sie von sich selbst haben.

Aber diese positiven Assoziationen können es uns schwermachen, uns richtig einzuschätzen. Das kann so weit gehen, dass wir unser eigenes Gesicht nicht erkennen, wie Erin Whitchurch und ich in einem Experiment beobachten konnten: Wir nahmen Fotos der Versuchspersonen und glichen ihr Gesicht schrittweise einem sehr attraktiven oder sehr unattraktiven Gesicht an, wobei wir jedes Mal zusätzliche 10 Prozent der fremden Gesichtszüge einarbeiteten. So erhielten wir eine Reihe von Fotos, auf denen die Gesichter der Versuchspersonen zunehmend attraktiver oder unattraktiver wirkten, als sie eigentlich waren. (Auf der folgenden Abbildung sehen Sie die »Mischbilder« von Erin und mir.) Anschließend zeigten wir den Versuchspersonen alle elf Versionen – ihr tatsächliches Gesicht plus fünf mit dem sehr attraktiven und fünf mit dem sehr unattraktiven Gesicht vermischte Versionen – in einer willkürlichen Abfolge und baten sie, ihr eigenes Gesicht zu identifizieren. Es stellte sich heraus, dass die Versuchspersonen eher die durch Mischung mit einem attraktiven Gesicht »verbes-

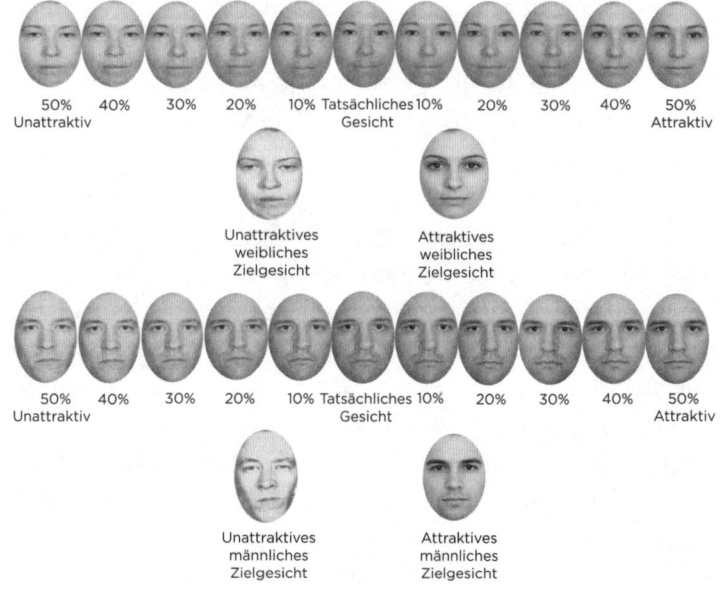

| 50%
Unattraktiv | 40% | 30% | 20% | 10% | Tatsächliches
Gesicht | 10% | 20% | 30% | 40% | 50%
Attraktiv |

Unattraktives
weibliches
Zielgesicht

Attraktives
weibliches
Zielgesicht

| 50%
Unattraktiv | 40% | 30% | 20% | 10% | Tatsächliches
Gesicht | 10% | 20% | 30% | 40% | 50%
Attraktiv |

Unattraktives
männliches
Zielgesicht

Attraktives
männliches
Zielgesicht

serten« Versionen ihres eigenen Gesichts auswählten, was darauf hindeutete, dass sie sich für attraktiver hielten, als sie tatsächlich waren.[15] Das Selbstbild, das wir vor unserem inneren Auge haben, entspricht nicht einfach dem Bild, das wir im Spiegel sehen. Es ist zumindest teilweise ein Produkt der Assoziationen, die unsere eigene Person in uns weckt. Jetzt wissen Sie, warum Sie auf den meisten Fotos so unvorteilhaft wirken.

Jahrzehnte bevor die Psychologen diese Entdeckungen über den Einfluss der unbewussten Prozesse machten, erklärte C. G. Jung: »In jedem von uns ist auch ein anderer, den wir nicht kennen.«[16] Jung kannte nicht einmal die halbe Wahrheit. In mancher Hinsicht sind wir »Fremde für uns selbst«, wie es der Psychologe Timothy Wilson ausdrückt.[17] Welche Erkenntnis entgeht uns, wenn unsere Selbsteinschätzung nicht der Wahrheit entspricht? Mittlerweile kennen wir die Antwort: Uns entgehen die kontextuellen

Auslöser und unbewussten Assoziationen, die für vieles von dem verantwortlich sind, was wir denken und tun. Die Hotel- und Restaurantangestellten in LaPieres Experiment kannten ihre bewusste Einstellung gegenüber Asiaten, aber sie zeigten keine automatische Reaktion, als tatsächlich ein freundlich lächelnder, *realer* asiatischer Mensch nach einem Zimmer fragte. Wenn wir darüber nachdenken, wie wir auf die Aufforderung reagieren würden, einem anderen Menschen in Milgrams Autoritätsstudien Elektroschocks zu verabreichen, sind wir uns sicher, dass wir sie nicht wissentlich verletzten wollten, aber wir lassen außer Acht, wie schwierig es in einer Stresssituation wäre, die entschiedenen Anweisungen und beruhigenden Worte einer Autoritätsperson zu missachten, nachdem wir ein Leben lang die Anweisungen von Autoritätspersonen befolgt haben. Uns entgeht der Konstruktionsprozess, der in unserem Kopf stattfindet. Uns entgehen die Auslöser und neuronalen Prozesse, die dafür verantwortlich sind, dass wir tun, was wir tun, und denken, was wir denken. Wir verstehen uns selbst nicht vollkommen, weil wir nur einen Teil dessen sehen können, was in unserem Kopf vorgeht.

Wissen Sie eigentlich, was in Ihrem Kopf vor sich geht?

Wenn sich ein Teil unserer Hirnaktivität der bewussten Introspektion entzieht, warum fühlen wir uns dann nicht öfter wie ein Anthony Weiner? Zur Erinnerung: Weiner war Kongressabgeordneter für den Staat New York, als in seinem Twitter-Blog ein von ihm selbst aufgenommenes Foto seiner Lendengegend auftauchte, das für alle seine Followers sichtbar war. Weiner behauptete, sein Account sei gehackt worden. Aber nachdem er eine Woche lang von

Journalisten bedrängt worden war und immer unglaubwürdigere Dementis abgegeben hatte, gestand er, das Foto selbst aufgenommen zu haben, um es einer Frau in Seattle zu schicken. Er hatte es versehentlich in Twitter gepostet. Auf die Frage eines Journalisten, was er sich dabei gedacht habe, blieb seine Introspektion ergebnislos: »Ich weiß nicht, was ich dachte. [...] Ich habe einfach keine richtige Erklärung dafür. Ich kann nur wiederholen, dass es mir leidtut.« Zum ersten Mal sagte Anthony Weiner die Wahrheit. Wenn wir nur raten können, was in unserem Gehirn vorgeht, stellt sich die Frage, warum wir nicht öfter über uns selbst stolpern?

Der Grund hierfür ist, dass wir bei der Introspektion genauso vorgehen wie bei der Erforschung der Gedanken anderer Menschen: Wir stützen uns auf eine Theorie, die unserem Verhalten einen Sinn gibt, selbst wenn wir keinen direkten Zugang zu seinen tatsächlichen Ursachen haben. Diese Theorie funktioniert schnell und automatisch und lässt einfach außer Acht, was wir nicht wissen. Wenn wir die tatsächlichen Gründe unseres Verhaltens nicht kennen, fügt unser Bewusstsein eine glaubwürdige Geschichte zusammen, ganz ähnlich wie bei unseren Versuchen, die Gedanken anderer Menschen zu lesen, um ihrem Verhalten einen Sinn abzugewinnen. Da wir blind für die Konstruktionsprozesse sind, die unsere Gedanken, Gefühle und Entscheidungen steuern, klammern wir uns an die Illusion, mehr über unseren eigenen Verstand zu wissen, als tatsächlich der Fall ist.

Sehen wir uns ein einfaches Experiment an. Forscher baten Konsumenten in einem Einkaufszentrum, ihre Entscheidungen zu erklären. Zunächst zeigten die Forscher diesen Käufern vier Paar Strümpfe und forderten sie auf, die mit der besten Qualität auszuwählen. In Wahrheit waren die Strümpfe identisch. Aber wie sich herausstellte, spielte die Anordnung der Strümpfe eine Rolle: Die Käufer bevorzugten das Strumpfpaar, das ganz rechts lag (und ihnen zuletzt zur Beurteilung vorgelegt wurde) viermal so häufig wie die Strümpfe, die links lagen (weshalb sie als Erste begutachtet wurden). Aber auf die Frage nach dem Grund für ihre Wahl sagte keine dieser Personen etwas über die Anordnung der Strümpfe auf dem Tisch. Als die Forscher die Versuchsteilnehmer direkt fragten, ob sich die Reihenfolge, in der sie die Strümpfe begutachtet hatten, auf ihre Wahl ausgewirkt habe, »bestritten fast alle diese Möglichkeit, wobei die meisten von ihnen dem Fragesteller einen besorgten Blick zuwarfen: Offenbar glaubten sie, die Frage falsch verstanden oder es mit einem Verrückten zu tun zu haben.«[18] Die Reihenfolge, in der die Strümpfe präsentiert wurden, entschied über die Präferenzen der Befragten, aber diesen war offenkundig nicht bewusst, dass man ihr Denken derart beeinflusst hatte.

Zahlreiche Experimente wie dieses haben die Arbeitsweise der Psychologen verändert. Heute fordert kein Psychologe mehr seine Versuchspersonen auf, die Gründe für ihre Gedanken oder ihr Verhalten zu erklären – es sei denn, er interessiert sich dafür, wie sich Menschen Geschichten ausdenken. Wenn man die Menschen fragt, *was* sie denken, fühlen oder wollen – wenn man sie nach dem Endprodukt ihrer mentalen Prozesse fragt –, darf man mit einer zutreffenden Antwort rechnen. Aber wenn man sie fragt, *warum* sie etwas denken, fühlen oder wollen, bekommt man nur Spekulationen zu hören.

Es überrascht, wie leicht uns die Introspektion das *Gefühl* gibt, wir wüssten, was in unserem Kopf vorgeht, obwohl wir es nicht wissen. Es ist uns nicht bewusst, dass wir uns eine Geschichte ausdenken, anstatt Tatsachen zu berichten. Ein Beispiel: Wir verbringen den ganzen Tag damit, uns bei einem Autohändler die verschiedenen Modelle anzusehen, vergleichen sie im Geist miteinander und entscheiden uns schließlich für das Auto, das uns am meisten beschäftigt. Und warum fahren wir schließlich in diesem statt in jenem Wagen los? Weil er am schönsten glänzt, weil er der beste zu sein scheint oder weil er mehr PS hat. Genügen diese Erklärungen nicht?

Nicht unbedingt. Es kommt nur selten vor, dass die Welt uns teuflische Streiche spielt. Wenn wir etwas zu tun beabsichtigen – beispielsweise uns zum Mittagessen ein Selterswasser aus dem Kühlschrank zu holen –, stimmen unsere Handlungen vollkommen mit unseren Absichten überein: Wir wollen ein Selterswasser, also holen wir uns eines. Diese Übereinstimmung zwischen Absicht und Handeln erweckt den Anschein, als würden wir den Grund für unsere Wahl kennen. Aber was, wenn die Welt teuflischer wäre? Wir greifen nach dem Selterswasser im Kühlschrank, aber der Teufel legt uns stattdessen ein Bier in die Hand. Würden wir gefragt, warum wir zum Mittagessen Bier trinken, so wären wir verblüfft, nicht wahr? Wir würden sagen: »Ach herrje, wie ist denn das passiert? Ich wollte doch ein Selterswasser nehmen.« Oder: »Da muss der Teufel seine Finger im Spiel gehabt haben.« Oder etwa nicht?

Gestützt auf das, was die Psychologen über die Beschränkungen der Introspektion wissen, nahm eine Gruppe von Forschern an, dass wir den teuflischen Trick vermutlich nicht bemerken, uns jedoch eine gute Geschichte ausdenken würden, um unser Verhalten zu erklären. Anstatt also überrascht von dem Bier in unserer Hand zu sein, fänden wir dafür schnell eine plausible Begründung: »Ich hatte einfach Lust auf ein Bier.« Die Forscher tauschten allerdings nicht Selterswasser gegen Bier aus, sondern führten ihre Versuchspersonen mit einem kleinen Zaubertrick hinters Licht: Sie forderten die Probanden auf, sich Bilder von zwei Personen anzusehen und diejenige auszuwählen, die ihnen attraktiver schien. Dann kam der Zaubertrick: Nachdem ein Versuchsteilnehmer die für ihn attraktivere Person ausgewählt hatte, drehte der Forscher die beiden Fotos um und schob dem Freiwilligen das von ihm ausgewählte Foto mit der Bildseite nach unten wieder hin. Anschließend forderte er ihn auf, zu erklären, warum er das ausgewählte Gesicht attraktiver fand. Fast alle Versuchspersonen drehten das Foto um. Ein Teil von ihnen sah nun das Gesicht, das sie tatsächlich als attraktiver ausgewählt hatten. Aber bei den anderen hatte der Forscher mit einem Trick das ausgewählte Foto mit dem Bild des *anderen* Gesichts vertauscht. Er forderte diese Probanden also auf, zu erklären, warum sie das Gesicht, das sie vorher als *weniger attraktiv* eingestuft hatten, für das *attraktivere* hielten.

Es geschahen zwei interessante Dinge. Erstens bemerkten überraschend wenige Versuchspersonen (27 Prozent), denen das falsche Foto zugeschoben worden war, dass darauf nicht das von ihnen ausgewählte Gesicht zu sehen war – und das, obwohl man ihnen Fotos von sehr unterschiedlichen Gesichtern zur Auswahl gegeben und ihnen keinerlei zeitliche Beschränkung auferlegt hatte. Wenn Sie das nächste Mal zu einer Verabredung gehen, sollten Sie vielleicht ein Foto mitnehmen, für alle Fälle.

Und zweitens unterschieden sich die Berichte der Versuchspersonen, die ihre tatsächliche Wahl begründen sollten, nicht von den Begründungen der Personen, denen das Foto des Gesichts untergeschoben worden war, das sie ursprünglich als *weniger attraktiv* eingestuft hatten. Die Personen, denen das Foto gezeigt wurde, das sie *nicht* ausgewählt hatten, gaben trotzdem eine überzeugende Erklärung für ihre vermeintliche Entscheidung. Sie bemerkten nicht, dass die Fotos ausgetauscht worden waren, und fanden eine gute Begründung für eine Wahl, die sie überhaupt nicht getroffen hatten.[19] Der entscheidende Punkt ist, dass die Geschichten, die wir über die Vorgänge in unserem Verstand erzählen, ebenso auf dem Gedankenlesen beruhen wie unsere Versuche, die Gedanken anderer Menschen nachzuvollziehen. Wenn wir jemanden sehen, der eine Karikatur betrachtet und lächelt, nehmen wir an, dass er die Karikatur amüsant findet. Wenn wir feststellen, dass wir selbst über eine Karikatur lächeln – selbst wenn wir nur lächeln, weil man uns aufgefordert hat, uns Bleistifte in die Mundwinkel zu stecken, um ein Lächeln zu simulieren –, werden wir vermutlich ebenfalls berichten, dass wir die Karikatur lustig finden.[20] Wenn wir jemanden mit hängenden Schultern sehen, nehmen wir an, dass diese Person nicht sehr stolz auf sich ist. Wenn wir selbst eine gebeugte Haltung einnehmen – und sei es nur, weil wir an einem sehr niedrigen Tisch hocken und ein Formular ausfüllen –, werden wir möglicherweise ebenfalls berichten, dass wir nicht allzu stolz auf uns und unsere Leistungen sind.[21]

Der einzige Unterschied zwischen der Interpretation der Gedanken anderer Menschen und der unserer eigenen Gedanken besteht darin, dass uns bei dem Versuch, uns in andere hineinzuversetzen, bewusst ist, dass wir nur raten. Das Gefühl, einen privilegierten Zugang zur Funktionsweise unseres eigenen Verstands zu haben – zu den Ursachen und Prozessen, die unsere Gedanken und unser Verhalten hervorbringen –, ist offenbar eine Illusion.

Voreingenommen sind immer die anderen

Die Auseinandersetzung mit diesen Illusionen ist nicht nur bedeutsam, weil sie interessant sind, sondern auch, weil sie Auswirkungen haben. Die Fähigkeit zur Introspektion – William James sprach von der Fähigkeit, »zu fühlen, wie wir selbst denken« – erzeugt die Illusion, wir würden unseren eigenen Verstand besser kennen, als es tatsächlich der Fall ist. Diese Illusion hat eine bedenkliche Auswirkung: Sie kann den Anschein erwecken, als wäre unser eigener Verstand dem anderer Menschen überlegen.

Um zu verstehen, wie es dazu kommt, müssen wir uns erneut dem Gesichtssinn zuwenden. Wer ein perfektes Sehvermögen hat, sieht jederzeit automatisch und augenblicklich ein leuchtend buntes Bild – einen silbernen Computerbildschirm, eine neongrüne Jacke, einen leuchtend roten Apfel. Die gesamte Arbeit, die unser Gehirn leistet, um Farben zu erkennen, geschieht wie durch Zauberei vollkommen außerhalb unserer bewussten Wahrnehmung. Die Farbe gehört nicht zu dem Gegenstand, den wir sehen, sondern entsteht in unserem Kopf: Sie hängt davon ab, wie unser Gehirn die verschiedenen Lichtfrequenzen interpretiert. Wir wissen das, weil manche Menschen, zum Beispiel Farbenblinde, dieselben Lichtwellen anders deuten und daher ganz andere Farben sehen. Aber ohne Bewusstsein all der Konstruktionsprozesse, die in unserem Gehirn stattfinden, um uns das Farbensehen zu ermöglichen, haben wir den Eindruck, dass die Farbe nicht nur in unserem Kopf, sondern *da draußen* in der Welt existiert – dass der Apfel tatsächlich rot ist, anstatt lediglich dank der Zauberei in unseren neuronalen Verknüpfungen rot zu scheinen. Die Psychologen bezeichnen das als *naiven Realismus*: das intuitive Gefühl, wir würden die Außenwelt so sehen, wie sie wirklich ist, anstatt sie so zu verstehen, wie sie uns vor unserem inneren Auge erscheint.[22]

Wenn wir glauben, die Welt so zu sehen, wie sie wirklich ist, stellt sich die Frage, was geschieht, wenn wir einem Menschen begegnen, der die Welt anders sieht. Wenn Ihnen ein Freund sagt, der rote Apfel sei braun, wer sollte dann Ihrer Meinung nach einen Augenarzt aufsuchen? Der naive Realismus suggeriert uns die Antwort: Beim *anderen* stimmt etwas nicht. Das erinnert mich an eine berühmte Festellung des Stand-up-Comedians George Carlin: »Ist Ihnen noch nie aufgefallen, dass jeder, der langsamer als Sie fährt, ein Idiot, und jeder, der schneller als Sie fährt, ein Verrückter ist?«

Diskussionen über die Farbe eines Apfels oder die Geschwindigkeit auf der Autobahn sind relativ harmlos, aber Diskussionen über das Recht auf Abtreibung, über Religion, gleichgeschlechtliche Ehen, Waffenkontrollen oder andere wichtige Fragen, in denen die Meinungen auseinandergehen, können zu ernsten Konflikten führen, die durch den naiven Realismus angefacht werden. Wenn uns unsere Illusionen über unseren eigenen Verstand glauben machen, wir sähen die Welt so, wie sie tatsächlich ist, und wir dann feststellen müssen, dass andere die Welt nicht so sehen wie wir, müssen *sie* voreingenommen, ignorant, unvernünftig oder böse sein. Wenn Menschen derart über den Verstand anderer Menschen denken, eskalieren Meinungsverschiedenheiten zu Konflikten, in denen es sich lohnt, für die eigenen Überzeugungen zu kämpfen (und manchmal zu sterben).[23]

Fast alle Meinungsverschiedenheiten haben mit dem naiven Realismus zu tun. Als gegen Präsident Bill Clinton ein Amtsenthebungsverfahren eröffnet wurde, behauptete er, der Grund dafür sei eine Verschwörung der Rechten. Als Sarah Palin für fragwürdige Äußerungen bei Wahlkampfveranstaltungen kritisiert wurde, bezichtigte sie die Medien einer voreingenommenen Berichterstattung. Dies ist ein in der Politik verbreitetes Phänomen: Rechte wie Linke werfen den gemäßigten Medien vor, ihrer Position gegenüber voreingenommen zu sein. Der Grund dafür ist, dass gemäßigte Ansichten von extremeren abweichen. So kommt es zur »Voreingenommenheit der feindlichen Medien«. Als die öffentliche Rundfunkanstalt NPR den politischen Kommentator Juan Williams wegen mehrdeutiger rassistischer Äußerungen feuerte, twitterte der konservative Senator Jim DeMint: »Der Fall Juan Williams ruft uns in Erinnerung, dass die Linken die Meinungsfreiheit nur unterstützen, solange die geäußerten Meinungen ihren eigenen entsprechen.«

Wenn andere Menschen nicht derselben Ansicht wie wir sind, sagt uns der naive Realismus allzu oft: »Ich habe recht, und du bist voreingenommen.«[24] Meine Hoffnung ist, dass Sie nach der Lektüre dieser beiden Kapitel die Möglichkeit in Betracht ziehen, dass Ihr sechster Sinn fehleranfällig sein könnte. Voraussetzung für ein besseres Verständnis anderer Menschen ist die Einsicht, dass unser eigenes Urteil falsch sein könnte; zumindest könnte es öfter falsch sein, als wir meinen. Die beste Einstellung zu unseren eigenen Fehlern hat eine meiner MBA-Studentinnen, Debbie Lovett, nach einigen Wochen in meinem Kurs sehr gut beschrieben: »Man sollte nicht nur lernen, dass man selbst vermutlich nicht so toll ist, wie man dachte, sondern man sollte auch begreifen, dass die anderen vermutlich nicht so vollkommen falschliegen, wie man glaubte. Während ich mich stets als bescheiden und freundlich wahrgenommen habe, bin ich zweifellos auch innerlich frustriert gewesen. [...] Wie schön, ein wenig echte Bescheidenheit zu erlangen und nachsichtiger mit den anderen zu werden.«

* * *

Wenn ich Sie davon überzeugt habe, dass es nicht schaden kann, Ihr eigenes Urteilsvermögen ein wenig kritischer zu betrachten, sind Sie bereit für den nächsten Schritt. Um die Fehler unseres sechsten Sinns verstehen zu können, müssen wir lernen, wie er funktioniert. Der erste Fehler besteht darin, diesen Sinn nicht zu benutzen, wenn wir ihn einsetzen sollten. Um zu verstehen, wie ein anderer Mensch denkt, müssen wir unseren sechsten Sinn benutzen. Denn so, wie wir mit geschlossenen Augen nicht sehen können, können wir nicht »sehen«, was im Kopf anderer Menschen vorgeht, wenn wir unseren sechsten Sinn nicht aktivieren. Wie wir im nächsten Kapitel erfahren werden, kann dieses Unvermögen uns unter bestimmten Umständen sogar zu der Einschätzung verleiten, andere hätten wenig oder überhaupt keinen Verstand.

TEIL 2

Hat es ein Bewusstsein?

*In dem Bemühen, die Sichtweise anderer
Menschen nachzuvollziehen, machen
wir Fehler, wenn wir unsere Fähigkeiten
falsch anwenden. Manchmal nutzen wir
unseren sechsten Sinn nicht, wenn wir es
tun sollten, und manchmal nutzen wir ihn,
obwohl wir es besser nicht tun sollten.*

3

Wie wir andere entmenschlichen

Die schlimmste Sünde gegen unsere Mitmenschen ist nicht, sie zu hassen, sondern ihnen gegenüber gleichgültig zu sein. Die Gleichgültigkeit ist das Wesen der Unmenschlichkeit.

George Bernard Shaw

Als Standing Bear, ein widerspenstiger Häuptling aus dem Stamm der Ponca, in einem der wohl verblüffendsten Gerichtsverfahren der Geschichte am 2. Mai 1879 in einem Gerichtssaal in Nebraska das Wort ergriff, wurde die Existenz eines Verstands verhandelt, den viele nicht sehen konnten.

Standing Bear hatte eine zermürbende Reise hinter sich. Einige Jahre früher hatte die amerikanische Bundesregierung entschieden, 752 Ponca-Indianern ihr fruchtbares Land am Fluss Niobrara wegzunehmen und sie ins trostlose Indianerterritorium im Norden des heutigen Oklahoma zu bringen. Standing Bear gab seinen gesamten Besitz auf, sammelte seinen Stamm um sich, und gemeinsam brachen sie zu dem mehr als 1000 Kilometer langen Marsch auf. Fast ein Drittel der Ponca, die diesen »Pfad der Tränen« überlebten (unter den Toten war Standing Bears Tochter), verhungerten im Verlauf des ersten Jahres im ausgedörrten Indianerterritorium, da sie in der neuen Heimat kaum Vorräte hatten und ihre Felder auf felsigen Böden anlegen mussten. Als sein Sohn im Sterben lag, schwor Standing Bear, ihn an der Begräbnisstätte des Stamms zur letzten Ruhe zu betten, damit der Junge im Jenseits mit seinen Vorfahren zusammen sein konnte. Standing Bear hatte sich entschlossen heimzukehren.

Er hängte sich die Gebeine seines Sohns in einem Beutel um den Hals und machte sich in Begleitung von 27 Stammesangehörigen im tiefsten Winter auf den Heimweg. Auf halber Strecke erreichte die Gruppe das Reservat der Omaha-Indianer, die sie freundlich aufnahmen. Aber es warteten auch amerikanische Bundesbeamte mit Handschellen auf sie. General George Crook hatte den Auftrag erhalten, die bedrängten Ponca ins Indianerterritorium zurückzubringen.

Crook konnte den Gedanken nicht ertragen. »Schon oft haben mich Befehle aus Washington gezwungen, die Indianer unmenschlich zu behandeln«, sagte er, »aber jetzt wird mir etwas befohlen, das grausamer ist als alles, was ich in der Vergangenheit getan habe.« Crook war ein anständiger Mann, der sich jedoch einem direkten Befehl unmöglich widersetzen konnte. Stattdessen ermutigte er einen Zeitungsherausgeber aus Omaha, Rechtsanwälte zu engagieren, um ihn als Vertreter der US-Regierung im Namen von Standing Bear zu verklagen. Der Klagegrund? Die Bundesregierung sollte gezwungen werden, Standing Bear als Person, als *menschliches Wesen* anzuerkennen.

Die Anwälte der Regierung versuchten in dem mehrtägigen Gerichtsverfahren, die Ponca als Wilde darzustellen, die eher Tiere ohne Verstand oder seelenlose Objekte als vernunftbegabte menschliche Wesen mit Gefühlen seien. Schließlich hatte die Vorstellung, die Ponca hätten keinen Verstand, den Behörden die Möglichkeit gegeben, die Indianer nicht wie Personen, sondern wie Eigentumsgegenstände zu behandeln. Wie die Regierung dachte, äußerte sich im Gebaren ihres Anwalts: Er fragte Standing Bear gleich zu Beginn, wie viele Menschen er auf dem Marsch angeführt habe, und begründete die Frage so: »Ich wollte nur sehen, ob er zählen kann.«

Nachdem mehrere Tage lang Zeugen gehört worden waren, näherte sich der Prozess dem Ende. Richter Elmer Dundy wusste, dass sich Standing Bear gemäß der Tradition der Ponca selbst an das Publikum wenden wollte, aber die geltenden Verfahrensregeln ließen solche Erklärungen nicht zu. Der Richter fand dennoch einen Weg, um die Tradition der Ureinwohner zu respektieren, und umging die amerikanische Rechtstradition, indem er den Gerichtsdiener zu seinem Tisch rief und ihm zuflüsterte, dass sich das Gericht vertage. Nachdem er auf diese Weise die offizielle Verhandlung unbemerkt beendet hatte, erlaubte er Standing Bear, sich zu erheben und an das Gericht zu wenden.

Am Ende eines sehr langen Verhandlungstags stand Standing Bear auf. Er konnte weder lesen noch schreiben und hatte keine Zeit gehabt, eine Rede vorzubereiten. Eine Minute lang schaute er sich schweigend im Saal um. Dann begann er zu sprechen: »Ich sehe hier viele von euch. Ich denke, viele sind meine Freunde.« Dann versuchte er den Anwesenden klarzumachen, dass er keineswegs ein Wilder ohne Verstand war. Er beschrieb das elende Leben seines Stamms im Indianerterritorium, erklärte, dass er nie versucht hatte, einen Weißen zu verletzen, und schilderte, wie er im Lauf der Jahre mehrere verwundete amerikanische Soldaten in seinem Haus aufgenommen und gesund gepflegt hatte. Dann lieferte er eine verblüffende Variante von Shylocks Monolog im *Kaufmann von Venedig*. Er streckte die Hand aus und sagte: »Diese Hand hat nicht dieselbe Farbe wie eure. Aber wenn ich hineinsteche, fühle ich Schmerz. Wenn ihr in eure Hand stecht, fühlt ihr ebenfalls Schmerz. Das Blut, das aus meiner Hand fließt, hat dieselbe Farbe wie euer Blut. Ich bin ein Mensch.«[1]

Standing Bear war ein Mensch, der intelligent genug war,

um seinen Stamm im tiefsten Winter 1000 Kilometer durch das Land und zurück zu führen. Er war ein Mensch, der so tiefe Liebe empfinden konnte, dass er die Knochen seines Sohns quer durch das Land trug, um ein Versprechen einzulösen. Doch nun musste er an fremde Menschen appellieren, die keine verwandte Seele in ihm sahen, sondern über ihn wie über einen Eigentumsgegenstand verfügen wollten. Da er es mit Menschen zu tun hatte, die offenbar unfähig waren, ein vernunftbegabtes Wesen intuitiv zu erkennen, war Standing Bear gezwungen, ihnen seinen Verstand zu zeigen.

Was unseren sechsten Sinn ausschaltet

Der Fall von Standing Bear ist ein extremes Beispiel für einen überraschend häufigen Fehler unseres sechsten Sinns. Es ist, als würde man die Augen schließen und glauben, dass nichts existiert, weil man ja nichts sieht: Wenn wir unsere Fähigkeit, über den Verstand eines anderen Menschen nachzudenken, nicht nutzen, hat dies nicht nur Gleichgültigkeit gegenüber diesem Menschen zur Folge, sondern kann uns auch zu dem Schluss verleiten, dass er relativ geistlos ist. Nimmt die mangelnde Nutzung unseres sechsten Sinns extreme Formen an, so geht sie normalerweise mit Hass oder Vorurteilen einher, die zur Entfremdung zwischen Menschen führen. Die Nationalsozialisten griffen auf jahrhundertealte antisemitische Stereotype zurück und stellten die Juden als geldgierige Ratten ohne Gewissen oder als hemmungslose Schweine ohne Selbstbeherrschung dar. Die Hutu in Ruanda sahen in den Tutsi hirnlose Kakerlaken – und töteten Hunderttausende Angehörige dieses Volks. Vom Verhalten der Mehrheit gegenüber der entmenschlichten Gruppe weichen normalerweise jene Menschen ab, die persönlichen Kontakt zu Mitgliedern dieser Gruppe haben. General Crook hatte in seinem Büro mit Standing Bear und seinen Begleitern gesprochen und aus dem Mund dieser Menschen von ihrem Leid, ihren Hoffnungen und Träumen, ihren Überzeugungen und Erinnerungen gehört. Er sah keine geistlosen Wilden in den Ponca, was ihn dazu bewegte, ein Gerichtsverfahren in Gang zu bringen, in dem er selbst der Beklagte war. Diese Beispiele lehren uns, was nötig ist, damit wir die Existenz eines vollwertigen menschlichen Bewusstseins in einer anderen Person erkennen können, und führen uns vor Augen, welche Folgen es hat, wenn wir ebendies nicht erkennen.

Natürlich war Standing Bear weder der erste noch der letzte Mensch, dessen Geist ignoriert oder unterschätzt wurde. Der Psychologe Gustav Jahoda hat untersucht, wie die Europäer seit der Antike jene Menschen betrachteten, die in relativ primitiven Kulturen lebten, und festgestellt, dass diesen Völkern auf eine von zwei Arten ein Geist abgesprochen wurde: Entweder es mangelte ihnen wie Tieren an Selbstbeherrschung und Emotionen, oder es mangelte ihnen wie Kindern an Vernunft und intellektueller Reife.[2] Ihre Erscheinung, ihre Sprache und ihr Verhalten waren so fremdartig, dass »sie« nicht einfach *andere* Völker waren: Sie wurden zu *minderwertigen* Völkern. Genauer gesagt nahm man an, sie hätten eine *minderwertige Seele*, das heißt verminderte Fähigkeiten, zu denken oder zu fühlen.[3]

Die Geschichte kennt zahlreiche Beispiele für die menschliche Neigung, Fremde als minderwertige Wesen zu betrachten. Martin Luther King Jr. wurde ermordet, als er in Memphis einen Streik von Kanalarbeitern unterstützte, deren Schlachtruf »Ich bin ein Mensch!« lautete. Anfang der neunziger Jahre war es bei der kalifornischen Staatspolizei üblich, Verbrechen, an denen junge Schwarze beteilig waren, als NHI zu bezeichnen: No Humans Involved (Keine Menschen beteiligt).[4] Im Jahr 2010 trugen Tausende illegale Einwanderer bei Protestmärschen gegen die extrem harten Einwanderungsgesetze von Arizona Schilder, auf denen »Ich bin ein Mensch« stand. Wann immer Menschen grundlegende Rechte einfordern oder sich über inhumane Behandlung beklagen, verweisen sie darauf, dass ihre Unterdrücker nicht anerkennen, dass sie beseelte Wesen sind. Vielleicht ist das der Grund dafür, dass uns Artikel 1 der Allgemeinen Menschenrechtserklärung genau daran erinnert: »Alle Menschen sind frei und gleich an Würde und Rechten geboren. Sie sind mit Vernunft und Gewissen begabt und sollen einander im Geist der Brüderlichkeit begegnen.« Anscheinend vergessen wir leicht, dass alle anderen Menschen ebenfalls einen Geist haben, der mit denselben Fähigkeiten und Erfahrungen ausgestattet ist wie unser eigener. Haben wir einmal den Eindruck gewonnen, dass jemand unfähig ist, zu denken, zu fühlen oder frei zu entscheiden, so betrachten wir ihn nicht mehr als vollwertigen Menschen.

Wir entmenschlichen andere also, wenn wir den Fehler begehen, ihnen keinen unserem eigenen gleichwertigen Verstand zuzuerkennen. Weil sich der Protest gegen die Entmenschlichung in der Regel an extremen Fällen entzündet, kann der Eindruck entstehen, es handle sich hier um ein eher seltenes Phänomen. Aber es ist alles andere als selten. Vielmehr sind wir überall von subtilen Formen dieser Denkart umgeben. Sogar Ihr Kühlschrank könnte ein Beispiel dafür enthalten: Als die Franzosen begannen, Champagner für den britischen Markt zu produzieren, fanden sie rasch heraus, dass ihre Nachbarn sehr viel trockeneren Champagner bevorzugten als sie selbst. Die Franzosen fanden diese Art von Champagner ungenießbar. Sie gaben dem in ihren Augen minderwertigen Getränk die Bezeichnung *Brut sau-*

vage, mit der sie sich über die anscheinend unkultivierten Briten lustig machten. Der verächtliche Scherz wandte sich letzten Endes gegen die Franzosen: *Brut* ist mittlerweile die weltweit beliebteste Champagnersorte.

In diesen Fällen entspringen die Mängel unseres sechsten Sinns teilweise unserer Unfähigkeit, ihn zu nutzen, wenn wir es mit Menschen zu tun haben, die sich stark von uns unterscheiden oder sehr weit von uns entfernt sind. Dabei muss unsere Unfähigkeit nicht notwendigerweise auf Vorurteilen oder Hass beruhen. Die Abschaltung unseres sechsten Sinns droht immer, wenn wir eine große innerliche Distanz zu unserem Gegenüber haben. Ein Beispiel: Als die Teambesitzer in der National Football League vorschlugen, die Saison von bereits aufreibenden 16 auf beängstigende 18 Spiele zu verlängern, erhob der wegen seiner Härte gefürchtete Spieler Ray Lewis Einspruch: Er erklärte, die Eigentümer hätten die Erfahrung der Spieler nicht berücksichtigt und betrachteten sie lediglich als Geldmaschinen. »[Ich weiß], was man durchmachen muss, um den Körper [funktionstüchtig] zu erhalten. Wir sind keine Autos. Wir sind keine Maschinen. Wir sind Menschen.« Es gibt keinen Grund für die Annahme, dass hier Feindseligkeit oder irgendwelche Vorurteile im Spiel waren. Aber es ist durchaus möglich, dass sich die Eigentümer nicht auf die seelische Verfassung ihrer Spieler, sondern auf ihre finanziellen Interessen konzentrierten und daher das Leiden ihrer Spieler übersahen oder unterschätzten.

Sogar Ärzte, deren Beruf von ihnen verlangt, andere einfühlsam zu behandeln, sind manchmal unfähig, sich in ihre Patienten hineinzuversetzen. Das gilt umso mehr, wenn sie die Patienten als fremd und andersartig wahrnehmen. Beispielsweise war es bis Anfang der neunziger Jahre üblich, Babys ohne Anästhesie zu operieren. Warum? Damals glaubten die Ärzte noch, dass Babys nicht imstande seien, Schmerz zu empfinden, obwohl dies eine grundlegende Fähigkeit des menschlichen Gehirns ist. »Wie oft versicherten uns erfahrene Ärzte, Neugeborene fühlten keinen Schmerz«, schreibt die Medizinerin Mary Ellen Avery in der Einleitung des Buchs *Pain in Neonates*. »Natürlich schrien sie, wenn sie festgehalten wurden, und während des Eingriffs weinten sie, aber das war ›etwas anderes‹.«[5] Die Medizin betrachtet Kleinkinder seit langem als menschliche Wesen im biologischen Sinn, aber erst in den letzten 20 Jahren haben die Mediziner gelernt, auch Menschen im psychologischen Sinn in ihnen zu sehen.

Unser sechster Sinn funktioniert nur, wenn wir ihn einschalten. Tun wir das nicht, so können wir in unseren Mitmenschen keinen vollwertigen Geist erkennen, selbst wenn wir ihn vor der Nase haben. Wir trösten uns mit der Vorstellung, eine solche »geistige Blindheit«, wie der Psychologe Simon Baron-Cohen das Phänomen beschreibt, sei lediglich eine chronische Krankheit oder eine Persönlichkeitsstörung, unter der Sie und ich nicht leiden (tatsächlich handelt es sich in einigen Fällen ja um eine solche Störung). Diese Vorstellung versöhnt uns mit uns selbst, weil die Unmenschlichkeit, die aus der Entmenschlichung resultiert – also aus der Unfähigkeit, das Bewusstsein eines anderen Menschen zu erkennen, oder aus der Gleichgültigkeit gegenüber diesem Bewusstsein –, nur bei *anderen* Menschen vorzukommen scheint. Tatsächlich ist die Fähigkeit, sich in andere hineinzuversetzen, von Mensch zu Mensch unterschiedlich ausgeprägt. Aber ich denke, dass es nützlicher ist, die situationsabhängigen Einflüsse zu verstehen, die noch die sozialsten Menschen – ja, sogar Sie und mich – dazu bewegen können, andere als geistlose Tiere oder als bloße Objekte zu betrachten. Ob es Ihnen gelingt, sich in jemand anderen hineinzuversetzen, hängt nicht nur davon ab, was für ein Mensch Sie sind, sondern auch davon, in welchem Kontext Sie sich befinden. In keinem der bisher beschriebenen Fälle ging es um Leute, die eine manifeste Persönlichkeitsstörung hatten. Vielmehr sahen sie die Menschlichkeit anderer Menschen nicht, weil sie sich in einem vorhersehbaren Kontext befanden, in dem ihr sechster Sinn aus einem wesentlichen Grund ausgeschaltet blieb: *Distanz.*

Distanz macht den anderen seelenlos

Die Psychologen definieren die Distanz nicht nur als räumliche Entfernung. Sie beschäftigen sich auch mit der psychischen Distanz, das heißt mit der Frage, wie eng wir uns mit einem anderen Menschen verbunden fühlen. Wir beschreiben psychische Distanz, wenn wir sagen, dass wir uns unserem Partner »fern« fühlen, dass wir nicht an unsere Kinder »herankommen«, dass »Welten« zwischen den politischen Ansichten unseres Nachbarn und unseren eigenen liegen oder dass wir »keinen Zugang« zu unseren Mitarbeitern finden. Damit wollen wir sagen, dass eine innere Distanz besteht: Wir haben im Lauf der Jahre andere Vorstellungen als unser Partner entwickelt, weshalb wir uns »auseinandergelebt« haben. Die Generation unserer Kinder ist sehr verschieden von unserer eigenen. Oder wir arbeiten in einer großen Firma mit so vielen Angestellten, dass wir sie unmöglich alle kennen können. Die beiden Merkmale des sozialen Lebens – die Größe des Abstands zwischen unserem Verstand und dem anderer Menschen und die Motivation, diesen Abstand zu verringern – entscheiden darüber, wann wir unsere Fähigkeit nutzen, um uns wirklich mit den Gedanken anderer Menschen auseinanderzusetzen, und wann wir das nicht tun.

Es gibt mindestens zwei Gründe dafür, dass uns Distanz davon abhält, unseren sechsten Sinn einzuschalten. Erstens kann die Fähigkeit, die Gedanken und Beweggründe anderer Menschen zu verstehen, durch unsere körperlichen Sinne aktiviert werden. Wenn wir räumlich zu weit von jemandem entfernt sind, werden diese Auslöser nicht bedient. Zweitens wird unsere Fähigkeit, andere zu verstehen, auch durch unsere kognitiven Schlüsse angeregt. Wenn ein Mensch psychisch zu weit von uns entfernt ist – wenn er zu verschieden, zu fremd, zu *anders* ist –, wird unser sechster Sinn nicht aktiviert. Um jene Fehler vermeiden zu können, die zur Entmenschlichung führen, wenn unser sechster Sinn nicht eingeschaltet wird, müssen wir unbedingt verstehen, wie uns diese beiden Auslöser – die sinnlichen Wahrnehmungen und die kognitiven Schlüsse – ermöglichen, uns in eine andere Person hineinzuversetzen.

Geteilte Aufmerksamkeit und gemeinsame Körpererfahrung ermöglichen Verständnis

Vor nicht allzu langer Zeit ging ich mit meinen drei Söhnen zelten und landete in der Notaufnahme. Als mein ältester Sohn versuchte, mit einem lächerlich kleinen Taschenmesser einen unmöglich großen Ast abzusägen, rutschte die Klinge ab und drang in seine Hand. Ich saß mit dem Rücken zu ihm am Lagerfeuer. Als ich ihn aufschreien hörte, drehte ich mich augenblicklich um. Unsere Blicke trafen sich. Er starrte mich mit einer Mischung aus Schmerz und Furcht an. Ich bemerkte seine blutige Hand und wusste sofort, was er getan hatte. Ich spürte seinen Schmerz und fragte mich genauso erschreckt wie er, was zu tun war. In diesem Sekundenbruchteil verschmolz mein Verstand mit seinem.

Mein Gehirn ist mit demselben Betriebssystem ausgestattet wie Ihres. Daher können Ihr und mein Verstand unter den richtigen Bedingungen synchronisiert werden. Das hat nichts mit einer magischen übersinnlichen Verbindung zu tun. Der Vorgang ist vollkommen natürlich. Erstens müssen zwei Personen die Aufmerksamkeit teilen, das heißt, sie müssen dasselbe sehen oder über dasselbe nachdenken. Als menschliche Wesen verstehen wir uns außergewöhnlich gut darauf, diese gemeinsame Aufmerksamkeit herzustellen. Als sich mein Sohn verletzte, sah ich augenblicklich sein Gesicht an und konnte aus einer Entfernung von sieben Metern erkennen, dass er sich nicht ins Handgelenk, sondern in die Handfläche geschnitten hatte. Ich könnte den Neigungswinkel eines Dachs nicht bestimmen, wenn ich eine Stunde Zeit und fünf Winkelmesser zur Verfügung hätte, aber so wie Sie kann ich in Sekundenbruchteilen den Blickwinkel einer Person bestimmen und genau wissen, wohin sie schaut. Sobald sich zwei oder mehr Menschen auf dasselbe konzentrieren, verschmelzen ihre Denkvorgänge miteinander, da sie auf dasselbe Ereignis reagieren. Erbrochenes widert Sie an. Dasselbe gilt für mich. Der Anblick eines süßen Babys erfreut Sie. Genau wie mich. Wenn Sie sich mit einem Messer in die Hand schneiden, haben Sie große Schmerzen. Ich fühle dasselbe. Obwohl wir alle gerne denken, dass wir einzigartig sind, reagieren unsere Gehirne ganz ähnlich auf Geschehnisse. Wenn zwei Personen dasselbe Ereignis beurteilen, schaffen sie die Grundlage dafür, auch dasselbe zu denken und zu fühlen.

Zweitens kann es zu einer Synchronisierung unserer Körper kommen, wenn unsere Augen auf dasselbe Ereignis gerichtet sind. »Wenn wir sehen, dass jemand zum Schlag ausholt«, schrieb Adam Smith in *The Theory of Moral Sentiments*, »und gleich das Bein oder den Arm einer anderen Person treffen wird, zucken wir natürlich zusammen und

ziehen unser eigenes Bein oder unseren Arm zurück [...].«
Als ich sah, dass sich mein Sohn in die Hand geschnitten
hatte, zuckte ich zusammen, so als hätte ich mich selbst
geschnitten. Etwas Ähnliches geschieht bei den Fußball-
spielen meiner Söhne: Auf der Tribüne sollte niemand vor
mir sitzen, weil ihn sonst einer meiner empathischen Tritte
treffen könnte. Auch andere Eltern schießen gemeinsam
mit ihren Kindern. Fast jedes Ereignis kann eine solche
Imitation auslösen. Wenn wir jemanden gähnen sehen,
können wir nur mit Mühe vermeiden, ebenfalls zu gähnen.
Wenn wir lachen, wird irgendwer im Raum ebenfalls lachen. Dasselbe gilt für Lächeln, erschrockene Blicke und
Stirnrunzeln, die in Menschenmengen ansteckend wirken.
Achten Sie darauf, wenn Sie das nächste Mal in einer Gruppe sind: Sie werden überrascht sein, wie oft Sie sich selbst
dabei ertappen, ähnliche Gesten zu machen und Haltungen
einzunehmen, ähnlich schnell oder mit einem ähnlichen
Akzent zu sprechen wie andere. Es ist, als wären Sie eine
Marionette, an deren Fäden jemand anders zieht.

Sind unsere Blicke und Bewegungen im Einklang, so
gleichen sich auch unsere Gedanken und Gefühle einander
an. Sie hängen davon ab, was wir sehen und wie unser Körper darauf reagiert. Wenn Menschen dasselbe sehen und
ähnlich darauf reagieren, kann man also davon ausgehen,
dass sie auch ähnlich denken und fühlen. Adam Smith war
der Überzeugung, in der Nachahmung komme unser Verständnis der Erfahrung eines anderen Menschen zum Ausdruck, das heißt, unser Körper zeige, was eine andere Person unserer Meinung nach fühlt. Genau das Gegenteil ist
richtig: Was wir fühlen, hängt davon ab, was unser Körper
ausdrückt. Wenn Sie einen schmerzverzerrten Ausdruck im
Gesicht eines Freundes sehen, kann es gut sein, dass sich Ihr
Gesicht ebenfalls zu einem Ausdruck des Schmerzes verzieht, wobei Sie selbst einen Anflug von Schmerz spüren.[6]

Setzen Sie sich aufrecht, und Sie werden größeren Stolz auf Ihre Leistungen empfinden.[7] Lächeln Sie, und Sie werden sich glücklicher fühlen.[8] Und wenn Sie die Stirn runzeln, so als würden Sie angestrengt nachdenken, kann es sein, dass Sie *tatsächlich* angestrengter nachdenken.[9] Diese Verbindung zwischen der Imitation des Verhaltens einer anderen Person und dem Empfinden ihrer Emotionen ist grundlegend für das Verständnis anderer. Wenn ein Forscher Ihre Fähigkeit ausschaltet, Gesichtsausdrücke zu imitieren, indem er Sie beispielsweise auffordert, einen Stift zwischen Ihren Lippen zu halten,[10] oder Ihnen Botox injiziert,[11] lässt Ihr Einfühlungsvermögen deutlich nach. Botox glättet nicht nur Fältchen, sondern schläfert auch die sozialen Sinne ein. Hüten Sie sich vor der Anwendung.

Diese dreigliedrige Kette – gemeinsame Aufmerksamkeit, Imitation des Verhaltens, Erzeugung einer Erfahrung durch Imitation – gibt Aufschluss darüber, wie unser sechster Sinn die physischen Sinne nutzt. Aber sie zeigt vor allem auch: Wenn wir die Augen schließen, uns abwenden, uns Watte in die Ohren stecken, zu weit weg stehen, um etwas zu sehen oder zu hören, oder unsere Aufmerksamkeit einfach auf anderes richten, wird unser sechster Sinn möglicherweise nicht aktiviert, und wir finden keinen Zugang zum Verstand anderer Menschen.[12]

Welchen Einfluss die räumliche Distanz auf die Aktivierung unseres sechsten Sinns hat, zeigt sich deutlich an einem Phänomen, das die Militärführungen beschäftigt: Den Soldaten auf dem Schlachtfeld fällt es relativ leicht, auf jemanden zu schießen, der weit entfernt ist, aber es kostet sie oft große Überwindung abzudrücken, wenn der Feind direkt vor ihnen steht. Genau diese Erfahrung machte George Orwell im Spanischen Bürgerkrieg: »In diesem Augenblick sprang ein Mann, der vermutlich eine Meldung überbringen sollte, aus dem Schützengraben und lief für jedermann sichtbar auf dem Wall entlang. Er war nur halb bekleidet und hielt beim Laufen seine Hose mit beiden Händen fest. Ich schoss nicht auf ihn. Es stimmt, dass ich ein schlechter Schütze bin und kaum einen laufenden Mann in hundert Meter Entfernung getroffen hätte. [...] Aber dass ich nicht schoss, lag teilweise an der Sache mit der Hose. Ich war nach Spanien gekommen, um auf ›Faschisten‹ zu schießen, aber ein Mann, der seine rutschende Hose festhalten muss, ist kein ›Faschist‹, sondern offensichtlich ein Mitmensch, der dir ähnlich ist und auf den du nicht schießen möchtest.«

Orwell ist nicht der Einzige, der so empfindet. In Interviews mit amerikanischen Soldaten im Zweiten Weltkrieg stellte sich heraus, dass nur 15 bis 20 Prozent von ihnen in der Lage waren, im Nahkampf ihre Waffen auf feindliche Soldaten abzufeuern.[13] Und wenn sie schossen, fiel es den Soldaten schwer, ihre menschlichen Ziele zu treffen. Mit den im Amerikanischen Bürgerkrieg verwendeten Gewehren konnte man einen Kuchenteller aus 65 Metern Entfernung treffen, und die Soldaten konnten vier- bis fünfmal pro Minute nachladen. Theoretisch hätte ein Regiment von 200 Soldaten, die auf eine fast 100 Meter breite Phalanx von feindlichen Soldaten schießen, in der Lage sein müssen, mit der ersten Salve 120 dieser Männer zu töten. Doch die Tötungsrate im Bürgerkrieg lag eher bei 1 bis 2 Männern in der Minute, obwohl die durchschnittliche Entfernung zwischen den feindlichen Reihen nicht einmal 30 Meter betrug. Die Gefechte dauerten Stunden, weil es die Männer einfach nicht über sich brachten, einander zu töten, wenn sie erst einmal das Weiße in den Augen ihrer Feinde sehen konnten. Auch die Männer von General George Crook, die gegen die Indianer kämpften, kannten dieses Problem. In der Schlacht am Rosebud Creek am 16. Juni 1876 verschossen diese Soldaten 25 000 Kugeln, trafen jedoch nur 99 Indianer. Das bedeutet, dass sie 252 Schüsse brauchten, um einen Feind zu verletzen. Um die Empathie auszuschalten, werden die Soldaten in den modernen Armeen unablässig im Nahkampftraining desensibilisiert, damit sie ihre Aufgabe erledigen können. Außerdem erleichtert die moderne Technologie den Soldaten das Töten, weil sie ihnen ermöglicht, ihre Feinde aus großer Entfernung anzugreifen. Viele tödliche Schüsse der amerikanischen Armee werden heute von Technikern abgegeben, die in einem Wohnwagen in Nevada vor einem Bildschirm sitzen und eine Drohne steuern. Ihr sechster Sinn ist praktisch vollkommen ausgeschaltet.

Die Forscher haben herausgefunden, wie unsere sinnlichen Erfahrungen uns in die Lage versetzen, das Denken anderer zu verstehen. General George Crook konnte Standing Bears Leiden und Bestrebungen nachempfinden und begriff, wie ungerecht die Indianer behandelt wurden, weil er das Elend der Ponca mit eigenen Augen sah und mit eigenen Ohren hörte, was sie zu berichten hatten. Die weit entfernten Regierungsbeamten konnten diese direkte sinnliche Erfahrung nicht machen, weshalb ihr sechster Sinn nicht aktiviert wurde und sie die Ponca eher als geistlose Wilde betrachteten. Wenn wir anderen Menschen ein Bewusstsein zusprechen, werden wir zumindest teilweise von unseren Sinnen zu dieser Erkenntnis geführt.

Ein weiterer Weg zum Verständnis: Rückschlüsse auf die Gedanken anderer

Offensichtlich müssen andere Menschen nicht immer direkt vor uns stehen, damit wir uns ein Bild davon machen können, was sie denken, fühlen oder beabsichtigen. Wir können uns vorstellen, dass jemand, dem gerade gekündigt wurde, niedergeschlagen ist. Wir müssen kein Blut sehen, um zu wissen, dass es sehr schmerzhaft ist, sich mit einem Messer in die Hand zu schneiden. Wenn Manager über die Kunden ihrer Unternehmen, Ehemänner über ihre Frauen oder Politiker über ihre Wähler nachdenken, müssen sie diese Kunden, Ehefrauen oder Wähler nicht zur Hand haben, um ihre Sinne zu aktivieren. Sie können sich auf die Schlüsse verlassen, die sie gestützt auf das ziehen, was sie bereits über ihre Kunden, Ehefrauen oder Wähler wissen (oder zu wissen glauben), und davon ausgehend ihre Überlegungen anstellen.

Den Unterschied zwischen einem auf Sinneswahrnehmungen und einem auf Schlussfolgerungen beruhenden Verständnis anderer Menschen kann man bei Ärzten sehr gut beobachten. So wie alle Menschen gewöhnen sich auch Ärzte an wiederholte Erfahrungen und werden im Lauf der Zeit zwangsläufig unempfindlicher für die Sorgen und das Leiden ihrer Patienten. Trotzdem bewahren sich die Ärzte ihre Fähigkeit, zu erkennen, wann ihre Patienten leiden und wann nicht. Die Betäubung ihres Einfühlungsvermögens ist keineswegs schädlich, sondern eine unerlässliche Voraussetzung für ihre Tätigkeit als Mediziner. Sie und ich bringen es kaum über uns, einer anderen Person eine Spritze zu verabreichen.[14] Ein Arzt empfindet den Schmerz eines anderen Menschen vielleicht nicht nach, aber er kann problemlos auf diesen Schmerz schließen. Es dürfte also zwei verschiedene Wege zum Verständnis eines anderen Menschen geben.

Tatsächlich können die Wissenschaftler diesen beiden unterschiedlichen Routen in unserem Gehirn mittlerweile nachspüren. In einem Experiment legten sich Ärzte, die Akupunktur anwandten, sowie nicht mit dieser Behandlungsweise vertraute Personen auf dem Rücken in eine MRT-Röhre und unterzogen sich einer funktionellen Magnetresonanztomographie, während sie Videos von Personen sahen, die mit Nadeln in den Fuß oder die Hand oder die Lippen gestochen wurden. Solche Aufnahmen anzuschauen ist im Allgemeinen eher quälend, und entsprechend reagierten die Versuchspersonen, die keine Ärzte waren: Bei diesen Freiwilligen wurden die Hirnareale aktiviert, die dafür benötigt werden, den Anblick von Schmerzen anderer Menschen zu verarbeiten. Es tut tatsächlich körperlich weh, zuzusehen, wie ein anderer Mensch verletzt wird. Aber bei den Ärzten war in den für die Verarbeitung von körperlichem Schmerz zuständigen Hirnarealen praktisch keine Reaktion zu beobachten. Stattdessen wurde bei ihnen ein ganz anderer Teil des Gehirns aktiviert, nämlich ein relativ kleines Areal im medialen präfrontalen Cortex. Dieses Areal befindet sich in beiden Gehirnhälften etwa 2,5 Zentimeter oberhalb und hinter den Augenbrauen. Wenn Sie sich dort verletzen, wird Ihr Sozialleben leiden.[15]

Wichtiger als die Lage ist die Funktion des medialen präfrontalen Cortex (MPFC): Er ist daran beteiligt, Schlüsse auf das zu ziehen, was in anderen vorgeht.[16] Wenn Sie sich fragen: »Was in aller Welt denken diese Leute?«, dann wird Ihr MPFC aktiviert. Wenn Sie darüber nachdenken, was sich Ihre Mutter zum Geburtstag wünschen mag, nutzen Sie Ihren MPFC. Und wenn Sie vollkommen gelassen feststellen, dass ein Mensch Schmerzen hat, ist Ihr MPFC beteiligt. Als die Ärzte in diesem Experiment sahen, wie jemandem eine Nadel in die Lippe gebohrt wurde, spürten sie den Schmerz dieses Menschen nicht. Stattdessen zeigte die Aktivierung ihres MPFC, dass sie mit emotionaler Distanz auf den Schmerz dieser Person schlossen. Mag sein, dass sich die meisten von uns wünschen, unsere Ärzte wären sensibler und könnten unser Leiden stärker nachempfinden, aber das eigentlich Wichtige ist, dass sie *wissen*, was unser Schmerz bedeutet. Wir brauchen nicht die Empathie unseres Arztes, sondern seinen funktionstüchtigen medialen präfrontalen Cortex.

Der MPFC und eine Handvoll weiterer Hirnareale unterstützen unseren sechsten Sinn in dem Bemühen, Schlüsse zu ziehen. Wenn dieses System von Hirnarealen aktiviert ist, denken wir darüber nach, was im Kopf anderer Menschen vorgeht. Wird diese Region bei der Beschäftigung mit anderen Menschen nicht genutzt, so ist dies ein deutlicher Hinweis darauf, dass wir uns nicht in ihre Lage versetzen. Forschungsergebnisse bestätigen, dass der MPFC eher aktiviert wird, wenn wir über uns selbst, unsere Familie, unsere Freunde und andere Menschen nachdenken, die ähnliche Überzeugungen haben wie wir. Diese Region wird also aktiviert, wenn uns andere Menschen ausreichend am Herzen liegen, um uns neugierig darauf zu machen, was sie empfinden, nicht jedoch, wenn wir jemandem gegenüber gleichgültig sind; sie ist deutlich weniger aktiv, wenn wir über Leute nachdenken, deren Verstand uns psychologisch fern ist. Wenn sich Republikaner damit beschäftigen, was andere Republikaner denken, nutzen sie ihren MPFC. Wenn sich Republikaner Gedanken über die Überzeugungen von Demokraten machen, benutzen sie ihren MPFC ein bisschen weniger. Natürlich gilt dasselbe umgekehrt auch für Demokraten.[17]

Diese neuronale Aktivität ist bedeutsam, weil sie uns viel darüber verrät, wie Menschen übereinander denken. Die uns Nahestehenden nehmen wir als denkfähige Personen wahr, sie sind »wie wir«. Je mehr sich die Menschen von uns unterscheiden oder je größer ihre Distanz zu unserer unmittelbaren sozialen Umgebung ist, desto unwahrscheinlicher wird es, dass wir bei der Beschäftigung mit ihnen unseren MPFC aktivieren. Aber wenn wir dieses Hirnareal nicht nutzen, wirken andere relativ geistlos und nicht vollkommen menschlich auf uns.

Ein Neuroimaging-Experiment hat das deutlich gezeigt. In diesem Experiment wurden amerikanischen Universitätsstudenten, die in einem MRT-Gerät lagen, einerseits Bilder von Personen gezeigt, die ihnen relativ nahestanden, da sie zu ihrer eigenen Gruppe gehörten (Studienkollegen und »normale Amerikaner«). Sodann zeigte man ihnen Fotos von Angehörigen einer Fremdgruppe, zum Beispiel von älteren oder reichen Leuten.[18] Besonders interessant waren die Reaktionen der Versuchspersonen auf die Bilder von Obdachlosen, einer Gruppe, die den Studenten besonders fremd war. Die MRT-Scans zeigten, dass die Bilder der Obdachlosen deutlich weniger Aktivität im medialen präfrontalen Cortex auslösten als die Fotos von Mitgliedern jeder anderen Gruppe. Stattdessen aktivierten sie ähnliche Hirnareale wie Fotos von ekelerregenden Objekten, etwa einer verstopften Toilette, oder von Erbrochenem. In einer anschließenden Befragung stuften die Teilnehmer die Obdachlosen nicht nur als besonders abstoßend, sondern auch als vergleichsweise geistlose Menschen ein – sie schienen weniger intelligent, weniger ausdrucksfähig und weniger emotional.[19] Die Versuchspersonen nahmen die Obdachlosen demnach eher als Objekte denn als beseelte Wesen wahr.

Man muss nicht tief in das Gehirn eines Menschen schauen, um zu sehen, welche Folgen es hat, wenn wir unseren MPFC nicht nutzen. Man kann es aus abfälligen Äußerungen über andere heraushören. In der Debatte über die Reform des Wohlfahrtssystems im Jahr 2010 verglich André Bauer, Vizegouverneur von South Carolina, die Armen mit »streunenden Tieren«, denen die staatliche Unterstützung gekürzt werden sollte. »Und wissen Sie warum?«, fragte er. »Weil sie sich vermehren […]. Sie werden sich fortpflanzen, vor allem jene, die nicht viel weiter denken. […] Sie wissen es nicht besser.« Bauers sechster Sinn war anscheinend ausgeschaltet, und dasselbe passiert vielen Menschen, wenn sie über die Armen und Obdachlosen, diese besonders benachteiligten und am weitesten entfernten Gruppen, nachdenken. Distanz – das Gefühl der Unähnlichkeit, der Verschiedenheit, der Andersartigkeit – kann dazu führen, dass wir unseren MPFC nicht nutzen und andere menschliche Wesen als nicht vollkommen menschlich betrachten.

Minderwertige Seelen

Wenn es uns nicht gelingt, uns auf das Bewusstsein anderer Menschen einzulassen, gelangen wir möglicherweise zu dem falschen Schluss, sie seien relativ geistlos: Wir denken, dass im Kopf dieser Menschen weniger vorgeht als in unserem eigenen.

Das klingt möglicherweise sehr abstrakt, aber es gibt zahlreiche subtile Beispiele dafür in unserem täglichen Leben. Beginnen wir mit einem, das die grundlegendste Erfahrung unseres eigenen Bewusstseins betrifft: das Gefühl der Willensfreiheit. Obwohl viele Wissenschaftler wenig für Erklärungen des Verhaltens übrighaben, die auf der Willensfreiheit beruhen, besteht kein Zweifel daran, dass wir alle das Gefühl haben, frei entscheiden zu können. Allem Anschein nach hängt es von unserem freien Willen ab, ob wir noch ein Stück Kuchen essen, unsere Finger bewegen oder dieses Buch weiterlesen. Aber was ist mit dem Bewusstsein anderer Menschen? Können andere ebenso frei entscheiden wie wir, oder besitzen sie *weniger* Willensfreiheit? Fühlen sie sich eher als wir den Umständen, der Umgebung oder einer bestimmten Geisteshaltung verpflichtet?

Die entsprechende Forschung hat gezeigt, dass die meisten Menschen glauben, sie hätten mehr Willensfreiheit als andere.[20] Der freie Wille bedeutet zum Beispiel, dass man unabhängig und entsprechend unberechenbar ist, weil man ungeachtet der Umstände jederzeit gemäß den eigenen Interessen und Wünschen zwischen einer beliebigen Zahl von Optionen wählen kann. In einem Experiment wurden Universitätsstudenten, die sich mit anderen ein Zimmer teilten, zunächst gefragt, wie vorhersehbar ihre bisherigen Entscheidungen im Leben gewesen seien und wie vorhersehbar ihre zukünftigen Entscheidungen sein würden. Anschließend sollte jeder Versuchsteilnehmer die Vorhersehbarkeit der Entscheidungen seines Zimmerkollegen einschätzen. Die Studenten stuften ihre eigenen vergangenen und zukünftigen Entscheidungen als deutlich weniger vorhersehbar ein als die ihrer Mitbewohner, so als hätte ihr Zimmerkollege weniger Willensfreiheit als sie – und damit ein minderwertiges Bewusstsein.

Der freie Wille setzt voraus, dass das Leben nicht vorherbestimmt ist, weshalb man die Wahl hat, »seines eigenen Glückes Schmied« zu sein. In einem weiteren Experiment erhielten Angestellte in zwei verschiedenen Restaurants eine Multiple-Choice-Liste möglicher Entwicklungen in ihrem Leben in den folgenden zehn Jahren: von vermutlichen Wohnorten (z.B. an der Ostküste, der Westküste, im Mittleren Westen oder an ihrem gegenwärtigen Wohnort; in einem Apartment oder einem Haus), über mögliche Arbeitsplätze (im selben Beruf, in einem aufregenderen oder langweiligeren Job, arbeitslos) bis zur allgemeinen Lebenssituation (unverändert oder familienorientierter bzw. sorgloser als die gegenwärtige). Die Befragten kreuzten alle Möglichkeiten an, die ihnen wahrscheinlich schienen, und beurteilten anschließend die Möglichkeiten im Leben eines Kollegen, den sie gut kannten. Dann zählten die Forscher, wie viele Möglichkeiten die Versuchsteilnehmer bei sich selbst angekreuzt hatten. Es stellte sich heraus, dass sie für ihre eigene Zukunft sehr viel mehr Möglichkeiten sahen als für die eines ihnen vertrauten Kollegen. Die Willensfreiheit eröffnet uns wunderbare Möglichkeiten, aber sie erlaubt uns auch, furchtbare Fehler zu begehen. Fordert man jemanden auf, seine Zukunft im Vergleich zur Zukunft anderer Menschen einzuschätzen, so erklärt er nicht nur, mehr Freiheit bei der Wahl guter Optionen zu haben, wie etwa ein schönes Haus oder einen tollen Job zu besitzen. Er erklärt auch, mehr Freiheit bei der Wahl katastrophaler Optionen zu haben, beispielsweise in einem heruntergekommenen Haus zu wohnen oder in der Arbeitslosigkeit zu landen.

Anderen scheint nicht nur der freie Wille zu fehlen. Die Vorstellung, der Verstand anderer Menschen sei unserem nicht gleichwertig, kommt auf verschiedenste Art zum Ausdruck. Beispielsweise scheinen die Menschen universell zu der Annahme zu neigen, der Verstand anderer Menschen sei weniger ausgereift und oberflächlicher als ihr eigener.[21] Den Mitgliedern von Fremdgruppen, wie Terroristen, verarmten Opfern von Naturkatastrophen und politischen Gegnern, wird teilweise auch die Fähigkeit zu komplizierten Emotionen wie Scham, Stolz, Peinlichkeit und Schuldgefühlen abgesprochen.[22] In einer Versuchsreihe fanden Forscher sogar heraus, dass Entschuldigungen weit entfernter Fremdgruppen – etwa die von afghanischen Soldaten, die Kanadier für einen Zwischenfall mit »freundlichem Feuer« um Verzeihung baten – relativ wirkungslos sind, weil diesen Fremdgruppen die Fähigkeit, Reue zu empfinden, teilweise abgesprochen wird, weshalb ihre Entschuldigungen unaufrichtig scheinen.[23]

Dass uns das Bewusstsein einer anderen Person relativ beschränkt scheint, weil wir uns nicht direkt dafür öffnen, bedeutet nicht, dass der Verstand dieser Person tatsächlich beschränkter ist. Standing Bear wurde nicht als vollwertiger Mensch betrachtet – man hielt ihn für ungeschliffen, unintelligent und gefühllos. Heute wirkt dies wie ein relativ seltener Fall von extremen Vorurteilen auf uns. Mag sein, aber es ist auch ein Beispiel dafür, wie die Unempfänglichkeit für das Bewusstsein eines anderen Menschen dazu führen kann, dass wir ihn als relativ geistloses Wesen betrachten, in dessen Kopf weniger vorgeht als in unserem eigenen und in den Köpfen unserer Freunde. Tatsächlich sind subtilere Formen dieser Distanzierung vom anderen allgegenwärtig, und die daraus resultierenden Fehler können dazu führen, dass wir andere Menschen weniger gut verstehen, als möglich wäre.

Soziale Dummheit

In vielen afrikanischen Traditionen gibt es das Konzept *ubuntu*: »Erst durch den anderen werden wir zum Menschen.« Das bedeutet, dass unsere Menschlichkeit nicht unserem isolierten Verhalten, sondern der Art und Weise entspringt, wie wir mit anderen in Beziehung treten. Menschlich werden wir erst dann, wenn wir andere wie menschliche Wesen behandeln, und zwar nicht im biologischen Sinn (weil sie einen vollkommen menschlichen Körper haben), sondern im psychologischen Sinn: weil wir begreifen, dass sie ein vollkommen menschliches Bewusstsein haben. Auf den letzten Seiten habe ich versucht zu erklären, wie aufrichtige Leute wie Sie und ich unter bestimmten Umständen den Kontakt zum Bewusstsein anderer Menschen verlieren und deshalb zu der Überzeugung gelangen können, diese anderen seien relativ geistlos. Wenn es uns nicht gelingt, unseren sechsten Sinn einzuschalten und zu verstehen, was in anderen Menschen vorgeht, werden wir nicht nur gleichgültig ihnen gegenüber, sondern riskieren, unsere eigene Menschlichkeit teilweise einzubüßen.

Aber in diesem Buch geht es nicht um soziale Gerechtigkeit, sondern um soziales Verständnis. Wenn wir einen direkteren Zugang zum Bewusstsein anderer Menschen finden, werden wir uns nicht nur menschlicher anderen gegenüber, sondern auch intelligenter *in Gegenwart anderer* verhalten. Sehen wir uns drei Beispiele an, die zeigen, wie man ein klügerer Kämpfer, Anführer und Nachbar werden kann.

KLÜGERE KÄMPFER. Viele Amerikaner werden die Vorstellung, dass die Terroristen, die für die Anschläge am 11. September 2001 verantwortlich waren, möglicherweise einen dem unsrigen ebenbürtigen Verstand hatten und zu Mitleid, Empathie und Reue fähig waren, als falsch oder sogar empörend empfinden. Jeder Versuch, sich in die Lage der Terroristen zu versetzen, mag abstoßend wirken. Aber Politiker und Militärführer in aller Welt haben die Aufgabe, derartige Bedrohungen zu verringern. Was können sie tun, um das zu erreichen? Zur Eindämmung der Bedrohung muss man die Denkweise derer verstehen, von denen die Bedrohung ausgeht. Könnte es sein, dass unsere Unfähigkeit, die Terroristen als vollwertige menschliche Wesen anzuerkennen, unsere Fähigkeit schmälert, sie zu bekämpfen?

In *Wired for War* beschreibt Peter Singer, dass die Strategie von »Shock and Awe«, mit der die Invasion des Irak vorbereitet wurde, dazu diente, den Feind in Angst und Schrecken zu versetzen und auf diese Art zur Unterwerfung zu zwingen.[24] Die amerikanischen Streitkräfte setzten Drohnen und Kampfflugzeuge mit großer Reichweite ein, um bei den Irakern die Angst vor einem Auge am Himmel zu wecken, das alles sehen und überall töten konnte. Wenn man glaubte, dass die Feinde gefühllose Wilde waren, musste man sich etwas wirklich Beängstigendes ausdenken, um sie so einzuschüchtern, dass sie sich ergaben. Man musste sie regelrecht schockieren und mit Ehrfurcht erfüllen, um irgendeine Wirkung zu erzielen. Selbst Präsident Barack Obama schien den Terroristen die Fähigkeit zu Gefühlen abzusprechen, als er in *Dreams from My Father* schrieb, seine Empathie erlaube es ihm nicht, den »absoluten Nihilismus« der Terroristen zu verstehen, die Amerika am 11. September 2001 angegriffen hatten.[25]

Aber dieses Urteil trifft nicht auf das Bewusstsein des typischen Terroristen zu. Beispielsweise stammen Selbstmordattentäter nicht aus außergewöhnlich ärmlichen Verhältnissen.[26] Sie sind keine Psychopathen, die unfähig sind, das Leid anderer Menschen nachzuvollziehen. Stattdessen haben sie Familien, und einige von ihnen haben sogar Kinder. Sie lieben die Menschen, die ihnen nahestehen. Was die gewalttätigen von den nicht gewalttätigen Akteuren unterscheidet, sind menschliche Emotionen und Beweggründe, die wir alle nur zu gut kennen: eine besonders enge Bindung an eine soziale Gruppe, ausgeprägtes Mitgefühl mit denen, die im Kampf für ihre Sache gelitten haben, und der leidenschaftliche Wunsch, eine Lebensart zu verteidigen, die man für bedroht hält. Die gewalttätigen Akteure werden von ihrer Empathie für die eigene Gruppe überwältigt, was allzu oft zur Geringschätzung konkurrierender Gruppen führt. Sie handeln aus *parochialem Altruismus*, einem ausgeprägten Wunsch, den Interessen der eigenen Gruppe oder Sache ohne Rücksicht auf das eigene Wohlergehen zu dienen.[27] Nach Ansicht von Senator John McCain treibt dies alle Menschen an: Sie wollen »einer Sache dienen, die größer ist als ihr Eigeninteresse«. Der parochiale Altruismus bewegt uns dazu, unseren Nächsten zu helfen und die zu bekämpfen, die uns bedrohen. Er geht einher mit Appellen an den Familiensinn und die Brüderlichkeit. Der Vater eines Selbstmordattentäters erklärte: »Mein Sohn starb nicht einfach für eine Sache. Er starb [...] für die Menschen, die er liebte.« Die Liebe zählt nicht zu den Beweggründen, die Terroristen normalerweise zugeschrieben werden.

Es liegt auf der Hand, dass die Fehleinschätzung der Denkweise von Terroristen falsche militärische Strategien hervorbringen kann. Wenn der Feind ein zu Gefühlen unfähiges Tier ist, kann man ihm nur mit einer wirklich beängstigenden Zurschaustellung militärischer Stärke ausreichend Furcht einflößen. Aber wenn dieser Feind aus Empathie für die Mitglieder seiner eigenen Gruppe und eine Sache kämpft, die ihm mehr bedeutet als sein eigenes Leben, kann »Schrecken und Ehrfurcht« zu verbreiten auch seinen Widerstandsgeist wecken. Genau das geschah offenbar, nachdem die Vereinigten Staaten im Jahr 2003 im Irak einmarschiert waren. »Das Konzept von ›Schrecken und Ehrfurcht‹«, erklärte der ehemalige pakistanische General Talat Masud, »war geeignet, bei gemäßigten und unbeteiligten Zivilisten Antiamerikanismus hervorzurufen.« In Pakistan, das in einer Region liegt, in der jede Woche zehn Drohnenangriffe gezählt werden, wurde im Jahr 2007 ein Song zum Hit, der folgende Zeile enthielt: »Amerikas herzloser Terrorismus / tötet Menschen wie Insekten, / aber die Ehre fürchtet die Macht nicht.«[28] »Schrecken und Ehrfurcht« scheint keine gute Strategie für die Auseinandersetzung mit Kämpfern zu sein, die ihre Sache ebenso lieben wie wir unsere.

Das amerikanische Militär bemühte sich durchaus, die Herzen der Afghanen und Iraker zu gewinnen, aber aufgrund des parochialen Altruismus kam diese Strategie zu spät. Man bekämpft den parochialen Altruismus, indem man die Grenzen zwischen der eigenen und der fremden Gruppe, also zwischen »uns« und »ihnen«, verwischt. Der Versuch, die Herzen der Menschen zu gewinnen, ist keineswegs ein Zeichen von Schwäche, sondern genau die richtige Strategie, um empathische Feinde in Verbündete zu verwandeln.

Könnten Konflikte intelligenter gelöst werden, wenn

unsere Politiker die Mitglieder von Fremdgruppen als vollwertige Menschen anerkennen würden, anstatt wilde Tiere oder seelenlose Objekte in ihnen zu sehen? Wenn wir als die Gesellschaft, die solche Maßnahmen und Volksvertreter unterstützt oder ablehnt, unseren medialen präfrontalen Cortex aktivieren und über sie nachdenken würden? Ich würde sagen ja.

KLÜGERE FÜHRUNGSKRÄFTE. Damit ein Manager Menschen erfolgreich dazu bringen kann, bestimmte Aufgaben zu erfüllen, muss er verstehen, was die Menschen tatsächlich motiviert, ihre Arbeit zu machen. Hier ist offensichtlich die Fähigkeit zum Gedankenlesen gefordert. Der Manager muss fragen: Was wollen meine Mitarbeiter wirklich?

Eine Führungskraft kann zwei Arten von Anreizen einsetzen: intrinsische und extrinsische. Die intrinsischen, inneren Anreize sind Teil der Tätigkeit, beispielsweise die Freude daran, etwas Wertvolles zu erreichen, Neues zu erlernen, sich Fähigkeiten anzueignen oder Stolz auf das Geleistete zu empfinden. Die extrinsischen Anreize werden von außen gegeben. Beispiele für solche äußere Anreize sind Gehalt, Nebenleistungen, Bonuszahlungen oder Arbeitsplatzsicherheit. Die Wirkung extrinsischer Anreize auf andere Leute kann direkt beobachtet werden, weil sie einen offenkundigen Austausch von Gütern gegen Dienstleistungen beinhaltet, während die Wirkung der intrinsischen Anreize nur im Inneren zu spüren ist. Man kann beobachten, dass sowohl man selbst als auch andere härter arbeiten, wenn es um Geld geht, aber Stolz, Sinn und Selbstwertgefühl sind emotionale Zustände, die man eher fühlt als sieht. Daher können wir die intrinsische Motivation bei uns selbst stärker wahrnehmen als bei anderen.

Denken Sie einen Augenblick über Ihren gegenwärtigen Beruf und die Liste der extrinsischen und intrinsischen

Anreize nach, über die ich im vorhergehenden Absatz gesprochen habe. Wie wichtig sind die verschiedenen Motivationsfaktoren für Sie? Wie ist es mit den intrinsischen Motiven: etwas Nützliches leisten, neue Dinge lernen, Fähigkeiten entwickeln oder Stolz auf die eigene Arbeit empfinden? Wie wichtig sind die extrinsischen Faktoren Geld, Nebenleistungen, Lob und Arbeitsplatzsicherheit? Und wie wichtig sind die verschiedenen Anreize für Ihre Kollegen? Wie verhält es sich bei Ihren Mitarbeitern, sofern Sie welche haben?

Jedes Jahr bitte ich meine MBA-Studenten an der University of Chicago, diese Fragen in einer anonymen Online-Umfrage zu beantworten. Das Resultat ist immer dasselbe: Sie neigen zu einer subtilen Entmenschlichung ihrer Studienkollegen. Selbstverständlich halten meine Studenten alle diese Anreize für wichtig, aber sie sind der Meinung, dass die intrinsischen für sie persönlich sehr viel wichtiger sind als für ihre Studienkollegen. Ihre Antworten enthalten eine klare Botschaft: »Ich will etwas Wertvolles tun. Den anderen geht es vor allem ums Geld.«

Natürlich denken nicht nur meine Studenten so. Eine Studie, an der sich 242 ehemalige amerikanische Offiziere beteiligten, brachte ähnliche Ergebnisse. In dieser Studie ging es um die Frage, warum diese Offiziere ihre militärische Laufbahn vorzeitig abgebrochen hatten.[29] Wie meine Studenten nahmen auch die Offiziere an, dass die im Vergleich zum zivilen Sektor niedrigen Gehälter beim Militär ein wichtiger Grund für das Ausscheiden anderer Offiziere waren. Aber als man sie nach ihren eigenen Beweggründen fragte, erklärten 73 Prozent der Offiziere, dass das Einkommen der *am wenigsten wichtige* Grund für ihren Ausstieg gewesen sei. Nur 3 Prozent bezeichneten das Geld als ihren wichtigsten Beweggrund. Stattdessen erklärten die meisten Exoffiziere, ihre Tätigkeit sei nicht motivierend genug gewesen. Sie beklagten sich über bürokratische Hindernisse, mangelnden Freiraum für Kreativität und Schwierigkeiten bei der persönlichen Weiterentwicklung über ihre eng definierten Tätigkeitsbereiche hinaus.

Sowohl meine Studenten als auch die Offiziere in jener Studie gaben Antworten, die das Ergebnis eines Experiments bestätigten, das der Psychologe Chip Heath von der Stanford University erstmals mit Kundendienstvertretern und ihren Managern bei der Citibank durchführte. Heath bat Mitglieder der beiden Gruppen um Angaben dazu, wie wichtig ihnen verschiedene Motive waren. Die Manager erklärten, eher von intrinsischen als von extrinsischen Anreizen motiviert zu werden, während sie glaubten, dass die Motivation ihrer Untergebenen genau umgekehrt funktioniere – die Mitarbeiter würden in erster Linie vom Verdienst und kaum von ihrer Tätigkeit an sich motiviert. Die Mitarbeiter füllten dieselben Fragebögen zur Motivation aus. Sie gaben an, dass ihnen die intrinsischen Anreize ein bisschen wichtiger als die extrinsischen seien – dasselbe hatten die Manager über sich gesagt. Alle Befragten dachten also, der Wert, den sie dem Stolz auf gute Arbeit, der Selbstachtung und dem Gefühl beimaßen, etwas Nützliches zu tun, unterscheide sie von anderen.[30] Diese anscheinend chronische Neigung, die intrinsische Motivation anderer Menschen zu ignorieren oder zu unterschätzen, hat einen Markt für Bücher mit Titeln wie *Why Pride Matters More Than Money* (Warum Stolz wichtiger ist als Geld) oder *Drive: Was Sie wirklich motiviert* geschaffen. Die Autoren versuchen zu zeigen, wie groß der Einfluss der intrinsischen Anreize auf alle Menschen ist.[31]

Vorgesetzte, die glauben, die Interessen ihrer Untergebenen seien auf das Geldverdienen beschränkt, übersehen die tatsächliche Tiefe des Bewusstseins ihrer Mitarbeiter und schaffen es daher nicht, sie wirklich zu motivieren. Ein schönes Anschauungsbeispiel dafür, was Führungskräfte tun könnten, um ihre Untergebenen besser zu motivieren, liefert ein Pseudoexperiment, das Ende der siebziger Jahre zufällig in einer Autofabrik von General Motors im kalifornischen Fremont durchgeführt wurde. Dieses Werk wies die schlechtesten Ergebnisse im GM-Konzern auf. Der Grund für die miserablen Resultate waren langjährige Konflikte zwischen Management und Belegschaft. Die GM-Manager hatten die Produktionsabläufe in dem Glauben gestaltet, die Beschäftigten seien, wie es ein Mitarbeiter ausdrückte, »hirnlose Idioten«, die sich einzig und allein für den Lohnscheck interessierten. Die Mitarbeiter hatten nicht den geringsten Einfluss auf die Arbeitsabläufe, erfuhren nichts darüber, welche Funktion ihre Tätigkeit im Produktionsprozess erfüllte, verrichteten als isolierte Rädchen in einer großen Maschine tagein, tagaus dieselben Handgriffe und erhielten abgesehen vom Lohn keinerlei Leistungsanreize. So bekam das Management genau die geistlosen Arbeitskräfte, die es erwartet hatte. Das Werk litt unter ausuferndem Absentismus, die Parkplätze waren mit Bierflaschen übersät, in der Werkshalle konnte man Drogen und Sex kaufen, und die Zahl der defekten Autos war höher als in jedem anderen Werk von General Motors. Das Unternehmen sah keine Chance mehr, diese Belegschaft zu motivieren. Das Werk galt als hoffnungsloser Fall und wurde im Jahr 1982 geschlossen.

Kurze Zeit später ging GM eine Partnerschaft mit Toyota ein, um zu lernen, wie die Japaner arbeiteten (diese Partnerschaft hieß New United Motor Manufacturing, Inc., NUMMI). Toyota öffnete das Werk in Fremont wieder und stellte mehr als 90 Prozent der früheren Belegschaft ein. Anders als ihre amerikanischen Vorgänger gestalteten die japanischen Manager die Produktionsabläufe entsprechend ihrer Überzeugung, dass diese Arbeiter ein vollwertiges menschliches Bewusstsein hatten – dass sie sich nicht nur für einen guten Lohn interessierten, sondern auch Stolz auf ihre Arbeit empfinden, Neues lernen und sich fortbilden wollten und dass sie intelligent genug waren, um Vorschläge zur Verbesserung der Produktionsabläufe zu machen. Alle Arbeiter wurden für sämtliche Aufgaben in der Montagekette geschult. Sie erhielten die Erlaubnis, Verbesserungen am System vorzunehmen und die Montagelinie zu stoppen, wenn das notwendig war, um die Zahl der Defekte zu verringern (dazu verwendeten sie die mittlerweile berühmte »Andon-Cord«, eine Reißleine). Und es wurden Arbeitsteams gebildet.

Dank dieser und weiterer Änderungen gelang ein spektakulärer Umschwung. Innerhalb eines Jahres schaffte es dieses Werk, das bis dahin die meisten mangelhaften Autos im GM-System produziert hatte, praktisch perfekte Ergebnisse zu erzielen. Schätzungen zufolge würden in einem von GM betriebenen Werk etwa 50 Prozent mehr Arbeitskräfte benötigt, um dieselbe Zahl von Autos zu produzieren wie NUMMI. Das schlechteste Werk hatte sich in das vielleicht beste verwandelt – und das mit fast unveränderter Belegschaft. Was war das Geheimnis dieses Erfolgs? Nach Aussage der Industrieexpertin Maryann Keller war es »kein Geheimnis, sondern eine alte Weisheit: Behandle Angestellte und Arbeiter mit Respekt, ermutige sie zum eigenständigen Denken, gib ihnen Freiraum für Entscheidungen und das Gefühl, einen wichtigen Beitrag zu leisten.«[32]

Wären Vorgesetzte erfolgreicher, wenn sie ihre Untergebenen als menschliche Wesen mit Verstand betrachteten, denen es wichtig ist, ihre Arbeit gut zu machen, anstatt sie für geistig unterlegen zu halten? Ich denke ja.

KLÜGERE NACHBARN. Aristoteles beschrieb den Menschen als »von Natur aus soziales Tier«. Aber Aristoteles fuhr nicht täglich im Pendlerzug zur Arbeit. Jeden Morgen um Viertel vor acht steige ich unweit meines Hauses in der South Side von Chicago in den Zug, um nach Hyde Park zu meinem Büro zu fahren. Das Ritual ist immer dasselbe: Die meisten Fahrgäste steigen alleine ein und setzen sich so weit voneinander entfernt wie möglich hin. Solange niemand gezwungen ist, sich zu einem anderen Fahrgast zu gesellen, bleiben die benachbarten Sitzplätze frei. An der nächsten Haltestelle steigen weitere Pendler ein und füllen die freien Plätze. Nun sitzen die Fahrgäste nur noch Zentimeter von ihren Sitznachbarn entfernt (oder berühren sie sogar). Und sie ignorieren einander. Ihre Blicke sind starr auf ihre Bücher, iPhones oder sonstige Werkzeuge der Nichtwahrnehmung gerichtet. Diese angeblich sozialen Tiere verbringen eine halbe Stunde in der Gesellschaft von drei Dutzend Menschen, von denen keiner mehr als 5 Meter von ihnen entfernt ist, ohne ein einziges Mal ihren medialen präfrontalen Cortex zu aktivieren. Dasselbe Verhalten habe ich in Zügen, Flugzeugen, Aufenthaltsräumen und Wartezimmern rund um den Erdball beobachtet: Überall versuchen die Menschen, einander zu ignorieren, und behandeln die Leute in ihrer Nähe wie Lampenschirme. Und das sollen *soziale Tiere* sein?

Indem wir auf diese Art versuchen, uns nicht auf einen anderen menschlichen Geist einzulassen, verzichten wir auf eine der wichtigsten Quellen des Glücks: Beziehungen zu Artgenossen. In einer großen Studie stellte sich heraus, dass gute Beziehungen zu Familienmitgliedern und Freunden die einzige unverzichtbare Voraussetzung für ein glückliches Leben sind.[33] Umfragen unter Amerikanern zeigen, dass isolierende Erfahrungen wie das Pendeln zu den unerfreulichsten zählen, die Menschen im Alltag machen. Soziale Isolation ist nicht nur unangenehm, sondern auch gesundheitsschädlich: Sie erhöht das Risiko von Herzinfarkten mit Todesfolge noch mehr als das Rauchen.[34] Aber jeden Morgen im Pendlerzug und in ungezählten ähnlichen Kontexten berauben sich die Menschen der Gelegenheit, eine unangenehme Erfahrung der Abschottung in ein angenehmes Erlebnis zu verwandeln, indem sie einfach eine Verbindung zu der Person herstellen, die neben ihnen sitzt. Wie wäre es, sich öfter auf unsere Nachbarn einzulassen, anstatt sie zu ignorieren?

Ich glaube, ich weiß, was Sie jetzt denken – und zwar, weil wir schon viele Menschen gefragt haben, was sie von dieser Idee halten. Juliana Schroeder und ich baten Personen, die täglich mit dem Zug zur Arbeit nach Chicago fuhren, Fragebögen auszufüllen, in denen sie angeben sollten, wie angenehm die täglichen Fahrten für sie sein würden, wenn sie a) alleine sitzen und »das Alleinsein genießen«, b) sich mit ihrem Sitznachbarn unterhalten oder c) das tun würden, was sie normalerweise taten. Es passte zu dem täglich beobachteten Verhalten, dass diese Pendler eine Unterhaltung mit einem anderen Fahrgast als *unangenehmste* Erfahrung betrachteten, während die Fahrt für sie am angenehmsten sein würde, wenn sie allein sitzen könnten. Doch wie sich herausstellte, waren diese Annahmen vollkommen falsch. Das wissen wir, weil wir unter den Pendlern, die diesen Zug nahmen, ein weiteres Experiment durchführten. In diesem Fall forderten wir zufällig ausgewählte Personen aus derselben Pendlergruppe auf, tatsächlich a) alleine zu sitzen und »das Alleinsein zu genießen«, b) eine Unterhaltung mit ihrem Sitznachbarn zu beginnen oder c) das zu tun, was sie normalerweise taten. In deutlichem Widerspruch zu den Annahmen der im ersten Experiment befragten Pendler machten diejenigen, die sich tatsächlich mit ihrem Sitznachbarn im Zug unterhielten, die *angenehmste* Erfahrung, während jene, die »das Alleinsein genossen«, die am wenigsten angenehme Fahrt erlebten. Der erfreulichen Begegnung mit einem anderen Menschen schien kein Verlust an Produktivität gegenüberzustehen: Die Befragten, die sich mit ihrem Nachbarn unterhalten hatten, berichteten nicht, dass sie weniger Aufgaben erledigt hatten als die Pendler, die sich isoliert hatten. Die Wirkungen waren auch nicht auf bestimmte Persönlichkeitstypen beschränkt. Anhand von Skalen, mit denen wir Eigenschaften wie Extrovertiertheit und Offenheit für neue Erfahrungen maßen, stellten wir fest, dass die Pendler unabhängig davon, ob sie eher extrovertiert oder zurückhaltend waren, eine angenehmere Erfahrung machten, wenn sie Kontakt zu ihrem Sitznachbarn aufnahmen.

Die Menschen, mit denen ich jeden Morgen im Pendlerzug sitze, sind keine Ausnahme – dasselbe haben wir bei Bus- oder Taxifahrgästen beobachtet. Die Begegnung mit dem Taxifahrer wurde als besonders bereichernd empfunden. Vielleicht liegt es daran, dass Taxifahrer sehr unterschiedlicher Herkunft sind. Jedenfalls scheinen sie besonders angenehme Gesprächspartner zu sein – zumindest für die Dauer der Fahrt. Ich habe mich mittlerweile mit Taxifahrern aus Äthiopien in Washington, aus Afghanistan in Philadelphia, aus Sierra Leone in New York und aus konfliktträchtigen Innenstadtbezirken in meiner Heimatstadt Chicago unterhalten. Sie erzählen faszinierende Geschichten, die Gespräche mit ihnen sind fast immer interessant, und ich mache durchaus eine angenehmere Erfahrung, als wenn ich lediglich aus dem Fenster schauen würde. Dasselbe gilt für Flugzeuge, Warteräume in Büros und mittlerweile auch meinen eigenen Pendlerzug. Die Fähigkeit, eine Beziehung zu anderen Menschen herzustellen, zählt zu den größten Leistungen unseres Gehirns. Wir werden glücklicher sein, wenn wir sie auch nutzen.

Es ist leicht nachvollziehbar, dass es für Fremde vorteilhaft ist, wenn wir bereit sind, Beziehungen zu ihnen herzustellen und uns offen auf sie einzulassen. Aber unsere Forschungsergebnisse zeigen, dass es auch für uns selbst von Nutzen sein dürfte. Jen und ich machten diese Erfahrung, als wir unsere Adoptivkinder in Äthiopien abholten. Wir fuhren in das Dorf, in dem sie aufgewachsen waren. Der Weg führte über staubige Pfade, die eher für Esel als für Autos geeignet waren. Die Leute starrten uns ausdruckslos an, als wir vorbeifuhren; vermutlich hatten sie seit Wochen oder Monaten keine Weißen gesehen. Gelegentlich schrie jemand etwas. »Ausländer!«, übersetzte unser Fahrer. An einem Punkt hörte ich auf, ins Leere zu starren, sondern sah einem Jungen am Straßenrand direkt in die Augen, lächelte ihm zu und winkte. Es war, als hätte ich einen Schalter in seinem Gehirn umgelegt. Plötzlich war ich kein Ausländer mehr, sondern ein menschliches Wesen. Er riss die Augen auf, lächelte breit und winkte fröhlich. Ich wiederholte den Gruß bei der nächsten Person und bei den folgenden. Wo wir zuvor nur in gleichgültig starrende Gesichter geblickt hatten, sahen wir nun freundlich lächelnde und winkende Menschen. Für uns wurde die Fahrt und für sie die kurze Begegnung mit uns augenblicklich zu einem besseren Erlebnis. Kein Mensch winkt von sich aus, aber fast alle Menschen winken zurück.

Wäre Ihr Leben angenehmer, wenn Sie anderen Menschen häufiger zuwinken würden, im Vertrauen darauf, dass sie zurückwinken werden? Wären Sie glücklicher, wenn Sie öfter das Bewusstsein anderer Menschen ansprechen würden, anstatt die Menschen in nächster Nähe wie unbeseelte Gegenstände zu behandeln? Finden Sie es selbst heraus.

* * *

Nachdem er Standing Bears Schlussworte gehört hatte, dachte Richter Dundy zehn Tage lang über das Urteil nach.

Seine Zusammenfassung des Verfahrens begann er mit einer persönlichen Bemerkung: »Seit 15 Jahren wende ich die Gesetze meines Landes an. In dieser Zeit war ich nie gefordert, über eine Klage zu entscheiden, die derart große Sympathie bei mir weckte wie die hier behandelte. [...] Aber in einem Land, in dem die Freiheit durch das Gesetz geregelt wird, bedarf es für das gerichtliche Handeln einer solideren und dauerhafteren Grundlage als bloßer Sympathie.« Anschließend wies der Richter gewissenhaft sämtliche vom Anwalt der Regierung vorgebrachten Argumente zurück und entschied, dass Standing Bear und alle amerikanischen Ureinwohner von nun an als Rechtspersonen zu betrachten seien. General Crook verlor den Prozess – und erreichte sein Ziel; Standing Bear war kein geistloser Wilder mehr, sondern ein Mensch.

In diesem Kapitel haben wir gesehen, dass selbst ein so brillantes und kompetentes Gehirn wie unseres manchmal außerstande sein kann, in Fremden eine verwandte Seele zu erkennen. Unser sechster Sinn, diese verblüffende Fähigkeit des Menschen, sich in die Gedanken seiner Artgenossen zu versetzen, muss dafür aktiviert werden. Wenn uns die psychische Distanz zu anderen Menschen daran hindert, kann es sein, dass sie in unseren Augen geistig minderwertig erscheinen und von uns deshalb nicht als vollwertige Personen erkannt werden. Das betrifft nicht nur einige wenige Menschen: Jedem von uns können die Fehler unterlaufen, die zu dieser geistigen Blindheit führen und unsere soziale Intelligenz verringern.

Aber nicht nur die Unfähigkeit, unseren sechsten Sinn zu aktivieren, führt zu verschiedenen Fehlern. Auch die Aktivierung dieses Sinns in Situationen, in denen es unangebracht ist, hat Fehler zur Folge. Mit diesen Fehlern werden wir uns im nächsten Kapitel befassen. Ist unser sechster Sinn einmal aktiviert, so entdecken wir allzu leicht fast überall, wo wir hinschauen, menschliche Seelen. So wie wir das Bewusstsein eines Menschen übersehen können, der vor uns steht, kann es auch vorkommen, dass wir einen menschlichen Geist erblicken, wo keiner ist.

4

Die Neigung zur Vermenschlichung

Gebt mir eine Minute, nur eine Minute in der Haut dieses Geschöpfes. Hängt mich nur 60 Sekunden an den Wahrnehmungs- und Vorstellungsapparat dieses anderen Wesens – und ich werde wissen, was die Naturgeschichtler seit jeher herauszufinden versuchen. Aber […] ich kann nur Methoden anwenden, die zwangsläufig indirekt sind.

Stephen Jay Gould (1998)

Am 23. August 2005 brach der Hurrikan Katrina über New Orleans herein. Es war die kostspieligste Naturkatastrophe in der Geschichte der Vereinigten Staaten: Die Schäden beliefen sich auf mehr als 100 Milliarden Dollar. Der Sturm tötete 1800 Menschen. 80 Prozent der Bevölkerung mussten evakuiert werden. Viele Einwohner kehrten nie wieder nach New Orleans zurück. Einige Monate später versuchte Bürgermeister Ray Nagin die Katastrophe so zu erklären: »Offensichtlich ist Gott wütend auf Amerika. Zweifellos ist er nicht damit einverstanden, dass wir unter einem falschen Vorwand in den Irak einmarschiert sind. Aber mit Sicherheit ist er auch erbost über das schwarze Amerika. Wir nehmen unser Schicksal nicht in die Hand.«

Vermutlich finden Sie Nagins Erklärung lächerlich. Nachdem er ein wenig darüber nachgedacht hatte, gelangte er selbst ebenfalls zu dieser Erkenntnis und versuchte einige Tage später, seine Aussage zu widerrufen. Aber lächerliche Behauptungen können uns viel über die Funktionsweise des menschlichen Verstands verraten. Schließlich war Nagin keineswegs der Erste, dem auf der Suche nach einer Erklärung für eine Naturkatastrophe ein Gott mit menschlichem Bewusstsein in den Sinn kam. An diesem speziellen Hurrikan war etwas, das Nagins sechsten Sinn aktivierte und ihn dazu bewegte, hinter einem vollkommen geistlosen Wetterphänomen eine Absicht zu entdecken. Und als er seinen sechsten Sinn aktiviert hatte, sah Nagin ein Bewusstsein, wo keines war.

Ähnliche Beispiele finden wir überall. Die Börsenhändler beschreiben den Markt als »nervös« oder »euphorisch«. Sie sagen, dass er »mit der 10 000-Punkte-Marke *flirtet*« oder »*versucht*, die Verluste wettzumachen« – und anschließend richten sie sich bei ihren Transaktionen nach den angeblichen Emotionen und Absichten des Marktes.[1] Kurz nach dem 11. September 2001 glaubten zahlreiche Menschen, auf Fotos vom World Trade Center das Gesicht des Teufels in den aus den Zwillingstürmen quellenden Rauchwolken zu erkennen.[2]

Und wir alle sind der Meinung, dass unsere Haustiere denken können, fürsorglich sind und uns lieben, womit wir ihnen geistige Fähigkeiten zusprechen, die in der Wissenschaft sehr umstritten sind. Die Marketingexperten nutzen diese Neigung gnadenlos aus. Ob Sie es glauben oder nicht: Forscher haben herausgefunden, dass ein Auto freundlich oder böse aussehen kann, weil seine Frontpartie Ähnlichkeit mit einem Gesicht hat, in dem der Kühlergrill den Mund und die Scheinwerfer die Augen darstellen.[3] Die Autobauer berücksichtigen das, um uns zum Kauf ihrer Produkte zu bewegen. »Wir wollten ein Auto, das böse dreinschaut«, erklärte Ralph Gilles, der Designer des Dodge Charger.[4]

Im vorigen Kapitel haben wir gesehen, wie leicht wir unsere Fähigkeit einbüßen können, die Gedanken anderer

Sieht man im Rauch, der aus einem der beiden Türme aufsteigt, das Gesicht des Teufels?

Menschen nachzuvollziehen. Auf der anderen Seite haben wir eine ausgeprägte Neigung, fast überall den Schimmer eines menschenartigen Bewusstseins zu entdecken, sei es in Wetterphänomenen, Computern, Autos oder Göttern. Manchmal werden wir zu Experten für die Vermenschlichung der Welt und erblicken ein menschenähnliches Wesen in allem, was uns umgibt – wir glauben es sogar an Orten zu sehen, an denen es keinerlei Bewusstsein gibt.

Grauzonen des Geistes

Wenn es stimmt, dass wir manchmal Unbewusstem ein Bewusstsein zusprechen, haben wir ein Problem mit der Wahrnehmung der Realität. Kaum jemand wird behaupten, ein Felsbrocken habe ein Bewusstsein und ein anderer Mensch habe keines, aber die weitläufige Grauzone zwischen diesen Extremen eindeutig unbeseelter Dinge und beseelter Personen ist Gegenstand intensiver Debatten über Wesen, die ein Bewusstsein samt Absichten, Gedanken und Emotionen wie Stolz, Schuld oder Wut haben *könnten*. In diesen Debatten über Grauzonen des Bewusstseins werden die gesellschaftlichen Kulturkämpfe ausgetragen. Hat ein Fötus Gefühle? Sollten Schimpansen für die medizinische Forschung benutzt werden? Leiden die Tiere, die uns Fleisch liefern, wenn wir sie in Käfigen zusammenpferchen? Sind Unternehmen Personen, deren Recht auf Meinungsfreiheit geschützt werden muss? Wird das Universum von einem allmächtigen Gott beherrscht, der unsere Sünden sieht und unsere Gebete erhört?

Jeder von uns möchte die Realität der in dieser Grauzone beheimateten Wesen verstehen, diese Debatten beenden und definieren, wo diese Existenzen im Spektrum zwischen dem »Ich« als dem prototypischen beseelten Lebewesen und dem »Felsblock« als dem prototypischen seelenlosen Ding einzuordnen sind. In den meisten Fällen gibt es keine objektive Antwort, weshalb die Menschen endlos über diese Fragen streiten können, ohne jemanden von ihrer Meinung zu überzeugen.

Manchmal können die Wissenschaftler versuchen, ein Bewusstsein dingfest zu machen. Nehmen wir zum Beispiel den scheinbar schuldbewussten Blick eines Hundes. Wenn Sie einen Hund haben, kennen Sie diesen Ausdruck: gesenkter Kopf, hängender Schweif, unterwürfig aufschauende Augen. Als ich unseren Welpen Solomon erstmals ins Büro an der Graduate School mitnahm, pinkelte der Hund vor den Augen meines Beraters auf den Teppich. Böser Hund, ganz böser Hund! Solomon schien zu *wissen*, dass es falsch gewesen war, auf den Teppich meines Beraters zu pinkeln: Er senkte den Kopf und schlich in einen Winkel, so wie meine Kinder, wenn sie etwas ausgefressen haben. Aber existierte Solomons Bewusstsein seines Fehlverhaltens tatsächlich in *seinem* Kopf oder nur in *meinem*?

Wenn wir den Ergebnissen eines wissenschaftlichen Tests glauben können, existierte es nur in meinem Kopf. In diesem Experiment zeigte sich, dass Hunde unabhängig davon, ob sie tatsächlich etwas falsch gemacht haben, auf eine Missfallensbekundung ihres Herrchens mit einem »schuldbewussten Gesichtsausdruck« reagieren.[5] Hunde sind sehr soziale Tiere, aber anscheinend haben sie keine Ahnung von ihrer eigenen Moralität.[6]

Anhand dieses Beispiels können wir drei grundlegende Dinge über das Bewusstsein feststellen, das wir Nichtmenschen zusprechen. Erstens zeigt sich hier, dass die Suche nach der Existenz nichtmenschlichen Bewusstseins oft das Ziel verfehlt. Wann immer wir irgendwo einen anderen Geist erkennen – sei es in einem menschlichen Gegenüber, einem Haustier, einem Gerät oder Gott –, beruht diese Erkenntnis unabhängig davon, ob wir es tatsächlich mit einem anderen Geist zu tun haben, auf einem psychischen Prozess in unserem Kopf. Wir glauben, dass unser Hund ein Bewusstsein hat, dass er *wissen* kann, wann er etwas Richtiges oder Falsches getan hat. Wie jeder Glaube kann auch dieser richtig oder falsch sein. In diesem Fall scheint er ein Irrtum zu sein. Wir haben uns täuschen lassen. Aber wenn Sie bei Ihrem Ehemann denselben schuldbewussten Blick sehen, nachdem er das letzte Stück Ihres Geburtstagskuchens gegessen hat, werden Sie mit Recht annehmen, dass sich hinter dem schuldbewussten Blick auch ein schuldbewusster Verstand versteckt. Das bedeutet nicht, dass Sie in die Seele Ihres Mannes, aber nicht in die Ihres Hundes schauen können. Es bedeutet lediglich, dass Sie dieselbe Fähigkeit, die Sie in die Lage versetzt, sich mit den Gedanken anderer Menschen zu beschäftigen, auch anwenden, um über nichtmenschliche Wesen nachzudenken. Interessant ist, dass dieselben Auslöser, die Ihren sechsten Sinn aktivieren, wenn Sie über Ihren Partner nachdenken, auch für die Aktivierung dieses Sinns verantwortlich sind, wenn Sie über Ihr Haustier, einen Hurrikan, einen Gott, ein Auto oder einen Computer nachdenken. Weder ein Psychologe noch sonst jemand kann erklären, wie es *tatsächlich* ist, ein Hund, eine Katze oder eine Fledermaus zu sein,[7] aber wir können erklären, wann Menschen möglicherweise denken, dass etwas ein Bewusstsein hat, und wann Menschen das nicht denken. Das bedeutet: Wenn wir einem nichtmenschlichen Agenten ein Bewusstsein zusprechen, handelt es sich um das Gegenstück unserer Unfähigkeit, einer anderen Person ein Bewusstsein zuzusprechen. Vermenschlichung und Entmenschlichung sind zwei Seiten derselben Medaille.

Zweitens können Sie und ich glauben, dass etwas Nichtmenschliches ein Bewusstsein hat, aber von nicht allen derartigen Vorstellungen sind wir gleichermaßen überzeugt, und manche von ihnen sind uns nicht einmal bewusst. Wenn wir an einem eisigen Wintermorgen auf unser Auto einreden, um es dazu zu bewegen, doch bitte anzuspringen, behandeln wir die Maschine so, als *hätte* sie ein Bewusstsein. Von einem Beifahrer danach gefragt, würden wir natürlich nicht behaupten, dass dem tatsächlich so ist und unser Auto uns hören kann. Trotzdem umschmeicheln wir es und setzen unseren sechsten Sinn derart nachdrücklich ein, dass es den Anschein hat, als würde die Beschwörung wirken. In einem Experiment wurden Versuchspersonen auf subtile Art dazu bewegt, ihr Auto zu vermenschlichen, indem sie seine Persönlichkeit einstuften. Sie wurden gebeten zu beurteilen, wie kreativ oder unverantwortlich das Auto sei, und sie zeigten geringeres Interesse an einem Verkauf des Autos als Personen, die subtil dazu bewegt wurden, ihr Fahrzeug als Gegenstand zu betrachten, indem sie nach mechanischen Merkmalen wie Federung und Motorlauf oder der Vielseitigkeit des Autos gefragt wurden. Auch wenn wir nicht wirklich denken, dass unser Auto ein Bewusstsein in dem Sinn hat, wie wir es unserem Kind oder auch unserem Hund zusprechen, können uns unsere subtilen Schlussfolgerungen dazu bewegen, es wie ein beseeltes Wesen zu behandeln.

Wenn Tricks bewirken können, dass wir ein Bewusstsein sehen, wo keines ist, dann lautet die eigentlich interessante Frage nicht, ob manche Dinge *tatsächlich* ein Bewusstsein haben, sondern eher, was das für Tricks sind. Denn sie können uns eine Erklärung dafür liefern, warum wir beim Gedankenlesen offenbar derart sprunghaft sind. Wie kommt es, dass ein Jäger, der regelmäßig Rehe tötet, großes Mitgefühl zeigt, wenn er aufgefordert wird, ein angefahrenes Reh zu pflegen?[8] Warum stört sich niemand an der Vorstellung, Karotten umzubringen, während es viele Leute bedenklich finden, Kühe zu töten?[9] Wie war es möglich, dass die Bevölkerung Kaliforniens bei ein und derselben Wahl entschied, Homosexuelle weniger menschlich zu behandeln, indem sie ihnen das Recht auf Eheschließungen verweigerte, und auf der anderen Seite dafür stimmte, Tiere eher wie Menschen zu behandeln, indem Mastbetriebe zu einem humaneren Umgang mit Schweinen verpflichtet wurden?[10] Wie ist es möglich, dass wir manchmal unsere Tiere wie Menschen und andere Menschen wie Tiere behandeln? Die Antwort ist ganz einfach: Wenn unser sechster Sinn aktiviert wird, setzen wir uns mit der Seele eines anderen Wesens auseinander, während das bei anderen Gelegenheiten nicht geschieht.

Ist derselbe Auslöser, der Menschen dazu verleitet, im Rauch, der aus dem brennenden World Trade Center aufsteigt, das Gesicht des Teufels zu erkennen, dafür verantwortlich, dass Menschen glauben, ein Wirbelsturm werde von Gottes Zorn gelenkt, oder dass Menschen eine persönliche Beziehung zu ihrem Auto, ihrem Mobiltelefon oder ihrem Haustier herstellen? Nein, dies sind alles unterschiedliche Auslöser. Wir erkennen in diesen Nichtmenschen auf dieselbe Art ein Bewusstsein, auf die wir in einem anderen menschlichen Wesen eines erkennen: mit unseren Sinnen sowie durch unsere bewussten und durchdachten Schlussfolgerungen. Es gibt also drei Auslöser, die uns dazu bewegen können, in Nichtmenschlichem ein menschenähnliches Bewusstsein zu erkennen: Es sieht aus wie ein Bewusstsein, es kann mit einem Bewusstsein erklärt werden oder es steht in einer engen Beziehung zu unserem eigenen Bewusstsein. Die Vorstellung von der Existenz eines Bewusstseins kann demnach durch unsere Wahrnehmung, durch unser Bedürfnis nach einer Erklärung und durch unsere sozialen Bindungen ausgelöst werden. Dabei wird unser sechster Sinn in jedem dieser Fälle hinters Licht geführt. Sehen wir uns die verschiedenen Tricks im Einzelnen an.

Ein wahrgenommenes Bewusstsein: Wenn es aussieht, geht und spricht wie ein Wesen mit Bewusstsein …

In der Natur wimmelt es von Täuschungen. Lithops sind saftreiche Pflanzen, die aussehen wie ungenießbare Steine. Die Gottesanbeterin ist ein aggressiver Räuber, der sich als vollkommen harmlose Pflanze tarnen kann. Man muss nicht Evolutionsbiologie studiert haben, um Täuschungen zu verstehen. Indem man vorgibt, etwas zu sein, was man nicht ist, kann man manchmal mit dem erfolgreich sein, was man ist.

In Anbetracht dessen scheint leicht nachvollziehbar, woher der Bananenfalter seine Augenflecken hat. Sehen Sie sich das Foto unten an. Würden Sie, wenn Sie ein Vogel wären, versuchen, das Gesicht einer Eule anzugreifen? Natürlich nicht. Es liegt auf der Hand, dass Schmetterlinge, deren Flügel aussehen wie das Augenpaar einer Eule, seltener von Vögeln gefressen werden als Schmetterlinge, die wie Schmetterlinge aussehen. Es ist offenkundig: »Die Augenflecken auf den Flügeln riesiger Seidenmotten und anderer Schmetterlinge ahmen ohne Zweifel die Augen von Raubtieren nach«, erklärt eine Gruppe von Evolutionsbiologen.[11]

Scheinbare Augen in der Natur: Bananenfalter (links) und Raupe eines Ritterfalters (rechts).

Wie ist es mit der Raupe des Ritterfalters (eines Papilio troilus) im rechten Bild? Diese Raupe geht noch einen Schritt weiter, da sie nicht nur den gelben Augenfleck, sondern auch eine dreieckige Pupille entwickelt hat, die uns direkt anzustarren scheint. »Dieser Blick ist unheimlich«, schreibt der Ökologe Thomas Eisner von der Cornell University. »Ich vermute, dass die Konfrontationsstrategie funktioniert und dass Räuber möglicherweise davor zurückschrecken, eine Köstlichkeit anzugreifen, die Widerstand leistet und sie herausfordernd anstarrt.« Es ist ein Insekt mit Mona-Lisa-Augen. In seinem Buch *For Love of Insects* beschreibt Eisner, wie er nachgewiesen hat, dass die scheinbaren Augen für den starrenden Blick der Raupe verantwortlich sind, indem er 30 Studenten unterschiedlich geformte Pupillen zeigte. Die große Mehrheit der Studenten erklärte, die dreieckigen Pupillen erweckten den stärksten Eindruck, angestarrt zu werden.[12] Daraus zieht das Biomimicry 3.8 Institute einen klaren Schluss: »Die Augenflecken der Raupe des Papilio troilus schützen den Falter vor Räubern, weil ihre Tränenform die Illusion beweglicher, wachsamer Augen erzeugt.«[13]

Falsche Augen sind ein ausgezeichneter Trick in der Natur, aber es hat den Anschein, als würde dieser Trick eher uns als einen Vogel hinters Licht führen. Der Zoologe Martin Stevens und seine Kollegen von der University of Cambridge ließen sich nicht täuschen. Ihre Vermutung war, dass diese Flecken Räuber nicht abschrecken, weil sie wie Augen aussehen, sondern weil sie so auffällig sind. Natürlich wirken sie auf Sie und mich wie Augen, aber die menschliche Wahrnehmung ist sehr empfänglich für den Anblick von Augen. Das bedeutet nicht, dass das Gehirn eines Vogels ebenso stark darauf reagieren muss wie unseres. Könnte es nicht sein, dass sich ein Vogel eher für scharfe Kontraste interessiert?

Um das herauszufinden, legten Stevens und seine Kollegen Mehlwürmer in Futterkästen für Vögel. Einige Kästen waren mit Augenflecken im Hintergrund bedruckt, während andere mit gleichermaßen kontrastreichen farbigen Quadraten und Rechtecken versehen waren. Für eine Kontrollgruppe von Versuchstieren wurde der Hintergrund des Futterkastens neutral gelassen. Die Forscher fanden heraus, dass jeder auffällige Kontrast die Vögel abschreckte, gleichgültig, ob das Bild die Form eines Auges hatte oder nicht. Die Flecken auf den Flügeln des Bananenfalters – der im Englischen *owl butterfly* (Eulenfalter) heißt – und des Ritterfalters sehen für uns Menschen wie Augen aus, weshalb für uns die Erklärung naheliegt, dass die Natur Vögeln »zweifellos« denselben Streich spielt wie uns.

Falsche Augen sind ein Trick, auf den wir fast immer hereinfallen. Sie können uns dazu verleiten, ein Bewusstsein zu sehen, wo es keines gibt. Als Mitglieder einer der sozialsten Spezies auf diesem Planeten reagieren wir sehr stark auf Augen, da sie ein Fenster zum Denken und Fühlen anderer Menschen sind. Erinnern Sie sich noch daran, dass wir im ersten Kapitel gesehen haben, wie präzise wir dem Blick einer anderen Person folgen können, um festzustellen, worauf sie ihre Aufmerksamkeit richtet, und uns auf diese Weise ein Bild davon machen können, was in ihrem Kopf vorgeht? Wenn wir sehen, wohin jemand schaut, erhalten wir einen brauchbaren Hinweis darauf, was er denkt und was er als Nächstes tun könnte. Da es uns offenkundig weiterhilft, die Blicke anderer Menschen zu verfolgen, ist es durchaus sinnvoll, dass wir sehr sensibel auf alles reagieren, was auch nur annähernd wie ein Augenpaar aussieht.[14]

Dennoch überrascht es, wie extrem empfindlich wir tatsächlich sind. Vor einigen Jahren baute ich für meine kleine Hühnerschar einen Stall mit einer einzigen Tür, die unter zwei kleinen Fenstern lag. Während der kalten Jahreszeit stellte ich eine Infrarotlampe in den Stall, damit die Vögel es nachts warm hatten. Als das Licht durch die Tür und die Fenster schien, verwandelte sich die Fassade des Stalls in das rot glühende Gesicht eines Teufels, das mich (so peinlich das auch ist) einige Male erschreckte. Manche Leute sahen im Rauch, der aus dem World Trade Center aufstieg, das Gesicht des Teufels. Ich sehe es in der Dämmerung für einen Augenblick in meinem Garten. Es verschlingt meine Hennen, die in den aufgerissenen Mund laufen, während mich die Fratze mit wütenden Augen anstarrt. Es fällt mir schwer, die Illusion eines Bewusstseins hinter diesen »Augen« zu ignorieren.

Ich bin nicht der Einzige, dem das passiert. Unterschwellige Hinweise darauf, dass man beobachtet wird – etwa Augenflecken wie die auf den Flügeln des Bananenfalters –, können Menschen dazu veranlassen, sich so zu verhalten, als würden sie tatsächlich von jemandem mit einem urteilsfähigen Verstand beobachtet. In einem Experiment zeigten sich Einwohner von Boston um 30 Prozent großzügiger, wenn sie auf dem Bildschirm vor sich ein Bild von Kismet sahen, einem Roboter mit großen, wachsamen Augen, den Forscher am MIT gebaut hatten.[15] In einer anderen Studie wurden Psychologieprofessoren an der University of Newcastle ohne ihr Wissen zu Versuchspersonen in einem psychologischen Experiment:[16] In ihrer Abteilung war es üblich, dass jeder das Geld für seinen Tee und Kaffee freiwillig in eine Schachtel legte. Während eines Zeitraums von zehn Wochen war auf der Mitteilung über dieser »Kasse des Vertrauens« abwechselnd ein Blumenbild oder das Bild eines menschlichen Augenpaars zu sehen. Sahen die Professoren über der Schachtel Augen, so warfen sie durchschnittlich dreimal so viel Geld hinein wie beim Anblick der Blumen. Diese Professoren wurden natürlich nicht wirklich überwacht, aber der Anblick der Augen genügte, um sie dazu zu bewegen, sich so zu verhalten, als würden sie von einem Zuschauer mit Verstand beobachtet.

Der Anblick eines Augenpaars kann Menschen dazu bringen, sich so zu verhalten, als würden sie beobachtet, aber oft ist dies kein ausreichender Hinweis, um mehr als eine flüchtige Ahnung der Existenz eines anderen Bewusstseins zu erzeugen. Dafür wird mehr gebraucht, und zwar

Bewegung, die das Beseelte vom Unbeseelten unterscheidet. Philip Hoare vom *Guardian* hatte wie viele Leute Hunderte oder sogar Tausende Fotos von Walen und Walaugen gesehen. Aber einem sich bewegenden, aufmerksamen, lebendigen Wal zu begegnen und direkt in sein Auge zu schauen, war eine ganz andere Erfahrung: »Die Silhouette des Wals hob sich vom Blau ab, als er wendete und mir direkt in die Augen sah. Es war der verstörendste Moment meines Lebens. […] In jener Nacht konnte ich kein Auge zutun. Wann immer ich es tat, schwamm der Wal in meinen Kopf. Er hat meine Träume noch immer nicht verlassen.« Die Fähigkeit, sich umzudrehen und zu bewegen, die Aufmerksamkeit auf etwas zu richten, zu interagieren und unsere Bewegungen mit eigenen Augen zu verfolgen, macht das Unbeseelte zum Beseelten und verleiht dem Lebenden einen Geist.

Wenn die Bewegung so wichtig ist, um ein anderes Bewusstsein zu erkennen, welche Art von Bewegung verrät dann am meisten Verstand? Die heftigste Bewegung? Anscheinend nicht. Hummeln bewegen sich sehr viel, aber sie wirken ein wenig konfus, nicht wahr? Sie torkeln chaotisch durch die Luft, ohne einen Augenblick innezuhalten und nachzudenken, zu sprunghaft, um sich ihrer selbst bewusst zu sein. Vielleicht ist eine langsamere Bewegung besser? Auch das scheint nicht der Fall zu sein. Nehmen wir eines der langsamsten Geschöpfe im Tierreich, das Faultier. Der Erste, der es eingehend studierte, der französische Naturforscher Georges Buffon, überhäufte es im 18. Jahrhundert wegen seiner scheinbaren geistigen Trägheit mit Spott: »Während die Natur lebhaft, kraftvoll und begeistert scheint, wenn sie den Affen hervorbringt, lässt das Faultier sie langsam, müde und beschränkt wirken. […] Das Ergebnis dieser achtlosen Schöpfung sind Langsamkeit, Stumpfsinnigkeit, Vernachlässigung des eigenen Körpers und sogar gewohnheitsmäßige Betrübnis.«[17] Man kann nur Bedauern für die

Pflanzen empfinden, die sich so langsam und unmerklich vor Schmerzen krümmen, dass es nicht einmal Veganern etwas ausmacht, sie zu töten.[18] Nein, wenn sich etwas nur langsam bewegt, scheint es auch kein Bewusstsein zu haben. Tatsächlich deuten die Forschungsergebnisse darauf hin, dass es eine richtige Bewegung gibt: eine Bewegung mit *unserer* Geschwindigkeit.

Belege für diese These haben Experimente geliefert, in denen die Bewegungsgeschwindigkeit eines Nichtmenschen – genauer gesagt eines Roboters – verändert wurde.[19] Bewegte sich der Roboter in diesen Experimenten zu schnell oder zu langsam, so wurde er von den Versuchspersonen als geistlose Maschine wahrgenommen, aber wenn er genau die richtige Geschwindigkeit hatte, das heißt etwa die menschlicher Bewegungen, wirkte er auf die Versuchspersonen, als hätte er ein Bewusstsein. Nun begannen sie zu berichten, der Roboter sähe so aus, als könnte er etwas denken, planen oder fühlen. Das können Sie an sich selbst überprüfen, indem Sie sich Videos von Personen ansehen. Spielt man die Aufnahmen schneller ab, so wirken die Personen geistlos. Sehen Sie sich einmal die rasenden Bewegungen in frühen Stummfilmen an – etwa in denen von Charlie Chaplin –, und Sie werden verstehen, was ich meine. Wenn wir den scheinbaren Gedanken einer Person, eines Tiers oder auch eines Roboters folgen können, sagen uns unsere Sinne, dass dieses Wesen auch ein Bewusstsein wie wir haben wird.[20]

Hier haben wir es mit einfachen Wahrnehmungsvorgängen zu tun, die sich fast ausschließlich auf die Ähnlichkeit stützen: »Wenn es geht wie eine Ente und spricht wie eine Ente, muss es eine Ente sein.« Dieses Ähnlichkeitsprinzip funktioniert bei der einfachen Wahrnehmung äußerlicher Merkmale fast immer fehlerfrei, aber bei der komplexeren Wahrnehmung eines Bewusstseins ist es anfällig für Fehlalarme. Die Militärs verwenden diese Erkenntnisse mittlerweile, um Robotern für den Kampfeinsatz ein besonders furchteinflößendes Aussehen zu verleihen: Sie geben ihnen Augen und Gesichter und überziehen ihre Hände mit einer menschlich wirkenden Kunststoffhaut. In den neunziger Jahren wurden Benutzer von Microsoft Word wütend auf den Assistenten Clippy, weil er mit seinen anthropomorphen Zügen und seinem menschenähnlichen Verhalten wie ein aufdringlicher Kollege ohne soziales Gespür wirkte, der in dein Büro platzt und dich mit Hilfsangeboten belästigt.[21] Und manche Leute müssen feststellen, dass Schimpansen trotz ihrer menschenähnlichen Züge als Haustiere ungeeignet sind, weil sich unsere engsten Verwandten im Tierreich ganz anders verhalten, wenn sie einem Besucher unvermittelt das Gesicht entstellen[22] oder seine Genitalien verstümmeln.[23] Die äußere Erscheinung kann täuschen.

Wenn ein Bewusstsein die beste Erklärung für Schwerverständliches ist: Wie wir einen Sinn finden, indem wir Unbewusstem ein Bewusstsein zusprechen

Augen, Bewegung und andere menschenähnliche Auslöserreize, die unsere Wahrnehmung täuschen, können aber nur zu einem kleinen Teil erklären, warum wir Gegenständen, Tieren oder Ereignissen Seelen zusprechen. Zwar können sie erklären, wie Disney uns mit Trickfilmfiguren zum Weinen bringt und damit Millionen verdient, oder warum die Gruppen, die Selbstmorde zu verhindern versuchen, so wütend auf General Motors wurden, als das Unternehmen während des Super Bowl im Jahr 2007 einen Werbespot schaltete, in dem sich ein »selbstmörderischer« anthropomorpher Roboter von einer Brücke stürzte.[24] Aber sie sind keine Erklärung für die interessanteren Fälle, in denen wir ein Bewusstsein entdecken, wo weder ein Körper noch irgendein anderer menschenartiger Reiz vorhanden ist. Sie sind keine Erklärung dafür, dass Menschen der Börse, einer Naturkatastrophe oder der Gestalt eines sich zufällig entwickelnden Universums ein Bewusstsein zusprechen. Sie sind keine Erklärung dafür, dass es den meisten Menschen auf diesem Planeten leichtfällt, sich vorzustellen, dass der Verstand eines Gottes oder mehrerer Götter die Natur steuert. Und sie sind keine Erklärung dafür, dass das Tevatron hin und wieder seinen eigenen Kopf zu haben schien.

Beginnen wir mit dem Tevatron. Dieser Teilchenbeschleuniger im Fermilab bei Chicago verdankte seinen Namen der Tatsache, dass er bis zu ein Teraelektronenvolt an Strom erzeugen konnte. Das Tevatron arbeitete fast 30 Jahre lang rund um die Uhr, bis es im Jahr 2011 stillgelegt wurde. Der Teilchenbeschleuniger wurde von hartgesottenen Physikern betrieben, die für Geschichten über die Gefühle ihrer Maschinen etwa so viel übrighaben wie Sie für das Geräusch eines über eine Tafel kratzenden Fingernagels. Nirgendwo entlang der gut 6 Kilometer langen Strecke des Teilchenbeschleunigers gab es ein Gesicht, einen Körper oder irgendeinen anderen auf die Wahrnehmung wirkenden Hinweis auf ein Bewusstsein. Und trotzdem entdeckte ein Journalist, der einen Tag mit dem Tevatron-Leiter Todd Johnson verbrachte, eine überraschend menschenähnliche Beziehung zwischen dem Personal und der Maschine. »Sie betrachten das Tevatron nicht als kalte Maschine«, berichtete er. »Es hat Charakter und ist Stimmungsschwankungen unterworfen. Sie nennen es ›das Tev‹.« Johnson sagte: »Es läuft wie ein Uhrwerk, und dann tritt aus heiterem Himmel ein Fehler auf, und etwas anderes versagt, und dann fällt das nächste Element aus. Da ist es schwer, der Maschine keine anthropomorphen Persönlichkeitsmerkmale zuzuschreiben. Unsere Leute sagen: ›Na ja, irgendwie fühlt sich das Tev heute nicht wohl.‹«[25]

Johnsons Beschreibung zeigt, dass das Tev nicht immer eine Seele – samt Charakter und Launen – zu haben scheint, sondern nur dann, wenn »ein Fehler auftritt«. Warum scheint das Tev geistlos zu sein, wenn es reibungslos funktioniert, und bekommt ein Innenleben zugestanden, sobald es ausfällt? Mark Del Giorno, der wissenschaftliche Leiter von General Dynamics Robotic Systems, berichtet über eine ganz ähnliche Erfahrung mit den von seinem Unternehmen hergestellten Warbots (Roboter für den Kampfeinsatz): »Man beginnt, jedem von ihnen eine Persönlichkeit zuzuordnen. Die Persönlichkeit eines Roboters beruht zum Beispiel darauf, dass seine Steuerung ein wenig unpräzise ist.« Warum hat er keine Persönlichkeit, wenn die Steuerung perfekt funktioniert? Ist Ihnen schon einmal aufgefallen, dass dasselbe mit Ihrem Auto passiert? Wenn der Wagen an einem kalten Wintermorgen normal anspringt, ist er nichts anderes als eine gut funktionierende Maschine. Aber wenn er an einem kalten Morgen *nicht* anspringt, dann … ja was?

Anstatt den Gedanken zu Ende zu führen, sollten wir uns zuerst einige Daten ansehen. Diesmal stammen sie aus einer Auto-Umfrage unter fast 900 Hörern der NPR-Radiosendung *Car Talk*.[26] Neben üblichen Fragen zu ihren Autos beantworteten die Teilnehmer auch einige, die zweifellos ungewöhnlich klangen, etwa inwieweit sie den Eindruck hatten, dass ihr Auto seinen eigenen Kopf habe, das heißt Überzeugungen, Wünsche und eine Persönlichkeit. Die Befragten sollten auch Angaben zur Zuverlässigkeit ihres Autos machen, also wie oft es außerplanmäßig in die Werkstatt musste und wie häufig es aus unbekannten Gründen nicht richtig funktionierte. Wie beim Tev und bei den Warbots sprachen die Autobesitzer ihrem Fahrzeug umso eher eine Persönlichkeit zu, je unzuverlässiger es war. Ein ähnliches

Ergebnis brachte eine Umfrage unter Computernutzern: Je häufiger ein Computer abstürzte, desto eher berichtete sein Benutzer, das Gerät habe seinen eigenen Kopf.[27] Derartige Korrelationen deuten darauf hin, dass unerwartetes Verhalten unseren sechsten Sinn aktiviert, gleichgültig ob das Verhalten von einem Auto, einem Computer, einem Teilchenbeschleuniger oder einer Person ausgeht.[28]

Stichhaltigere Belege für diese Verbindung haben einige Experimente geliefert, die meine Mitarbeiter und ich durchgeführt haben. Wir ließen uns von vier Gegenständen inspirieren, die leicht zu vermenschlichen sind. Einer davon war Clocky, ein Wecker mit menschenähnlichem Gesicht und Rädern, die sich drehen, wenn man die Schlummertaste zu oft drückt, so dass Clocky »davonläuft« und den Morgenmuffel zwingt, aus dem Bett zu steigen, um ihn einzufangen und auszuschalten.[29] Wir baten unsere Versuchspersonen, jeden dieser vier Gegenstände zu bewerten. Einigen Personen beschrieben wir den Gegenstand als sehr vorhersehbar, indem wir zum Beispiel sagten: »Sie können Clocky so programmieren, dass er, wenn Sie die Schlummertaste drücken, vor Ihnen davonläuft. Oder Sie können ihn so programmieren, dass er, wenn Sie die Schlummertaste drücken, auf Sie zuhüpft.« Anderen beschrieben wir das Verhalten desselben Geräts als unvorhersehbar: »Wenn Sie die Schlummertaste drücken, wird Clocky entweder vor Ihnen davonlaufen oder auf Sie zuhüpfen.« Dann fragten wir alle Teilnehmer, inwieweit sie den Eindruck hatten, dass das Gerät »seinen eigenen Kopf«, also »Absichten, einen freien Willen und ein Bewusstsein« habe. Unsere Freiwilligen erklärten, dass ihnen die unvorhersehbaren Geräte eher eine Persönlichkeit zu haben schienen als die vorhersehbaren.

Wie sich herausgestellt hat, ist das nicht einfach eine metaphorische Ausdrucksweise. Anscheinend meinten es diese Versuchsteilnehmer buchstäblich. Als wir sie auf-

Clocky, der Wecker, der absichtlich vor uns davonläuft.

forderten, dieselben Geräte zu beurteilen, während sie in einem fMRI-Gerät lagen, stellten wir fest, dass bei der Beschäftigung mit diesen unvorhersehbaren Geräten dieselben Hirnareale – insbesondere der in Kapitel 3 behandelte mediale präfrontale Cortex – aktiviert wurden wie bei der Auseinandersetzung mit den Gedanken anderer Menschen. Die metaphorische Beschäftigung mit einem Auto, einem Computer oder einem Wecker setzt möglicherweise mehr buchstäbliche neuronale Verarbeitungsprozesse in Gang, als man vermuten würde. Je unberechenbarer ein Gegenstand ist, desto verständiger wirkt er. Woran kann das liegen?

Die Antwort finden wir in einem Video, auf dem bewegte Formen zu sehen sind. Dieses Video wurde Anfang der vierziger Jahre von zwei Psychologen aufgenommen.[30] Man sieht darin lediglich ein großes Dreieck, ein kleines Dreieck und einen kleinen Kreis, die sich durch das Bild bewegen. Aber wenn man zu erklären versucht, was in dem Video vorgeht, begreift man sehr rasch, dass hier zwei um einen Dritten streiten und diese Formen die Gefühle, Absichten und Wünsche der Beteiligten ausdrücken. Als die Forscher den Film einer Gruppe von 34 Personen vorspielten, beschrieben alle bis auf einen Versuchsteilnehmer die Formen so, als hätten sie ein Bewusstsein. Der Grund dafür ist einfach: Wenn man sich die Formen nicht als beseelt vorstellt, hat das Video eigentlich keinen Sinn. Die Autoren schreiben: »Sofern man das Muster der im Film gezeigten Geschehnisse als bloße Bewegungen wahrnimmt, sieht man ein chaotisches Wechselspiel von Objekten. Sieht man jedoch persönliche Merkmale in den geometrischen Formen, so wird eine in sich schlüssige Struktur erkennbar.« Objekte, die sich willkürlich und unvorhersehbar bewegen, erhalten ein Bewusstsein, weil ein Bewusstsein Handlungen einen Sinn verleiht. Wenn etwas erklärt werden muss, wird das Gedankenlesen aktiviert.

Um die Bewegungen eines Agenten zu verstehen, sei es eine geometrische Form in einem Video, ein Wirbelsturm oder ein menschliches Wesen, brauchen wir Konzepte, die erklären, warum sich dieser Agent in Bewegung setzt und zum Stillstand kommt. Wir brauchen Konzepte, die uns Aufschluss über die Intensität, die Richtung und die spezifische Natur seines Verhaltens geben. Physik, Meteorologie und Neurowissenschaft liefern die wirklichen Erklärungen für das Verhalten von Billardkugeln, Wirbelstürmen und Menschen, aber das ihnen zugeschriebene Bewusstsein liefert eine intuitive Erklärung für alle drei Phänomene, ohne dass man dafür ein Universitätsdiplom brauchen würde. Wünsche und Ziele lassen uns verstehen, warum sich ein Agent in Bewegung setzt und innehält (»Er aß Kekse, weil er Hunger verspürte, und hörte auf zu essen, weil er sich satt fühlte«), und ihre Ausprägung beschreibt die Intensität des Agenten (»Er verschlang das Essen wie ein Tier, weil er sehr hungrig war«). Überzeugungen, Einstellungen, Kenntnisse und Emotionen helfen, die Richtung und Natur einer Aktion zu beschreiben (»Er aß die Kekse, weil er *glaubte*, sie würden gut schmecken, weil er Kekse *mag*, weil er *wusste*, dass sie ihn sättigen würden, und weil er sich besser *fühlen* würde, nachdem er sie gegessen hatte«). Eine Beschreibung der neuronalen Vorgänge im Gehirn wird rasch so kompliziert, dass man damit nie etwas erklären könnte. Indem man über Absichten, Motive und andere mentale Zustände spricht, vermeidet man diese Komplikation, da zur Erklärung sämtlicher Vorgänge dieselben Konzepte verwendet werden. Dass diese mentalistische Sprache sowohl unpräzise als auch unzutreffend ist, spielt keine Rolle. Wichtig ist, dass sie eine für jedermann leicht verständliche Erklärung für fast jedes Verhalten liefert.[31] Schon fünf Monate alte Babys behandeln bewegte Objekte so, als hätten diese Absichten.[32]

Aber aufgrund der Ungenauigkeit und übermäßigen Vereinfachung mentalistischer (oder anthropomorphistischer) Erklärungen von Verhalten kämpft die Wissenschaft erbittert gegen diese Sprache. Auch die Psychologie durchlief eine vom Behaviorismus geprägte Phase von etwa 40 Jahren Dauer, in der die Forscher Diskussionen über Bewusstseinszustände vollkommen ablehnten und wissenschaftliche Glaubwürdigkeit zu erlangen hofften, indem sie den Menschen nur anhand seiner beobachtbaren Handlungen zu verstehen versuchten. Mentalistische Erklärungen durften nicht verwendet werden, und es wurde eine vollkommen neue Terminologie zur Beschreibung selbst grundlegendster Verhaltensweisen entwickelt. Ein Mensch aß Schokolade nicht mehr, weil er Schokolade *mochte*, Hunger *spürte* oder einem anderen Menschen *vertraute*, der ihm sagte, Schokolade schmecke gut. Stattdessen musste man die Tatsache, dass eine Person Schokolade aß, mit zufälliger Verstärkung, verbalen Operanden und Reizkontrolle erklären. Aber diese neue wissenschaftliche Sprache zur Beschreibung des Verhaltens war nahezu unverständlich. Der Behaviorismus scheiterte nicht nur an der Tatsache, dass die Vorgänge im Bewusstsein einer Person und ihre Erfahrungen sehr wohl Einfluss auf ihr Verhalten haben, sondern auch, weil niemand Erklärungen des Verhaltens nachvollziehen kann, die ohne Bezugnahme auf das Bewusstsein auskommen.[33]

Einige Behavioristen unternahmen große Anstrengungen. Donald Hebb, ein Pionier der Neurowissenschaft, beschrieb seine eigenen Bemühungen, die Verwendung mentalistischer Konzepte zur Erklärung des Verhaltens der von ihm untersuchten Schimpansen zu vermeiden: »In den Yerkes-Laboratorien wurde zwei Jahre lang ernsthaft versucht, beim Studium des Temperaments anthropomorphistische Beschreibungen zu vermeiden. Das Ergebnis war eine nahezu endlose Aneinanderreihung von Beschreibungen spezifischer Handlungen, in denen keine Ordnung und kein Sinn zu finden waren. Auf der anderen Seite konnte man durch die Verwendung eindeutig anthropomorphistischer Konzepte von Emotion und Einstellung die Eigenheiten einzelner Tiere rasch und einfach beschreiben. [...] Was auch immer die anthropomorphistische Terminologie über Bewusstseinszustände von Schimpansen zu implizieren scheint, sie liefert eine verständliche und praktische Beschreibung ihres Verhaltens.« In Ermangelung anderer geeigneter Erklärungen kann das Konzept eines Bewusstseins das Verhalten von fast allem erklären.

Diese Funktion der mentalistischen Sprache, mit der etwas so beschrieben wird, als hätte es ein Bewusstsein, verrät uns zwei wichtige Dinge darüber, wann ein Bewusstsein bei Menschen und Nichtmenschen auftaucht. Erstens stoßen wir oft auf ein Bewusstsein, wenn wir uns etwas erklären müssen. Wenn sich der Teilchenbeschleuniger Tevatron genau so verhält, wie er sich verhalten soll, ist er eine geistlose Maschine. Aber wenn er etwas Unerwartetes tut, ist er »nicht zufrieden mit uns«. Und wenn sich ein

Roboter unvorhersehbar bewegt, beginnt er auf uns zu wirken, als hätte er Vorlieben, Pläne, Absichten und Launen. Da kann es nicht verwundern, dass 60 Prozent der Besitzer des Staubsaugerroboters Roomba, der in unvorhersehbaren Mustern kreuz und quer durch den Raum gleitet, ihrem Gerät einen Namen geben. Haben Sie schon einmal einem gewöhnlichen Staubsauger, der absolut nichts allein macht, einen Namen gegeben? Ich hoffe nicht.

Unerwartete Ereignisse wie eine Börsenhausse oder ein Absturz der Kurse lassen das Wirken einer Intelligenz vermuten, was bei vorhersehbaren Gegenständen wie normal funktionierenden Computern und Autos nicht der Fall ist. Wenn ein ungewöhnlich zerstörerischer Hurrikan *unsere* Heimatstadt trifft, haben wir es mit einer von jenen katastrophalen Launen der Natur zu tun, die einer Erklärung bedürfen und uns wie Bürgermeister Ray Nagin dazu bewegen könnten, an das Wirken eines göttlichen Bewusstseins zu denken. Nachdem ein ähnlicher »Auslöser« (in diesem Fall ein verheerendes Erdbeben im Jahr 2010) Haiti getroffen hatte, strömten die Bewohner der Karibikinsel in die Kirchen. »Viele Menschen, die nie beteten oder gläubig waren, glauben jetzt«, sagte die 24-jährige Büroangestellte Cristina Bailey. Ein selbsternannter Prediger in einem Flüchtlingslager erklärte: »Wir müssen niederknien und Gott um Verzeihung bitten.« Es ist gewiss kein Zufall, dass zerstörerische Naturereignisse oft als »göttliche Fügung« bezeichnet werden. Ein normaler Tag, der genau wie erwartet verläuft, weckt keine Gedanken an einen göttlichen Geist.

Zweitens taucht ein Bewusstsein auf, wenn wir versuchen, ein Phänomen zu erklären, für das wir keine andere plausible Begründung finden können. Hume verstand das und postulierte, die allgemeine Neigung zur Vermenschlichung der Natur entspringe unserer fast universellen »Unkenntnis der Ursachen«. Dies ist eine einigermaßen intuitive Erklärung für den Anthropomorphismus. Fragen Sie einen Freund, warum manche Leute glauben, Gott verursache Erdbeben, Überschwemmungen oder andere Naturkatastrophen, und Sie werden mit einiger Wahrscheinlichkeit eine Antwort wie die folgende erhalten: »Weil sie es nicht besser wissen.« Interessant daran ist, dass die Erklärung, die übrigbleibt, wenn man es »nicht besser weiß«, eine ist, die sich auf unseren sechsten Sinn stützt und sich unserer intuitiven Theorie vom Bewusstsein bedient. Das hat bedeutsame Auswirkungen. In einer Reihe von Experimenten hat sich gezeigt, dass Menschen, die sich beim Nachdenken auf ihre Intuition verlassen, auch eher an die Existenz eines verständigen Gottes glauben, während rationale Menschen eine deutlich weniger ausgeprägte Religiosität zeigen.[34] Religiöse Vorstellungen sind intuitiv ansprechend, weil das Wirken eines Bewusstseins – in diesem Fall des Bewusstseins eines Gottes – eine intuitive Erklärung für das Verhalten von fast allem ist. In einem ganz anderen Bereich konnte die Forschung zeigen, dass Stadtkinder sehr viel mehr zur Vermenschlichung von Tieren wie Rindern, Schweinen und Rotwild neigen als Kinder, die auf dem Land leben.[35] Woran liegt das? Der Grund dürfte sein, dass Kinder auf dem Land aus Erfahrung wahrscheinlich sehr viel mehr über diese Tiere wissen. Stadtkinder kennen solche Tiere eher aus Disneyfilmen oder sehen sie bei Ausflügen aufs Land aus dem fahrenden Auto. Man könnte sagen, dass Stadtkinder »es nicht besser wissen«.

Ein Bewusstsein kann seine Existenz also unserem Bedürfnis nach Erklärungen verdanken.

Die Umfrage unter den Hörern von *Car Talk* brachte noch ein weiteres Ergebnis, von dem ich Ihnen nicht erzählt habe, ein Ergebnis, das uns einiges über den dritten wichtigen Auslöser für die Aktivierung unseres sechsten Sinns verrät. Abgesehen davon, dass sie Angaben zur Zuverlässigkeit ihres Autos machten, wurden die Studienteilnehmer auch gefragt, wie sehr sie ihr Auto mochten. Im vorigen Kapitel haben wir festgestellt, dass Menschen eine geringere Neigung zeigen, einer fernen Person einen Verstand zuzusprechen, wodurch diese Person geistloser wirkt. Umgekehrt lassen wir uns eher auf den Verstand von jemandem ein, der uns nahesteht oder versucht, uns näher zu kommen, wodurch diese Person geistvoller wirkt.[36] Dasselbe scheint mit Autos zu passieren.[37] Je mehr die in dieser Studie befragten Personen ihr Auto mochten, desto eher hatten sie den Eindruck, es habe einen Verstand, Überzeugungen, Wünsche und eine Persönlichkeit. Die Zuneigung erwies sich in dieser Studie sogar als bester Prädiktor dafür, dass einem Auto ein Bewusstsein zugesprochen wurde: Die Korrelation war fast doppelt so hoch wie beim Prädiktor Zuverlässigkeit, mit dem wir uns bereits befasst haben. Erkennen wir ein Bewusstsein in etwas, wenn wir es mögen, uns ihm verbunden fühlen oder auch nur eine Beziehung zu ihm herstellen wollen?

Das klingt offen gesagt ein bisschen dumm, so als stamme es aus einem Kinderbuch. Tatsächlich findet es sich in Margery Williams' Geschichte vom *Velveteen Rabbit*:

»Was ist WIRKLICH?«, fragte das Kaninchen eines Tages. [...]
»Wirklich ist nicht, wie du gemacht bist«, sagte das Le-

derpferd. »Es ist etwas, das dir geschieht. Wenn ein Kind dich eine lange, lange Zeit liebt, nicht nur als Spielzeug, sondern WIRKLICH liebt, dann wirst du wirklich.« [...]

»Geschieht das alles auf einmal, so wie wenn man aufgezogen wird, oder Stück für Stück?«, fragte [das Kaninchen].

»Es geschieht nicht alles auf einmal«, sagte das Lederpferd. »Du beginnst zu werden. Es dauert lange. Deshalb passiert es Leuten, die leicht zerbrechen oder scharfe Kanten haben oder sorgfältig aufbewahrt werden müssen, nicht oft.«

Obwohl es ihr ein wenig peinlich wäre, das zuzugeben, besitzt meine Frau seit ihrer Kindheit ein ähnliches Stofftier. Dieses elefantenartige Geschöpf ist »männlich«, heißt Packy und wohnt jetzt im Zimmer unseres ältesten Sohns (für den es bei weitem nicht so wirklich ist). Natürlich denkt meine Frau nicht, dass Packy *wirklich* »wirklich« ist, aber sie würde keine Sekunde zögern, ihn zu retten, falls ich Anstalten machte, ihn in den Müll zu werfen oder den Kindern für Sezierübungen zu überlassen. Kindern ist es weniger peinlich als Erwachsenen, ihre Intuitionen auszudrücken, und Psychologen können sie mühelos dazu bewegen, sich dazu zu bekennen, dass ein geliebtes Stofftier in ihren Augen lebendig ist und sprechen, fühlen und denken kann. Das dürfte eine weitere kindliche Angewohnheit sein, die wir als Erwachsene nie wirklich loswerden – nur muss man bei uns ein wenig länger danach suchen.

Ein Psychologenpaar machte sich diese Mühe und bat Universitätsstudenten, an ihre Lieblingsfigur aus einer Fernsehserie zu denken und an die Figur, die sie am wenigsten mochten. Die Forscher vermuteten, dass die Studenten nicht gerne über ihre bevorzugten Stofftiere sprechen würden, aber allesamt Experten für Fernsehserien wären. Als man sie direkt fragte, stellte sich heraus, dass die Studenten offenbar ihre Lieblingsfigur für »realer« hielten als die Figur, die sie am wenigsten mochten: Sie erklärten häufiger, dass ihre Lieblingsfigur »wie eine reale Person« auf sie wirke, und gaben zu, während der Sendung gelegentlich mit dieser Figur zu sprechen. Wie bei der Studie über die Autobesitzer war der Grund für die unterschiedliche »Wirklichkeit« der Figuren, dass die Versuchspersonen ihre Lieblingsfigur deutlich mehr mochten als die Figur, die ihnen am wenigsten zusagte. Aber ist diese Lieblingsfigur *wirklich* real? Mit Sicherheit dachten die Studenten das nicht im Ernst ... oder etwa doch?

Allem Anschein nach meinten sie es tatsächlich ernst. Um diese Frage zu klären, bedienten sich die Forscher des sehr zuverlässigen, wissenschaftlich etablierten »Mere-Presence-Effekts« (Effekt der bloßen Anwesenheit). Wenn wir eine einfache Aufgabe – etwa eine simple Rechnung – zu bewältigen haben, werden wir in Gegenwart einer anderen Person wahrscheinlich bessere Leistungen erbringen als alleine. Müssen wir jedoch etwas Schwieriges tun – beispielsweise komplexe Mathematikaufgaben lösen –, so werden wir in Gegenwart einer anderen Person wahrscheinlich schlechtere Leistungen erbringen. Dieser Effekt war zu beobachten, als die Freiwilligen im beschriebenen Experiment ein Bild ihrer bevorzugten Serienfigur vor sich hatten. Hingegen blieb der Mere-Presence-Effekt aus, wenn sie vor einem Bild der Serienfigur saßen, die ihnen am wenigsten gefiel. Nur die Bilder der Lieblingsfiguren hatten dieselbe Wirkung wie die Gegenwart eines realen, lebenden Menschen mit einem Bewusstsein. Das Lederpferd ist vielleicht doch ein kluger Kopf.[38]

Wie es zu diesem Phänomen kommt, ist eigentlich kein Geheimnis. Denken Sie darüber nach, wie Sie versuchen, eine Beziehung zu einer anderen Person herzustellen. Um Ihnen die Sache zu erleichtern, können wir annehmen, dass gerade eine Romanze zwischen Ihnen und dieser Person beginnt. Bei der ersten Verabredung achten Sie sehr darauf, wie Sie auf die andere Person wirken. Sie beobachten genau, was diese Person mag und nicht mag, und tun alles, um einen guten Eindruck zu hinterlassen. Oft ist das ein Ratespiel, aber Sie wenden viel Zeit und Mühe auf, um sich über die Gefühle und Gedanken dieses Menschen klarzuwerden. Um eine Beziehung zu ihm herzustellen, müssen Sie sich mit dem Verstand des anderen Menschen auseinandersetzen, sich seine Sichtweise aneignen und Ihr Bestes tun, um herauszufinden, was in seinem Kopf vorgeht: Sie müssen Ihren sechsten Sinn einsetzen. Das gilt auch für Nichtmenschen. Beispielsweise sprechen Musiker oft über eine fast zwischenmenschliche Beziehung zu ihrem Instrument, was wahrscheinlich auch erklärt, warum sie ihrem Instrument nicht selten einen Namen geben: Stevie Ray Vaughan spielte Lenny, Eric Clapton spielte Blackie und B. B. King spielte Lucille. Willie Nelson sagt: »Ich weiß nicht, was ich ohne Trigger tun würde«, und meint die abgenutzte und eifersüchtig gehütete Gitarre, die ihn während seiner gesamten Karriere begleitet hat.

Wenn wir diese Beziehung verstehen, können wir leichter erklären, warum der Mensch eine ausgeprägte Neigung dazu hat, auch dort ein Bewusstsein zu erkennen, wo keines existiert. Jene, die sich besonders bemühen, eine Beziehung zu einer anderen Person herzustellen, dürften das am ehesten tun. Erinnern Sie sich an Tom Hanks in dem Film *Cast Away*? Hanks spielt Chuck Noland, der nach einem Flugzeugabsturz im Südpazifik auf einer einsamen Insel strandet. Von jedem Kontakt zu anderen Menschen abgeschnitten, erschafft Noland im verzweifelten Bemühen um soziale Beziehungen ein menschliches Gegenüber aus einem Volleyball. Er malt dem Ball mit Blut ein Gesicht und gibt ihm einen Namen (Wilson), spricht mit ihm (was vor allem der dramatischen Wirkung des Films dient), diskutiert mit ihm und opfert beinahe sein Leben, um den Ball aus dem Wasser zu retten. Im Bemühen um Bindung erfindet Noland ein anderes Bewusstsein, zu dem er eine Beziehung herstellen kann. Die Idee für »Wilson« kam dem Drehbuchautor William Broyles Jr., als er eine Woche in völliger Einsamkeit auf einer Insel im Golf von Kalifornien verbrachte. Er verknüpfte diese Idee mit seiner persönlichen Erfahrung im Vietnamkrieg, wo er sich an ein Foto von seiner Familie geklammert hatte.[39] Zwar wird die Idee im Film aus dramaturgischen Gründen zum Extrem getrieben, aber sie ist keineswegs weit hergeholt. Viele Gefangene in Einzelhaft haben regelmäßig Halluzinationen, in denen sie Stimmen hören, Gespräche mit imaginären Besuchern führen oder glauben, Figuren aus dem Fernsehen sprechen zu hören.

Doch die Isolation muss keineswegs so extrem sein. Meine Kollegen und ich haben in einer Reihe von Versuchen herausgefunden, dass Personen, die sich chronisch einsam fühlen und daher größeres Interesse an der Kontaktaufnahme zu anderen Menschen haben, eher als nicht einsame Personen dazu neigen, leicht zu vermenschlichenden Gegenständen wie dem Wecker Clocky ein Bewusstsein zuzusprechen, im Universum das Wirken eines Zwecks oder göttlicher Absicht zu erkennen und ihre Haustiere als verständige Wesen einzustufen (die beispielsweise denken können und rücksichtsvoll sind).[40] Wenn man Versuchspersonen zeitweilig das Gefühl der Einsamkeit vermittelt, verstärkt man zumindest vorübergehend ihren Glauben an Gott, an ein Bewusstsein, das von oben über uns wacht.[41] Es ist sicher kein Zufall, dass sich viele tiefreligiöse Menschen – berühmte Beispiele sind Franz von Assisi und die buddhistischen Mönche – freiwillig in völlige Isolation begeben, um Zugang zum Bewusstsein eines unsichtbaren Gottes zu finden. Genauso wenig ist es ein Zufall, dass Menschen im einsamen Gebet eine engere Beziehung zu Gott spüren als inmitten einer Gruppe von Gläubigen.[42]

Die Vermenschlichung von Nichtmenschlichem kann durch unsere enge Beziehung zu diesem anderen entstehen oder unserem Wunsch entspringen, eine solche Beziehung herzustellen.

Bewusste Wesen in der Gesellschaft: Zu viele oder zu wenige?

Im Brookfield Zoo von Chicago gibt es ein weitläufiges Primatenhaus, das aus drei großen Sälen besteht, die durch kurze Gänge miteinander verbunden sind. Die Zoobesucher gehen auf schmalen Steigen auf halber Höhe an den Sälen entlang und schauen in die Gehege hinab. Die Berggorillas leben in einer einzigartigen Umgebung hoch oben auf einer Betoninsel, wo sie den Besuchern nahe und zugleich sicher von ihnen getrennt sind.

Vor einigen Jahren besuchte ich diesen Zoo mit meiner Familie zum ersten Mal. Im Primatenhaus sahen wir das berühmte Gorillaweibchen Binti Jua. Binti hatte im Jahr 1996 einen dreijährigen Jungen, der ins Gehege gefallen war und beim Aufprall das Bewusstsein verloren hatte, aufgehoben und gegen ein aggressives Weibchen verteidigt. Dann nahm Binti das Kind wie ihr eigenes Junges in den Arm und trug es zu einer Tür, wo sie wartete, bis ein Pfleger eintraf und ihr den Jungen abnahm. Am Tag unseres Besuchs saß Binti am Fuß eines Betonbaums, die Arme vor dem Bauch verschränkt, und blickte zu *uns* herauf, während wir auf *sie* herabsahen. Ich konnte nicht anders, als mich zu fragen, was sie wohl denken mochte: Ärgerte sie sich wie ich über die Leute, die lächerliche Affengeräusche von sich gaben? Langweilte sie sich? War sie niedergeschlagen? Ich fragte meinen ältesten Sohn, ob er glaube, dass sich Binti manchmal wünschte, das Gehege zu verlassen oder im Urwald zu leben. Er zögerte keinen Augenblick mit dem Gedankenlesen. »Nicht wenn sie im Zoo geboren ist«, antwortete er.[43]

Mein Blick wanderte von Binti, die nachdenklich den Stamm ihres Betonbaums betrachtete, zu der gewundenen Reihe von Besuchern, die genau über ihr standen, sie begafften und teilweise dümmliche Affenlaute machten. Die namenlose Menschenmenge, die wie eine Herde den Betonpfad entlangtrottete, wirkte geistloser auf mich als Binti. Jedes andere Bewusstsein ist wie Rauch. In einem Moment kann man es deutlich erkennen, im nächsten ist es verschwunden. Das gilt unabhängig davon, ob dieses Bewusstsein einem Menschen oder einem Tier, einem Gerät oder einem Gott gehört. Wir meinen, Seelen in anderen zu erkennen, wenn sie uns nahe sind – wenn sie wie wir aussehen und sich wie wir verhalten, wenn wir sie erklären müssen oder wenn sie auf irgendeine Art mit uns verbunden sind. Manchmal verleitet uns das zu Fehlern. Dann glauben wir, dass Gegenstände, die etwas Menschenähnliches an sich haben, unvorhersehbare Wetterphänomene und geliebte Haustiere denken können, obwohl dem nicht so ist. Hätten die meisten Menschen gedacht, Binti Jua habe ein Bewusstsein, wenn sie sich nicht wie eine menschliche Mutter verhalten und ein Kind beschützt hätte? Wohl kaum. Hat Binti Jua unabhängig davon, ob Ihr und mein Gehirn dazu veranlasst wird, darüber nachzudenken, dieselben geistigen Fähigkeiten? Selbstverständlich – worin auch immer diese Fähigkeiten bestehen mögen.

Unsere Fähigkeit, die Gedanken anderer Menschen zu lesen, gehört zu den wunderbarsten Werkzeugen unseres Gehirns. Wir brauchen sie unbedingt, um uns in unserem komplizierten Leben als soziale Tiere zurechtzufinden. Aber beim Einsatz dieser Fähigkeit können uns zwei Arten von

Fehlern unterlaufen: Wir versäumen es, das Bewusstsein eines Wesens zu erkennen, das tatsächlich eines besitzt, oder wir sehen ein Bewusstsein in etwas, das in Wirklichkeit geistlos ist, etwa in einem Wirbelsturm, einem Computer oder zufälligen evolutionären Prozessen in der Natur. Diese Fehler beruhen darauf, dass es uns in einigen Fällen nicht gelingt, unseren sechsten Sinn einzusetzen, während wir es in anderen Fällen nicht schaffen, ihn auszuschalten.

Es stellt sich die Frage, ob der Auslöser unseres sechsten Sinns richtig eingestellt ist. Beobachten wir bei Lebewesen, Gegenständen und Ereignissen zu häufig oder zu selten geistige Zustände? Es gibt keine klare Antwort auf diese Frage. Anscheinend tun wir beides. Aber seit Jahrhunderten wird unsere Bereitschaft, in Nichtmenschen ein Bewusstsein zu erkennen, als eine Art von Einfältigkeit betrachtet, als kindliche Neigung zum Anthropomorphismus und als Aberglaube, den gebildete und klar denkende Erwachsene überwunden haben sollten. Ich halte diese Einschätzung für gleichermaßen falsch und unglücklich. Damit wir den Verstand eines anderen menschlichen Wesens erkennen können, müssen in unserem Kopf dieselben Prozesse ablaufen wie beim Erkennen eines Verstands bei anderen Tieren, bei einem Gott oder auch bei einer Maschine. Das ist kein Zeichen für Dummheit, sondern Ausdruck der größten Fähigkeit unseres Gehirns. Selbstverständlich sollten wir Unwissenheit und Fehler nach Möglichkeit vermeiden, aber nicht alle Fehler beim Gedankenlesen sind gleich schlimm. Wenn wir eine unverständige Maschine behandeln, als hätte sie eine Seele, kann das ein bisschen lächerlich wirken. Aber wenn wir einem Menschen oder einem potentiell verständigen Wesen einen Verstand absprechen, tun wir den entscheidenden Schritt zur Unmenschlichkeit.

* * *

Langsam entdecken die Wissenschaftler Verstand in anderen Lebewesen. Nach zahlreichen Untersuchungen wissen die Psychologen und Biologen mittlerweile, dass Schimpansen beeindruckende geistige Fähigkeiten besitzen. Dasselbe gilt für unsere Hunde, selbst wenn sie nicht so intelligent sind, wie wir vor allem deshalb glauben, weil wir sie einem »anthropomorphistischen Selektionsdruck« ausgesetzt haben, indem wir seit Generationen jene Eigenschaften züchten, die Hunde zu guten Gefährten des Menschen machen.[44] Sogar Raben versuchen einander nach einem Kampf zu trösten.[45] Aber der sechste Sinn des Menschen arbeitet sehr viel schneller, um sich in andere hineinzuversetzen. Wird unser sechster Sinn ausgelöst, damit er sich durch Wahrnehmungen, Erklärungen oder Verbindungen mit dem Verstand anderer auseinandersetzen kann, so können fast überall, wo wir hinschauen, verständige Wesen auftauchen.

Was tun wir, wenn unser sechster Sinn ausgelöst wurde und wir aktiv versuchen, uns in andere Menschen hineinzuversetzen? Und wenn wir es erkannt haben: Woher wissen wir, was ein anderes Bewusstsein denkt, fühlt oder will?

Der geeignete Ausgangspunkt ist das Bewusstsein, das wir am besten kennen: unser eigenes. Diese Methode kann sehr gut funktionieren, weil das Bewusstsein verschiedener Menschen häufiger ähnlich als unterschiedlich arbeitet. Wenn Sie finden, dass Zwiebeleis scheußlich schmeckt, wenn Sie Anarchie für eine schlechte Idee halten und im Winter auf der Straße frieren, dann ist die Wahrscheinlichkeit groß, dass andere Menschen genauso empfinden werden wie Sie. Doch »Wahrscheinlichkeit« ist nicht dasselbe wie »Gewissheit«. Dieses Werkzeug funktioniert sehr gut, wenn wir uns mit dem Bewusstsein eines Menschen auseinandersetzen, der wie wir denkt und fühlt. Es funktioniert deutlich weniger gut, wenn wir es mit einem Bewusstsein zu tun haben, das sich erheblich von unserem eigenen unterscheidet. Die Egozentrik ist daher ein ausgezeichneter Ausgangspunkt für die Beschäftigung mit den Gedanken anderer Menschen, aber sie ist ein sehr schlechtes Ziel dafür. Leider zeigen die Forschungsergebnisse, mit denen wir uns im nächsten Kapitel beschäftigen werden, wie einfach man zu egozentrischen Schlüssen gelangt und wie schwer es ist, sie später zu korrigieren. Das führt immer wieder zum gleichen Fehler: Wir glauben zu leicht, dass andere dasselbe sehen, denken und fühlen wie wir selbst.

TEIL 3

In welchem Zustand befindet sich ein anderes Bewusstsein?

Beim Versuch, die Gedanken eines anderen Menschen nachzuvollziehen, wenden wir mindestens drei Strategien an: Wir projizieren unser eigenes Denken auf den anderen, wir verstehen ihn anhand von Stereotypen, und wir schließen von seinen Handlungen auf seine Denkweise. Jede dieser Strategien liefert nützliche Erkenntnisse, kann uns aber auch zu falschen Schlüssen führen.

5

Projektion – Die Schwierigkeit, sich von sich selbst zu lösen

> Du wirst dir sehr viel weniger Sorgen über das machen, was andere über dich denken, wenn du begreifst, wie selten sie über dich nachdenken.
>
> *David Foster Wallace, Unendlicher Spaß*

Ashley Todd war wirklich bedauernswert. Elf Tage vor der Präsidentenwahl im Jahr 2008 war Todd für den republikanischen Studentenverband CRNC (College Republican National Committee) auf Anwerbemission in Pittsburgh. Als sie spätabends an einem Geldautomaten stand, wurde sie von einem 1,90 Meter großen Schwarzen überfallen, der sie mit einem Messer bedrohte. Nachdem sie ihm das Geld gegeben hatte, sah der Angreifer ihrer Aussage zufolge den McCain-Aufkleber auf ihrem Auto, stieß sie zu Boden und ritzte ihr mit dem Messer den Buchstaben *B* für »Barack« in die rechte Wange.

Was für ein entsetzliches Erlebnis.

Die Medien, darunter Fox News und CNN, griffen die Geschichte sofort auf, aber die Polizei war skeptisch. Beweisstück 1: Ashley Todds Gesicht. In ihre rechte Wange war tatsächlich der Buchstabe *B* geritzt worden – nur war er *spiegelverkehrt*. Aus welchem Grund? Vielleicht damit Todd selbst ihn lesen konnte, wenn sie in einen Spiegel sah? Es hatte den Anschein, als hätte sie sich den Buchstaben selbst ins Gesicht geritzt.

Wie sich herausstellte, hatte sie genau das getan. Sie hatte sich die Verletzung eigenhändig zugefügt. Später gab sie zu, die Geschichte komplett erfunden zu haben.

Wie peinlich.

Ashley Todd war gut genug im Gedankenlesen, um zu wissen, dass ihre Geschichte Schlagzeilen machen würde, aber sie war nicht gut genug darin, um die erste Falle zu umgehen, in die jeder von uns tappen kann, wenn er versucht, andere Menschen zu verstehen.[1] Denn dafür muss man sich von sich selbst lösen können – von den eigenen Erfahrungen, Überzeugungen, Einstellungen, Emotionen, Kenntnissen und der ganz konkreten eigenen Perspektive – und erkennen, dass andere die Welt möglicherweise anders sehen als man selbst. Ashley Todd war selbstbezogen oder egozentrisch. Doch deshalb sollte man nicht meinen, dass nur gedankenlose, übermäßig narzisstische oder psychopathische Persönlichkeiten in diese Falle stolpern. Das wäre ein Irrtum. Galileo mag die Erde aus dem Mittelpunkt des Universums geholt haben, aber das ändert nichts daran, dass weiterhin jeder Mensch im Mittelpunkt seines eigenen Universums steht. Galileo wusste, dass man die Welt nur richtig sehen kann, indem man den richtigen Ort durch die richtige Linse betrachtet. Diese beiden Erkenntnisse vergessen wir nur allzu leicht.

Wie man sich von sich selbst löst

Hier habe ich einen Witz für Sie: Ein Mann steht an einem Fluss und ruft einem Mann am anderen Ufer zu: »Wie komme ich ans andere Ufer?« Der andere antwortet: »Sie sind doch schon am anderen Ufer.«

Diese Antwort ist komisch, weil sie gegen eine Grundregel der sozialen Interaktion verstößt, die wir als selbstverständlich betrachten: Wenn wir mit einem anderen Menschen sprechen, müssen wir uns seine Sichtweise aneignen. Gelingt uns das nicht, verwandeln wir uns in Witzfiguren.

Das ist uns nicht von Geburt an klar. Wir wachsen nicht mit der Erkenntnis auf, dass andere Menschen die Welt anders sehen als wir. Stattdessen wachsen wir in diese Erkenntnis hinein. Deshalb sind kleine Kinder so vollkommen selbstbezogen. »Wenn wir zum Ausgangspunkt des Denkens zurückkehren«, schrieb Jean Piaget, der Begründer der Entwicklungspsychologie, »stoßen wir auf ein protoplasmatisches Bewusstsein, das außerstande ist, zwischen dem Ich und der Welt zu unterscheiden.« Piaget setzte Kleinkinder auf eine Seite eines Modells, das aus drei Bergen bestand, und fragte sie, was eine auf der anderen Seite sitzende Puppe sehen könne. Die meisten Kinder antworteten, die Puppe könne dasselbe wie sie sehen. Ich nehme an, dass meine eigenen Kinder genauso denken. Als mein ältester Sohn klein war, liebte er es, mit mir Verstecken zu spielen, obwohl er sich dabei eher ungeschickt anstellte: Am liebsten versteckte er sich, indem er sich mit einem Kissen über dem Gesicht auf das Sofa setzte. Da er mich nicht sehen konnte, nahm er an, dass ich ihn auch nicht sehen könne. Mittlerweile versteckt er sich besser, denn wenn die Kinder älter werden, machen sie die manchmal schmerzhafte Erfahrung, dass andere die Welt möglicherweise anders sehen als sie.

Obwohl Piaget richtig erkannte, dass Kinder egozentrischer sind als Erwachsene, glauben die Psychologen mittlerweile, dass er sich in mindestens einem wesentlichen Punkt irrte. Piaget hielt die Veränderungen im Lauf der menschlichen Entwicklung für eine Art von Metamorphose. Wie Windeln und Schnuller sei die Egozentrik ein Stadium, aus dem der Mensch nach und nach herauswachse und zu dem er, wenn überhaupt, nur selten zurückkehre. Diese Vorstellung von Entwicklungsphasen ist falsch, denn gäbe es solche abgeschlossenen Phasen, so müsste es in der Adoleszenz zu mehr bleibenden Veränderungen im Gehirn kommen, als tatsächlich der Fall ist. Viele der in der Kindheit beobachteten Reflexe, die ein Mensch später anscheinend ablegt, sind auch beim Erwachsenen noch vorhanden. Wir wachsen nicht aus unseren kindlichen Instinkten heraus. Wir überwinden sie durch reiferes Denken.[2]

Unsere kindliche Neigung zur Egozentrik wird offensichtlich, wenn wir Erwachsene genau beobachten und insbesondere auf ihren Blick achten. Sehen wir uns beispielsweise einen Versuch an, in dem meine Kollegen und ich Eltern und ihre Kinder, die das Children's Museum in Boston besuchten, baten, ihren Rundgang zu unterbrechen und ein Kommunikationsspiel mit uns zu spielen. In diesem Spiel setzte sich eine Person – der »Instrukteur« – auf einer Seite des rechts abgebildeten offenen Regals hin, während die andere Person – der »Beweger« – auf der anderen Seite Platz nahm. Dem Instrukteur (der immer von einem der Forscher gespielt wurde) wurde ein Bild der Gegenstände in verschiedenen Fächern gezeigt, worauf er den Beweger (ein Elternteil oder ein Kind) auf der anderen Seite anwies, die Gegenstände zu ihren neuen Positionen zu bewegen. Stellen Sie sich vor, Sie wären der Beweger. In diesem Fall können Sie sämtliche Gegenstände sehen, aber einige Objekte stehen in Fächern mit Rückwand, weshalb sie für den Instrukteur unsichtbar sind. Zum Beispiel können Sie in der linken Abbildung aus der Perspektive des Bewegers drei Autos sehen: ein großes und ein mittelgroßes in der zweiten Reihe von oben sowie ein kleines in der dritten Reihe. Der Instrukteur hingegen sieht nur zwei dieser Autos: das große und das kleinere in der zweiten Reihe. Nur Sie als Beweger können das kleinste Auto in der dritten Reihe sehen.

Und jetzt kommt der Trick: An einem Punkt fordert der

IHRE SICHT (DIE SICHT DES »BEWEGERS«)
Achten Sie auf die drei Autos: ein mittelgroßes und ein großes in der zweiten Reihe
von oben sowie ein kleines in der dritten
Reihe. Die Videokamera in der Mitte der
zweiten Reihe zeichnet Ihre Augenbewegungen auf.

SICHT DES »INSTRUKTEURS«
Der Instrukteur sieht nur zwei Autos in der
zweiten Reihe. Das kleinste Auto, das für den
Beweger sichtbar ist, kann er nicht sehen.

Instrukteur Sie auf, das »kleine« Auto in ein anderes Fach
zu bewegen. Nach welchem Auto greifen Sie? Nach dem
kleinen Auto, das nur Sie sehen können, oder nach dem
mittleren, das aus Sicht des Instrukteurs das »kleine« ist?
Da Sie nicht auf den Kopf gefallen sind, werden Sie am
ehesten nach dem mittelgroßen Auto greifen, da Sie sich
denken, dass der Instrukteur dieses meint. Sie sind nicht
egozentrisch und greifen also nicht nach dem kleinsten
Auto, das nur Sie sehen können. Tatsächlich griffen in unserem Experiment lediglich 25 Prozent der Erwachsenen
nach dem Gegenstand, den eine egozentrische Interpretation der Anweisung nahelegen würde. Nicht so die Kinder:
Rund 50 Prozent von ihnen gaben die egozentrische Antwort. Würde man dabei nur auf das Endergebnis bzw. die
Hände der Teilnehmer achten, so sähe man in diesem Versuch eine Bestätigung von Piagets Theorie, wonach Kinder
egozentrischer sind als Erwachsene.

Achtet man jedoch genau auf die Augenbewegungen der

Versuchspersonen, so ergibt sich ein ganz anderes Bild. Sehen Sie die Videokamera in der zweiten Reihe des Regals? Mit dieser Kamera hielten wir fest, wohin die Kinder und ihre Eltern in Zeitspannen von drei Millisekunden schauten, und ihre Blicke offenbarten gleichermaßen egozentrische Reflexe. Die Videoaufnahmen zeigten, dass fast alle unsere Teilnehmer – Kinder wie Erwachsene – mit einem egozentrischen Reflex reagierten und zuerst das kleinste Auto ansahen, und zwar zur selben Zeit und mit derselben Häufigkeit. Das heißt, die erste Reaktion war bei Erwachsenen und Kindern gleichermaßen egozentrisch. Unterschiedlich war ihr folgendes Verhalten: Den Erwachsenen gelang es besser als den Kindern, ihren egozentrischen Reflex durch sorgfältigere Überlegung zu überwinden: *Ach so, er meint DIESES Auto.*

Würde ein Zimmermann ein Haus gemäß seinen eigenen Vorlieben bauen und erst im Nachhinein den Wünschen seines Kunden anpassen, so wäre er innerhalb kürzester Zeit arbeitslos. Ein menschlicher Verstand, der ausgehend von seinem eigenen Standpunkt auf die Gedanken eines anderen Menschen schließt und seine Schlüsse erst später neu ordnet, um sie der Perspektive des anderen anzupassen, funktioniert besser als ein selbstbezogener Zimmermann, solange seine egozentrische Grundeinstellung im Allgemeinen zutrifft und er rechtzeitig ausreichende Korrekturen vornimmt. Das Problem ist, dass die Korrekturen üblicherweise nicht rechtzeitig erfolgen und dass sie ungenügend sind, was bedeutet, dass sich unsere Grundeinstellung weiterhin auf unsere Urteile und Entscheidungen auswirkt.

Wenn Sie beispielsweise ein Geschenk für Ihren Partner oder Ihre Partnerin kaufen, wissen Sie, dass Sie sich nicht nach Ihren eigenen Vorlieben, sondern nach denen Ihres Partners oder Ihrer Partnerin richten müssen. Aber die Forscher stellen ein ums andere Mal fest, dass sich trotz-

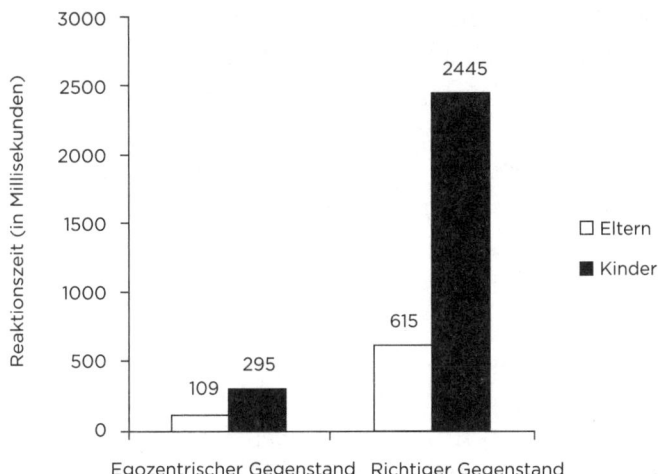

Sowohl die Kinder als auch ihre Eltern sahen zuerst den von einer egozentrischen Interpretation nahegelegten Gegenstand an, was sich an den kürzeren Reaktionszeiten in den linken Balken (egozentrischer Gegenstand) zeigt. Aber bei Kindern und Eltern dauerte es unterschiedlich lange, bis sie die anfängliche Egozentrik korrigierten und ihren Blick auf den richtigen Gegenstand richteten, was sich an der unterschiedlichen Reaktionszeit bis zum Erfassen des korrekten Gegenstands in den rechten Balken zeigt. Der Unterschied zwischen Kindern und Erwachsenen bestand nicht in der Wahrscheinlichkeit einer egozentrischen Reaktion, sondern darin, wie schnell dieser Fehler korrigiert wurde.

dem unsere eigenen Vorlieben auf die Wahl der Geschenke für unsere Liebsten auswirken.[3] Barack Obama (oder, was wahrscheinlicher ist, seine Mitarbeiter) dürften diesen Fehler begangen haben, als der Präsident bei seinem ersten Staatsbesuch in London im Jahr 2009 dem britischen Premierminister Gordon Brown eine DVD-Sammlung mit den besten amerikanischen Filmen der Geschichte schenkte (von diesem Geschenk wäre jeder Amerikaner begeistert). Leider ist Gordon Brown praktisch blind.[4] Die Unfähigkeit zu begreifen, dass die eigene Sichtweise einzigartig ist, oder die einem Mangel an Zeit, Schulung oder Bereitschaft entspringende Unfähigkeit, sich in die Lage anderer Menschen zu versetzen, kann sogar die Bedächtigsten unter uns in Gefahr bringen, sich lächerlich zu machen.

Erfreulicherweise zeigen die Forschungsergebnisse, dass unser Verstand zumindest in dieser Hinsicht ewig jung bleibt. Weniger erfreulich ist, dass wir auch als Erwachsene noch kindliche Fehler begehen können.[5] Tatsächlich nehmen diese Fehler zwei subtile Formen an, die wir verstehen können, indem wir uns gründlich damit auseinandersetzen, wie unsere eigene Sichtweise systematisch von der anderer Menschen abweicht.

Erstens kann es sein, dass wir und andere Menschen verschiedenen Dingen Aufmerksamkeit schenken. Möglicherweise nehmen wir andere Informationen auf oder verarbeiten Informationen anders als unsere Mitmenschen, weil wir uns nicht auf dieselben Dinge wie sie konzentrieren. Wenn ich zum Beispiel eine Vorlesung halte, achte ich sehr auf meine Fehler und wünsche mir bei jedem fehlgeschlagenen Witz und jeder schlecht beantworteten Frage eine zweite Chance. Falls meine Studenten nicht so genau auf meine Fehler achten wie ich selbst, überschätze ich die Strenge ihres Urteils. Ashley Todd beging einen ähnlichen Fehler, als sie ihre Wange statt vom Blickpunkt eines Betrachters von ihrem eigenen Blickpunkt aus betrachtete. Unser eigener Blickpunkt sitzt über unserem Hals, und von hier aus nehmen wir die Welt aus unserer einzigartigen Position wahr. Wenn sich zwei Hälse in unterschiedliche Richtungen drehen, nehmen ihre Besitzer unterschiedliche Informationen auf und stützen sich bei der Auswertung dieser Informationen auf vollkommen verschiedene Gesichtspunkte. Um zu verdeutlichen, dass zwei Menschen unterschiedliche Informationen aufnehmen oder verarbeiten, können wir diese Kategorie der egozentrischen Voreingenommenheit als das »Halsproblem« bezeichnen.

Zweitens kann es sein, dass sich zwei Personen mit

demselben Gegenstand beschäftigen, ihn jedoch sehr unterschiedlich bewerten. Ein Al-Qaida-Terrorist wird den Anblick des brennenden World Trade Center ganz anders beurteilen als ein amerikanischer Bürger. Das Ich hat nicht nur einen einzigartigen Gesichtspunkt bei der Wahrnehmung der Welt, sondern verfügt auch über eine einzigartige, aus Überzeugungen, Einstellungen, Emotionen und Wissen bestehende Linse, durch die es die Welt betrachtet. Möglicherweise verwende ich eine andere Interpretationslinse als mein Gegenüber, was zur Folge hat, dass ich denselben Gegenstand oder dasselbe Ereignis wahrnehme, aber ganz anders deute als diese Person. Menschen mit einer konservativen Haltung werden progressive politische Maßnahmen negativer bewerten als Personen mit progressiver Haltung. Die Anhänger gegnerischer Fußballmannschaften werden dieselbe »fragwürdige Entscheidung« des Schiedsrichters unterschiedlich interpretieren. Oder nehmen wir die bekannte Familiendynamik, der das Satiremagazin *Onion* folgende Schlagzeile gewidmet hat: »Die Mehrheit der Eltern behandelt ihre Kinder schlecht, meinen Kindern«.[6] Man kann denselben Nachthimmel ganz unterschiedlich sehen, je nachdem, ob man ihn mit freiem Auge oder durch ein Teleskop betrachtet. Um zu verdeutlichen, dass zwei Personen dasselbe Ding durch zwei verschiedene Interpretationslinsen betrachten, können wir diese Kategorie der egozentrischen Voreingenommenheit als das »Linsenproblem« bezeichnen.

Was wir sehen: Das »Halsproblem«

Alle bisher in diesem Kapitel behandelten Beispiele – Ashley Todd, der Witz über den Mann am anderen Ufer, das Experiment mit dem »Instrukteur« und dem »Beweger«, das Lieblingsversteck meines Sohns – sind Variationen des »Halsproblems«. In all diesen Fällen handelt es sich um die Unfähigkeit zu erkennen, dass wir einen Gegenstand oder ein Ereignis möglicherweise anders betrachten oder anders begreifen als unsere Mitmenschen. Diese Beispiele eignen sich zur Verdeutlichung, weil es sich um offenkundige Fehler handelt. Aber das »Halsproblem« ist subtiler und weiter verbreitet, als man glauben könnte.

Schauen wir uns zwei Fragen an, die eine subtilere Variante dieses Fehlers verdeutlichen. Ich möchte Sie bitten, diese Fragen zu beantworten. Was glauben Sie: Werden Sie verglichen mit anderen Menschen

- mit größerer oder geringerer Wahrscheinlichkeit älter als 50 Jahre werden?
- mit größerer oder geringerer Wahrscheinlichkeit älter als 100 Jahre werden?

Wenn Ihre Antwort auf diese beiden Fragen in erster Linie davon abhängt, was Sie über sich selbst, das heißt über Ihre Gesundheit und Ihre Langlebigkeit denken, dann sind Sie ein Beispiel für die Ichbezogenheit, die in allen Varianten des »Halsproblems« zutage tritt. Ob die Wahrscheinlichkeit, dass Sie älter als 50 Jahre werden, bei Ihnen größer oder geringer ist als bei anderen Menschen, hängt natürlich nicht nur von der Wahrscheinlichkeit ab, dass Sie so lange leben werden, sondern auch von der Wahrscheinlichkeit, dass andere so lange leben werden. Aber wenn Forscher Menschen bitten, sich mit anderen zu vergleichen, erhalten sie Antworten, die sich anscheinend eher auf die Befragten als auf jene beziehen, mit denen sie sich vergleichen sollen.[7] Daher erklären die Leute in Studien, eher gewöhnliche Erfahrungen als alle anderen Menschen zu machen (zum Beispiel mit einer größeren Wahrscheinlichkeit als diese älter als 50 Jahre zu werden), während sie die Wahrscheinlichkeit ungewöhnlicher Erfahrungen (wie der, älter als

100 Jahre zu werden) bei sich selbst geringer einschätzen als bei allen anderen.[8] Offenkundig ist es unmöglich, dass man zugleich mit größerer Wahrscheinlichkeit als andere Menschen über 50 Jahre und mit geringerer Wahrscheinlichkeit als andere über 100 Jahre alt werden wird. Doch genau dieses Muster wurde von den Forschern beobachtet.

Eine ähnliche Ichbezogenheit haben die Forscher in Bezug auf Emotionen beobachtet. Ein Beispiel: Wie glücklich sind Sie verglichen mit anderen? Die Antwort hängt oft eher von der gegenwärtigen Befindlichkeit der befragten Person ab als davon, was sie über das Glück anderer Menschen denkt. Da die Mehrheit der Menschen erklärt, die meiste Zeit glücklich zu sein – laut den Ergebnissen einer Umfrage unter 450 000 Amerikanern sind sie etwa 85 Prozent der Zeit glücklich –, glaubt auch die Mehrheit der Befragten, die meiste Zeit glücklicher zu sein als andere.[9] Aber glücklich zu sein macht einen Menschen nicht glücklicher als andere, wenn diese anderen ebenfalls glücklich sind. Ähnliches haben Forscher bei allen relativ häufigen und intensiven Gefühlen herausgefunden. Beispielsweise halten wir uns auch für emotionaler als andere Menschen. Unmittelbar nach der Ermordung Präsident Kennedys im Jahr 1963 und nach dem Terrorangriff auf New York am 11. September 2001[10] führte eine nationale Forschungsgruppe eine Telefonumfrage durch und stellte fest, dass die meisten Gesprächspartner der Meinung waren, das schreckliche Ereignis habe sie schwerer getroffen als andere Menschen. Besonders tief war die wahrgenommene Kluft zwischen den eigenen und den allgemeinen Gefühlen nach dem 11. September in New York, da die Bevölkerung dieser Stadt direkt mit der Bedrohung konfrontiert wurde und daher besonders erschüttert war. Wir sind uns unserer eigenen Emotionen sehr bewusst, während wir die Emotionen anderer kaum wahrnehmen. Das macht uns jedoch nicht gefühlsbetonter als andere Menschen. Es macht lediglich unsere Wahrnehmung zu einem ausgezeichneten Beispiel für das »Halsproblem«.

Überlebensgroß

Weil wir im Mittelpunkt unseres eigenen Universums leben, überschätzen wir unsere Bedeutung in der Welt. Das hat sowohl Vor- als auch Nachteile. Nehmen wir ein klassisches psychologisches Experiment, in dem sich Ehepaare dazu äußern sollten, inwieweit die beiden Partner persönlich für verschiedene Handlungen in der Ehe verantwortlich waren.[11] Dazu zählten relativ wünschenswerte Aktivitäten wie das Putzen, die Vorbereitung des Frühstücks und die Konfliktlösung, aber auch unerwünschte Handlungen wie die, das Haus in Unordnung zu bringen, den Partner zu verärgern und Streitigkeiten zu verursachen. Die Ehepartner wurden getrennt um Angaben dazu gebeten, wie hoch ihre prozentuale Verantwortung für jede Handlung war. Anschließend addierten die Forscher die Prozentangaben der Partner. Theoretisch konnten sie gemeinsam nur einen Anteil von 100 Prozent an jeder Handlung haben: Wenn ich erkläre, an 80 Prozent der Tage das Frühstück zu machen, und meine Frau angibt, sie bereite das Frühstück an 60 Prozent der Tage zu, dann müssen unsere Kinder an 140 Prozent der Tage frühstücken. Das ist nicht einmal in den fettleibigsten Familien möglich. Aber wenn ich mich an die Gelegenheiten, bei denen ich das Frühstück machte, leichter erinnern kann als an die Gelegenheiten, bei denen meine Frau es zubereitete, wird es aus psychologischer Sicht da draußen zahlreiche überfütterte Familien geben.

Und genau dieser Schluss muss aus den Resultaten

des hier beschriebenen Experiments gezogen werden. Die Schätzungen der Partner lagen in der Summe deutlich über 100 Prozent. Zweifellos haben Sie diese Selbstbezogenheit schon beobachtet. Es gibt sogar Witze darüber. Ein Beispiel: Wie definiert eine Frau ein Grillfest? Die Antwort: »Ich habe die Zutaten gekauft, den Salat gewaschen, die Tomaten geschnitten, die Zwiebeln gehackt, das Fleisch mariniert und nachher alles sauber gemacht, aber *er* hat ›das Essen gemacht‹.«

Werden Sie nicht zu selbstgefällig. Denn interessanterweise haben die Forscher Belege dafür gefunden, dass wir auch unsere eigene Beteiligung an *negativen* Handlungen überschätzen, wenn auch in geringerem Maß. In unserem Experiment übernahmen die Ehepartner auch ein unmöglich hohes Maß an Verantwortung für unerwünschte Handlungen, etwa für die »Verursachung von Streit in der Partnerschaft«. Egozentrik bedeutet nicht zuletzt, sich der eigenen Fehler und Mängel besonders bewusst zu sein und in Erinnerung zu behalten, wann man den Partner oder die Partnerin nach einem harten Arbeitstag gestichelt oder ein paar Teller zerschmissen und rasch in der Mülltonne versteckt hat, bevor es jemand sieht. Es ist schwieriger, böse Absichten des Partners oder dessen Ungeschick beim Abwasch zu bemerken.

Dieses Ergebnis kann überraschen. Als Forscher Eheleute baten, vorauszusagen, welchen Teil der Verantwortung für positive und negative Handlungen ihr Partner übernehmen würde, erhielten sie sehr zynische Voraussagen, gleichzeitig jedoch auch erneut sehr egozentrische Übertreibungen.[12] Wie Sie in der folgenden Abbildung sehen können, neigten die Befragten zu der Annahme, ihr Partner werde so eitel sein, alle wünschenswerten Handlungen für sich in Anspruch zu nehmen, und die Schuld an den nicht wünschenswerten Handlungen auf sie abzuwälzen. In Wahr-

163

heit waren die Partner auch hier egozentrisch und übernahmen einen unmöglich hohen Anteil der Verantwortung für sämtliche (positiven und negativen) Handlungen. Es ist leicht vorstellbar, dass sowohl die übertriebenen Selbstdarstellungen als auch die übermäßig zynischen Annahmen bezüglich der Selbstdarstellung des Partners in fast jeder Beziehung Zwietracht säen können.

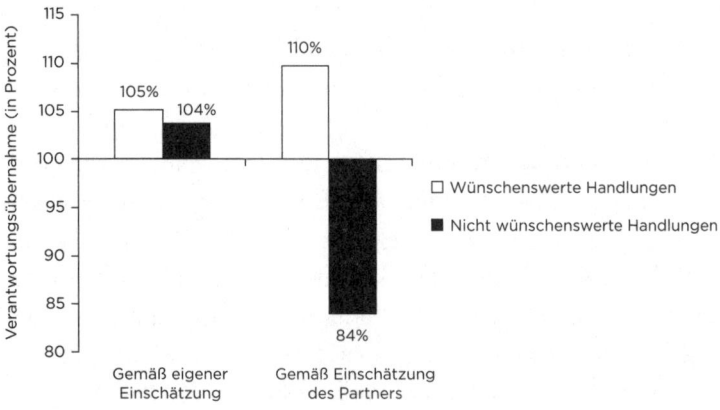

Die egozentrische Übertreibung der eigenen Beteiligung am Geschehen mag in Ehen üblich sein, aber wenn die Gruppen größer werden, ist sie noch stärker ausgeprägt. In einer Ehe muss man nur über eine andere Person nachdenken, um seine Egozentrik zu überwinden. Das ist nicht allzu schwierig. Je größer die Gruppe, desto größer ist die Zahl der Personen, die man übersehen kann, und desto gravierender sind die Konsequenzen der Egozentrik. Sehen wir uns beispielsweise ein Experiment an, das Eugene Caruso, Max Bazerman und ich mit 699 MBA-Studenten aus Harvard durchführten.[13] Diese Studenten arbeiteten in ihrem MBA-Kurs volle zwei Jahre lang in denselben Studiengruppen zusammen und taten alles, was mit dem Kurs zu tun hatte, gemeinsam. Die Gruppen umfassten im Allgemeinen vier bis neun Studenten. Wir baten die Studenten von ein paar dieser Gruppen, zu schätzen, wie hoch ihr persönlicher Anteil an der Arbeit der Gruppe war. Wir stellten fest, dass das Ausmaß der Überschätzung des eigenen Anteils mit wachsender Größe der Gruppe zunahm. Die Mitglieder von höchstens vierköpfigen Gruppen stellten relativ vernünftige Schätzungen an: Sie beanspruchten jeweils mehr Verantwortung für sich, als angesichts der Schätzungen ihrer drei Kommilitonen möglich war, aber zumindest addierten sich ihre Schätzungen auf einen Gesamtwert, der nicht allzu weit von 100 Prozent entfernt lag. Aber je größer eine Gruppe wurde, desto unrealistischer schätzten ihre Mitglieder ihren persönlichen Anteil ein. Bei achtköpfigen Gruppen ergab die Summe der geschätzten persönlichen Anteile ihrer Mitglieder einen Wert von 140 Prozent! Das wirft ein ganz anderes Licht auf die übermäßige Leistungsbereitschaft.

Wir sollten uns also ein wenig entspannen, wenn uns andere nicht so sehr schätzen, wie wir für angemessen halten. Denn das muss gar nicht an der Gleichgültigkeit der anderen liegen, sondern könnte unserer eigenen Egozentrik geschuldet sein.

Auf der Bühne der Egozentrik

Wenn wir meinen, dass wir mehr Anerkennung verdienen, als wir tatsächlich erhalten, ist das nur ein Bestandteil unserer egozentrischen Neigungen. Extremes egozentrisches Denken kann zu Paranoia führen, das heißt zu der Überzeugung, andere dächten über uns nach, redeten über uns und konzentrierten sich auf uns, obwohl sie es de facto nicht tun. Das klingt verrückt – und ist es auch. Aber wir alle können unter den richtigen Bedingungen kurzfristige Anfälle von Verrücktheit erleben. »Die Leute sind sehr auf ihre Außenwirkung bedacht«, sagt Elaine Miller, die Autorin eines beliebten Blogs über Inneneinrichtung, und beschreibt das Bemühen der *Socialites*, anderen mit der Einrichtung ihrer Häuser genau das richtige Bild von sich zu vermitteln: »Sie verhalten sich, als wären ständig alle Augen auf sie gerichtet. Sogar das Innere ihres Hauses ist eine Inszenierung.«

Wir haben das alle schon erlebt: Sind Sie schon einmal auf einem spiegelglatten Gehweg ausgerutscht und haben unter der Peinlichkeit mehr gelitten als unter dem Schmerz? Oder haben Sie schon einmal in einer Sitzung etwas Dummes gesagt und waren sicher, dass sich nachher alle hinter vorgehaltener Hand über Sie lustig machen? Oder haben Sie sich schon einmal sehr geschämt, weil Sie den Namen eines neuen, aber wichtigen Bekannten vergessen hatten? Tatsächlich kann das ganze Leben zur Bühne werden, und wir neigen dazu, uns als Hauptdarsteller auf dieser Bühne zu fühlen. Das verführt uns mitunter dazu, unsere Bedeutung zu überschätzen.

Nehmen wir an, Sie würden an einem der befreiendsten Versuche teilnehmen, die je durchgeführt wurden: am Barry-Manilow-Experiment.[14] Für dieses Experiment rekrutierten Forscher ahnungslose Studenten, denen gesagt wurde, sie würden an einem psychologischen Standardversuch teilnehmen. Stellen Sie sich vor, Sie wären einer dieser Studenten: Sie melden sich im Laboratorium. Die Versuchsleiterin nimmt Sie in Empfang und führt Sie durch einen Korridor in einen kleinen Raum, schließt die Tür und erklärt Ihnen, dass Sie sich im Rahmen des Experiments ein bestimmtes T-Shirt anziehen sollen. Sie falten es auf: Es ist mit einem großen Bild von Barry Manilow in all seiner Pracht verziert. Vielleicht sind Sie ein großer Fan des Schnulzensängers, aber die meisten Leute sind es nicht. Und selbst seine Fans dürften keine allzu große Lust haben, ihre Begeisterung für Manilow auf der Brust zur Schau zu tragen.

Aber Sie gehorchen der Anweisung, schlüpfen in das T-Shirt und folgen der Versuchsleiterin zurück durch den Korridor in einen Raum, wo bereits andere Versuchsteilnehmer warten. (Natürlich trägt keine dieser Personen ein T-Shirt mit dem Konterfei Barry Manilows.) Die Versuchsleiterin erklärt, dass Sie ein bisschen spät dran sind, aber trotzdem teilnehmen dürfen. Also schleichen Sie zu Ihrem Platz, aber als Sie sich gerade hinsetzen wollen, ändert die Versuchsleiterin anscheinend ihre Meinung und bittet Sie um Verständnis dafür, dass Sie wirklich zu spät gekommen sind und auf eine andere Gelegenheit warten müssen, um an diesem Experiment teilnehmen zu können. Also werden Sie wieder aus dem Raum geführt.

Und damit sind wir beim wichtigsten Teil: Die Versuchsleiterin eröffnet Ihnen, dass das Experiment in Wirklichkeit beendet ist, und bittet Sie zu schätzen, wie viele der Versuchsteilnehmer im Raum in der Lage sein werden, das Konterfei auf Ihrem T-Shirt zu identifizieren. Anschließend werden die Personen, die im Raum sitzen, gefragt, ob sie sich an das Bild auf Ihrem T-Shirt erinnern können.

Im Experiment schätzten die Träger des Barry-Manilow-T-Shirts, dass es 50 Prozent der anderen Versuchspersonen aufgefallen sei. Tatsächlich hatten es nur 23 Prozent bemerkt. Selbst in kleinen Gruppen stehen wir keineswegs so prominent im sozialen Rampenlicht, wie wir annehmen.[15]

Die wichtigste Erkenntnis aus solchen Experimenten ist, dass die wenigsten von uns so berühmt sind, wie uns unsere eigene Erfahrung glauben macht. Auch werden wir von anderen keineswegs so genau beobachtet, wie wir vielleicht meinen. Peter Lorre lernt diese Lektion im Film *Casablanca* auf schmerzhafte Art, als er um Humphrey Bogarts Anerkennung buhlt und sagt: »Sie verachten mich, nicht wahr?«

Bogart antwortet: »Wenn ich einen Gedanken an Sie verschwenden würde, täte ich es wahrscheinlich.« Vermutlich würde ein *Casablanca*-Moment uns allen die Augen öffnen.

Es ist nicht so schlimm, wie wir denken

Wir fürchten uns nicht nur vor dem sozialen Rampenlicht, weil es uns unangenehm ist, von anderen beäugt zu werden. Ist man einmal aufgefallen, so kann das scheußliche, quälende Gefühl hinzukommen, sich der Lächerlichkeit preisgegeben zu haben. Ein Beispiel aus meiner eigenen Erfahrung: Einmal stellte ich bei einer Konferenz einen berühmten Psychologen vor, der einen Vortrag halten sollte – und beschrieb seine Forschung vollkommen falsch. Ich sprach ihm das Verdienst für ein Experiment zu, das ein anderer durchgeführt hatte. Ich kann mich nicht gegen den Gedanken wehren, dass sich alle meine Kollegen an diesen Augenblick intensiver Scham erinnern, wann immer sie mich einen Redner ankündigen hören. (»Was für einen Unfug wird uns Epley diesmal erzählen?«) Unsere egozentrischen Sinne flüstern uns ein, dass andere uns nicht nur bemerken, sondern auch mit aller Strenge beurteilen.

Aus diesem Grund nimmt »Reden in der Öffentlichkeit« bei vielen Leuten den ersten Platz auf der Liste der beängstigenden Erfahrungen ein. Aber auch diese selbstbezogene Angst ist oft übertrieben. Tom Gilovich, Ken Savitsky und ich führten mehrere Jahre lang die ursprünglichen Untersuchungen dieser beiden Kollegen zur Reaktion der Menschen auf das soziale Rampenlicht fort. Dabei setzten wir die Versuchspersonen verschiedensten peinlichen Situationen aus, um zu messen, ob sie einschätzen konnten, wie sie von anderen beurteilt wurden. Unter anderem überraschten wir sie vor Publikum mit entwaffnend trivialen Fragen oder stellten sie einem Fremden als jemanden vor, der »häufig alles verpatzt, was er anfasst«, und »gelegentlich Probleme mit dem Bettnässen hat«. Wir ließen sie vor einem Publikum mit einem großen Klumpen Kaugummi im Mund die Nationalhymne singen und vor Fremden den Bossa Nova tanzen. In allen von uns untersuchten Fällen überschätzten die Versuchspersonen, die in diese peinlichen Situationen gebracht wurden, die Härte, mit der andere Menschen über sie urteilten. Und das, obwohl das soziale Rampenlicht, wenn es erst einmal auf sie gerichtet war, nicht so heiß glühte, wie sie erwartet hatten. Ich denke, Peter Lorres Erlebnis in *Casablanca* ist in Wahrheit unrealistisch: Andere mögen nicht allzu viel über uns nachdenken, aber wenn sie es tun, sind sie im Allgemeinen nachsichtiger mit uns, als wir annehmen. Der Grund dafür ist, dass sie sich nicht so eingehend mit unseren Fehlern beschäftigen wie wir selbst. Wie es so schön heißt: »Sei, wie du bist, und sag, was du fühlst, denn diejenigen, die sich daran stören, sind unwichtig, und denjenigen, die wichtig sind, ist es egal.«[16]

Piaget war der Ansicht, die Erkenntnis unserer eigenen beschränkten Sichtweise befreie uns von ihr. Ich teile seine Meinung. Wenige der Versuche, die ich durchgeführt habe, haben mein eigenes Leben so grundlegend verändert wie diese Erkenntnis. Als Professor muss ich in der Lage sein, vor Publikum zu sprechen. Doch als ich begann, Studenten zu unterrichten und Forschungsergebnisse zu präsentieren, litt ich unter quälendem Lampenfieber, das meine Leistungen beeinträchtigte. Als ich meinen ersten Vortrag auf einer Konferenz halten sollte, war ich ein Nervenbündel und konnte zwei Nächte nicht schlafen. In den drei Wochen vor meinem ersten Bewerbungsgespräch an einer Universität verlor ich fast zehn Kilogramm Gewicht. (Zum Glück besaß ich genug Substanz, die ich abbauen konnte, da ich auf dem College zugenommen hatte, um Football spielen zu können.) Ich werde noch heute nervös, wenn ich vor Publikum sprechen soll, aber dieser Stress schwächt mich nicht mehr.[17] Denn mittlerweile weiß ich: Fast niemand im Publikum beschäftigt sich mit meinen Fehlern, denn meine Zuhörer beschäftigen sich vermutlich mit Dutzenden eigenen Problemen, während ich vor ihnen stehe. Und ich weiß, dass das Publikum alles, was während meines Vortrags passiert, sehr viel schneller vergessen wird als ich. Bevor ich vor einigen Jahren auf einer Abschlussfeier meiner ehemaligen Highschool eine Rede hielt, tröstete ich mich mit dem Gedanken, dass ich mich nicht erinnern konnte, worüber der Gastredner bei meiner eigenen Abschlussfeier gesprochen hatte – auch eine Belohnung von einer Million Dollar hätte meinem Gedächtnis nicht auf die Sprünge geholfen. Ich weiß nicht einmal mehr, ob die Rede von einem Mann oder einer Frau gehalten wurde. Denken Sie an Vorlesungen und Vorträge, die Sie gehört haben: Wie viel Prozent des Inhalts sind Ihnen in Erinnerung geblieben? Wenn der tatsächliche Prozentsatz höher ausfiele als die Wahrscheinlichkeit, vom Blitz getroffen zu werden, wäre ich schockiert. Wir können uns eine breitere Perspektive aneignen, indem wir uns bewusst machen, wie sehr wir auf unsere eigene beschränkte Perspektive fixiert sind. Entspannen Sie sich. Andere bemerken Ihre Fehler nicht, und wenn doch, werden sie sich kaum darum kümmern.[18]

Wie wir es sehen: Das Linsenproblem

Wenn wir uns lediglich mit denselben Dingen wie ein anderer Mensch beschäftigen müssten, um zu verstehen, wie er denkt, so wäre der andere ein offenes Buch für uns. Aber wie wir in der Diskussion des *naiven Realismus* in Kapitel 2 gesehen haben, ist das Problem der Perspektive nur der Anfang. Zwei Menschen können dasselbe Ereignis aus demselben Blickwinkel betrachten und es sehr unterschiedlich deuten, denn sie sehen es durch unterschiedliche Linsen, die zusammengesetzt sind aus ihrem eigenen Wissen, ihren spezifischen Erfahrungen, Überzeugungen, Einstellungen und Absichten. Ein Beispiel: Als der Baseballspieler Barry Bonds mit seinem 73. Homerun einen neuen Weltrekord aufstellte, landete der Ball auf der Tribüne im offenen Handschuh von Alex Popov und wurde im folgenden Handgemenge von Patrick Hayashi in Sicherheit gebracht. Popov fing den Ball als Erster, und Hayashi hatte ihn als Letzter in der Hand. Über die Fakten gab es keine Diskussion.

Das Problem war die unterschiedliche Deutung der Tatsachen. Sowohl Popov als auch Hayashi nahmen an, dass sich die Umwelt ihrer Interpretation anschließen würde. Beide Männer waren überzeugt, aus offenkundigen Gründen der rechtmäßige Besitzer des Balls zu sein, und beide waren zudem davon überzeugt, dass jeder Richter ihnen recht geben würde, weshalb sie bereit waren, einander vor Gericht zu zerren. Tatsächlich legten beide Männer als Beweis für ihre unvereinbaren Schlussfolgerungen dasselbe Videoband aus derselben Kamera vor. Der Richter machte sich keine der beiden Interpretationen zu eigen, sondern gestand den Streithähnen den gemeinsamen Besitzanspruch zu: Der Ball müsse verkauft und der Erlös zwischen den beiden aufgeteilt werden. Der sogenannte »Millionen-Dollar-Ball« wurde schließlich für nur 450 000 Dollar versteigert, und mit diesem Erlös konnten die beiden Männer ihre enormen Anwaltsrechnungen nicht begleichen. Dass zwei Menschen dieselbe Sache betrachten, bedeutet nicht, dass sie sie auch gleich beurteilen. Das zu vergessen kann kostspielig werden.

Popov und Hayashi waren nicht verrückt. Sie waren einfach menschlich. In einem psychologischen Experiment wurden Freiwillige zufällig ausgewählt, um in einem hypothetischen Rechtsstreit entweder für die Anklage oder für die Verteidigung zu argumentieren. Obwohl man ihnen ihre Rollen erst kurz zuvor übertragen hatte, gelangten die Freiwilligen rasch zu der Überzeugung, die Argumente ihrer Seite seien besser als die der gegnerischen Partei. Dabei nahmen sie nicht nur eine Pose ein, sondern glaubten anscheinend wirklich, auf der richtigen Seite zu stehen – und waren sicher, der Richter werde zu ihren Gunsten entscheiden.[19] Das Problem mit der Linse ist, dass wir sie nicht *an*sehen, sondern durch sie *hindurch*sehen, weshalb unser eigener Blickpunkt nicht als solcher erscheint, bis uns jemand anders zeigt, wie man eine Sache auch von einem anderen Blickpunkt aus betrachten kann. »Ich denke in Bildern«, schreibt die Autistin Temple Grandin, und ihre anschließende Erklärung illustriert die natürliche Folge des Linsenproblems: »Als Kind und als Teenager glaubte ich, alle Menschen dächten in Bildern. Ich hatte keine Ahnung, dass meine Denkprozesse anders waren als die anderer Menschen. Tatsächlich habe ich das ganze Ausmaß der Unterschiede erst vor kurzem begriffen.«

Durch eine Linse zu schauen bedeutet auch, dass man nur schwer erkennen kann, ob man ein verzerrtes Bild sieht. Einmal erzählte mir ein Freund, dass bei einer Konferenz vollkommen unscharfe Dias vorgeführt worden waren, was ihm furchtbar peinlich für den Vortragenden gewesen war, der unbeirrt ein verschwommenes Schaubild nach dem anderen und Seite für Seite voller unleserlicher Stichpunkte auf die Leinwand projiziert hatte. Aber am schlimmsten fand mein Freund, dass sämtliche Zuhörer aus Höflichkeit schwiegen, weil sie den Vortragenden offensichtlich nicht blamieren wollten. Erst nach der Präsentation begriff mein Freund, dass die Linse des Projektors sehr wohl scharf gestellt gewesen war. Das Problem waren die Linsen *in seinen eigenen Augen*: Die verschwommenen Folien waren der erste Hinweis darauf, dass er eine Brille brauchte.

Eine derart verzerrte Wahrnehmung ist keineswegs ungewöhnlich. Ist Ihnen schon einmal aufgefallen, dass »die Medien« unentwegt der Voreingenommenheit bezichtigt werden, aber nie diejenigen bevorzugen, die die Anschuldigungen erheben? Wenn unsere eigenen Ansichten einseitig sind, wird eine ausgewogene Darstellung zwangsläufig von unserer Perspektive abweichen, was zur Folge hat, dass wir die Fehler nicht bei uns, sondern *in der Darstellung der Medien* sehen.[20] Wie der Projektor, der in den Augen eines kurzsichtigen Menschen defekt wirkt, sehen wir Voreingenommenheit *da draußen* in den Medien, während die Verzerrung tatsächlich in unserem eigenen Kopf stattfindet. Etwas Ähnliches passiert vielen Eltern, die glauben, die Welt sei im Lauf der Jahre gefährlicher geworden. Fragt man diese Eltern, *wann* die Welt gefährlicher geworden ist, so nennen sie zumeist einen Zeitpunkt, der nah am Geburtsdatum ihres ersten Kindes liegt.[21] Tatsächlich ist die Welt dieselbe (wenn überhaupt, ist sie heute ein deutlich sicherer Ort als früher[22]), aber die Elternschaft ändert die Linse, durch die wir die Welt sehen. Eltern halten dieselbe Art von Geschehnissen für bedrohlicher als früher, ohne zu begreifen, dass die Veränderung nicht die Welt an sich, sondern die Linse betrifft, durch die sie das Leben betrachten.

Die natürlichste Konsequenz des Linsenproblems ist unsere Annahme, andere würden die Welt genauso deuten wie wir, weil wir nicht genau feststellen können, wie unsere Interpretation von der Linse beeinflusst wird, durch die wir die Welt sehen. Das kann man beobachten, indem man Menschen auffordert zu beurteilen, was andere in Bezug auf verschiedene belanglose und wichtige Fragen denken, fühlen, glauben oder wissen. Wie viel Prozent der Menschen essen lieber Graubrot als Weißbrot? Wie viel Prozent werden von Ihrem neuen Geschäftsmodell begeistert sein, Ihre Kunstwerke lieben oder Gefallen an Ihrem im Selbstverlag erschienenen Roman finden? Wie viele Amerikaner sind für eine Regulierung der Finanzmärkte oder für einen Ausbau des Sozialstaats, und wie viele werden ihre Hypothek nicht zurückzahlen können? In einer Studie nach der anderen stellt sich heraus, dass die meisten von uns zu der unrealistischen Überzeugung neigen, andere dächten und fühlten genauso wie wir.[23] Die Anhänger von Graubrot denken, sie seien zahlreicher als die Liebhaber von Weißbrot.[24] Menschen mit konservativer Einstellung halten die Durchschnittsbevölkerung für konservativer als Menschen mit linken Überzeugungen.[25] Wähler, die über eine Frage abstimmen, neigen zu dem Glauben, die Nichtwähler *hätten wie sie entschieden*, wären sie zur Abstimmung gegangen.[26] Und wenn es um moralische Fragen geht, neigen sogar diejenigen, die eindeutig in der Minderheit sind, zu dem Glauben, der moralischen Mehrheit anzugehören.[27]

Das führe ich meinen MBA-Studenten jedes Jahr vor Augen, indem ich sie auffordere, eine Reihe möglicherweise unethischer Praktiken zu beurteilen.[28] Dazu zählen fragwürdige Handlungen wie die, private Restaurantbesuche auf die Spesenrechnung zu setzen oder Büromaterial vom Arbeitsplatz nach Hause mitzunehmen. Die Studenten sollen angeben, ob sie diese Praktiken für unethisch halten (ja oder nein), und anschließend schätzen, wie viel Prozent ihrer Studienkollegen derselben Ansicht sein werden wie sie. Die folgende Tabelle enthält die Ergebnisse des letzten Jahres.

ETHISCH FRAGWÜRDIGE PRAXIS	Ist das unethisch?	Wie viel Prozent sind Ihrer Meinung?
Sie laden bei Geschäftsreisen Freunde zum Essen ein und rechnen das als Spesen ab.	Ja – 86%	72%
	Nein – 14%	60%
Sie arbeiten extra langsam, um neue Aufgaben zu vermeiden.	Ja – 23%	55%
	Nein – 77%	68%
Sie melden sich krank, um einen Tag freizuhaben.	Ja – 71%	66%
	Nein – 29%	64%
Sie übertreiben in einem Bewerbungsgespräch Ihr gegenwärtiges Gehalt.	Ja – 53%	61%
	Nein – 47%	71%
Sie erklären sich bereit, eine Aufgabe zu übernehmen, die Sie in Wahrheit nicht erledigen werden.	Ja – 73%	68%
	Nein – 27%	69%
Sie nehmen Büromaterial für Ihren privaten Gebrauch mit nach Hause.	Ja – 60%	62%
	Nein – 40%	65%
Sie installieren die Raubkopie eines Programms zu Hause auf Ihrem Computer.	Ja – 94%	72%
	Nein – 6%	56%
Sie enthalten Kollegen, die sich um denselben Posten wie Sie bewerben, Informationen vor.	Ja – 25%	69%
	Nein – 75%	52%
Sie laden sich am Arbeitsplatz urheberrechtlich geschütztes Material (Musik, Videos) herunter, ohne dafür zu bezahlen.	Ja – 70%	69%
	Nein – 30%	66%

Ich fragte meine MBA-Studenten, ob sie verschiedene Praktiken für unethisch hielten. Wie aus der mittleren Spalte ersichtlich, waren die Einschätzungen der Studenten sehr unterschiedlich: Einige Praktiken wurden von einer großen Mehrheit, andere nur von einer kleinen Minderheit als unethisch eingestuft. Aber die Studenten waren durchweg der Überzeugung, dass ihre eigene Überzeugung von einer Mehrheit ihrer Studienkollegen geteilt wurde (rechte Spalte).

Aus der ersten Zeile geht hervor, dass es 86 Prozent der Befragten für unethisch halten, dem Arbeitgeber ein privates Restaurantessen in Rechnung zu stellen, während

14 Prozent dieses Verhalten akzeptabel finden. Die Bewertung anderer Praktiken ist sehr unterschiedlich. Die Spalte rechts enthält die Schätzungen der Versuchspersonen zu den Überzeugungen der anderen Teilnehmer. Hier zeigen sich kaum Unterschiede zwischen den Meinungen. Tatsächlich liegt der Durchschnitt der Schätzungen in keinem Fall unter 50 Prozent. Sogar jene, die der moralischen Minderheit angehören, sind überzeugt, Teil der moralischen Mehrheit zu sein.

In den Augen der Experten

Unsere eigenen Überzeugungen dienen uns als Linse, die wir verwenden, um zu verstehen, was andere wahrscheinlich glauben und wie ausgeprägt ihre Überzeugung ist. Aber unser eigener Verstand enthält eine Vielzahl von Überzeugungen, und diese sind nicht die einzige Linse, die unsere Wahrnehmung filtert. Dasselbe gilt auch für das Wissen. Sehen wir uns ein Beispiel an.

Lesen Sie den folgenden Satz:

SCHON VOR DEM VERHEERENDEN UNGLÜCK WAREN AUF DER HAVEL VIELE HAVARIEN VERZEICHNET WORDEN.

Nun zählen Sie bitte, wie oft der Buchstabe *v* in diesem Satz vorkommt. Es ist wichtig, dass Sie das tun. Ich warte auf Ihr Ergebnis.

Wie viele haben Sie gefunden? Mehr, als Sie an einer Hand abzählen können? Wenn nicht, haben wir die Bestätigung dafür, dass Sie gut lesen, aber schlecht zählen. Versuchen Sie es noch mal. Bemühen Sie sich. Ich habe Geduld.

Haben Sie alle sechs gefunden? Vergessen Sie bitte nicht, dass »Havarie« ein *v* enthält.

Haben Sie jetzt alle gesehen? Die meisten Leute, die diesen Satz lesen, bemerken auf den ersten Blick nicht alle *v*.[29] Woran liegt das? Dieses Beispiel hat nichts mit Ihren Überzeugungen zu tun. Der Fehler beruht auf Ihrem Wissen. Ihre gute Kenntnis des geschriebenen Worts hindert Sie daran, alle Buchstaben zu erkennen. Sie lesen so gut, dass Sie den Klang der Buchstaben hören, während Ihr Blick darüber hinwegfliegt. Als Experte hören Sie beim Anblick des Buchstaben *v* zumeist ein hartes *v*, weshalb er Ihnen leicht entgehen kann, wenn er weich wie ein *w* ausgesprochen wird wie in »Havarie«. Deshalb finden Erstklässler mit größerer Wahrscheinlichkeit alle sechs *v* als Fünftklässler und haben bessere Chancen als Sie, die Aufgabe zu bewältigen.[30] Ihre Expertise trübt Ihren Blick.[31]

Hier haben wir es mit einem Phänomen zu tun, das die Psychologen als *Fluch des Wissens* bezeichnen und das ein weiteres klassisches Beispiel für das Linsenproblem ist. Wissen kann ein Fluch sein, denn sobald man es besitzt, kann man sich nicht mehr vorstellen, wie es ist, es nicht zu besitzen. Sie sind mit Sicherheit schon vielen Menschen begegnet, die unter diesem Fluch litten. Haben Sie schon einmal während einer Reise einen Einheimischen gebeten, Ihnen den Weg zu erklären? Haben Sie schon einmal mit einem EDV-Experten gesprochen, der es nicht schaffte, Ihnen ohne unverständlichen Fachjargon zu erklären, wie Sie Ihren Computer in Gang bringen können? In einem Experiment schätzten erfahrene Benutzer von Mobiltelefonen, ein Neuling würde durchschnittlich 13 Minuten benötigen, um den Umgang mit einem neuen Gerät zu erlernen. Tatsächlich brauchten die Neulinge durchschnittlich 32 Minuten dafür.[32]

Die Expertenlinse funktioniert wie ein Mikroskop und

erlaubt uns, kleine Details wahrzunehmen, die einem Nichtexperten entgehen dürften. Auf der anderen Seite stellt sie unsere Brennweite so ein, dass wir das größere Bild nicht mehr sehen, weshalb es uns schwerfallen kann, die Perspektive eines Neulings zu verstehen. Nehmen wir beispielsweise die Schwierigkeiten, in die Clorox nach dem Erwerb der Rechte an Hidden Valley Ranch Dressing geriet.[33] Hidden Valley ist schon seit Jahren das beliebteste Salatdressing auf dem amerikanischen Markt, aber nachdem Clorox die Rechte an dem Produkt erworben hatte, brauchte das Unternehmen zehn Jahre, um es auf den Markt zu bringen. Wie konnte es dazu kommen?

In diesen zehn Jahren testeten die Forscher des Unternehmens zahlreiche Varianten eines Originalrezepts, um das Dressing haltbarer zu machen. Doch ein ums andere Mal scheiterten sie in dem Bemühen, eine Variante zu produzieren, die so gut wie das Original schmeckte. Schließlich gaben sie auf und stellten das beste Dressing einzelnen Zielgruppen vor. Zu ihrer Überraschung mochten die Leute das Produkt. So wie die Leseexperten unfähig waren, den Buchstaben *v* zu zählen, hatten die Lebensmittelexperten die Fähigkeit verloren, den Geschmack eines Dressings wie ein unvoreingenommener Konsument zu bewerten, weil sie den Geschmack des Originals kannten. Da die Verbraucher das Original nicht testen konnten, hatten sie keine Ahnung, dass die haltbare Version des Dressings schlechter war als das Original. Sie beurteilten es, ohne einen Vergleich anzustellen, und mochten das Produkt so, wie es war.

Um die Linse korrigieren zu können, muss man erst verstehen, wie sie sich auf die Wahrnehmung auswirkt. Das Problem ist, dass wir kaum erkennen können, wann wir von unserer eigenen Sachkenntnis beeinflusst werden und wann nicht. Nehmen wir als Beispiel das wohl berühmteste (und dennoch unveröffentlichte) Dissertationsexperiment in der Geschichte der Psychologie: Elizabeth Newtons »Klopfstudie«.[34] In diesem Experiment mit Paaren von Versuchspersonen wurde immer einer der beiden Partner zum »Klopfer« und der andere zum »Zuhörer« bestimmt. Die Zuordnung erfolgte zufällig. Der Klopfer erhielt eine Liste von 25 bekannten Musikstücken, darunter die amerikanische Nationalhymne und »Rock Around the Clock«. Er sollte sich jeweils drei Lieder aussuchen und das Stück für den Zuhörer, der ihm den Rücken zuwandte, auf der Tischplatte klopfen. Anschließend schätzte der Klopfer, mit welcher Wahrscheinlichkeit der Zuhörer die geklopften Lieder richtig erkannt hatte, und der Zuhörer versuchte, die Stücke zu identifizieren. Die Ergebnisse waren verblüffend: Die Klopfer schätzten, dass die Zuhörer im Durchschnitt 50 Prozent der Lieder richtig erkennen würden. Aber die tatsächliche Trefferquote der Zuhörer lag bei nur 2,5 Prozent!

Es ist nicht schwer, die Kluft zwischen Klopfern und Zuhörern zu verstehen: Die Klopfer waren relative Experten, die wussten, welches Lied sie klopften, und daher die Melodie im Geist hörten. Die Zuhörer hingegen waren nicht in diese Orchestrierung eingeweiht: Sie hörten nichts weiter als einen musikalischen Morsecode. Entscheidend ist, dass die Klopfer einfach nicht verstehen konnten, wie die in ihrem Kopf wohlklingenden Melodien in den Ohren der Zuhörer klingen würden, die diese Musik nur durch das Getrommel der Finger vermittelt bekamen.

Niemand kommuniziert allein mit Klopfzeichen, aber das Linsenproblem betrifft jeden, der spezielles Wissen auf einem Gebiet besitzt: den Manager, der ein Angebot seines Unternehmens in- und auswendig kennt und versucht, die Ideen einem neuen Klienten zu erklären; den Erfinder, der sich der Bedeutung seiner Erfindung vollkommen bewusst ist, aber ungeduldige Risikokapitalgeber davon überzeugen muss; den Kollegen, der einen neuen Mitarbeiter, der seine freundlichen Absichten nicht kennt, »nur ein bisschen necken will«.[35] Das Problem des Experten ist, dass er annimmt, alles für ihn Offenkundige sei auch für andere offenkundig.

Jeder von uns besitzt besondere Kenntnisse in bestimmten Bereichen, aber vor allem sind wir samt und sonders Experten für ein Thema, das uns sehr am Herzen liegt: uns selbst. Wir leben, arbeiten und schlafen jeden Tag mit uns selbst. Wir wissen, wie wir am Morgen ausgesehen, wie wir uns gestern gefühlt und was wir vor fünf Jahren getan haben. Wir wissen, dass unser Hintern in *diesen* Hosen vorteilhafter wirkt als in *jenen*, dass wir attraktiver als die meisten unserer Freunde, aber nicht so gut in Form sind, wie wir gerne wären. Niemand in der Welt weiß so viel über uns wie wir selbst. Diese Tatsache hilft zu erklären, warum es uns so überraschend schwerfällt zu verstehen, was andere über uns denken.[36]

Rufen wir uns die in Kapitel 1 beschriebenen Forschungsergebnisse in Erinnerung. Wir baten unsere Freiwilligen, vorauszusagen, wie ein Mitglied des anderen Geschlechts ihre Attraktivität anhand eines Fotos einstufen würde. Die Trefferquote in solchen Situationen ist sehr gering, was teilweise daran liegt, dass wir uns selbst so genau kennen, dass wir uns durch eine mikroskopische Linse betrachten, während andere Menschen das nicht tun: Wir wissen, dass unser Haar über dem linken Auge ein wenig unordentlich ist, dass unsere Gesichtszüge unvorteilhafter wirken als normalerweise oder dass unser Lächeln ein wenig verzerrt ist. Als wir unsere Freiwilligen baten, aufzuschreiben, wie die Person, die ihre Attraktivität beurteilen sollte, ihr Foto beschreiben würde, hielten sie geringfügige Details und subtile Merkmale fest, die man nur bei einer genauen Untersuchung finden konnte. Dazu gehörten Beobachtungen wie »ungeschminkt«, »Mund wirkt ein wenig zu groß (zumindest meine Lippen)«, »Lächeln nicht so breit wie normal« und »sexy Hände«. Natürlich weiß niemand, wie breit unser Lächeln normalerweise ist, und ich wüsste nicht zu sagen, wie »sexy Hände« aussehen. Man sieht, dass unsere Freiwilligen das Mikroskop für die Selbstuntersuchung scharfstellten.

Natürlich wissen andere viel weniger über uns und können daher unmöglich all die feinkörnigen Details unseres Erscheinungsbilds erkennen. Sie betrachten uns mit der gröberen Linse des Neulings und unterziehen uns einer allgemeinen Beurteilung, wobei sie uns mit anderen Menschen vergleichen. Als wir in diesem Experiment die Beurteiler baten, das vor ihnen liegende Foto zu beschreiben, registrierten sie statt kleiner Details lediglich allgemeine, stabile, ganzheitliche Merkmale: »sehr dünn«, »weiß«, »höheres Gewicht«, »wirkt freundlich«, »metrosexuell«, »komischer Kauz«.

Es ist möglich, herauszufinden, was andere über uns denken, aber dazu müssen wir dieselbe Linse verwenden wie sie. Andere Leute wissen im Allgemeinen weniger über uns als wir selbst, und um zu verstehen, was ein anderer Mensch von uns hält, müssen wir aufhören, uns durch das Mikroskop zu betrachten. Wir müssen darüber nachdenken, wie diese Person uns verglichen mit anderen Menschen im Allgemeinen einschätzen dürfte, nicht darüber, wie diese Person uns verglichen mit unserem früheren Aussehen oder aufgrund der Nuancen unseres Gesichtsausdrucks beurteilen wird. In unserem Experiment baten wir eine Gruppe von Versuchsteilnehmern, sich derart allgemein einzuschätzen, und wiesen sie an, zu berücksichtigen, wie jemand, der ihr Foto drei Monate später zu sehen bekäme, ihr Gesicht beurteilen würde. Nachdem die Einschätzungen bis dahin ausgesprochen schlecht gewesen waren – ihre Treffergenauigkeit war kaum höher als bei einer zufälligen

Auswahl –, machten unsere Versuchsteilnehmer nun ziemlich genaue Angaben (die Korrelation stieg auf 0,55). Ihnen gelangen zwar keine vollkommen zutreffenden Angaben, aber sie erreichten die Treffergenauigkeit, die man vernünftigerweise von einem Gedankenleser erwarten kann. Um herauszufinden, was andere über uns denken, müssen wir uns durch dieselbe Linse wie sie betrachten.

Unbeschriebene Blätter: E-Mails und Gottes Wille

Das Problem des Expertenwissens ist eines von vielen Beispielen für Fehler, die dadurch entstehen, dass wir unsere eigenen Vorstellungen auf die anderer Menschen übertragen: Wir nehmen an, dass andere dasselbe wissen, denken, glauben oder fühlen wie wir. Selbstverständlich projizieren wir unsere Vorstellungen nicht vollkommen auf andere. Wir tun das in bestimmten Situationen mehr als in anderen und projizieren auf manche Individuen mehr als auf andere. Je weniger wir über das Denken eines Menschen wissen, desto umfassender greifen wir auf unsere eigenen Vorstellungen zurück, um die Lücken zu füllen. Konservative und Linke wissen nicht, was der »Durchschnittsmensch« denkt oder wie Menschen, die nicht an den Wahlen teilgenommen haben, *gewählt hätten*, wenn sie zu den Urnen gegangen wären, daher stützen sie sich auf das, was sie selbst denken. Fragt man sie hingegen, wie ihre Nachbarn, ihre Eltern oder ihre Partner denken, so wird man sehr viel weniger egozentrische Antworten erhalten. Das Linsenproblem wird also umso größer, je weniger wir über andere Menschen wissen.[37] Ausgehend von dieser Einsicht können wir das Problem mit der elektronischen Post und das Problem mit Gott erklären.

Wenden wir uns zunächst dem großen Problem mit der E-Mail zu. Was wir anderen vermitteln, hängt nicht nur davon ab, *was* wir sagen, sondern auch, *wie* wir es sagen. Eine Bemerkung über die »*tolle* Frisur«, »*großartige* Frage« oder »*brillante* Idee« kann der Empfänger abhängig vom Tonfall oder von der Mimik des Sprechers als Kompliment oder als Spott auffassen. Aber diese subtilen Signale landen nicht im Posteingang des Mail-Programms. Zwar kann man E-Mail-Botschaften eher verstehen als einen im Morsecode geklopften Roman, aber obwohl textgestützte Medien wie E-Mail oder Twitter den Inhalt des Gesagten übermitteln, verraten sie dem Empfänger wenig darüber, *wie* es gesagt wurde. Daher ist die Kommunikation per E-Mail mehrdeutig und anfälliger für egozentrische Einflüsse als die Kommunikation von Angesicht zu Angesicht.

Sehen wir uns ein Experiment an, das etwas Licht auf das Linsenproblem in einer derart vieldeutigen Kommunikation wirft. Meine Kollegen und ich baten Freiwillige, zwei verschiedene Sätze zu zehn Themen zu schreiben. Eine dieser Aussagen sollte ernst gemeint, die andere sarkastisch sein.[38] Die Themen dachte ich mir gemeinsam mit meinem Mitarbeiter Justin Kruger aus: Essen, Autos, Kalifornien, Kontaktaufnahme zum anderen Geschlecht, Filme … Anschließend baten wir unsere Freiwilligen, sich mit diesen Aussagen an eine andere Person zu wenden. Einmal wurde eine Botschaft per E-Mail geschickt, ein anderes Mal wurde sie telefonisch übermittelt. Das Ergebnis deckte sich vollkommen mit dem Linsenproblem. Wie aus dem folgenden Schaubild ersichtlich, sagten die Absender voraus, dass sie per E-Mail genauso gut kommunizieren könnten wie telefonisch (in beiden Fällen erwarteten sie eine zu etwa 80 Prozent richtige Übermittlung der Botschaft). Aber die Empfänger der Botschaften verstanden die Absicht des Senders nur richtig, wenn die Kommunikation unmittelbar war, ihnen die Botschaft also telefonisch übermittelt wurde. Lasen sie den Satz in einer E-Mail, war ihre Einschätzung der Absicht des Senders nicht öfter zutreffend, als hätten sie per Münzwurf entschieden, ob die Mitteilung ernst oder sarkastisch gemeint war.

Das Problem unserer Freiwilligen war, dass sie *wussten*, ob ihre Botschaft sarkastisch oder ernst gemeint war. Wenn sie sagten: »*Blues Brothers 2000* – das ist ja mal eine gelungene Fortsetzung«, konnten sie den Sarkasmus in ihrer Stimme unabhängig davon hören, ob sie wirklich sprachen oder die Aussage auf dem Computer tippten. Die Empfänger der Botschaft konnten den Sarkasmus natürlich nur aus den am Telefon gesprochenen Worten eines Sprechers heraushören, nicht jedoch aus den in einer Mail geschriebenen Worten.

Weder den Sendern noch den Empfängern war die Mehrdeutigkeit der Aussagen bewusst. Am Ende des Experiments fragten wir die Empfänger, wie viele der Botschaften sie ihrer Meinung nach richtig gedeutet hatten. Sie glaubten, ihre Sache sehr gut gemacht und – unabhängig davon, ob die Botschaften telefonisch oder per E-Mail übermittelt worden waren – neun von zehn Aussagen richtig gedeutet zu haben. Das veranschaulicht, warum mehrdeutige Medien wie E-Mail, Whatsapp und Twitter ein so guter Nährboden für Missverständnisse sind. Ein Sender bedient sich dieser mehrdeutigen Medien in dem Glauben, klar zu kommunizieren, denn er weiß ja, was er zu sagen *beabsichtigt*, während der Empfänger die Bedeutung unmöglich genau erkennen kann, jedoch sicher ist, die Botschaft richtig gedeutet zu haben. Und beide sind verblüfft darüber, wie dumm die Person auf der anderen Seite sein kann.

Je unklarer der Kontext wird, innerhalb dessen man zu verstehen versucht, was ein anderer Mensch denkt, desto größeren Einfluss hat die eigene Perspektive. Wenn Sie Ihren Kollegen, Ihren Konkurrenten oder Ihr Kind wirklich

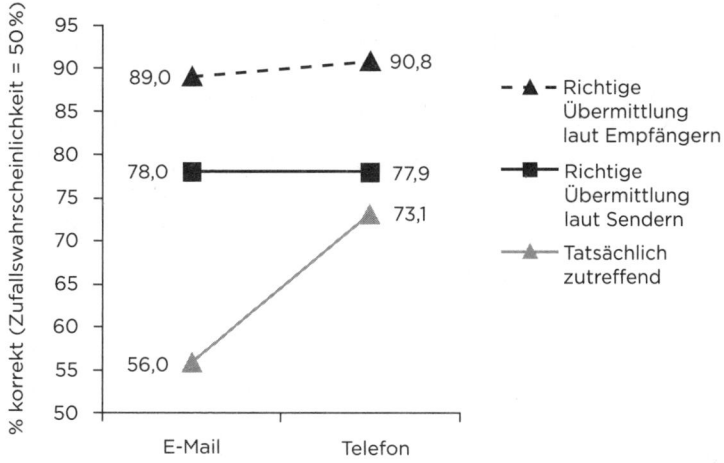

Die Sender übermittelten den Empfängern per E-Mail oder telefonisch ernstgemeinte oder sarkastische Botschaften. Die Empfänger konnten am Telefon besser zwischen Sarkasmus und Ernsthaftigkeit unterscheiden als in E-Mails, aber die Sender nahmen an, die Botschaft über beide Medien gleich gut vermittelt zu haben. Auch die Empfänger glaubten, die Botschaften bei beiden Übermittlungsmethoden gleich gut verstanden zu haben. Insbesondere beim mehrdeutigen Medium E-Mail glaubten sowohl Sender als auch Empfänger, einander sehr viel besser verstanden zu haben, als es tatsächlich der Fall war.

verstehen wollen, sollten Sie sich nicht auf moderne Kommunikationsmittel verlassen, mit denen Sie die Gedanken eines anderen Menschen nur anhand eines modernen Rorschachtests beurteilen können. Twitter gibt anderen keine Möglichkeit, unsere tiefen Gedanken und unsere allgemeine Sichtweise zu verstehen. Es bestätigt ihnen nur, dass wir tatsächlich so dumm sind, wie sie vermutet haben.

Und damit kommen wir zum zweiten Problem: Gott. So wie das Medium, über das wir kommunizieren, kann auch der Gegenstand unserer Überlegungen mehr oder weniger vieldeutig sein. Wir müssen nicht auf unsere eigenen Überzeugungen zurückgreifen, um zu wissen, dass Barack Obama progressiv und George W. Bush konservativ ist. Beide bringen ihre Vorstellungen laut und deutlich zum Ausdruck. Der eine kandidierte für eine progressive, der andere für eine konservative Partei, und andere Leute können uns bestätigen, dass der eine progressiv und der andere konservativ ist. Die Überzeugungen dieser beiden Personen sind relativ eindeutig. Dasselbe gilt für unsere Lebensgefährten, Freunde, Kinder und Nachbarn, die auf die Fragen antworten können, die wir ihnen stellen. Sogar die Allgemeinheit kann in Umfragen ihre Meinung bekunden. Aber je weniger andere willens oder imstande sind, uns Einblick in ihre Gedankenwelt zu geben, desto eher verwandelt sich ihr Verstand in ein unbeschriebenes Blatt, das wir mit unseren eigenen Vorstellungen füllen können.

Und hier kommt Gott ins Spiel. Auf kaum eine Figur nehmen die Gläubigen häufiger Bezug als auf Gott, wenn es um bedeutsame Entscheidungen geht – sei es in moralischen Fragen wie der Homosexuellenehe, der Abtreibung und dem Märtyrertum oder in persönlichen Fragen wie der Karriereplanung oder der Wahl des Lebensgefährten. Das Problem ist, dass Gott nicht an Meinungsumfragen teilnimmt und dass die Bücher, die angeblich Gottes Überzeugungen wiedergeben, von Haus aus offen für unterschiedliche Auslegungen sind. Es werden weiterhin viele Kriege um das geführt, was Gott scheinbar will oder nicht will, wobei alle Beteiligten das Gefühl haben, er stehe auf ihrer Seite. »Beide lesen dieselbe Bibel und beten zum selben Gott«, sagte Abraham Lincoln in seiner Rede bei seinem zweiten Amtsantritt auf dem Höhepunkt des Bürgerkriegs, »und beide flehen ihn um Hilfe im Kampf gegen die andere Seite an. Es mag sonderbar scheinen, dass ein Mann wagt, den Beistand eines gerechten Gottes zu erflehen, um sein Brot aus dem Schweiß des Angesichts anderer Männer zu wringen, aber lasst uns nicht richten, auf dass man nicht über uns richte.« Leider besitzen nur wenige Menschen eine ähnlich ausgeprägte Fähigkeit zur Selbstkritik wie Lincoln. Glaubt Jesus, dass ein untätiger Staat oder ein interventionistischer Staat den Armen besser helfen kann?[39] Verbietet oder erlaubt die Religion die Homosexuellenehe?[40] Wollte Gott, dass ich diese Hypothek bekomme? Will Gott, dass ich reich werde?[41] Lloyd Blankfein, der geschäftsführende Direktor von Goldman Sachs, sagte einmal zu einem Journalisten, er sei einfach ein Bankier, der »Gottes Arbeit macht«.[42] Ich würde sagen, darüber lässt sich streiten.

Wie alle Überzeugungen stammen auch die Vorstellungen von Gottes Willen aus verschiedenen Quellen. In einigen Fragen bezieht die Religion eine klare Position, weshalb die persönlichen Überzeugungen kaum eine Rolle spielen dürften. Schließlich bestimmt die Religion die Grundlagen des Glaubens. Aber dort, wo es Spielraum gibt, verwandelt sich Gott in ein weiteres Beispiel für das Linsenproblem, da wir ihn nach unserem eigenen Abbild erschaffen. Diese Hypothese wurde schon von vielen Denkern aufgestellt. Der vorsokratische Philosoph Xenophanes beschrieb als Erster den religiösen Anthropomorphismus: Ihm fiel auf, dass die griechischen Götter durchweg wallendes Haar und helle Haut hatten, während die afrikanischen Götter einen Lockenschopf hatten und dunkelhäutig waren.[43] Darwin erklärte, dass die Menschen bei der Deutung religiöser Erfahrungen den Geistern ganz selbstverständlich ihre eigenen Leidenschaften und Vorlieben, ihre Rachsucht oder ihren Gerechtigkeitssinn zuschrieben. Bob Dylan verarbeitete diese menschliche Neigung in dem Song »With God on Our Side« musikalisch. Aber wenn man das Linsenproblem berücksichtigt, gelangt man zu einer noch spezifischeren Voraussage. Wenn die religiösen Agenten noch mehrdeutiger sind als andere Menschen, dann besteht die Möglichkeit, dass die Gläubigen bei der Einschätzung von

Gottes Überzeugungen *noch egozentrischer* sind als bei der Einschätzung der Überzeugungen anderer Menschen: Andere Menschen mögen mit mir übereinstimmen, aber Gott ist *wirklich* auf meiner Seite.

Es gibt eine Reihe von Forschungsergebnissen, die diese These stützen, zumindest in Bezug auf die monotheistischen Gottesvorstellungen.[44] Meine Mitarbeiter und ich haben in mehreren Umfragen herausgefunden, dass zwischen den Überzeugungen von Menschen und ihren Annahmen bezüglich der Überzeugungen Gottes eine engere Korrelation besteht als zwischen ihren eigenen Überzeugungen und ihren Annahmen bezüglich der Überzeugungen anderer Menschen. Wenn es um Fragen wie das Recht auf Abtreibung, gleichgeschlechtliche Ehen oder die Todesstrafe geht, sind gläubige Juden und Christen überzeugt, dass sich ihre Vorstellung sehr viel enger mit der Haltung Gottes deckt als mit der Einstellung anderer Menschen. Diese Ergebnisse wurden zwar in Folgeexperimenten bestätigt, aber es handelt sich lediglich um Korrelationen. Die umgekehrte Kausalkette ist gleichermaßen plausibel: Die Menschen glauben, was Gott ihrer Meinung nach glaubt.

Einen überzeugenderen Nachweis hat ein Neuroimaging-Experiment geliefert. Wir unterzogen Freiwillige einem fMRI-Scan und baten sie zu erklären, welches ihre eigenen Überzeugungen, die Überzeugungen Gottes und die Überzeugungen des Durchschnittsamerikaners in Bezug auf verschiedene gesellschaftliche Fragen seien. Wir entdeckten einige klare Unterschiede. Es wurden sehr unterschiedliche Hirnareale aktiviert, wenn sich die Versuchsteilnehmer mit ihren eigenen Überzeugungen und denen der Durchschnittsbevölkerung befassten. Ein ähnliches Muster war zu beobachten, als die Versuchspersonen über die Überzeugungen Gottes und die der Durchschnittsbevölkerung nachdachten. Aber das bemerkenswerteste Ergebnis war, dass die neuronale Aktivität unverändert blieb, wenn unsere Freiwilligen ihre eigenen Überzeugungen mit denen Gottes verglichen. Die Hirnscans zeigten, dass das Gehirn nicht zwischen der Auseinandersetzung mit den eigenen Überzeugungen und Gottes Überzeugungen unterscheidet.

Den stichhaltigsten Beleg für diese Hypothese lieferten jedoch Experimente, in denen wir die persönlichen Überzeugungen unserer Versuchspersonen manipulierten und anschließend maßen, wie sich diese Veränderung auf ihre Einschätzung der Überzeugungen Gottes und anderer Menschen auswirkte. In einem Versuch konfrontierten wir Freiwillige mit schlüssigen Argumenten für oder gegen die positive Diskriminierung. Die Argumente wirkten: Die Versuchsteilnehmer, die Informationen gelesen hatten, die für die positive Diskriminierung sprachen, neigten eher dazu, entsprechende Maßnahmen zu befürworten, während jene Teilnehmer, die Informationen über die Nachteile der positiven Diskriminierung gelesen hatten, eher dazu neigten, sie abzulehnen. Noch wichtiger war, dass sich infolge der Meinungsmanipulation die Vorstellung der Freiwilligen von Gottes Überzeugungen in Einklang mit ihren eigenen veränderte, während sich die Manipulation nicht auf ihre Einschätzung der Überzeugungen anderer Menschen auswirkte. Die Menschen schaffen Gott tatsächlich nach ihrem Bild.

Es mag sein, dass Gott den Menschen moralische Orientierung gibt – aber er scheint die Gläubigen dabei in die Richtung zu lenken, die sie bereits eingeschlagen haben.[45] Diesbezüglich ist Gott nicht magisch, sondern lediglich etwas mehrdeutig. Wenn Kongressabgeordnete bei der Interpretation der Verfassung über die Absichten der Gründerväter oder wenn Politiker über den Willen »des Volkes« sprechen, haben wir es mit einiger Wahrscheinlichkeit mit einer Form von Hellseherei zu tun, die uns mehr über die

Überzeugungen des Redners als über die seines Gegenstands verrät. Doch daraus dürfen wir nicht schließen, dass wir gegenüber den Äußerungen anderer Menschen zynischer sein sollten. Vielmehr sollten wir mehr Demut zeigen, wenn es für uns den Anschein hat, als wären andere Menschen, Götter, Gründerväter oder Juristen auf unserer Seite. Wenn wir ein anderes Bewusstsein nicht kennen, entspringt unsere Überzeugung von seinen Vorstellungen unserem eigenen Bewusstsein.

Mit den Augen des anderen

Oliver Sacks erzählt die Geschichte eines Menschen, der als Erwachsener erblindete, womit er sich in ein Lehrbeispiel für die Egozentrik erwachsener Menschen verwandelte. Sacks beschreibt wissenschaftliche Erkenntnisse über zwei extreme Folgen des Erblindens im Erwachsenenalter: Im einen Fall verliert ein Mensch seine Vorstellungskraft gänzlich, im anderen vervollkommnet er sie derart, dass man überhaupt nicht mehr erkennen kann, dass er blind ist. Angehörige der zweiten Gruppe können oft Dinge tun, die man nie für möglich halten würde: Als Beispiel führt Sacks einen Blinden an, dessen visuelle Vorstellungskraft so ausgeprägt war, dass er ganz allein die Regenrinnen an seinem Giebeldach austauschen konnte. Das verblüffte seine Nachbarn. Wie egozentrisch sie waren, zeigt sich daran, dass sie *doppelt verblüfft* waren, weil der Blinde obendrein in der Nacht auf dem Dach arbeiten konnte! Diese doppelte Verblüffung löst sich erst auf, wenn man sich in einen Blinden hineinversetzt, der ja – im Gegensatz zu uns selbst – immer in völliger Dunkelheit arbeitet.

Dass sie eine egozentrische Grundeinstellung überwinden müssen, wird Menschen manchmal erst bewusst, wenn es bereits zu spät ist. Im Jahr 1628 sank vor Stockholm das großartigste Kriegsschiff seiner Zeit, die *Vasa*, wenige Minuten nach Beginn ihrer Jungfernfahrt. Dreißig Seeleute starben, und die schwedische Nation war blamiert. Das Schiff war von zwei verschiedenen Trupps von Zimmermännern – einem schwedischen und einem niederländischen – gebaut worden, die verschiedene Maßstäbe angewandt hatten. Im schwedischen System hatte der Fuß zwölf Zoll, im niederländischen nur elf. Die beiden Trupps verwendeten dieselben Konstruktionspläne, aber unterschiedliche Lineale und bauten ein Schiff, das auf der einen Seite deutlich mehr Holz enthielt als auf der anderen. So kam es, dass die *Vasa* sich in dem Moment, als der Wind auf der leichteren Seite die Segel blähte, zur Seite neigte. Anscheinend war niemand auf den Gedanken gekommen, dass »ein Fuß« an Backbord etwas anderes bedeuten konnte als auf der Steuerbordseite.[46]

Manchmal ist unübersehbar, dass wir unseren eigenen Blickpunkt korrigieren müssen, aber unsere Fähigkeit zur Korrektur hängt von der Ursache des Problems ab. Ich habe zwei Formen von egozentrischen Irrtümern beschrieben: Die eine beruht auf Unterschieden in der Wahrnehmung (das »Halsproblem«), die andere auf Unterschieden in der Interpretation (das »Linsenproblem«). Die bisher vorliegenden Forschungsergebnisse deuten darauf hin, dass das Halsproblem leichter zu lösen ist als das Linsenproblem.

Rufen wir uns die Studien über die Überschätzung der eigenen Rolle in Erinnerung. Wenn diese Version des Halsproblems auftritt, übernehmen wir einen unrealistisch großen Teil der Verantwortung für die Aktivitäten einer Gruppe, weil uns unsere eigenen Beiträge deutlicher bewusst sind als die anderer. Dieses Problem ist relativ einfach zu lösen. Wir müssen lediglich unsere Aufmerksamkeit auf andere

Personen verlagern – in diesem Fall müssen wir darüber nachdenken, welche Beiträge andere Mitglieder der Gruppe geleistet haben. Erinnern Sie sich an die MBA-Studenten in Harvard, die umso größere Beiträge für sich beanspruchten, je größer ihre Studiengruppe wurde? In diesem Versuch gab es noch eine weitere Bedingung: Ein Teil der Studenten hielt schriftlich fest, welche Beiträge zur Gruppenarbeit die anderen Mitglieder geleistet hatten; erst danach stuften diese Teilnehmer ihre eigenen Beiträge ein. Das Ergebnis waren sehr viel realistischere Einschätzungen. Ashley Todd hätte das B nicht spiegelverkehrt in ihre Wange geschnitten, wenn sie sich einen Augenblick Zeit genommen hätte, um über den Blickpunkt eines Zuschauers nachzudenken. Die *Vasa* wäre nicht gesunken, hätten die Zimmermänner innegehalten, um ihre Maßstäbe mit denen ihrer Kollegen zu vergleichen. Und wir können unsere Angst vor dem sozialen Rampenlicht verringern, indem wir uns vor Augen halten, dass sich andere Menschen mit vielen Dingen, aber kaum mit uns beschäftigen.[47]

Das Linsenproblem, das auftritt, wenn zwei Menschen dasselbe wahrnehmen, es jedoch unterschiedlich interpretieren, ist sehr viel schwerer zu lösen. Vermutlich kennen Sie einen klugen Spruch wie diesen: Man kann einen anderen Menschen erst beurteilen, wenn man eine Meile in seinen Schuhen gelaufen ist. Derartige Weisheiten bekommen wir nicht nur zu hören, weil sie wahr sind, sondern vor allem, weil sie immer wieder missachtet werden: von den Reichen, die die Armen für faul und unfähig halten, von den Nüchternen, in deren Augen die Drogensüchtigen schwach und unmoralisch sind, und von den Glücklichen, die nicht verstehen können, warum sich Menschen, die unter Depressionen leiden, nicht »einfach aufraffen«. Wenn in einer Schule oder einem Kino jemand ohne Grund um sich schießt, denken sich Befürworter des Rechts auf Waffenbesitz: Wäre *ich* dort gewesen und hätte meine Waffe bei mir gehabt, so wäre ich (anders als viele Soldaten im Krieg) nicht in Panik geraten, sondern hätte ganz ruhig meine Pistole gezogen und den Bösewicht über den Haufen geschossen, ohne mit der Wimper zu zucken. Mark Wahlberg, ein Schauspieler, dessen Ruf als harter Kerl zu der Rolle des Profiboxers passt, den er in *The Fighter* spielte, hatte einen Platz in einem der gekaperten Flugzeuge gebucht, die am 11. September 2001 ins World Trade Center rasten, dann jedoch seinen Flug verpasst. Jahre später sagte er in der entspannten Atmosphäre eines Interviews, er hätte mit Sicherheit gehandelt, wenn er an Bord gewesen wäre: »Hätte ich mit meinen Kindern in diesem Flugzeug gesessen, so hätte es nicht so geendet. In dieser Erste-Klasse-Kabine wäre viel Blut geflossen, und dann hätte ich gesagt: ›In Ordnung, wir werden irgendwo sicher landen, seien Sie unbesorgt.‹«[48] Das Verhalten von Menschen zu beurteilen, ohne je in ihrer Haut gesteckt zu haben, scheint ein beliebter Zeitvertreib zu sein.

Es genügt nicht, sich einfach mehr zu bemühen, die Welt mit den Augen anderer Menschen zu betrachten und darauf zu hoffen, dass man sie auf diese Art besser verstehen wird. Denn wir können die Linse, die unser Verständnis verzerrt, oft nicht sehen. Die Lebensmittelforscher bei Clorox bemühten sich sehr, sich in die Lage der Konsumenten zu versetzen, aber sie konnten einfach nicht sehen, dass sich die Kenntnis des Geschmacks der Originalrezeptur auf ihre Beurteilung der Alternativen auswirkte. Einen Beleg für diese These liefert das Experiment, in dem wir Freiwillige fotografierten und um Voraussagen dazu baten, wie andere Personen ihre Attraktivität beurteilen würden. In einer weiteren Versuchsreihe schufen wir eine andere Bedingung: Wir baten die Freiwilligen, sich in die Lage des Beobachters zu versetzen, und wiesen sie darauf hin, dass der Beobachter ihr Bild möglicherweise anders sehen werde als sie. Aber dass sie sich bewusst die Sichtweise eines anderen aneigneten, änderte nichts am Linsenproblem und erhöhte die Genauigkeit der Voraussagen nicht im Geringsten.

Trotzdem kann man leicht glauben, die Lösung des Linsenproblems sei einfacher, als sie tatsächlich ist. Beispielsweise besteht Folter gemäß der von den meisten entwickelten Ländern akzeptierten rechtlichen Definition in jeder Handlung, »durch die einer Person vorsätzlich große körperliche oder seelische Schmerzen zugefügt werden«. Hier wird angenommen, dass diejenigen, die für die Definition der Folter verantwortlich sind, in der Lage sein werden, Erfahrungen zu beurteilen, die sie nie gemacht haben. Die meisten Menschen sind intuitiv überzeugt, dieser Aufgabe gewachsen zu sein. Ein Beispiel: Die Kongressabgeordnete Michele Bachmann musste sich selbst nie einem Waterboarding unterziehen, glaubte die Praxis jedoch gut genug einschätzen zu können, um zu erklären, es handle sich dabei nicht um eine Folter. Sie ist nicht allein mit dieser Einschätzung. Wer es nie am eigenen Leib erfahren hat, wird die Vorstellung, auf dem Rücken zu liegen, während jemand Wasser über sein mit einem Tuch bedecktes Gesicht gießt, wahrscheinlich nicht allzu schlimm finden. Schließlich stehen wir jeden Tag unter der Dusche.

Der Radiomoderator Erich »Mancow« Muller aus Chicago war ebenfalls der Meinung, das Waterboarding könne nicht allzu schlimm sein und erfülle keineswegs den Tatbestand der Folter – bis er diese Methode in seiner Radiosendung am eigenen Leib erfuhr. »Der Durchschnittsmensch hält es 15 Sekunden aus«, erklärte Sergeant Clay South von der Marine, bevor er Muller der Prozedur unterzog, »dann beginnt er zu zucken und zu schreien und wird sich wünschen, nie in diese Lage geraten zu sein.« Der Offizier täuschte sich: Mancow hielt es nur sieben Sekunden aus. »Es war viel schlimmer, als ich gedacht hatte, und das ist kein Scherz«, sagte er nachher. »Es ist ein quälendes Gefühl, wenn dir mit zurückgelegtem Kopf Wasser in die Nase gegossen wird ... Es stellte sich augenblicklich ein ... und ich möchte das nicht sagen, aber es ist zweifellos eine Folter.«[49]

Sosehr wir uns auch bemühen, dieses Linsenproblem zu bewältigen und uns Waterboarding oder Schlafentzug oder jahrelange Isolationshaft vorzustellen – wir können unmöglich verstehen, wie wir eine Situation erleben würden, die sich vollkommen von unserer eigenen unterscheidet. Wir alle können *anderen* Leuten Vorträge darüber halten, wie gefährlich es ist, Urteile über andere zu fällen, ohne sich in ihre Lage versetzt zu haben – aber wir selbst übersehen diese Gefahr sehr leicht, wenn wir dasselbe tun. Wir können das Linsenproblem nicht lösen, indem wir uns verstärkt darum bemühen, uns in die Lage anderer Menschen zu versetzen. Um es zu lösen, müssen wir uns tatsächlich in dieser Lage *befinden* oder eine Beschreibung aus dem Mund eines Menschen hören, der in dieser Lage gewesen ist. Die Richter müssen möglicherweise den radikalen Schritt tun, eine Praxis, die sie beurteilen sollen, am eigenen Leib zu erfahren, um sie richtig einschätzen zu können.

* * *

Die Vorstellungswelt anderer Menschen kann ein unbeschriebenes Blatt sein, auf das wir unsere eigenen Vorstellungen projizieren, aber das Bild, das wir uns von den Gedanken anderer machen, kann schärfer werden, wenn wir mehr über sie erfahren. Diese anderen sind Lehrer, Priester oder Politiker, sie sind progressiv oder konservativ, reich oder arm, schwarz oder weiß, männlich oder weiblich. Diese sichtbare Identität verrät uns etwas über das unsichtbare Bewusstsein eines Menschen. Seine Identität kann unserer eigenen entsprechen, was darauf hindeutet, dass er ähnlich denken wird wie wir. Aber Menschen können eine andere Identität als Sie und ich haben, was darauf hindeutet, dass sie auch anderes denken. Wenn wir mehr über einen anderen Menschen erfahren, beginnen wir andere Werkzeuge zu verwenden, um ihn zu verstehen. Linke ziehen ihre eigenen Überzeugungen heran, um zu verstehen, was andere Linke denken, aber um Vermutungen darüber anzustellen, was ein Konservativer denkt, verwenden sie das, was sie über Konservative wissen. Atheisten können ihre eigenen Überzeugungen heranziehen, um zu verstehen, was andere Atheisten denken, aber sie werden ihr Wissen über den Islam nutzen, um sich eine Vorstellung davon zu machen, was ein Muslim denkt. In den fünfziger Jahren wurden 4000 Arbeiter und Manager in einer großen Fabrik um Angaben dazu gebeten, wie wichtig ihnen verschiedene Motivationsquellen am Arbeitsplatz waren. Die Manager wurden außerdem gebeten, die Gedanken der Arbeiter zu lesen und vorauszusagen, wie ihre Untergebenen die verschiedenen Leistungsanreize einstufen würden.[50] Manager und Arbeiter maßen den grundlegenden Leistungsanreizen ganz ähnliche Bedeutung bei (die Korrelation zwischen ihren Angaben war mit 0,76 sehr hoch). Aber als die Manager vorhersagten, was den Arbeitern ihrer Meinung nach wichtig war, stellte sich heraus, dass sie in ihren Untergebenen beinahe Angehörige einer anderen Spezies sahen. Es gab fast keine Korrelation zwischen den Anreizen, die ihnen persönlich wichtig waren, und denen, die ihrer Meinung nach für die Arbeiter wichtig waren (die Korrelation war mit 0,5 nicht signifikant höher als bei zufälliger Auswahl).

Diese Beobachtung lässt sich wiederholen.[51] Haben *sie* sich einmal in eine Gruppe verwandelt, ist nicht mehr so relevant, was *ich* denke. Die vorliegenden Forschungsergebnisse zeigen: Wenn wir feststellen, dass jemand einer anderen Gruppe als wir angehört, lassen wir unsere Egozentrik fallen und greifen auf ein Stereotyp zurück, um uns ein Bild von den Gedanken dieser Person zu machen.

Dieser Wechsel des Werkzeugs ist durchaus vernünftig. So wie ein Tischler, der eine Nagelspitze sieht, instinktiv nach einem Hammer greift, diesen jedoch wieder weglegt und durch einen Schraubenzieher ersetzt, sobald ein Gewinde zum Vorschein kommt, greifen wir auf unser Wissen über eine Gruppe zurück, wenn wir ein Urteil über ein Mitglied dieser Gruppe fällen. Aber in der modernen Gesellschaft wird über Stereotype im selben Tonfall gesprochen wie über Krebs oder Cholesterin: Diese mentalen Werkzeuge werden nur von den Voreingenommenen oder Unwissenden verwendet, weshalb man darauf verzichten sollte. Doch bei einer wissenschaftlichen Prüfung erweist sich eine derart kategorische Ablehnung als zu extrem: Stereotype liefern uns im Normalfall durchaus nützliche Hinweise darauf, was im Kopf anderer Menschen vorgeht, und ermöglichen uns ein besseres Verständnis, als wir ohne sie haben können. Aber wie die Egozentrik führt auch die Betrachtung anderer durch eine Stereotypenlinse zu vorhersehbaren Fehlern. Wie ich im folgenden Kapitel zeigen werde, sind mindestens drei vorhersehbare Irrtümer die Folge.

6

Gebrauch und Missbrauch von Stereotypen

Stereotype: Wir alle leben und arbeiten auf einem kleinen Flecken der Erdoberfläche, wir bewegen uns in einem kleinen Kreis und kennen von den uns vertrauten Menschen nur wenige richtig. [...] Unsere Meinungen beziehen sich zwangsläufig auf einen größeren Raum, eine längere Zeit, eine größere Zahl von Dingen, als wir direkt beobachten können. Daher müssen sie aus dem zusammengesetzt werden, was andere berichtet haben und was wir uns vorstellen können.

Walter Lippmann (1922), der den Begriff
»Stereotyp« erstmals zur Beschreibung des
sozialen Denkens verwendete. Ursprünglich
bezeichnet der Begriff ein Duplikat für eine
Druckplatte.

Es heißt, wir leben in einer geteilten Welt. In einer nach politischen und religiösen Bekenntnissen, nach Ethnien und Geschlechtern, nach sozialen und Bildungsschichten geteilten Welt, in der die Nationen durch Grenzen voneinander getrennt sind. Die meisten von uns haben noch nie ein Gespräch mit einem Obdachlosen geführt oder mit einem radikalen Muslim an einem Tisch gesessen. Mit an Sicherheit grenzender Wahrscheinlichkeit haben Sie noch nie eine Woche damit verbracht, die Meinungen Tausender Menschen aus allen politischen Lagern zu sammeln, um sich ein Bild von ihren tatsächlichen Überzeugungen zu machen. Aber dass wir kaum oder überhaupt keinen direkten Kontakt zu manchen Menschen haben, führt nur selten dazu, dass wir nichts über sie wissen. Unsere Meinungen darüber, was in anderen Menschen vorgeht, umfassen einen sehr viel größeren »Raum« als den unserer direkten Beobachtungen und werden in unserer Vorstellung aus dem zusammengefügt, was wir über andere gelesen und gehört haben. Wie malen wir uns aus, was in den Köpfen dieser fernen und relativ unbekannten anderen vorgeht, und wie zutreffend ist das Bild, das wir uns von ihnen machen?

Beginnen wir mit zwei Beispielen für eine anscheinend unüberbrückbare Kluft: Wohlstand und Politik. Rund um den Erdball nimmt die ungleiche Verteilung des Wohlstands zu: Die Reichen werden immer reicher, die Armen treten auf der Stelle. Diese Wohlstandskluft erzeugt auch einen Graben zwischen den Verfechtern der Gleichheit und den Anhängern der Meritokratie. In aller Welt prangern linke Politiker die wachsende Kluft zwischen Reich und Arm an und fordern höhere Steuern für die Reichen, um das Gleichgewicht wiederherzustellen. Auf der anderen Seite beklagen sich konservative Politiker über die unfaire steuerliche Belastung der Tüchtigsten und fordern freie Märkte mit niedrigeren Steuern, um die wirtschaftlichen Bedingungen für alle zu verbessern. Die Wortmeldungen der unversöhnlichen Verfechter beider Thesen machen Diskussionen im Fernsehen zu einem Spektakel und lähmen die Politik. Aber zeichnen sie ein zutreffendes Bild von den wirklichen Überzeugungen von Linken und Konservativen?

Um das herauszufinden, maßen zwei Psychologen die Kluft zwischen diesen beiden Standpunkten, indem sie 1000 zufällig ausgewählte Amerikaner nach ihrer Einstellung zur Verteilung des Wohlstands fragten.[1] Zuerst legten sie den Befragten drei Tortendiagramme vor, in denen hypothetische Länder mit einer unterschiedlich ausgeprägten Einkommensungleichheit dargestellt waren: völlige Gleichheit (Schaubild A), partielle Ungleichheit (Schaubild B) und ausgeprägte Ungleichheit (Schaubild C). Den Befragten wurden jeweils zwei Länder gezeigt. Sie sollten angeben, in welchem der beiden sie lieber leben würden, wenn sie nach dem Zufallsprinzip einem der fünf Quintile (reichste 20 Prozent bis ärmste 20 Prozent) zugeteilt würden. Ein Land A, in dem absolute Gleichheit herrscht, gibt es nicht, weshalb wir uns auf die beiden realistischen Länder B und C beschränken können. Sehen wir uns die Abbildung an: In welchem der beiden Länder würden Sie abhängig davon, welchem Quintil Sie zufällig zugeteilt würden, lieber leben?

Und wie denken andere Leute? Wie viel Prozent der Personen, die bei der letzten amerikanischen Präsidentschaftswahl einem relativ progressiven Politiker ihre Stimme gaben (die demokratischen Wähler), würden die ausgewogenere Verteilung des Wohlstands in Land B vorziehen? Und wie sieht es mit denen aus, die einen relativ konservativen Politiker wählten (republikanische Wähler)? Wie viele von ihnen würden das Land B bevorzugen?

Wenn Sie das Land B mit seiner ausgewogenen Verteilung des Wohlstands dem Land C mit dem ungleich verteilten Wohlstand vorziehen, haben Sie dieselbe Präferenz wie 92 Prozent der im Rahmen dieser Studie befragten Amerikaner. Fast niemand wünscht sich eine extrem ungleiche Verteilung des Wohlstands.[2] Und wenn Sie der Meinung sind, dass der Prozentsatz der Befragten, die das Land B vorzogen, unter den demokratischen Wählern höher war als unter den republikanischen Wählern, haben Sie vollkommen recht. Sie können den Stereotypen über Linke und Rechte vertrauten. Diesbezüglich treffen sie zu.

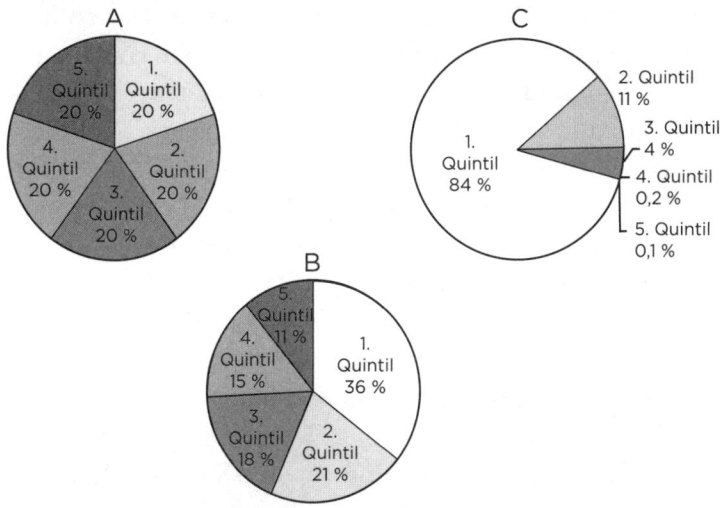

Die Tortendiagramme stellen die Verteilung des Vermögens in drei Ländern dar. Sie zeigen, welchen Teil des Vermögens die einzelnen Quintile der Bevölkerung (reichste 20 % bis ärmste 20 %) im jeweiligen Land besitzen. Land A ist ein hypothetischer Fall, aber eine Verteilung des Wohlstands wie in Land B und Land C gibt es tatsächlich.

Ihre Stereotype werden Ihnen auch in anderer Hinsicht den richtigen Weg weisen. In dieser Studie gaben die relativ Armen (die weniger als 50 000 Dollar im Jahr verdienten) eher einer ausgewogeneren Verteilung des Wohlstands den Vorzug als die relativ Reichen (die mehr als 100 000 Dollar im Jahr verdienten). Frauen bevorzugten eher eine ausgewogene Verteilung als Männer.[3] Keines dieser Ergebnisse überrascht. Jeder Mensch wird zumindest teilweise von seinem Eigeninteresse motiviert, und daher bevorzugen die Armen eher eine ausgewogenere Verteilung des Reichtums als die Reichen. Frauen gelten anscheinend aus guten Gründen als das fairere Geschlecht. Auch hier helfen uns die Stereotype, die unterschiedlichen Einstellungen richtig einzuschätzen.

Unsere Stereotype erweisen sich also durchaus als zutreffend, wenn es darum geht, den *wesentlichen Unterschied* zwischen zwei Gruppen zu ermitteln. Aber sie können uns in die Irre führen, was das *Ausmaß dieses Unterschieds* betrifft. Linke wünschen sich eine ausgewogenere Verteilung des Wohlstands als Rechte, aber in welchem Umfang? Wenn Sie glauben, der Unterschied sei erheblich, liegen Sie vollkommen falsch: Die demokratischen und republikanischen Wähler wichen nur um 3,5 Prozent voneinander ab. Aber wenn Sie der Ansicht waren, die politische Kluft sei sehr viel größer, sind Sie keineswegs allein. Als ich mit einem Online-Fragebogen eine Umfrage unter 481 Amerikanern machte, gingen sie von einer 35-prozentigen Differenz zwischen demokratischen und republikanischen Wählern in dieser Angelegenheit aus. Die Befragten schätzten das Wesen der Differenz richtig ein, überschätzten ihr Ausmaß jedoch um das Zehnfache.[4] Genau dasselbe Bild zeigte sich, als es um die Präferenzen von Reichen und Armen ging. Auch hier erkannten die von mir befragten Personen den wesentlichen Unterschied zwischen den Präferenzen, schätzten sein Ausmaß allerdings völlig falsch ein: Sie erwarteten eine Differenz von 40 Prozent zwischen Armen und Reichen, während die tatsächliche Differenz nur 3 Prozent betrug. Etwas besser beurteilten die Befragten das Ausmaß der unterschiedlichen Einschätzungen von Männern und Frauen, obwohl sie auch hier eine Abweichung von 12 Prozent prognostizierten, während sie tatsächlich nur bei 2 Prozent lag.

Die Teilnehmer an meiner Umfrage mussten genauso wenig wie Sie losgehen und mit Konservativen oder Linken, Reichen oder Armen, Männern oder Frauen sprechen, um Vermutungen bezüglich ihrer Überzeugungen anstellen zu können. Sie hatten bereits einen Eindruck von der Meinung dieser Menschen. Dieser Eindruck ist ein Stereotyp, das heißt »eine Reihe von Überzeugungen bezüglich der persönlichen Merkmale einer Gruppe«.[5] Ein solcher Eindruck kommt nicht aus dem Nichts. Er ist das Ergebnis der Versuche des Verstands, die verwirrenden Informationen, die wir in einer komplizierten Welt erhalten, zu verallgemeinern und Tendenzen daraus abzuleiten. Wir verwenden sowohl unsere eigenen Beobachtungen als auch die anderer, um auf das Denken anderer Menschen zu schließen. Das stereotype Bild, das wir uns von Linken und Rechten, Reichen und Armen sowie Männern und Frauen machen, enthält ein Stück Wahrheit – in diesem Fall hilft es uns, das Wesen ihrer unterschiedlichen Vorstellungen richtig einzuschätzen. Aber die Stereotype enthalten auch vorhersehbare Fehler – in diesem Fall verleiten sie uns dazu, das Ausmaß der Unterschiede erheblich zu überschätzen.

Verbreitete Stereotype haben oft diesen doppelten Effekt. Einerseits bringen sie uns dem Verstand einer anderen Person näher, da sie mit einer Genauigkeit, die größer als bei einer zufälligen Beurteilung ist, Aufschluss über durchschnittliche Merkmale ihrer Gruppe geben. Andererseits produzieren sie auch vorhersehbare Fehler. Um das komplexe Wechselspiel zwischen Genauigkeit und Fehleranfälligkeit richtig verstehen zu können, müssen wir uns zunächst ansehen, wie beeindruckend unser Gehirn mit Stereotypen funktionieren *könnte*, wenn Menschen Kreise wären.

Warum wir überall Durchschnittstypen sehen

Sehen Sie sich erst die Kreise links auf der nächsten Seite an. Anschließend sehen Sie sich den Testkreis rechts an.

In einem Experiment, in dem es vorgeblich darum ging, das Sehvermögen der Versuchspersonen zu testen, zeigten

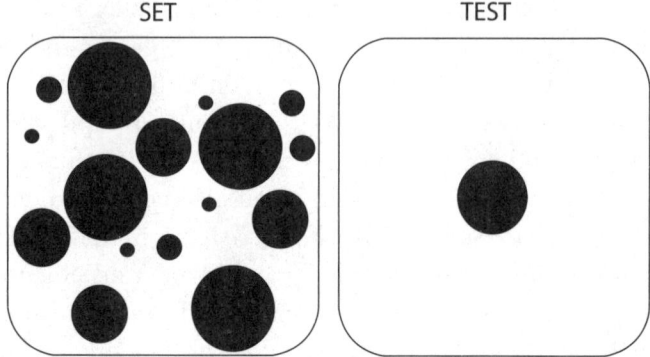

Forscher den Freiwilligen Bilder, aber nicht nebeneinander, sondern eins nach dem anderen: zuerst eine Gruppe von Kreisen wie die im linken Bild und danach einen einzelnen Kreis wie den rechts.[6] Anschließend wurden die Versuchspersonen gefragt, ob der einzelne Kreis auch Bestandteil der Gruppe von Kreisen sei, die man ihnen zuvor gezeigt hatte. Nachdem die Forscher diese Übung viele Male (sehr viele Male) mit unterschiedlich vielen Kreisen variierender Größe wiederholt hatten,[7] gelangten sie zu zwei Ergebnissen. Das eine war unspektakulär, das andere wirklich faszinierend.

Zunächst die unspektakuläre Erkenntnis: Dieser Test ist wirklich schwierig! Die Freiwilligen waren außerstande zu sagen, ob sie einen einzelnen Kreis zuvor bereits auf dem Gruppenbild gesehen hatten. Wenn man gerade eine große Gruppe vor Augen hatte, ist es fast unmöglich, sich an ihre einzelnen Bestandteile zu erinnern. Jeder, der schon einmal vor einem großen Publikum gesprochen hat oder durch eine belebte Fußgängerzone gegangen ist, kann das bestätigen. In großen Gruppen werden Individuen fast unsichtbar. Und was für Menschen gilt, zeigt sich in diesem Experiment auch deutlich bei Kreisen.[8]

Doch nun zum faszinierenden Ergebnis: Die Fehler in

diesem Test können nahezu perfekt vorausgesagt werden. Der Grund dafür ist die Brillanz des menschlichen Gehirns. In der Abbildung links ist der einzelne rechte Kreis kein Bestandteil der links abgebildeten Gruppe. Aber fast alle Versuchspersonen meinten, er befinde sich in der Gruppe. Der Grund für diesen konsistent zu beobachtenden Fehler ist, dass der Kreis im rechten Bild die *Durchschnittsgröße* der Kreise im linken Bild hat. Wenn ein Mensch eine Gruppe betrachtet, beurteilt sein Verstand nicht ihre individuellen Bestandteile, sondern die Gruppe als Ganzes. Während Sie sich also die Gruppe von Kreisen anschauten, war Ihr Gehirn damit beschäftigt, in weniger als einer halben Sekunde den durchschnittlichen Durchmesser der Kreise zu berechnen und in Ihrem Gedächtnis zu speichern. Dazu brauchte Ihr Verstand keine statistische Ausbildung, keine mathematischen Formeln, keine Google-Suche. Ihr Gedächtnis mag fehlerhaft sein, aber es ist nicht dumm.[9]

Der Verstand eines anderen Menschen ist komplizierter als Kreise, aber diese Forschungsergebnisse liefern eine wichtige Erkenntnis dazu, wie wir über beliebige Gruppen denken. Anstatt uns an präzise Details zu erinnern, extrahieren wir die wesentliche Information. Das »Wesentliche« einer Gruppe sind nicht die Merkmale ihrer einzelnen Bestandteile, sondern die durchschnittlichen Merkmale all ihrer Bestandteile. Das gilt auch für Menschen. Wenn wir eine Gruppe von Personen sehen, deren Mitglieder verschiedene Emotionen zeigen, wird es uns nach Erkenntnissen der Forscher wahrscheinlich sehr schwerfallen, uns an irgendein Individuum aus dieser Gruppe zu erinnern, während wir ein durchaus zutreffendes Bild von der allgemeinen Stimmung dieser Menschenmenge haben werden.[10] Das ist zweifellos eine für die Anpassung nötige Fähigkeit. Ein Organismus, der nicht imstande ist zu lernen, dass Tiger im Allgemeinen gefährlich sind, Tigerlilien hingegen nicht, würde sich in dieser gefährlichen Welt kaum behaupten können. Ein Mensch, der es nicht schafft, sich eine zutreffende allgemeine Vorstellung davon zu machen, was andere tun, denken, glauben, fühlen oder wollen – das heißt eine Vorstellung von den sozialen Normen der Gesellschaft als Ganzes –, könnte sich in unserer sozialen Welt kaum behaupten.

Auf den Boden der Tatsachen geholt

Der Kreistest liefert ein ausgezeichnetes Beispiel dafür, wie gut unser Gehirn Gruppen unter idealen Bedingungen verstehen kann. Und er liefert einen Hinweis darauf, wie die realen von den idealen Bedingungen abweichen. Im Kreistest ist jeder Bestandteil der Gruppe deutlich sichtbar. Wir müssen keine Kreise bewerten, die wir in der Vergangenheit gesehen oder von denen wir aus den Nachrichten erfahren haben. Es fehlen keine Kreise, weil sie draußen eine Zigarettenpause machen, und unsere Aufmerksamkeit wird nicht von attraktiven Kreisen gefesselt, was uns daran hindern könnte, die unattraktiven zu bemerken. Und alle Kreise sind vollkommen ehrlich. Keiner von ihnen verstellt sich, um uns zu beeindrucken, keiner zieht den Bauch ein, damit uns sein Übergewicht nicht auffällt. Es wird auch nicht von uns verlangt, unsichtbare Merkmale der Kreise wie ihre Gefühle, Absichten, Überzeugungen oder Einstellungen zu beurteilen. Wenn wir die Realität vollkommen klar vor Augen haben, ist unser Verstand ein brillanter Statistiker.

Im wirklichen Leben herrschen nie derart ideale Bedingungen. Aber die Realität gibt uns durchaus Hinweise. Viele Forscher haben die Aussagekraft von Stereotypen gemessen, indem sie Gruppen von Personen um Urteile über verifizierbare Merkmale anderer Personengruppen gebeten und diese Urteile anschließend mit realen Werten verglichen haben. Ihre Ergebnisse besagen, dass die Aussagekraft von Stereotypen variiert. Es ist wie bei einem Baseballspieler, der gegen ausgezeichnete Werfer antritt: Er wird den Ball manchmal treffen und manchmal verfehlen, wobei seine Trefferquote abhängig von der Qualität der Werfer schwanken wird.

Ein aufschlussreiches Beispiel betrifft Stereotype, die ihre Faszination nie verlieren: unsere Vorstellung von den Unterschieden zwischen Mann und Frau. Im konkreten Fall wurde eine große Gruppe von 139 Studenten und 162 Studentinnen gebeten, die Meinungen von Männern und Frauen zu Themen der General Social Survey einzuschätzen.[11] In dieser Umfrage, die seit 1972 alljährlich unter mehreren Tausend zufällig ausgewählten Bürgern durchgeführt wird, um »den Puls Amerikas zu messen«, geht es unter anderem darum, ob Arbeitgeber ihren Beschäftigten nach der Geburt eines Kindes einen bezahlten Elternurlaub zugestehen sollten, inwieweit die Befragten eine staatliche Regulierung der Wirtschaft und Sozialwohnungen für Arme befürworten und ob sie glauben, dass »der Mann das Familieneinkommen verdienen und die Frau für das Haus und die Kinder sorgen sollte«. Nun baten die Forscher ihre Freiwilligen um Annahmen dazu, wie viel Prozent der Männer und Frauen welche der verschiedenen möglichen Antworten geben würden.

Wären unsere stereotypen Vorstellungen über die Denkweise von Männern und Frauen fehlerfrei, so entsprächen die angenommenen Prozentsätze den tatsächlichen vollkommen – man erhielte eine Korrelation von 1. Wären die Stereotype vollkommen unzutreffend, so gäbe es keine Beziehung zwischen angenommenen und tatsächlichen Prozentsätzen, womit die Korrelation bei 0 läge. Tatsächlich deuteten die Korrelationen auf durchaus zutreffende Vorstellungen hin – in Bezug auf die Meinungen der Männer lag die Korrelation zwischen angenommenen und tatsächlichen Einstellungen bei 0,50, in Bezug auf die Meinungen der Frauen bei 0,58. Männer und Frauen gaben also im Allgemeinen Antworten, die ihrer Geschlechterrolle entsprachen, wobei Männer eher eine Einstellung zeigten, die Wettbewerb und Meritokratie in den Mittelpunkt rückte, während Frauen eher eine kooperative und egalitäre Einstellung an den Tag legten. Doch diese zutreffenden Vorstellungen mischten sich mit systematischen Fehlern. Die Studentinnen neigten dazu, die Männer als sexistischer einzuschätzen, als sie tatsächlich waren, und übertrieben die Unterschiede zwischen Männern und Frauen bei den Fragen, die nach allgemeiner Einschätzung die Geschlechter spalten.

Normalerweise ergibt sich ein solches gemischtes Bild. Stereotype sind selten vollkommen zutreffend oder vollkommen unzutreffend. Sie weisen zahllose Abstufungen auf und variieren zwischen einem richtigen Bild von den durchschnittlichen Eigenschaften einer Gruppe und unsinnigen Vorstellungen. Die interessante Frage ist nicht, warum viele Stereotype über die Unterschiede zwischen Gruppen durchaus zutreffende Vorstellungen enthalten. Der Kreistest liefert eine gute Erklärung dafür: Einen Teil der echten Unterschiede zwischen allen Gruppen kann man direkt beobachten, die Erinnerung leitet daraus einen Mittelwert ab – und schon hat man das Stereotyp. Aber angesichts des exakt berechneten Mittelwerts im Kreistest stellt sich eine interessantere Frage: Woran liegt es, dass die stereotypen Vorstellungen über Personengruppen nicht so zutreffend sind, wie sie sein könnten? Der brillante Statistiker in unserem Kopf kann mühelos in einer halben Sekunde die durchschnittlichen Eigenschaften geometrischer Formen berechnen. Was führt ihn in die Irre, wenn wir über andere Menschen nachdenken?

Die Kurzfassung der Antwort lautet, dass wir in einer »boshaften Umwelt« leben, wie es der Entscheidungsforscher Robin Hogarth ausdrückt.[12] Diese boshafte Umwelt liefert unserem brillanten Statistiker unvollständige Daten. Insbesondere drei »boshafte« Faktoren sind verantwortlich dafür, dass unsere Stereotype nicht immer zutreffen: 1. Wir erhalten zu wenig Information. 2. Wir definieren Gruppen aufgrund ihrer Unterschiede. 3. Wir können die wirklichen Gründe für die Unterschiede zwischen Gruppen nicht direkt beobachten.

Zu viele Schlussfolgerungen auf der Grundlage von zu wenig Information

Brillante Statistiker können in eine peinliche Lage geraten, wenn sie sich bei einer Analyse auf unvollständige Daten stützen. Vier Tage vor der amerikanischen Präsidentenwahl im Jahr 1936 prognostizierte *Literary Digest* gestützt auf eine Umfrage unter 2,4 Millionen Wahlberechtigten einen Erdrutschsieg für den Republikaner Alfred Landon über den Demokraten Franklin D. Roosevelt. Es wurde tatsächlich ein Erdrutschsieg, einer der größten in der Geschichte der amerikanischen Demokratie. Nur hieß der Sieger nicht Alfred Landon: Der vermeintliche Triumphator gewann lediglich zwei Staaten und erhielt so wenige Stimmen wie kein Kandidat seit den fünfziger Jahren des 19. Jahrhunderts. Der Fehler von *Literary Digest* war, dass man fast ausschließlich Wähler in den beiden Staaten befragt hatte, in denen Landon dann auch tatsächlich gewann (Vermont und Maine). Außerdem hatte man die (überwiegend konservativen) Leser der Zeitschrift befragt und diese Umfrage telefonisch durchgeführt (das Telefon war damals ein Luxus, den sich nur wohlhabende Haushalte leisten konnten). *Literary Digest* hatte seine Daten auf der falschen Grundlage erhoben und sich gründlich blamiert.

Es ist klar, was das bedeutet. Unsere stereotypen Vorstellungen von Menschen sind unvollkommene Urteile über durchschnittliche Merkmale von Gruppen, weil wir die Daten wie *Literary Digest* erheben. Wir alle sehen nur einen kleinen Teil der Weltbevölkerung, bekommen nur einen kleinen Ausschnitt der Fakten zu Gesicht, die von Medien oder anderen Quellen geliefert werden, und tauschen uns nur mit einer kleinen Gruppe von Personen aus, die im Allgemeinen ähnlich wie wir denken. Noch schlimmer ist, dass einige unserer Vorstellungen von anderen Menschen nicht auf direkter Beobachtung beruhen, sondern aus zweiter Hand stammen und sich auf Geschichten stützen, die uns Familienmitglieder, Freunde und Nachbarn erzählen. Der Statistiker in unserem Kopf analysiert anschließend alle Daten, die wir gesehen oder gehört haben – oder uns nur vorstellen. Und diese Daten sind zwangsläufig lückenhafter als diejenigen, die wir beim Kreistest zu Gesicht bekommen.

Im Allgemeinen sind unsere Stereotype zutreffender, wenn wir direkte Erfahrungen mit einer Gruppe gesammelt haben (zum Beispiel, weil wir ihr angehören), viel über die fragliche Gruppe wissen (etwa weil sie die Mehrheit bildet) und nach deutlich erkennbaren Fakten gefragt werden (beispielsweise nach dem sichtbaren Verhalten statt nach unsichtbaren Bewusstseinszuständen wie Einstellungen, Überzeugungen oder Absichten).[13] So können Universitätsstudenten das Verhalten und die Einstellungen anderer Studenten an ihrer Hochschule sehr gut einschätzen.[14] Wenn wir Menschen regelmäßig sehen, mit ihnen sprechen und zusammenleben, verfügen wir über ziemlich gute Daten, um sie beurteilen zu können. Stereotype über Mehrheitsgruppen scheinen auch zutreffender zu sein als Stereotype über Minderheiten; der Grund dafür ist einfach, dass größere Gruppen mehr beobachtbare Daten liefern als kleinere.[15] Wenn man über Medien, die nur wenig Information transportieren – zum Beispiel Twitter, Whatsapp oder E-Mail –, mit anderen Menschen kommuniziert, bewegt man sich in genau der »boshaften Umwelt«, in der missverständliche Stereotype den größten Einfluss haben.[16] Je weniger wir wissen, desto eher führen uns unsere stereotypen Urteile in die Irre.

In der Theorie ist das klar, aber in der Praxis ist es schwer zu erkennen, weil wir nicht wissen können, welche Daten dem Statistiker in unserem Kopf fehlen. Nehmen wir beispielsweise das verbreitete Stereotyp, Frauen seien emotionaler als Männer. Belege dafür sehen wir überall: Frauen lächeln, weinen und lachen öfter als Männer. Frauen scheinen einfach mehr zu *fühlen* als Männer – schließlich weinen Jungs nicht. Aber uns allen fehlt der direkte Zugang zum Bewusstsein des durchschnittlichen Mannes oder der durchschnittlichen Frau, den wir brauchen würden, um festzustellen, ob Männer tatsächlich weniger fühlen als Frauen oder ihre Gefühle nur seltener gegenüber anderen zeigen. Glücklicherweise hinterlassen emotionale Erfahrungen physiologische Spuren, die man mit teuren Laborgeräten nachweisen kann. Schließt man Menschen an diese Geräte an, so zeigt sich, dass Männer und Frauen, die dieselben emotional berührenden Szenen sehen, im Durchschnitt die gleichen emotionalen Reaktionen von gleicher Intensität zeigen. Männer und Frauen bringen ihre Emotionen lediglich unterschiedlich zum Ausdruck: Frauen zeigen ihre Gefühle deutlicher.[17] Aber wenn wir Männer und Frauen sehen, schließen wir aus ihrem Verhalten, dass Frauen mehr Emotionen haben als Männer, weil sie mehr Emotionen *zeigen*. In diesem Fall ist das Stereotyp irreführend, weil es nicht auf der unsichtbaren Erfahrung, sondern auf dem sichtbaren Ausdruck beruht.

Wenn das Verhalten exakt den Vorgängen im Inneren eines Menschen entspricht, können unsere Stereotype beeindruckend zutreffend sein. Aber wenn das Verhalten der Täuschung dient, verlieren sie an Aussagekraft. Selbst der beste Statistiker kann zum falschen Ergebnis gelangen, wenn er aus dem beobachteten Verhalten auf das schließt, was im Inneren eines Menschen vorgeht. Wenn Politiker für ihre Wähler Effekthascherei betreiben, wenn Anwälte vor Geschworenen auftreten, wenn Gewerkschaften für ihre Mitglieder streiken und Verfechter eines Anliegens für ihre Sache eintreten, müssen wir uns vor Augen halten, dass die Realität nicht nur aus dem besteht, was wir sehen können.

Definitionsgemäß verschieden

Wir könnten den Nutzen der Stereotype erhöhen, indem wir mehr Informationen berücksichtigen und allen Daten dieselbe Aufmerksamkeit schenken. Aber das tun wir nicht. Manche Informationen sind leichter zu ignorieren als andere. Wenn wir eine Reise unternehmen, geschieht mit Sicherheit die meiste Zeit über nichts Besonderes – wir fliegen, fahren, schlafen, stehen, warten, gehen –, aber die Geschichte, die wir unseren Freunden nach unserer Rückkehr erzählen, handelt ausschließlich von der *Abwechslung*, die wir erlebt haben: Wir waren hier und dort und haben dies und jenes getan. Derselbe Mechanismus prägt unser Selbstbild. Wir definieren uns nicht anhand der Merkmale, die uns mit anderen verbinden – zwei Arme, zwei Beine, Lungenatmung –, sondern anhand dessen, was uns von allen anderen *unterscheidet* – Dienst im Friedenscorps, Arbeit als Physiker, Angelleidenschaft usw.[18] Ein Mann, der auf der Suche nach sich selbst ist, benötigt keinen Stadtplan: Er sucht nach dem Gefühl der Besonderheit.

Ähnlichkeit ist langweilig, Unterschiede sind aufregend. Die extreme Sensibilität für Unterschiede ist in uns und unsere Netzhaut eingebaut. Wir können die Welt sehen, weil unsere Augen ständig unkontrollierbar hin und her springen. Diese Augenbewegungen erlauben es der Retina, Unterschiede, Veränderungen von Textur, Umrissen und Beleuchtung wahrzunehmen, und diese Fähigkeit zur Wahrnehmung der visuellen Informationen ermöglicht das Sehen. Lähmt man die Augen mit einem Anästhetikum, um sie am Umherspringen zu hindern, wird alles dunkel. Trägt man eine Kontaktlinse, in die ein Bild eingraviert ist, so wird dieses langsam unsichtbar, da sich die Linse mit dem Auge bewegt.[19]

Gruppen nehmen wir genauso wahr wie Objekte: Wir bemerken Unterschiede zwischen ihnen. Männer und Frauen, Schwarze und Weiße, Alte und Junge, Reiche und Arme werden erkennbar durch ihr »Wackeln«, also durch das, was sie von anderen Gruppen *abhebt*. Eine Gruppe, die anderen Gruppen ähnlich ist, ist per definitionem keine eigene Gruppe. Unser sozialer Sinn ist ebenso wie unser Gesichtssinn auf das Aufspüren von Unterschieden gerichtet.

Die Wahrnehmung von Unterschieden zwischen Gruppen ist an sich nicht problematisch für die Definition von Stereotypen, aber es kann problematisch sein, Gruppen aufgrund ihrer Verschiedenheit zu definieren. Nehmen wir ein einfaches Experiment, in dem Freiwillige aufgefordert wurden, die Länge von acht Linien zu schätzen. Alle Freiwilligen bekamen die Linien dafür (anders als auf der Ab-

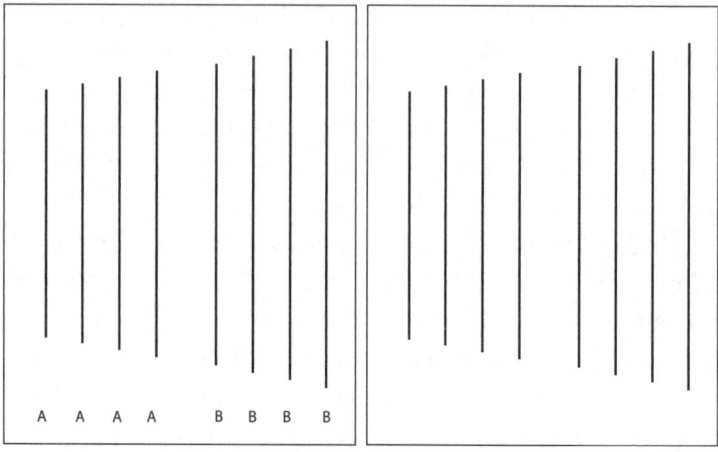

bildung hier) einzeln und in zufälliger Abfolge zu sehen.[20] Für einige Versuchsteilnehmer wurde jede Linie mit einem Buchstaben gekennzeichnet, wobei alle kürzeren Linien mit einem A und alle längeren mit einem B markiert wurden (siehe linkes Schaubild). Die Länge ist das Merkmal, das diese Linien voneinander unterscheidet und in zwei verschiedene Gruppen teilt. Für die anderen Versuchsteilnehmer wurden die Linien nicht mit Buchstaben markiert (siehe rechtes Schaubild).

Dass Gruppen von Linien anhand ihrer Länge definiert werden, wirkt sich nicht darauf aus, wie lang die Linien tatsächlich *sind*, aber es kann sich darauf auswirken, wie lang sie *wirken*. Die Linien mit der unklarsten Länge, das heißt jene an der Grenze zwischen den Kategorien – die längste in Gruppe A und die kürzeste in Gruppe B –, wurden von den Versuchspersonen, denen man die Buchstabenversion der Linien präsentiert hatte, falsch eingeschätzt: Sie sahen eine größere Übereinstimmung mit der definierenden Qualität der jeweiligen Gruppe als tatsächlich vorhanden. Sie überschätzten die Länge der kürzesten in der Gruppe der längeren Linien und unterschätzten die Länge der längsten in der Gruppe der kürzeren Linien. Ein kleiner Mann wird nicht größer, weil man ihn als Basketballspieler bezeichnet, aber es kann dazu führen, dass man ihn als größer in Erinnerung behält. Wenn man Gruppen anhand dessen definiert, was sie voneinander unterscheidet, kann es passieren, dass man sich die Grenzfälle zurechtbiegt, um sie der Definition anzupassen, womit man angesichts einer unklaren Realität die Unterschiede zwischen den Gruppen übertreibt.

Die Definition von Gruppen anhand ihrer Unterschiede ist für unseren Gesichtssinn kein so großes Problem wie für unsere Vorstellungskraft. Personen, die sich an einem Verhandlungstisch gegenübersitzen, sind sich vollkommen darüber im Klaren, dass sie unterschiedliche Positionen einnehmen, aber über die genaue Natur ihrer Gegensätze können sie nur Vermutungen anstellen. Wähler einer politischen Partei wissen zwar, für welchen Kandidaten sich die Anhänger einer anderen Partei entschieden haben – aber über die wirklichen Überzeugungen der Mitglieder dieser Partei können sie nur spekulieren. Männer und Frauen sehen, dass sie sich in der äußeren Erscheinung und im Verhalten voneinander unterscheiden, aber können dennoch nur vermuten, was in den Angehörigen des anderen Geschlechts vorgeht.

Der Abschied von den Geschlechterklischees: Wir stammen alle vom gleichen Planeten!

Bleiben wir bei diesem letzten Beispiel. Die größten Unterschiede zwischen Mann und Frau sind biologisch: Männer haben einen Penis, Frauen eine Vagina. Und tatsächlich ist wissenschaftlich bewiesen, dass die meisten Männer einen Ball härter und weiter werfen können als die meisten Frauen.[21] Aber die Geschlechterunterschiede, die uns besonders beschäftigen und die beiden Geschlechter definieren, sind psychischer Natur: Frauen sind emotionaler und geselliger, denken mehr über andere Menschen nach und haben ein größeres Interesse an anderen Menschen und deren Beziehungen zueinander, während Männer unabhängiger sind, logischer argumentieren, eine ausgeprägte räumliche Vorstellungskraft besitzen und vor allem an Sex denken.

Auch die Wissenschaftler beschäftigen sich sehr gerne mit den psychischen Geschlechterunterschieden, was zum Teil daran liegt, dass die wissenschaftliche Methode – so wie unsere Sinne – darauf beruht, Unterschiede zwischen Gruppen festzustellen, statt nach Gemeinsamkeiten zu suchen. Nehmen wir beispielsweise die größte psychologische Studie über geschlechtsabhängige Präferenzen, die je durchgeführt wurde: In 37 Ländern nahmen 10 047 Männer und Frauen im Alter zwischen 20 und 25 Jahren daran teil. Diese Personen wurden gebeten, die Bedeutung von 13 Eigenschaften eines romantischen Partners zu beurteilen (die Skala reichte von 0 = unerheblich bis zu 3 = unverzichtbar). Den Forschern ging es vor allem um die *Unterschiede* zwischen den Präferenzen von Männern und Frauen. Unabhängig vom kulturellen Umfeld hielten Männer »gutes Aussehen« für wichtiger als Frauen, während Frauen durchweg einem »hohen Einkommen« größere Bedeutung beimaßen als Männer.[22] Der Titel des Berichts über die Studienergebnisse lautete »Geschlechtsspezifische *Unterschiede* der Präferenzen bei der menschlichen Partnerwahl« (Hervorhebung von mir).

Aber am Ende des Artikels hatten die Autoren in der Rubrik »Erläuterungen und Einschränkungen« die Ergebnisse zur *Ähnlichkeit* der Geschlechter versteckt: »Einkommenspotential und physisches Erscheinungsbild wurden von keinem der Geschlechter als besonders wichtig eingestuft. [...]

In sämtlichen Stichproben hielten *beide* Geschlechter die Merkmale ›fürsorglich – verständnisvoll‹ und ›intelligent‹ für wichtiger als das Einkommen und die Attraktivität, was darauf hindeutet, dass die für die Spezies typischen Präferenzen bei der Partnersuche größeren Einfluss haben als die geschlechtsabhängigen Präferenzen.« Die Übersetzung aus dem wissenschaftlichen Fachjargon: Es gibt tatsächlich Unterschiede zwischen den Präferenzen von Männern und Frauen, aber wichtiger sind die Ähnlichkeiten, da Männer und Frauen menschliche Wesen sind. Sowohl Männer als auch Frauen suchen Partner, die nett und intelligent sind. Wie es so schön heißt: »Der Feminismus ist die radikale Vorstellung, dass Frauen Menschen sind.« Ich würde hinzufügen, dass Männer auch Menschen sind.

Die Autoren, die über die Unterschiede zwischen den Geschlechtern schreiben, sind menschlich. Daher konzentrieren sie sich wie alle Menschen eher auf die Unterschiede als auf die Ähnlichkeiten. Janet Hyde hat als einzige Psychologin eine Theorie der *Ähnlichkeit zwischen den Geschlechtern* aufgestellt und darauf hingewiesen, dass in den meisten großen Studien zu den Geschlechterunterschieden vor allem Gemeinsamkeiten gefunden werden – aber in den Berichten aus zweiter Hand werden die wenigen Unterschiede hervorgehoben, die unsere Stereotype definieren.[23] Die Autoren von populärwissenschaftlichen Büchern und Medienberichten legen oft ein Lippenbekenntnis zu den Ähnlichkeiten ab – um dann eine Kehrtwende zu vollziehen und maßlos übertriebene Behauptungen über die beobachteten Unterschiede aufzustellen. Zu den jüngsten Kandidaten für eine Aufnahme in die Ruhmeshalle der Übertreiber von Geschlechterunterschieden zählt Louann Brizendine, die Autorin von *The Female Brain* (dt. *Das weibliche Gehirn*) und *The Male Brain* (dt. *Das männliche Gehirn*).[24] In einem Artikel für CNN beschrieb Brizendine das, was sie als »männliches Gehirn« bezeichnet. Der zweite Absatz beginnt mit einer guten Einschätzung der Ähnlichkeit der Geschlechter: »Unsere Gehirne sind sich weitgehend ähnlich. Schließlich gehören wir derselben Spezies an.« Aber Brizendine geht augenblicklich zur Übertreibung über. Nach weiteren vier Absätzen ist nichts mehr von einer vernünftigen Einschätzung zu sehen: »Es [das Testosteron bei 15-jährigen Jungen] treibt ihren sexuellen Motor an, und sie sind nicht mehr imstande, an etwas anderes als an weibliche Körperteile und Sex zu denken.« Wirklich? *Nicht mehr imstande*? Ich war selbst einmal ein vom Testosteron angetriebener Fünfzehnjähriger, der viel an Sex dachte. Ich hatte trotzdem genug Zeit, um Football und Basketball zu spielen, zu lernen, zu musizieren, ordentliche Noten zu bekommen, angeln zu gehen und Gespräche mit meinen Eltern zu führen. Ich war die meiste Zeit durchaus imstande, an andere Dinge als an Sex zu denken.

Auch unsere stereotypen Vorstellungen von der Psyche von Männern und Frauen sind nicht vollkommen falsch. Die Forschung hat die offenkundige Tatsache bestätigt, dass Männer öfter an Sex denken als Frauen. In einer Studie, in der die Gedanken von Männern und Frauen über eine Woche verfolgt wurden, stellten die Forscher fest, dass 20- bis 30-jährige Männer durchschnittlich 34-mal am Tag an Sex dachten, während Frauen dieses Alters durchschnittlich 19-mal am Tag daran dachten.[25] Das wirkt wie ein großer geschlechtsspezifischer Unterschied (tatsächlich ist er statistisch eher gering, da die Variabilität innerhalb der Geschlechter sehr hoch ist), aber mit einem »männlichen Gehirn«, das »nicht imstande ist, an etwas anderes als an Sex zu denken«, hat es nichts zu tun. Zu sagen, diese Behauptung sei *fast* zutreffend, ist so, als würde man sagen, ein Papierflieger sei *fast* eine Boeing 747. Auch ist dieses Resultat weit von dem Klischee entfernt, Männer dächten alle sieben Sekunden an Sex. Zumindest diese Studenten dachten im Lauf des Tages nur alle 30 Minuten daran.

Interessanter ist, dass sogar dieser überraschend geringe geschlechtsspezifische Unterschied offenbar nichts mit Sex zu tun hat. Denn die Forscher untersuchten auch, wie oft Männer und Frauen an Nahrung und Schlaf dachten – und beobachteten ebenso große Unterschiede zwischen den Geschlechtern. Die Geschlechterstereotypen definieren die beiden Gruppen aufgrund ihrer wesentlichen Unterschiede – Sex –, weshalb die Gefahr besteht, dass diese Unterschiede erheblich übertrieben werden, während andere übersehen werden. Diese Studie zeigte nicht, dass Männer mehr über Sex nachdenken als Frauen: Sie zeigte, dass sie über *sämtliche* Bedürfnisse mehr nachdenken als Frauen.[26]

Die Behauptungen der Verfechter der Geschlechterunterschiede decken sich so gut mit unseren stereotypen Vorstellungen von Mann und Frau, dass ihre Ergebnisse kaum überraschen. Der Neurowissenschaftler Simon Baron-Cohen erklärt in *The Essential Difference* (dt. *Frauen denken anders. Männer auch*), der wesentliche Unterschied zwischen den Geschlechtern bestehe darin, dass Frauen generell größere soziale Fähigkeiten besäßen als Männer: Sie seien eher in der Lage, sich in andere Menschen einzufühlen, ihre Emotionen zu erkennen und sich in ihre Gedanken zu versetzen. Im Gegensatz zu anderen Autoren, die sich mit diesem Thema beschäftigen, weist Baron-Cohen nachdrücklich auf die weitgehende Ähnlichkeit zwischen den Geschlechtern hin und relativiert sogar den scheinbar grundlegenden Unterschied mit der Empfehlung, wir sollten uns »vor zu weitreichenden Schlussfolgerungen hüten«. Leider erweist der Titel seines Buchs, der den komplexen Sachverhalt fast zwangsläufig vereinfacht, diesem Anliegen einen schlechten Dienst.

Wie groß ist dieser *wesentliche* Unterschied denn nun

wirklich? Sie haben es erraten: nicht so groß, wie das Stereotyp nahelegt. Wie im Fall der Gedanken an Sex kann das Stereotyp das Wesen des Unterschieds richtig, aber sein Ausmaß falsch bestimmen. Die typische Methode zur Berechnung des Ausmaßes eines beobachteten Unterschieds in einer Studie oder einem Experiment besteht darin, den durchschnittlichen Unterschied in eine Korrelation zu verwandeln, wobei der Wert 0 keinerlei Unterschied (Männer und Frauen schneiden identisch ab, und die Verteilung der Ergebnisse stimmt vollkommen überein) und der Wert 1 den größtmöglichen Unterschied bedeuten würde (alle Frauen schneiden besser ab als alle Männer, und es kommt an keinem Punkt der Verteilung zu Überschneidungen). In den Tests zu Empathie und Gedankenlesen werden typischerweise Werte von etwa 0,2 ermittelt, was bedeutet, dass die Unterschiede *innerhalb* der Geschlechtergruppen sehr viel größer sind als die Unterschiede *zwischen* Männern und Frauen.[27] Aber als Tal Eyal und ich Gruppen von Männern und Frauen baten, das Ausmaß dieser Unterschiede einzuschätzen, schätzten sie es auf etwa 0,7, das heißt auf mehr als das Dreifache des tatsächlichen Geschlechterunterschieds.[28] Andere Forscher sind zu ähnlichen Ergebnissen gelangt.[29] Trotzdem erzählt uns John Gray in einem Buch, das zum Bestseller geworden ist, Männer seien vom Mars und Frauen von der Venus. Das besagen auch unsere Stereotype, aber in Wahrheit kommen die Männer eher aus Iowa und die Frauen aus Illinois.

Es gibt Unterschiede zwischen Männern und Frauen, die uns zur Übertreibung der Unterschiede in ihrer Denkweise verleiten können, obwohl sie an sich nicht *gegensätzlich* sind. Wir lieben es, über den »Geschlechterkrieg« zu sprechen, aber offensichtlich hat sich die große Mehrheit der Erwachsenen in mindestens ein Mitglied des anderen Geschlechts (und so manche in mehrere) verliebt. Männer und

Frauen kommen durchaus gut miteinander aus. Anders verhält es sich in wirklichen Konflikten oder in der Politik, wo die Gefahr, Gruppen aufgrund ihrer Unterschiede zu definieren, wesentlich größer ist.

Wie Vorurteile politischen Radikalismus begünstigen

Nehmen wir die Politik. Umfragen unter den amerikanischen Wählern haben gezeigt, dass die Fronten zwischen Republikanern und Demokraten in Fragen wie dem staatlichen Gesundheitswesen, den Verteidigungsausgaben, der freien Wahl der Schule und der Finanzierung von Sozialprogrammen seit 35 Jahren verhärtet sind. Insbesondere in den vergangenen Jahren überschätzten die amerikanischen Wähler auch das Ausmaß dieser Gegensätze, da die Polarisierung zwischen den Parteien zugenommen hat.[30] Grafische Darstellungen, die die mehrheitlich republikanischen (»roten«) Staaten farblich von den mehrheitlich demokratischen (»blauen«) Staaten unterscheiden, machen alles nur noch schlimmer, da sie nach Erkenntnissen von Forschern die wahrgenommenen Unterschiede zwischen den Gruppen nicht einfach widerspiegeln, sondern vergrößern.[31] Und wenn es um bestimmte Fragen wie die Einstellung zu positiver Diskriminierung oder Sozialhilfe geht, nehmen die Angehörigen beider Gruppen durchweg an, dass die andere Seite eine extremere Haltung einnimmt, als tatsächlich der Fall ist.[32] Bedauerlicherweise führt die Vermutung, die andere Seite sei politisch radikal, zu einer tatsächlichen Radikalisierung der Meinungen.

Ein Beispiel: In der Auseinandersetzung über das Recht auf Abtreibung geht es sowohl um die Rechte der Mutter als auch um die Rechte des ungeborenen Lebens. Wie die

Forschung zeigt, neigen die kategorischen Verfechter der einen oder anderen Position zu der Annahme, die Gegenseite nehme in eben der Frage, die ihnen am meisten am Herzen liegt – also in Bezug auf den zentralen Streitpunkt –, eine gegensätzliche Haltung ein. Die Befürworter des Rechts auf Abtreibung verteidigen die Rechte der Frau und gehen daher davon aus, dass die Abtreibungsgegner die Rechte der Frau einschränken wollen. Die Abtreibungsgegner hingegen verteidigen das Recht des Ungeborenen auf Leben und sind deshalb überzeugt, dass die Befürworter der Abtreibung das ungeborene Leben geringschätzen. So werden die tatsächlichen Meinungsunterschiede zwischen den beiden Gruppen übertrieben, was zur Folge hat, dass sich der Konflikt verschärft.[33] Die am Anfang des Kapitels behandelte Annahme, dass die von Republikanern und Demokraten bzw. von Armen und Reichen gewünschte Einkommensverteilung stark voneinander abweicht, ist also keine Ausnahme.

In jeder Schulung in Verhandlungstechniken lernt man, dass man Konflikte nur lösen kann, indem man anerkennt, dass die Interessen der Gegenseite den eigenen Anliegen möglicherweise nicht vollkommen widersprechen und dass es möglicherweise mehr gemeinsame Interessen gibt als angenommen. Um Meinungsverschiedenheiten beizulegen, muss man offen über die tatsächlichen Interessen beider Seiten sprechen, Gemeinsamkeiten finden und anschließend nach einer Lösung suchen, die beiden Seiten möglichst großen Nutzen bringt. Dieses Ideal wurde fast erreicht, als Israel und Ägypten im Jahr 1976 über den Hoheitsanspruch auf die Sinai-Halbinsel verhandelten. Israel hatte das Gebiet im Jahr 1967 im Sechstagekrieg besetzt, und Ägypten wollte das Land zurück. Anstatt sich auf einen Nullsummenstreit einzulassen, in dem sich jede Seite die Interessen des Gegenübers nur vorgestellt – und ihm damit übertriebene Forderungen unterstellt – hätte, setzten sich die Verhandlungsdelegationen in Camp David zusammen und machten sich ein Bild von den tatsächlichen Interessen der anderen Seite. Israel wollte Sicherheit, Ägypten das Hoheitsrecht über das Territorium. Die Israelis waren nicht am Sinai interessiert – sie wollten lediglich Angriffe von diesem Gebiet aus verhindern. Und in Camp David fand man eine Lösung, die beide Seiten zufriedenstellte: Ägypten erhielt sein Gebiet zurück, und entlang der Grenze wurde eine entmilitarisierte Zone eingerichtet. Ägypten bekam sein Land, Israel seine Sicherheit.

Leider führen Verhandlungen über unterschiedliche Standpunkte nur selten zu so vernünftigen Ergebnissen. Wenn Gruppen aufgrund ihrer Unterschiede definiert werden, geht es in Konflikten nicht um die vielgestaltigen und oft geringfügigen Differenzen, die tatsächlich zwischen ihnen existieren, sondern um die großen Unterschiede, die wir uns vorstellen oder erwarten.[34] Dadurch gelangen wir zu der Überzeugung, wir hätten weniger mit Angehörigen anderer ethnischer Gruppen, anderer Religionsgemeinschaften oder des anderen Geschlechts gemein, als tatsächlich der Fall ist, weshalb wir sogar das Gespräch mit diesen Menschen meiden.[35] Wenn wir Gruppen aufgrund der Unterschiede zwischen »ihnen« und »uns« definieren, halten wir die Denkweise der anderen leicht für extremer, als sie in Wahrheit ist.

Warum sie?

Die Erkenntnis, dass Stereotype zur Übertreibung der Unterschiede zwischen Gruppen führen können, kann uns zu dem impliziten Schluss verleiten, es gäbe in Wahrheit überhaupt keine nennenswerten Unterschiede zwischen diesen

Gruppen. Doch diese Vorstellung wäre nachweislich falsch. Die Missachtung der Unterschiede zwischen Gruppen ist genauso ein Fehler wie die Übertreibung dieser Unterschiede.

Aber selbst wenn der Statistiker in unserem Kopf bei der Analyse von Menschen genauso gut wie bei der Analyse von Kreisen arbeiten und das Ausmaß der realen Unterschiede zwischen Menschengruppen richtig einschätzen würde, wäre er immer noch mit der grundlegenden Schwierigkeit konfrontiert, die allen Statistikern zu schaffen macht: mit der Erklärung dieser Unterschiede. Der Statistiker in unserem Kopf kann innerhalb von Sekundenbruchteilen Durchschnittswerte berechnen und Unterschiede erkennen, aber die Welt liefert uns keine befriedigenden Erklärungen für die Existenz dieser Unterschiede. Einer meiner Söhne führte uns das vor Augen, als er meine Frau fragte: »Mama, warum bekommen nur Väter graues Haar?« Der Statistiker in seinem Kopf war so aufmerksam, einen großen Unterschied zwischen den Geschlechtern zu bemerken: Keine ältere Frau, aber fast jeder ältere Mann hat graue Haare. Aber sein Statistiker konnte dieses Phänomen nicht erklären. Wenn ein Statistiker über die Datensammlung hinausgeht, gerät er in Schwierigkeiten.

Stereotype verlassen regelmäßig das Terrain der Beobachtung und gehen zur Interpretation über. Wenn Unterschiede zwischen Gruppen beobachtet werden, liegt die Erklärung nahe, dass diese Unterschiede nicht auf etwas Externem und damit Instabilem wie gesellschaftlichen Normen oder Haarfärbemitteln beruhen, sondern auf einer grundlegenden, wesenhaften oder konstanten Eigenschaft der Mitglieder dieser Gruppe: Schwarze sind aufgrund ihrer genetischen Ausstattung weniger erfolgreich. Männer sind gefühllos, weil sie ein »männliches Gehirn« und zu viel Testosteron haben. Frauen sind schlecht in Mathematik, weil es ihnen an logischem Denkvermögen fehlt – könnte es am vielen Östrogen und Oxytocin liegen? Aber die reale Welt ist durchtriebener, als uns diese einfachen Erklärungen suggerieren. Selbst wenn man einen Unterschied zwischen Gruppen richtig erkennt, kann es sein, dass man seine Ursache vollkommen falsch versteht.

Um zu begreifen, woran das liegt, sollten wir uns etwas ansehen, das wir alle hoffentlich aus eigener Erfahrung kennen: den Unterschied zwischen der Denkweise junger und alter Menschen. Das Altern ist in vielerlei Hinsicht unerfreulich. Im Lauf der Jahre büßt unser Körper langsam seine Funktionsfähigkeit ein. Dasselbe gilt für unseren Verstand. In Studien zur kognitiven Leistungsfähigkeit zeigt sich ein ums andere Mal, dass die Gehirnleistung im Lauf des Lebens in jedem Bereich nachlässt. Auf der nächsten Seite erwartet Sie ein Diagramm, das für jeden, der überlegt, was die Zukunft bringen wird, niederschmetternd ist.

Jedes Jahr, wenn ich meine MBA-Studenten um ihre Erklärung für diese Unterschiede bitte, erhalte ich zwei Arten von Antworten. Die eine lautet: »Mit dem Alter lässt der Verstand eben nach.« Die Zellen sterben, die Nerven werden schwächer, es kommt zu Schlaganfällen. Die andere Erklärung lautet: »Wenn man den Verstand nicht benutzt, geht er kaputt.« Ältere Menschen werden Gefangene der Routine, hören auf, Neues zu lernen, und studieren nicht mehr, weshalb ihr Gehirn seine Regsamkeit einbüßt. Beide Theorien beruhen auf der verbreiteten Annahme, »Altern« sei gleichbedeutend mit »Niedergang«. »Wenn biologische Gerontologen und Laien den Begriff *Altern* verwenden«, schreibt der Gerontologe Edward Masoro, »meinen sie zumeist [...] den fortschreitenden Verfall im Lauf des Erwachsenenlebens.«[36] Altern und Niedergang gehen Hand in Hand. Das muss man einfach akzeptieren. Sobald wir ausgewachsen sind, geht es im Leben nur noch bergab.

Wir sollten uns jedoch ein weiteres wichtiges Merkmal

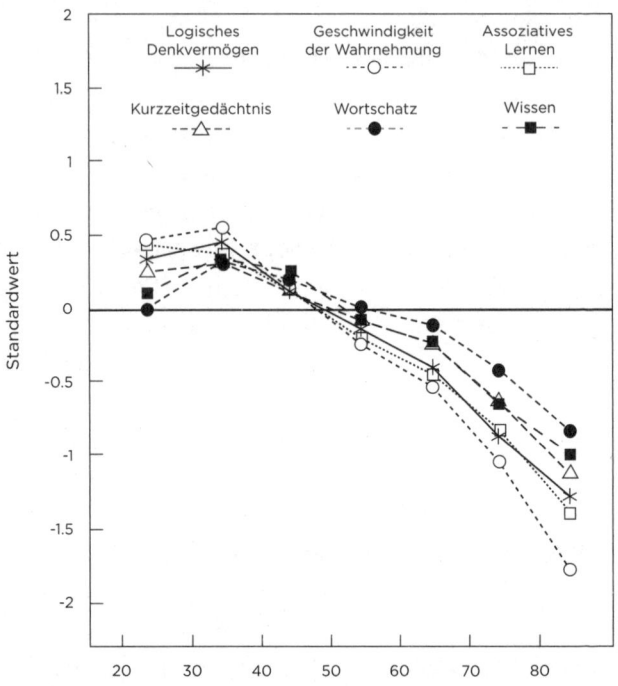

Dieses Diagramm gibt Aufschluss über die Ergebnisse bei sechs verschiedenen Tests zum kognitiven Leistungsvermögen im Lauf des Lebens. Sämtliche Fähigkeiten schwinden mit wachsendem Alter rasant.[37]

des Alterungsprozesses vor Augen halten: Wir erwarten den kognitiven und körperlichen Niedergang. Unsere stereotypen Vorstellungen besagen, dass das Gedächtnis mit zunehmendem Alter schwindet, so wie die Beweglichkeit unserer Knie und unseres Rückgrats. Diese Vorstellung ist in weiten Teilen der Welt fest in der Kultur verankert. Könnte die Kenntnis dieser Stereotype eine sich selbst erfüllende Prophezeiung sein? Wie sehr werden Sie sich bemühen, im Basketball einen Korbleger zu schaffen, wenn Sie überzeugt sind, dass Sie nicht springen können? Wie angestrengt werden Sie jenseits des fünfzigsten Lebensjahrs für eine Prüfung lernen, wenn Sie Ihr Leben lang geglaubt haben, dass Ihr Verstand im Lauf der Jahre schwächer wird? Könnte es sein, dass die schlechteren Leistungen älterer Menschen nicht nur auf das Altern, sondern zumindest teilweise auf ihre eigenen *stereotypen Vorstellungen vom Altern* zurückzuführen sind? Tatsächlich deuten Forschungsergebnisse darauf hin.

Erstens verläuft der im Alter beobachtete Verlust der kognitiven Fähigkeiten nicht in allen Kulturen gleich. In Gesellschaften, die alte Menschen als weise und erfahren verehren – das gilt zum Beispiel in einigen Regionen Chinas –, geht er langsamer vonstatten als in Kulturen, die ein eher negatives Bild von den Alten haben – etwa in der amerikanischen.[38] Die Stereotype über das Altern wirken sich anscheinend nicht nur auf das Funktionieren des Verstands, sondern auch auf die körperliche Leistungsfähigkeit aus. In einer repräsentativen Studie wurden die altersbezogenen stereotypen Vorstellungen von 229 Freiwilligen im Alter zwischen 18 und 39 Jahren ermittelt. Anschließend wurde die Entwicklung der Gesundheit dieser Personen 38 Jahre lang verfolgt.[39] Am Ende der Studie hatten 56 Prozent derjenigen Studienteilnehmer, die als junge Menschen negative Stereotype über ältere Menschen gehegt hatten, einen schweren Herz-Kreislauf-Vorfall erlitten (hauptsächlich Herzinfarkte und Schlaganfälle). Hingegen waren solche Ereignisse nur bei 18 Prozent jener Personen aufgetreten, die zu Studienbeginn positive Stereotype über das Altern hatten. In Anbetracht dessen überrascht es nicht, dass diese Menschen auch eine höhere Lebenserwartung hatten. In einer Studie stellte sich heraus, dass Erwachsene mittleren Alters, die dem Altern gegenüber positiv eingestellt waren, im Durchschnitt 7,5 Jahre länger lebten als jene mit negativer Erwartungshaltung.[40]

Zweitens existieren sogar in einer Kultur mit vorwiegend

negativen Stereotypen über das Alter zumindest andeutungsweise auch positive Stereotype. Wenn sich die Vorstellungen vom Alter auf die Funktionsweise des Verstands auswirken, sollten ältere Menschen geistig fitter sein, wenn sie positive Vorstellungen vom Alter haben. In einem Experiment zeigten Forscher älteren Personen auf einem Computerbildschirm Worte, die entweder einem positiven Stereotyp über alte Menschen (»weise«, »erfahren«, »kenntnisreich« usw.) oder einem negativen Stereotyp entsprachen (»senil«, »dement«, »verwirrt« usw.), um angenehme oder unangenehme Vorstellungen bei ihnen zu wecken.[41] Vor und nach dem Aufblitzen dieser Worte auf dem Bildschirm maßen die Psychologen die kognitiven Fähigkeiten der Versuchspersonen in sechs verschiedenen Bereichen, um festzustellen, ob sich ihre Gedächtnisleistungen abhängig von den Stereotypen änderten. Diese Tests dienen eigentlich dazu, relativ stabile kognitive Fähigkeiten zu messen, die mit wachsendem Alter bekanntlich schwinden. Aber die Ergebnisse des Experiments legen einen anderen Schluss nahe: Jene Versuchspersonen, denen Worte gezeigt wurden, die mit positiven Stereotypen über alte Menschen assoziiert waren, schnitten anschließend in den Tests deutlich besser ab als vorher, während jene, bei denen negative Vorstellungen über alte Menschen geweckt worden waren, deutlich schlechtere Ergebnisse als zuvor erzielten. Lernen wir bei der Beobachtung eines altersabhängigen Verlusts an kognitiven Fähigkeiten etwas über den unvermeidlichen biologischen Verfall – oder eher darüber, dass Stereotype sich selbst erfüllende Prophezeiungen sein können?

Das betrifft nicht nur Stereotype über das Altern. Sehen wir uns ein weiteres Beispiel an, nämlich die Vorstellungen davon, wie sich die ethnische Zugehörigkeit auf die mit Standardtests gemessene geistige Leistungsfähigkeit auswirkt. Denken Sie einen Augenblick an asiatischstämmige, europäischstämmige Amerikaner und Afroamerikaner. Welche dieser Gruppen erzielt bei Standardtests zur Überprüfung der verbalen und mathematischen Fähigkeiten die besten Ergebnisse, welche die schlechtesten, welche landet im Mittelfeld? Sie können ehrlich sagen, was Sie denken. Wir sind unter uns, niemand überprüft, ob Ihre Antwort politisch korrekt ist. Wenn Sie aufrichtig sind, bin ich sicher, dass Ihre Stereotype den beobachteten Unterschieden entsprechen. In der Mathematik sind Asiaten durchweg besser als Amerikaner europäischer Herkunft, die ihrerseits bessere Leistungen bringen als Afroamerikaner. In mündlichen Examen schneiden europäischstämmige Amerikaner ein wenig besser ab als Asiaten, die ihrerseits bessere Ergebnisse erzielen als Afroamerikaner. Diese Unterschiede überraschen nicht. Die Differenzen zwischen Amerikanern asiatischer und europäischer Herkunft sind relativ gering, während der Leistungsrückstand der Afroamerikaner sehr groß ist. Diese Unterschiede werden seit Jahrzehnten beobachtet. Die Frage ist, wie es dazu kommt.

Zweifellos gibt es viele Gründe, aber einer scheint damit zusammenzuhängen, dass die Mitglieder der verschiedenen Gruppen die Stereotype in Bezug auf die Leistungen der eigenen Gruppe kennen. In einem Experiment, das den Anstoß zu umfassenden Forschungsarbeiten gab, absolvierten schwarze und weiße Studenten an der Stanford University eine verkürzte Version des SAT-Eignungstests.[42] Bevor sie sich dem eigentlichen Test zuwenden konnten, mussten alle Studenten ein Formular ausfüllen, in dem nach demographischen Informationen gefragt wurde (Alter, Studienjahr, Hauptfach usw.). Und dann war da eine kleine Falltür: Einige Versuchspersonen mussten Angaben zu ihrer ethnischen Zugehörigkeit machen, während die entsprechende Frage in den Formularen der übrigen fehlte. Diese geringfügige Änderung hatte erhebliche Auswirkungen: Jene afroamerikanischen Studenten, die ihre ethnische Zugehörigkeit angegeben hatten, schnitten deutlich schlechter ab als jene, die nicht danach gefragt worden waren. Dieser Effekt ist mittlerweile so oft und anhand so vieler verschiedener Methoden nachgewiesen worden, dass sich zahlreiche Psychologen fast ausschließlich damit beschäftigen.[43] Inzwischen wurden auch wirksame Mechanismen entwickelt, um die Studienleistungen von Minderheitenangehörigen mittels einer Verringerung des Einflusses negativer Stereotype zu verbessern.[44] Wenn wir mit der Ethnie zusammenhängende Unterschiede bei den geistigen Leistungen beobachten, stellt sich also folgende Frage: Verraten sie uns etwas über grundlegende Unterschiede zwischen Schwarzen und Weißen oder darüber, dass Stereotype sich selbst erfüllende Prophezeiungen sein können?

Kommen wir zum angeblich *wesentlichen* Unterschied zwischen den sozialen Fähigkeiten von Männern und Frauen: Frauen sind demnach empathischer als Männer und verstehen die Gedanken und Gefühle anderer Menschen besser. Als Männer und Frauen in einem Test zum Gedankenlesen für gute Leistungen bezahlt wurden und sich alle Mühe gaben, verschwand sogar dieser typische geringfügige Unterschied zwischen den Geschlechtern.[45] Als in einem anderen Experiment die Fähigkeit von Männern getestet wurde, nichtverbale Hinweise zu entschlüsseln, schnitten sie schlechter ab, wenn man ihnen sagte, dass ihr soziales Gespür getestet würde, als wenn man ihnen erklärte, es gehe um die Messung ihrer Fähigkeit zur Informationsverarbeitung.[46] Das Maß an Bemühen scheint ebenso großen Einfluss auf den Unterschied zwischen dem sozialen Gespür von Männern und Frauen zu haben wie die unterschiedlichen Anlagen der Geschlechter. Wenn wir bei Männern und Frauen ein unterschiedliches Maß an Empathie beobachten, stellt sich also die Frage: Haben wir es hier mit grundlegenden Unterschieden zu tun, oder lernen wir eher etwas darüber, dass stereotype Vorstellungen über die Eigenschaften der Geschlechter sich selbst erfüllende Prophezeiungen sein können?

Das entscheidende Ergebnis dieser Forschungen ist, dass unsere stereotypen Vorstellungen von den Unterschieden zwischen Gruppen durchaus zutreffend sein können, während unsere Erklärungen für diese Unterschiede möglicherweise vollkommen falsch sind. Alte Menschen könnten sich anders als junge, Schwarze anders als Weiße und Frauen anders als Männer verhalten, weil sie den Stereotypen über diese Gruppen entsprechen, und nicht, weil es inhärente Unterschiede zwischen den Gruppen gibt. Gewalt zwischen Gruppen, Vorurteile und Diskriminierung haben ihre Ursache demnach weniger in einer falschen Beobachtung der Unterschiede zwischen Gruppen, sondern vielmehr in falschen Erklärungen für diese Unterschiede. Was das bedeutet, erläuterte der Biologe Stephen Jay Gould, als er die schändliche Geschichte der wissenschaftlichen Begründungen von Rassenunterschieden beschrieb:

Wir halten uns nur einmal auf dieser Erde auf. Wenige Tragödien sind allumfassender als die Behinderung des Lebens, kaum ein Unrecht ist schlimmer als die Verweigerung der Chance auf Selbstverwirklichung oder sogar das Vorenthalten jeder Hoffnung darauf, indem man Menschen von außen Beschränkungen auferlegt, die fälschlich als innere Beschränkungen dargestellt werden. [...] Wir leben in einer Welt der Unterschiede zwischen Menschen und in einer Welt der Präferenzen. Aber die Extrapolation dieser Tatsachen auf Theorien mit strikten Grenzen ist Ideologie.

* * *

Unsere Eindrücke vom Denken anderer Menschen scheinen Abbilder der beobachteten Welt zu sein. Damit wären unsere Stereotype Spiegelbilder der Welt. Aber sie können auch wie Magneten funktionieren und sich auf die von uns beobachtete Welt auswirken. Unsere Annahme, verschiedene Gruppen seien gegensätzlich, kann die Distanz zwischen diesen Gruppen in unserer Vorstellung größer machen, als sie tatsächlich ist. Das Ergebnis sind Stereotype, welche die tatsächlichen Unterschiede zwischen den Gruppen übertreiben. Zudem kann diese Annahme diejenigen, die Gegenstand unserer Stereotype sind, dazu bewegen, sich entsprechend diesen Klischees zu verhalten. Die ursprünglich männliche Historikerin Jan Morris zum Beispiel spürte diese Kräfte sehr deutlich, nachdem sie sich einer Geschlechtsumwandlung unterzogen hatte. »Je mehr man mich wie eine Frau behandelte, desto mehr wurde ich zur Frau«, schrieb sie. Aber zumeist ist die subtile magnetische Verzerrung der Daten, die der Statistiker in unserem Kopf aufzeichnet, unsichtbar. Wenn wir den Einfluss nicht erkennen, den diese Kraft auf unsere Vorstellungen von fernen anderen sowie auf die Realität an sich ausübt, bereiten wir den Boden für Fehler des ansonsten brillanten Statistikers in unserem Kopf.

Es gibt noch eine weitere faszinierende Erkenntnis über die Stereotype: Wir lassen sie sehr schnell fallen, sobald wir von der Auseinandersetzung mit einer Gruppe als Ganzer dazu übergehen, uns mit einem einzelnen Mitglied dieser Gruppe zu beschäftigen, dessen Verhalten wir direkt beobachten können. Ein Beispiel: Die meisten Menschen haben wenig für Politiker übrig. Sie gelten als »Blutsauger«, »Lügner«, »Betrüger« und »Schürzenjäger«. Und trotz all dieser Abneigung genießen Amtsinhaber bei Wahlen einen großen Vorteil. Seit 1964 sind 93 Prozent der Amtsinhaber im Repräsentantenhaus des amerikanischen Kongresses wiedergewählt worden.[47] Als das Ansehen des Kongresses einen historischen Tiefstand erreichte und weniger als 20 Prozent der Bürger die Tätigkeit der Parlamentarier guthießen, erklärte trotzdem eine Mehrheit der Wähler, der Abgeordnete *ihres eigenen Wahlkreises* habe die Wiederwahl verdient. *Die Politiker* sind eine Teufelsbrut, aber in *unserem eigenen* sehen wir keinen typischen Politiker.

Die Geschwindigkeit, mit der wir bei der Beurteilung einer einzelnen Person ein Stereotyp fallen lassen, kann verblüffend – man könnte auch sagen: ermutigend – sein. In einem Experiment waren bei Freiwilligen, denen ein 15 *Sekunden* langes Interview eines schwarzen oder weißen Studenten gezeigt wurde, der das Leben auf dem Campus beschrieb, deutliche Hinweise darauf zu beobachten, dass sie diese Studenten aufgrund ihrer ethnischen Stereotype beurteilten. Aber nach einer Sequenz von 12 *Minuten* war keine Spur von stereotypen Vorstellungen mehr zu erkennen.[48] Wenn man sehr wenig über eine Person weiß, füllt man die Wissenslücken mit Informationen über die Gruppe, der man diese Person zuordnet. Aber wenn man mehr über sie erfährt, wird diese stereotype Information anscheinend rasch durch das ersetzt, was diese Person tatsächlich *tut*. Um einen anderen Menschen zu verstehen, beobachten wir auch, wie er sich verhält, um anschließend auf die Gedanken, Überzeugungen und Einstellungen zu schließen, die ihn zu diesem Verhalten bewegt haben.

Das ist eine ausgezeichnete Strategie, um Gedanken zu lesen, aber wie viele ausgezeichnete Strategien kann sie zu unerwarteten Fehlern führen. Denn das Verhalten eines anderen Menschen ist nicht einfach ein Fenster zu seinem Bewusstsein, sondern gleicht eher dem Spiegel eines Magiers, der den Betrachter manchmal in die Irre führt und manchmal wie eine Glasscheibe funktioniert. Der Trick des Magiers besteht darin, den Betrachter glauben zu machen, er schaue durch eine Scheibe und habe tatsächlich vor Augen, was dahinter liegt, obwohl er in Wirklichkeit in einen gekrümmten Spiegel blickt, der das Bild verzerrt. Wenn man glaubt, man schaue durch Fensterglas anstatt in einen gekrümmten Spiegel, begeht man den gleichen Fehler, der bei dem Versuch auftreten kann, die Gedanken anderer Menschen zu lesen. Wie wir im folgenden Kapitel sehen werden, können diese Fehler zu den schlimmsten überhaupt zählen.

7

Wie uns das Verhalten eines Menschen täuschen kann

Unfälle gibt es nicht. Unfall ist eine falsche Bezeichnung für das Schicksal.

Napoleon Bonaparte

Walter Vance war ein netter Mensch, der zum denkbar schlechtesten Zeitpunkt am denkbar ungünstigsten Ort einen Herzinfarkt erlitt: Das Unglück traf ihn am turbulentesten Einkaufstag des Jahres, dem Black Friday,* in einer überfüllten Target-Filiale. Im Gedränge der Kunden, die hektisch nach günstigen Angeboten suchten, blieb der Todeskampf von Walter Vance fast unbemerkt. Augenzeugen berichteten später, die Leute hätten sich nicht um den Mann gekümmert, der zwischen den Regalen auf dem Boden lag: Ein Mensch nach dem anderen ging vorbei, ohne ihm zu helfen.[1]

Ein Herzinfarkt ist etwas Furchtbares, aber er ist nicht unbedingt ein außergewöhnliches Ereignis. Allein in den Vereinigten Staaten sterben täglich etwa 2000 Menschen an Herzkrankheiten.[2] Außergewöhnlich ist, dass jemand am wichtigsten Einkaufstag des Jahres in einer überfüllten Filiale einer Discountkette einen Herzinfarkt haben kann,

---

* Am »Black Friday«, dem ersten Freitag nach Thanksgiving, beginnt in den Vereinigten Staaten die Saison für die Weihnachtseinkäufe.

ohne aufzufallen. Was in aller Welt ging nur in den Köpfen dieser Zuschauer vor?

»Was ist aus der Hilfsbereitschaft der Menschen geworden?«, fragte eine Freundin des Opfers und gab gleich selbst die Antwort: »Es gibt nur einen Grund für die Untätigkeit all dieser Leute: Gier auf Konsum.« Tatsächlich liegt der Schluss nahe, dass diesen Schnäppchenjägern eine billige Kaffeekanne wichtiger war als das Leben eines Menschen: Menschen verhalten sich hartherzig, weil sie hartherzig sind.

Diese Erklärung beruht auf der verbreiteten Ansicht, das Verhalten eines Menschen entspreche seinem Wesen. Die Psychologen bezeichnen diesen systematischen Fehler als *Korrespondenzverzerrung*.[3] Die Menschen zeigen, was sie fühlen, entscheiden sich für das, was sie wollen, und tun, was ihnen gefällt. Wenn diese Vorstellung zutrifft, kann man von den Äußerungen, Entscheidungen und Handlungen einer Person auf ihre Emotionen, Motive und Vorlieben schließen. Wir denken wie Napoleon: Unser sechster Sinn geht davon aus, dass es keine Unfälle gibt. Wer einem Sterbenden nicht zu Hilfe eilt, kann einfach kein Mitgefühl haben.

Diese Vorstellung ist nützlich, solange die Äußerungen aufrichtig, die Entscheidungen bewusst, die Motive einfach sind und alle Beteiligten tatsächlich die Freiheit haben, unbeeinflusst von ihrer Umgebung zu tun und zu lassen, was immer sie wollen. Aber das Leben ist voller Ausnahmen von all den allgemeinen Regeln, und diese Ausnahmen führen zu vorhersehbaren Fehlern, wenn wir versuchen, die Welt mit den Augen anderer Menschen zu sehen. Der Glaube, die Kunden in jener Target-Filiale hätten Walter Vance aus kaltherziger Gier absichtlich nicht geholfen, gehört in diese Kategorie von Fehlern. Um den Grund dafür zu erklären, muss ich zunächst beschreiben, was uns bei der Beurteilung des Verhaltens anderer Menschen entgehen kann.

Aus den Augen, aus dem Sinn

Früher glaubten die Menschen, die Erde sei flach, weil sie flach aussah. Egal wohin man sich bewegte, das Bild war immer das gleiche. Kein Mensch sagte, die Erde sehe gekrümmt aus, wenn man *genau hier* stehe, oder sie gliche einer Kugel, wenn man sie von ganz *dort oben* betrachte. Also glaubten unsere Vorfahren, was sie sahen: Die Erde war eine Scheibe.

Wir können ihnen unmöglich einen Vorwurf daraus machen. Sie waren intelligente Menschen, die diesen Fehler in gutem Glauben begingen, weil sie akzeptierten, was sie sahen, und nicht verstanden, was sie nicht sehen konnten. Die Rundheit der Erde zu erkennen setzt eine größere Perspektive als jene voraus, die man einnimmt, wenn man auf der Erde steht.[4]

Beurteilt man das Denken eines Menschen nur aufgrund seines Verhaltens, so begeht man den gleichen Fehler wie jemand, der glaubt, die Erde sei eine Scheibe. Um zu verstehen, was im Kopf eines Menschen vorgeht, brauchen wir eine größere Perspektive, als uns unsere Erfahrung normalerweise eröffnet. Dazu müssen wir nicht nur das sichtbare Verhalten dieser Person berücksichtigen, sondern auch den weniger offenkundigen Kontext, in dem dieses Verhalten stattfindet. Wenn ein Mann in die Kamera schaut und erklärt, dass er kein Bürger der Vereinigten Staaten mehr sein will, haben wir Grund zu der Annahme, dass er von seinem Land enttäuscht ist. Schwenkt die Kamera von seinem Gesicht zu einem islamistischen Terroristen, der eine Waffe auf den Kopf des Mannes richtet und in der anderen Hand einen Zettel mit dem Skript für diese Ankündigung hält, so wissen wir, dass die Aussage des Mannes irreführend ist. Wenn wir den Kontext des Verhaltens dieser Geisel berücksichtigen, verstehen wir besser, was in ihrem Kopf vorgeht.

Das Problem ist, dass wir das Leben oft durch ein Teleobjektiv statt durch ein Weitwinkelobjektiv betrachten: Wir zoomen uns nah an die Personen heran und blenden den größeren Kontext, der ihr Handeln beeinflusst, aus. Wenn ein Sprinter bei den Olympischen Spielen die Goldmedaille gewinnt, sehen wir den Triumph seines individuellen Talents, seiner Fähigkeiten und seines Siegeswillens. Nicht sichtbar sind die Tausenden Trainingsstunden, der finanzielle und zeitliche Aufwand von Eltern und Sponsoren, das Glück, das dieser Sportler gehabt hat, zum richtigen Zeitpunkt den richtigen Trainer zu finden und in einem friedlichen Land zu leben, in dem ein Mensch sein Leben dem Sport widmen kann, anstatt ums Überleben kämpfen zu müssen. Das Rezept für eine Goldmedaille enthält zahlreiche Zutaten, die nicht im Bild sind, wenn man sich das Sprintfinale bei den Olympischen Spielen anschaut. Ähnlich verhält es sich bei einem erfolgreichen Unternehmen, wo die Entscheidungen und Strategien des Geschäftsführers hervorgehoben werden. Schwerer zu erkennen ist der Kontext, der ebenfalls zum Erfolg dieses Managers beigetragen hat: der allgemeine Zustand der Volkswirtschaft, die Qualifikation der Belegschaft des Unternehmens, die Organisationsstruktur, die den täglichen Betrieb regelt, und das Glück des Managers, der zum richtigen Zeitpunkt das richtige Unternehmen übernommen hat.

Wenn die breitere Perspektive fehlt, können wir den Sportreportern keinen Vorwurf daraus machen, dass sie Goldmedaillen als Produkt von Talent und Siegeswillen darstellen (»Sie wollte den Sieg einfach mehr als ihre Gegnerinnen«), ohne den Kontext zu berücksichtigen, der diesen Erfolg ermöglicht. Und wir können den Marktanalysten keinen Vorwurf daraus machen, dass sie den Erfolg eines

Unternehmens auf die Brillanz eines Spitzenmanagers zu-
rückführen, ohne die herrschenden Marktkräfte und die
gute Organisationsstruktur zu berücksichtigen. Sie gelangen in gutem Glauben zu ihren Schlüssen.[5]

Sehen wir uns an, wie derartige Schlüsse zu Fehlern füh-
ren können, wenn wir über andere Menschen nachdenken.
Stellen Sie sich vor, Sie sitzen in einem Fernsehstudio im
Publikum und verfolgen ein klassisches psychologisches
Experiment, das wie eine Spielshow abläuft – nennen wir
es »Quiz Bowl«.[6] Auf der Bühne stehen der »Gastgeber« der
Show (der Versuchsleiter) und zwei Freiwillige, von denen
einer der »Fragesteller« und der andere der »Befragte« ist.
Der Fragesteller wird mit dem Auftrag hinter die Bühne geschickt, ohne jede Unterstützung zehn Fragen vorzubereiten, die der Befragte nicht beantworten kann. Das ist keine
schwierige Aufgabe: Denken Sie einen Augenblick an nebensächliche Informationen oder Fakten, die Sie aus eigener beruflicher Erfahrung oder dank Ihrer Hobbys kennen.
Es wird Ihnen nicht schwerfallen, zehn Fragen zu formulie-
ren, auf die kaum jemand eine Antwort wissen wird.

Nachdem er kurz überlegt hat, kehrt der Fragesteller zurück und beginnt, dem Befragten die vorbereiteten und
gemäß den Anweisungen extrem schwierigen Fragen zu
stellen: »Wie viele Inseln umfassen die Philippinen?« –
»Welches sind die bürgerlichen Namen von Axl Rose und
Slash von Guns N' Roses?« – »Wie lange braucht der Mond
Phobos, um den Mars zu umrunden?«[7] Der Befragte ist rat-
los. Im Originalexperiment konnten die Befragten im Durchschnitt nur vier von zehn Fragen beantworten. Können wir
daraus schließen, wie kenntnisreich der Fragesteller und
der Befragte sind? Die Antwort scheint auf der Hand zu
liegen. Der Fragesteller wirkt intelligent, der Befragte nicht
allzu aufgeweckt. Tatsächlich schätzten die Mitglieder des
Publikums die Fragesteller als außergewöhnlich kenntnis-

reich ein (im 82. Perzentil verglichen mit der Referenzgruppe), während die Befragten nur als durchschnittlich (49. Perzentil) eingestuft wurden. Sogar die Befragten nahmen sich ihre Leistungen zu Herzen und erklärten, die Fragesteller wüssten deutlich mehr als sie selbst.

Diese Demonstration wirft ein Licht auf die möglicherweise bedeutsamste Erkenntnis darüber, wie wir andere verstehen. Sie zeigt uns, warum Menschen die Erde für eine Scheibe halten. Die beiden Gameshow-Kandidaten in diesem Experiment standen auf der Bühne, und die Zuschauer konzentrierten sich bei der Beurteilung ihrer Leistungen auf die Aussagen der beiden Kandidaten, während sie den Kontext vollkommen außer Acht ließen. Der Fragesteller stellte schwierige Fragen, weshalb er intelligent wirkte. Der Befragte gab falsche Antworten, was ihn unintelligent aussehen ließ. Das ist die *Korrespondenzverzerrung*: Aus dem beobachteten Verhalten wird auf einen entsprechenden Verstand geschlossen.

In Wahrheit erfährt man nichts über den Verstand dieser beiden Kandidaten, so wie man nichts über die Überzeugungen einer Geisel erfährt, die ihre Nationalität verleugnet, während ihr jemand eine Waffe an den Kopf hält, und nichts über die Krümmung der Erde erfährt, wenn man sie vom Boden aus betrachtet. Der Fragesteller hat in diesem Kontext einen enormen Vorteil gegenüber dem Befragten. Dieser Vorteil ist eine Garantie dafür, dass jeder Fragesteller jeden Befragten überrumpeln wird. Wie ein Vorgesetzter, der seine Mitarbeiter zur Rede stellt, oder ein Professor, der seine Studenten prüft, konnte sich der Fragesteller jedes erdenkliche Spezialgebiet aussuchen und sämtliche Bereiche außer Acht lassen, in denen er selbst über kein Spezialwissen verfügte. Der bedauernswerte Befragte hingegen musste Fragen aus sämtlichen erdenklichen Fachgebieten beantworten. Doch da der Vorteil des Fragestellers nicht so offenkundig war wie eine auf den Kopf einer Geisel gerichtete Waffe, schloss das Publikum aus dem Verhalten der Kandidaten nicht auf eine ungleiche Ausgangslage, sondern auf einen ungleichen Intellekt. Wie es manchmal über das fragwürdige Lob für jene heißt, die scheinbar in den Erfolg hineingeboren wurden: Wir sehen jemanden an der dritten Base stehen und schließen daraus, dass er mit einem Schlag dorthin gekommen ist.

Nur ein Dummkopf würde annehmen, dass ein Mann, der auf einem vereisten Bürgersteig ausrutscht, stürzen *wollte*, aber die Kräfte, die zu unseren Erfolgen und Fehlschlägen beitragen, sind normalerweise nicht so gut sichtbar wie Eis auf dem Gehweg. Deshalb lassen wir uns so leicht von den Handlungen eines Menschen täuschen. Ein Beispiel: Als der Hurrikan Katrina New Orleans verwüstete, konnte die amerikanische Öffentlichkeit nicht nachvollziehen, warum Tausende Menschen die Evakuierung verweigerten und in ihren Häusern blieben. ABC News drückte es so aus: »Es ist schwer zu verstehen, was in den Köpfen derer vorgeht, die sich dem Evakuierungsbefehl widersetzt haben.« Diese Verwunderung ist ein Ergebnis der Korrespondenzverzerrung: Es wird allgemein angenommen, dass sich diejenigen, die in ihren Häusern blieben, dazu *entschieden* und den Befehl zur Evakuierung bewusst *missachteten*. Heimatschutzminister Michael Chertoff schien genauso zu denken: »Die Verantwortlichen gaben Anweisung zur Evakuierung. Einige Personen entschlossen sich, diese Anweisung nicht zu befolgen. Das war ein Fehler von ihnen.«[8] Auch der zu trauriger Berühmtheit gelangte Katastrophenschutzleiter Michael Brown erklärte die hohe Zahl der Todesopfer damit, dass viele Leute die Warnungen nicht beachtet hätten: »Ich werde die Gründe der Personen, die sich zum Bleiben entschieden, nicht bewerten, aber es gab die Anordnung zur Evakuierung von New Orleans.«[9]

Brown versuchte den Eindruck zu vermeiden, er fälle Werturteile, aber andere, die viele Kilometer und Welten von der Realität der Zurückgebliebenen entfernt waren, taten sich keinen Zwang an. »Es hat teilweise mit Verleugnung zu tun«, erklärte der Psychiater John Stutesman von der Northwestern University. »Sie reden sich ein, den Sturm bewältigen zu können.«[10] Eine Umfrage unter zufällig ausgewählten amerikanischen Bürgern und Universitätsstudenten zeigte, dass diese Einschätzung verbreitet war:[11] Die Befragten beschrieben jene Personen, die aus ihrer Heimatstadt geflüchtet waren, mehrheitlich als »intelligent«, »verantwortungsbewusst« und »unabhängig«, während sie die Zurückgebliebenen überwiegend als »dumm«, »passiv« und »unflexibel« bezeichneten. Schließlich konnte nur ein Idiot auf die Idee kommen, einem Hurrikan der Stärke 5 die Stirn zu bieten. Dumm ist der, der Dummes tut.

Diese Erklärung deckt sich mit der verbreiteten Überzeugung, das Verhalten einer Person gebe Aufschluss über ihr Denken. Aber sie deckt sich nicht unbedingt mit der tatsächlichen Erfahrung der meisten Bewohner von New Orleans, die in ihrer Heimat blieben. Denn der größere, nicht ganz so offensichtliche Kontext ergibt ein anderes Bild: Verglichen mit denen, die dem Aufruf zur Evakuierung folgten, waren unter denen, die blieben, unverhältnismäßig viele Arme. Ihre sozialen Netze waren geographisch beschränkter, ihre Familien größer (sowohl die Zahl der Kinder als auch die der Mitglieder der erweiterten Familie). Sie hatten keinen leichten Zugang zu zuverlässigen Informationen und besaßen mit größerer Wahrscheinlichkeit kein eigenes Auto.[12] Wer sich einen längeren Aufenthalt im Hotel leisten oder in der Ferne bei Freunden unterkommen konnte, eine relativ kleine Familie zu befördern hatte und ein Auto besaß, hatte die *Wahl*, sich zum Aufbruch zu entscheiden. Aber welche

Wahl hat jemand, der kein Geld für ein Hotel, kein Auto für die Flucht und keine Freunde in der Ferne hat und eine große Familie in Sicherheit bringen muss? Diesen Kontext erfassten die Kameras nicht, als sie die Menschen filmten, die auf den Dächern ihrer in den Fluten versunkenen Häuser standen oder durch das Wasser wateten. Zu glauben, dass die Zurückgebliebenen diese Lösung *gewählt* hätten, ähnelt der Annahme, die Erde sei eine Scheibe oder der Fragesteller des Gameshow-Experiments sei brillant. Wenn man das größere Bild sieht, erkennt man, dass viele der Menschen, die nach dem Hurrikan auf den Dächern ihrer Häuser hockten, in der Rolle des befragten Kandidaten steckten.

Diese Forschungsergebnisse bedeuten nicht, dass die Menschen bloße Opfer ihrer Umstände sind oder dass ihr Verhalten keinerlei Aufschluss über ihre Vorlieben geben kann. Mit Sicherheit entschieden einige Bewohner tatsächlich aus freien Stücken, die Sturmwarnung zu ignorieren und in New Orleans zu bleiben, und zweifellos gab es bei »Quiz Bowl« auch Fragesteller, die mehr Wissen besaßen als die von ihnen Befragten. Aber wir müssen uns darüber im Klaren sein, dass wir aufgrund der Schwierigkeit, den größeren Kontext zu sehen, zu der Annahme neigen, das Verhalten eines Menschen sage mehr über die Vorgänge in seinem Kopf aus, als tatsächlich der Fall ist.

Mr Spock, dumme Fragen und spitze Felsen: Die Bedeutung des Kontextes

Wenn wir beurteilen, was in anderen Menschen vorgeht, fällt es uns schwer, das größere Bild zu sehen, weil die Kräfte, die unser Verhalten lenken, normalerweise eher im

Hintergrund wirken, anstatt sich klar vor unseren Augen zu entfalten. Je mehr wir über den größeren Kontext wissen, desto weniger neigen wir zu der Annahme einer einfachen Entsprechung von Denken und Handeln. Im »Quiz Bowl«-Experiment gelangten Befragte und Zuschauer zu der Überzeugung, die Fragesteller seien Genies. Aber die Fragesteller selbst, denen bewusst war, dass sie zufällig in diese glückliche Lage geraten waren, begingen diesen Fehler nicht. Sie verstanden, wie schwierig es war, sich zehn kaum zu beantwortende Fragen auszudenken, denn sie hatten festgestellt, dass sie viele Fragen nicht stellen konnten, weil sie die Antworten selbst nicht wussten. Daher glaubten die Fragesteller selbst nicht, mehr zu wissen als die Befragten: Da sie eine größere Perspektive hatten, konnten sie sich in die Lage der Befragten hineinversetzen.

Das zeigt, dass die Korrespondenzverzerrung alles andere als unvermeidlich ist. Aber um diesen Fehler zu vermeiden, müssen wir das Verhalten eines Menschen im Kontext sehen. Ein Beispiel: Kurz nachdem er den Krebs besiegt und seine erste Tour de France gewonnen hatte, wurde der Radfahrer Lance Armstrong in einer Pressekonferenz[13] von einem Journalisten gefragt, ob der Tour-Sieg ein Beweis dafür sei, dass ein Mensch mit Willenskraft und Entschlossenheit jedes Hindernis überwinden könne. Bei einer isolierten Betrachtung von Armstrongs Erfolg lag dieser Schluss nahe, aber der Sportler kannte den größeren Kontext seiner Genesung, die wenig mit seiner Einstellung zu tun hatte. Seine Antwort? »Nein«, sagte er, um anschließend zu beschreiben, wie er während der Chemotherapie viele Menschen gesehen hatte, die einen ebenso großen Lebenswillen wie er gehabt und genauso hart wie er gekämpft hatten und trotzdem gestorben waren: Um den Krebs zu besiegen, brauche man sehr viel mehr als Willenskraft – nämlich Wissenschaft, Geld und Glück.

Armstrong kannte seine Situation besser als der Journalist. Rund um den Erdball neigen Menschen in Kulturen, die dem situativen Kontext des menschlichen Handelns größere Bedeutung beimessen, weniger dazu, vom Verhalten einer Person auf ihr Denken zu schließen. Menschen, die in Kulturen leben, die der Gemeinschaft Vorrang vor dem Individuum geben, sowie jene, die generell den sozialen Normen und der zwischenmenschlichen Harmonie größeren Wert beimessen (etwa in Südostasien), erkennen im Allgemeinen früher als Angehörige von Kulturen, die großen Wert auf die Freiheit und die Selbstbestimmung des Einzelnen legen (das heißt individualistischere Kulturen wie jene der Vereinigten Staaten und Westeuropas), wann die Handlungen eines Menschen eher dem Diktat seiner Rolle und seiner Umwelt als entsprechenden Bewusstseinszuständen gehorchen.[14] Auch Personen mit einem niedrigeren sozioökonomischen Status, deren Wahlmöglichkeiten häufig durch ihre Lebensumstände eingeschränkt werden, berücksichtigen bei der Beurteilung des Handelns anderer Menschen eher den Kontext als Personen mit höherem sozioökonomischen Status, die weniger Beschränkungen unterworfen sind.[15] Und Kulturen, die – wie die jüdische – religiösen Ritualen, Praktiken und Traditionen größere Bedeutung beimessen als dem Glauben an sich (was zum Beispiel der Protestantismus tut), gehen von einer komplexeren Beziehung zwischen Verstand und Handeln aus, weshalb ihre Mitglieder eher den Kontext berücksichtigen.[16]

Wie viele Gewohnheiten kann auch die, aus dem Verhalten eines Menschen auf die Vorgänge in seinem Kopf zu schließen, gezielt geschwächt werden, das heißt man kann lernen, diese Neigung zu überwinden. Aber so wie die egozentrische Voreingenommenheit, mit der wir uns in Kapitel 5 beschäftigt haben, sind die mentalen Gewohnheiten kaum vollkommen zu beseitigen. Selbst wenn uns klar ist, dass das Denken eines Menschen seinem Handeln nicht entspricht – dass der Unternehmensleiter seinen Erfolg eher großem Glück als großer Weisheit verdankt oder dass eine Person nur zustimmt, weil sie sich anpasst –, kann es schwierig sein, unseren eigenen Augen zu misstrauen. Davon kann Mr Spock ein Lied singen.

Besser gesagt: Leonard Nimoy, der Darsteller von Mr Spock in *Raumschiff Enterprise*, kann ein Lied davon singen. Vielleicht erinnern Sie sich noch an diese von einem fiktiven Planeten stammende Figur, die halb Mensch, halb Außerirdischer ist. Der außerirdische Mr Spock ist vollkommen rational und kennt keine Emotionen – er ist der Inbegriff des rationalen Akteurs, den die Volkswirtschaftler beschreiben. Die Anhänger der Fernsehserie wussten natürlich, dass Nimoy diese Rolle nur gemäß dem Drehbuch spielte. Und dennoch wurde der Schauspieler im Alltag wie Mr Spock behandelt. Nimoy veröffentlichte zwei Gedichtbände, auf die seine Leser vor allem mit Überraschung reagierten, denn sie hatten sich nicht vorstellen können, dass er in der Lage war, »so empfindsam« zu schreiben. Das widersprach dem, was man »von einer kühlen, rationalen, pragmatischen, logischen Person erwarten würde«. Im Flugzeug begegneten ihm andere Fluggäste mit dem Gruß der Vulkanier, Frauen fühlten sich von seiner vermuteten Rationalität angezogen und eine bat ihn sogar, »seine Kräfte einzusetzen«, um einen Freund zu heilen. Wenn Filmfans Schauspieler mit ihren Rollen identifizieren, tun sie das, obwohl sie wissen, dass Schauspieler ihre Figuren lediglich spielen. Es ist wie die Annahme, eine Geisel glaube im Grunde, was sie sagt, obwohl ihr jemand eine Waffe an den Kopf hält, um die Aussage zu erzwingen. Irgendwann hielt Nimoy diese Behandlung nicht mehr aus und verfasste eine Autobiographie, in der er sich gegen die

Korrespondenzverzerrung wehrte und beschrieb, was für ein Mensch er *in Wahrheit* war. Der Titel des Buchs: *I Am Not Spock.*

Die Anhänger von *Raumschiff Enterprise* sind bekannt als ausgefallenes Völkchen, aber in dieser Hinsicht sind sie vollkommen normal: Die meisten von uns lassen sich durch gutes Schauspiel täuschen. Deshalb mögen wir ja Spielfilme. Aber aus dem gleichen Grund beobachten die Psychologen auch, dass die meisten Menschen glauben, was andere ihnen sagen, selbst wenn es möglicherweise gelogen ist.[17] Deshalb ernten Menschen mit einer erzwungenen, aber gut vorgetragenen Entschuldigung ebenso viel Verständnis wie mit einer aufrichtigen.[18] Und deshalb wirkt unaufrichtige Schmeichelei fast so gut wie aufrichtige.[19] Zu diesen Fehlern kommt es nicht, weil wir gedankenlos akzeptieren, was wir eigentlich als falsch erkennen, sondern weil es uns schwerfällt, Verhalten, das wir von Natur aus so verstehen, wie wir es vor Augen haben, als Täuschung zu betrachten.

Diese mentalen Gewohnheiten scheinen in der Kindheit verwurzelt zu sein. Schon in sehr jungem Alter lernen wir, die Handlungen anderer als Ausdruck entsprechender Absichten zu verstehen. Im Allgemeinen ist das durchaus sinnvoll. Wenn unsere Mutter nach einer Tasse greift, ist das keine willkürliche Bewegung: Sie verrät die *Absicht* unserer Mutter. Was wir sehen – eine ausgestreckte Hand –, zeigt uns etwas, das wir nicht sehen können: die Motive und Absichten unserer Mutter. Im Alter von einem Jahr sind Kinder Experten darin, von den Handlungen anderer Menschen auf entsprechende Absichten zu schließen. Mit drei Jahren sind Kinder so an diese Verknüpfungen gewöhnt, dass sie sie fast überall anwenden. Sollen Kinder erklären, warum ein Felsen spitz ist, so werden sie eher eine Erklärung geben, die auf einen umsichtigen Urheber hindeutet

(»Er ist spitz, damit sich Tiere daran reiben können, wenn es sie juckt«), statt eine Begründung zu finden, die auf das Fehlen jeder Absicht hindeutet (»Weil sich im Lauf der Zeit Steine zu einer Spitze angehäuft haben«).[20]

Die Psychologen haben bei Tests mit amerikanischen und britischen Kindern herausgefunden, dass diese ausgeprägte Korrespondenzverzerrung etwa im Alter von neun oder zehn Jahren nachlässt, wenn die Kinder lernen, ihren Instinkt durch sorgfältigeres Denken zu ergänzen. Aber sie verlieren ihn nicht vollkommen. Lenkt man Erwachsene ab, indem man ihnen Mathematikaufgaben gibt, während sie das Vorhandensein spitzer Felsen erklären sollen,[21] oder hemmt man ihre Fähigkeit, konzentriert nachzudenken, indem man ihre Aufmerksamkeit spaltet,[22] so tritt die Korrespondenzverzerrung wieder deutlich zutage. Selbst wenn die sorgfältige Überlegung einen anderen Schluss nahelegt, besteht unser erster Instinkt immer noch darin anzunehmen, dass Handlungen das Ergebnis entsprechender Absichten sind.

Dieser hartnäckige erste Instinkt hilft, manche Fehler zu erklären, die wir begehen, wenn wir herauszufinden versuchen, was in anderen Menschen vorgeht. Werden Geschworene aufgefordert, unzulässige Beweise zu ignorieren, denen sie bereits Bedeutung beigemessen haben, tun sie ihr Bestes, um sich nicht von diesen Informationen beeinflussen zu lassen, fällen jedoch weiterhin Urteile auf der Grundlage der Implikationen dieser Beweise.[23] Erfahren Menschen, dass ein Verdächtiger ein Geständnis unter Druck abgelegt hat, so tun sie ihr Bestes, um dieses Geständnis zu ignorieren, ziehen jedoch trotzdem den Schluss, dass der Verdächtige schuldig ist.[24] Und wenn ein Juror in einem Experiment ein schmeichelhaftes Urteil über die Versuchspersonen abgibt, mögen diese den Juror mehr als einen anderen, der etwas Schlechtes über sie sagt – selbst wenn sie wissen, dass der freundliche Juror seine Beurteilung wort-wörtlich von einem Blatt abliest.[25] Jetzt wissen Sie, warum Sie es mit unaufrichtiger Schmeichelei weit bringen werden.

Nun verstehen wir besser, warum sich so viele Filmstars in ihre Kollegen verlieben, mit denen sie vor der Kamera eine Liebesbeziehung gespielt haben. Denken Sie an Pitt und Jolie, Bogart und Bacall, Burton und Taylor, Ryan und Crowe oder Warren Beatty und fast jede Frau, die er in einem Film zu lieben vorgab (Natalie Wood, Julie Christie, Diane Keaton und Madonna). Die Liste der aus der Fiktion in die Realität übergegangenen Romanzen ist lang,[26] aber das dürfte uns mittlerweile nicht mehr überraschen. Und obwohl Sie wissen, dass Leonard Nimoy nur vorgab, durch und durch rational zu sein, würden Sie ihn vielleicht immer noch engagieren, wenn Ihr Unternehmen einen Entscheidungsanalysten benötigte.

Die Sprösslinge des Trugschlusses

Wenn wir versäumen, unseren sechsten Sinn so einzustellen, dass er den Einfluss des größeren Kontextes berücksichtigen kann, riskieren wir erhebliche Fehlinterpretationen: Wir vermuten Absicht hinter Unfällen oder sprechen Menschen das Verdienst für Erfolge zu, auf die sie keinen Einfluss haben. Wer unmoralische Anweisungen ausführt, wird oft härter bestraft als diejenigen, die diese Anweisungen gegeben haben.[27] Oft gelten Menschen als talentiert, obwohl sie lediglich vom Zufall profitieren. Beispielsweise sind die Renditen aktiv gemanagter Investmentfonds nicht höher als die, die man mit einer zufälligen Wahl der Investments erzielen würde.[28] Trotzdem werden die Fondsmanager so bezahlt und befördert, als wären die Ergebnisse das Produkt ihrer persönlichen Begabung.

Vor allem aber kann uns die Unkenntnis des Kontextes dazu verleiten, für wichtige Probleme Lösungen zu wählen, die nicht funktionieren. Wenn uns unsere Intuition sagt, dass andere Menschen tun, was sie wollen, liegt auf der Hand, welchen Weg wir einschlagen werden, um ihr Verhalten zu ändern: Wir müssen diese Menschen dazu bringen, das Richtige zu *wollen*. Man hört diese Haltung aus Michael Browns Worten heraus, der erklärte, wie man Katastrophen wie jene im Gefolge des Hurrikans Katrina in Zukunft vermeiden könne: »Wir müssen einen Weg finden, um die Menschen davon zu überzeugen, dass die behördlichen Warnungen zu ihrem Besten sind.« Brown sah das Hauptproblem darin, dass die Leute ihre Häuser nicht verlassen *wollten*, und daher bestand die Lösung darin, beim nächsten Mal mehr Überzeugungsarbeit zu leisten. Dieser Zugang kann ein ausgezeichnetes Frühwarnsystem hervorbringen – und bei der nächsten Katastrophe werden genauso viele Menschen zurückbleiben. Denn viele von denen, die blieben, wollten New Orleans unbedingt verlassen. Sie brauchten niemanden, der sie überzeugte. Sie brauchten einen *Bus*.

Die Sprösslinge dieses Trugschlusses sehen wir bei zahlreichen wohlgemeinten Eingriffen. Die Leute verschandeln die Grünflächen mit Abfällen? Finanzieren wir eine Aufklärungskampagne, um ihre Einstellung zum Umweltschutz zu ändern. Die Schüler leisten zu wenig? Bezahlen wir sie für gute Leistungen, damit sie mehr leisten *wollen* und daher härter arbeiten. Die Armen verhalten sich in Geldangelegenheiten unklug? Starten wir ein Programm, um sie im Umgang mit Geld zu schulen. Die Amerikaner sind zu dick? Versuchen wir, sie über die Gefahren der Fettleibigkeit aufzuklären, um sie zum Abnehmen zu motivieren.

Die herkömmlichen Vorstellungen legen nahe, dass wir das Denken der Menschen ändern müssen, um ihr Verhalten zu ändern. Aber viele dieser Lösungen sind nutzlos, weil die Ursache des Problems nicht richtig verstanden wurde. Wie meine Kollegen Richard Thaler und Cass Sunstein in ihrem Buch *Nudge* erklären, kann man das Verhalten sehr viel wirkungsvoller beeinflussen, indem man statt der individuellen Denkweise den größeren Kontext ändert, denn so macht man es den Menschen leichter, die Dinge zu tun, die sie tun wollen.[29] Sehen wir uns vier Beispiele an:

- FÖRDERUNG DES UMWELTBEWUSSTSEINS. Es ist schwierig, die Menschen dazu zu bewegen, in öffentlichen Grünanlagen keine Abfälle wegzuwerfen. Die meisten Leute wissen bereits, dass sie ihre Abfälle nicht einfach fallen lassen sollen. Doch da der Mensch ein soziales Tier ist, neigt er dazu, sich so zu verhalten wie die Menschen um ihn herum. Wenn man die Leute davon abhalten will, den Stadtpark zu verschandeln, wäre es ein guter Anfang, zusätzliche Abfalleimer aufzustellen, um es den Besuchern leichter zu machen, das Richtige zu tun. Anschließend sollte man die vorhandenen Abfälle einsammeln, damit die Leute nicht den Eindruck gewinnen, es sei normal, den Müll auf den Rasen zu werfen. Wie alle Tiere zieht auch der Mensch den leichten Weg dem schwierigeren vor. Er hegt keinen tiefempfundenen Wunsch, seine Umwelt zu verschmutzen. Er neigt einfach dazu, das zu tun, was alle tun.
- BESSERE SCHULLEISTUNGEN. Die Verfechter der freien Marktwirtschaft glauben, was uns unser gesunder Menschenverstand sagt: Die Menschen richten ihr Handeln nach der Belohnung aus, das heißt, sie tun etwas, weil sie damit etwas erreichen wollen. Gemäß dieser Analyse sollten schlechte Schüler bessere Leistungen

bringen, wenn man sie mit etwas belohnt, das jeder will: mit Geld. Aber in großen Experimenten mit Zehntausenden Schülern und Lehrern (die etwa 80 Millionen Dollar gekostet haben) hat sich herausgestellt, dass es überhaupt nichts nützt, Schüler und Lehrer für bessere Leistungen zu bezahlen. Der Volkswirt Roland Fryer von der Harvard University, der diese Forschungsarbeit geleitet hat, erklärt: »Ich habe keinen Beleg dafür gefunden, dass finanzielle Anreize für Lehrer die Leistungen ihrer Schüler, die Teilnahme am Unterricht oder die Noten verbessern, und ich habe keinen Beleg dafür gefunden, dass die Anreize das Verhalten von Schülern oder Lehrern ändern. Wenn Anreize für die Lehrer überhaupt etwas bewirken, so eher schlechtere Leistungen der Schüler, vor allem an großen Schulen.« Den Willen von Schülern oder Lehrern zu manipulieren, scheint nicht der richtige Weg zu sein, um die Leistungen von Schülern zu steigern. Die meisten Schüler und Lehrer wollen erfolgreich sein, und eine wirkungsvollere Unterstützung bestünde darin, die Umwelthindernisse zu beseitigen, die sie davon abhalten. Welches ist das größte Hindernis? Anscheinend verbringen die Schüler zu wenig Zeit mit dem Lernen. Längere Schultage, kürzere Sommerferien und weniger Feiertage verbessern die Leistungen der Schüler. Will man die Leistungen der Schüler steigern, so wäre es ein guter Anfang, sie mehr Zeit in der Schule verbringen zu lassen.

- EINDÄMMUNG DER ARMUT. Die Armut ist eines der hartnäckigsten Probleme der menschlichen Gesellschaft, und die Armen selbst tun anscheinend nicht genug, um sich aus ihrer schlechten Lage zu befreien. Sie nehmen unverhältnismäßig oft Überbrückungskredite mit obszön hohen Zinsen auf und geraten in endlose Schuldenspiralen, in denen sie immer neue Kredite aufnehmen müssen, um ihre alten Schulden zurückzahlen zu können. Eine verbreitete Theorie über die Ursachen der Armut erklärt diese mit geistigen Defiziten. Demnach sind arme Menschen einfach nicht so intelligent wie andere, weshalb sie mit ihrem Geld unverantwortlich umgehen, was sie wiederum in Armut hält. Wie kann man das Problem lösen? Eine beliebte Strategie besteht darin, den Armen Schulungen anzubieten, um ihren Umgang mit Geld zu verbessern. Es gibt nur ein Problem: Offenbar helfen solche Kurse den Armen kaum.[30] Möglicherweise sind sie intelligenter und in Geldfragen besser informiert, als die Planer solcher Maßnahmen annehmen. In einer Reihe von Experimenten fanden Psychologen heraus, dass Arme seltener in finanzielle Fallen gehen, die wohlhabende Personen regelmäßig Geld kosten.[31] Eines der größten Probleme der Armen ist ihr Misstrauen gegenüber Finanzinstituten, das durch den fehlenden Zugang zu einfachen Bankdienstleistungen wie Sparkonten verschlimmert wird. Die Armen nehmen Überbrückungskredite unter anderem deshalb auf, weil sie keine anderen Finanzierungsmöglichkeiten haben. Eine wirkungsvolle Methode, um den Teufelskreis der Verschuldung zu durchbrechen, besteht darin, mittellosen Personen Zugang zu Bankdienstleistungen zu geben. Natürlich kann die Armut nicht allein durch einfache Maßnahmen wie diese überwunden werden, aber man kann überhaupt nichts dagegen ausrichten, wenn man von der Annahme ausgeht, Armut sei vor allem ein Produkt der Dummheit.

- KAMPF GEGEN DIE FETTLEIBIGKEIT. In den Vereinigten Staaten breitet sich die Fettleibigkeit wie eine Epidemie aus. Die Lösung für das Problem liegt auf der Hand: weniger essen und sich mehr bewegen. Aber das Problem besteht weiter. Die gängige Meinung lautet auch hier, dass dicke Menschen entweder ignorant sind oder nicht abnehmen *wollen*, und die Kampagnen der Gesundheitsdienste zielen auf diese vermeintlichen Ursachen. Beispielsweise hat die Obesity Action Coalition eine nationale Kampagne unter dem Titel »Take Five to Live Light«* gestartet, um »mehr als 93 Millionen fettleibige Amerikaner aufzuklären«. Diese Zielsetzung impliziert, dass die Menschen übergewichtig sind, weil sie es nicht besser wissen. Die Kampagne ist gut gemeint, aber sie lässt potentiell wirksamere Lösungen außer Acht, weil das Problem falsch diagnostiziert wurde. Die beste Lösung dürfte nicht sein, uns zu erklären, dass wir weniger essen müssen, sondern uns zu helfen, das zu tun, was wir bereits als notwendig erkannt haben. Beispielsweise haben die meisten Menschen eine ausgeprägte Neigung, so viel Nahrung aufzunehmen, wie ihnen angeboten wird. Verkauft man Kinobesuchern das Popcorn in größeren Behältern, so werden sie mehr Popcorn essen, selbst dann, wenn das Popcorn alt und abgestanden ist.[32] Lässt man Leute M&Ms mit einem Löffel essen, so konsumieren sie umso mehr, je größer der Löffel ist.[33] In den vergangenen 100 Jahren sind die Teller in den Vereinigten Staaten um 40 Prozent größer geworden: Gibt man den Gästen größere Teller, so holen sie sich mehr Essen vom Büfett.[34] Wenn man weniger essen will, wäre es ein guter Anfang, die eigene Willenskraft nicht länger zu überschätzen, auf Junkfood zu verzichten und die modernen Riesenteller ganz hinten im Geschirrschrank zu verstecken und durch kleinere Teller zu ersetzen. Der Forscher Brian Wansink, von dem die meisten dieser Beobachtungen stammen, hat sogar eine eigene Bewegung gegründet – die Small

---

* Sinngemäß: »Nehmen Sie sich fünf Minuten Zeit, um zu lernen, wie schon eine fünfprozentige Gewichtsreduzierung Ihre Gesundheit verbessert.«

Plate Movement. Haben Sie keine Angst beizutreten: Nur Ihre Hüfte wird den Unterschied bemerken. Restaurantgäste, die von einem kleineren Teller aßen, berichteten, genauso satt zu sein wie nach dem Verzehr einer sehr viel größeren Portion, die auf einem Riesenteller lag.

Ein sechster Sinn, der annimmt, das Handeln eines Menschen entspreche direkt seinem Denken, lässt den Einfluss des Kontextes auf das Verhalten außer Acht, versteht die Ursachen des Verhaltens falsch und ist unfähig, das Verhalten irgendeines Menschen einschließlich des eigenen zum Besseren zu ändern.

Wenige gute Samariter

Angesichts all dessen sollten wir noch einmal auf Walter Vance zurückkommen und uns einen Augenblick Zeit nehmen, um uns die »herzlosen« Kunden näher anzusehen, die ihm nicht zu Hilfe eilten. Verstehen wir ihr Verhalten jetzt besser? Es ist durchaus möglich, dass diese Personen tatsächlich so herzlos und gierig sind, wie ihr Verhalten nahelegt, aber es gibt keinen Grund zu der Annahme, dass sie deutlich herzloser und gieriger sind als andere Menschen. Ihr Problem war, dass sie sich in einem Kontext bewegten, der Menschen, die ansonsten gute Samariter gewesen wären, davon abhielt, einem in Not geratenen Mitmenschen beizustehen.

Unser gesunder Menschenverstand sagt uns, dass manche Menschen hilfsbereit sind und andere nicht. Wenn Sie in eine Notlage geraten, ist anzunehmen, dass Sie umso eher einen guten Samariter finden werden, je mehr Menschen in der Nähe sind. Aber die Forschung bestätigt ein ums andere Mal, dass die Aussicht auf Hilfe umso geringer wird, je mehr Zuschauer einen in Not geratenen Menschen umgeben.[35] Wenn Sie an einem öffentlichen Ort in Not geraten, wäre es am besten für Sie, wenn sich dort statt einer großen Menschenmenge nur wenige Personen aufhielten, im Idealfall zwei: eine, die Ihnen helfen kann, und eine zweite, die Hilfe holt.

Um zu verstehen, warum eine wachsende Zahl von Zuschauern die Chance auf Hilfe tatsächlich verringert, müssen wir statt des Teleobjektivs eine Weitwinkellinse verwenden. Wenn in einem Supermarkt, in dem Sie gerade Ihre Urlaubseinkäufe machen, jemand einen Herzinfarkt erleidet, müssen zwei Dinge geschehen, bevor Sie eingreifen können. Erstens müssen Sie bemerken, dass etwas Ungewöhnliches geschieht. Das scheint im Rückblick offenkundig, aber im Augenblick des Geschehens ist es überraschend schwierig, weil unsere Aufmerksamkeit eingeschränkt ist.[36] Wir konzentrieren uns entweder auf das eine *oder* auf das andere, aber kaum einmal auf das eine *und* das andere. Je voller es im Supermarkt ist, desto wahrscheinlicher wird Ihnen entgehen, wenn ein anderer Kunde Hilfe braucht. Zweitens müssen Sie erkennen, dass es sich um eine *Notsituation* handelt, damit Sie eingreifen können. Ein Zwischenfall, der offensichtlich ein Herzinfarkt ist, wenn Sie in der Zeitung darüber lesen, sieht möglicherweise gar nicht so bedrohlich aus, wenn er sich genau vor Ihren Augen ereignet. Kann es nicht sein, dass sich um Mitternacht am hektischsten Einkaufstag des Jahres jemand auf den Boden legt, um auszuruhen? Könnte diese Person betrunken sein? Könnte sie unter Drogeneinfluss stehen? Sie sind beunruhigt, es ist eine sonderbare Situation. Und deshalb tun Sie, was soziale Tiere tun, wenn sie verunsichert sind: Sie suchen nach Hinweisen auf das richtige Verhalten und sehen sich um, um festzustellen, ob ihre Artgenossen ebenfalls beunruhigt sind. Und an diesem Punkt werden die vielen Umstehenden zu einem Problem. Denn genau wie Sie will niemand der Erste sein, der vortritt und jemandem hilft, der am Ende gar keine Hilfe braucht. Da alle anderen unbeteiligt wirken, gelangen Sie zu dem Schluss, dass es kein Notfall sein kann. Und dasselbe geht im Kopf aller anderen vor. Es ist eine bittere Ironie, dass möglicherweise jeder einzelne Zuschauer sehr besorgt ist, aber den Eindruck gewinnt, dass es sich offenbar nicht um eine Notsituation handelt, weil alle anderen Umstehenden keine Reaktion zeigen, weshalb ein Eingreifen unangemessen wäre.[37] Die Unfähigkeit, die Notlage eines anderen Menschen zu erkennen, macht jemanden nicht unbedingt zu einem herzlosen Unmenschen. Sie ist einfach menschlich.

Wenn wir unseren sechsten Sinn so einstellen, dass er den Kontext berücksichtigen kann, wird uns nicht nur klar, warum es vorkommt, dass gute Menschen jemandem, der in Not ist, nicht zu Hilfe eilen, sondern auch, warum einige Umstehende in einer solchen Situation sehr wohl eingreifen. Vance' Frau berichtete, dass ihm schließlich mehrere Frauen halfen – die allesamt Krankenschwestern waren. Anders als die meisten Kunden konnten diese Krankenschwestern aufgrund ihrer beruflichen Erfahrung den Notfall erkennen und wussten, was in einer solchen Situation zu tun war. Wahrscheinlich achteten sie auch eher auf Notfälle, weil es Teil ihrer Arbeit war. Machte das die sechs Frauen zu Heldinnen? Natürlich, denn sie handelten, um einen sterbenden Mann zu retten. Aber mittlerweile können wir ihr heroisches Verhalten treffender beurteilen, denn wir verstehen es besser und wissen, dass wir alle dazu in der Lage sind. Genau wie das Böse kann auch das Heldentum banal sein.[38] Es erfordert weder vollkommene Selbstbeherrschung noch besondere altruistische Neigungen, um so zu handeln. Man muss auch kein Engel sein, der wenig Ähnlichkeit mit gewöhnlichen Sterblichen hat. Es gehört zu unserer menschlichen Natur, dass wir alle uns in gute Samariter verwandeln können, wenn wir zum richtigen Zeitpunkt die richtigen Bedingungen vorfinden. Das schmälert die Leistung jener Menschen, die oft unter großer Gefahr für das eigene Leben handeln, um andere zu retten, nicht im Geringsten. Stattdessen sollte es Ihnen zeigen, dass Sie unter geeigneten Umständen ebenfalls dazu imstande wären.[39]

* * *

Andere Menschen sind keine offenen Bücher für uns, aber das hält uns nicht von dem Versuch ab, ihre Gedanken zu lesen. Die Werkzeuge, derer wir uns dazu intuitiv bedienen – unser eigener Verstand, das von uns beobachtete Verhalten dieser Menschen und unsere stereotypen Vorstellungen von ihrem Denken –, sind heuristische Vereinfachungen, die uns einen unvollkommenen Einblick geben. Die daraus resultierenden Fehler machen diese Vereinfachungen nicht unbrauchbar: Sie liefern allesamt nützliche Informationen. Aber auch die Fehler geschehen nicht zufällig: Jeder von ihnen bringt vorhersehbare Irrtümer hervor, die wirkliches Verständnis verhindern. Unser Egozentrismus verführt uns dazu, die Übereinstimmung des Denkens anderer Menschen mit unserem eigenen zu übertreiben. Unsere Klischees und Stereotype können Unterschiede auf Kosten von Ähnlichkeiten hervorheben. Und das Verhalten anderer kann uns zu übermäßig vereinfachten Annahmen bezüglich der Beweggründe für dieses Verhalten verleiten. Die Heuristik gibt uns einen schnellen und leichten Zugang zur Denkweise anderer Menschen, aber der Preis dafür ist die übermäßige Vereinfachung. Das Denken anderer Menschen ist oft komplexer, als uns unser sechster Sinn glauben macht.

Klugheit bedeutet nicht zuletzt, die eigenen Grenzen zu

erkennen. Nur wenn wir sie kennen, können wir sie überwinden. Aber Klugheit bedeutet auch, unsere Stärken zu
kennen und zu versuchen, sie weiterzuentwickeln. Was
würden Sie tun, wenn Sie andere wirklich besser verstehen
wollten? Gestützt auf die Forschungsergebnisse, die ich im
folgenden Kapitel beschreiben werde, sollte die Antwort
klar sein.

TEIL 4

Mit den Augen des anderen

Wie können wir besser verstehen,
wie andere denken?

8

Wie man ein besserer Gedankenleser wird – und wie nicht

> Ich bin taub und blind. Die Taubheit ist ein tieferes, komplexeres und möglicherweise bedeutsameres Problem als die Blindheit. Die Taubheit ist ein sehr viel schlimmeres Unglück, denn mit ihr verliert man einen lebenswichtigen Antrieb: den Klang der Stimme, welche die Sprache trägt, das Denken in Gang bringt und uns die geistige Gesellschaft anderer Menschen verschafft.
>
> *Helen Keller*

Wenn es nach der Religion, der Science-Fiction-Literatur und parapsychologischem Unfug geht, besitzen Menschen, die Gedanken lesen können, übersinnliche Kräfte. Götter sind übernatürlich. Die Zauberer in den Harry-Potter-Büchern beherrschen die Legilimentik. Ein Medium behauptet, hellseherische Fähigkeiten zu haben.

Sie und ich besitzen keine dieser Fähigkeiten. Ich habe genau beschrieben, wie uns unser vollkommen natürlicher Verstand in die Lage versetzt, ohne irgendwelche übernatürlichen Kräfte die Gedanken anderer Menschen zu deuten – und manchmal falsch zu deuten. Was kann ein Normalsterblicher tun, um diese natürliche Fähigkeit weiterzuentwickeln?

Mir wurde gesagt, dass es zwei Möglichkeiten gibt. Bei der Arbeit an diesem Buch führte ich ein ums andere Mal dasselbe Gespräch. Wenn ich erwähnte, dass ich ein Buch

über das Gedankenlesen schrieb, nahmen meine Gesprächspartner an, ich beschäftige mich entweder mit der Körpersprache (also mit der Frage, wie man Mimik und Gestik
deuten kann) oder mit der Perspektive anderer Menschen
(mit der Frage, wie man sich fremde Sichtweisen aneignen
kann). Beide Ansätze sind intuitiv verlockend. Wenn wir
nicht wissen, ob jemand uns wirklich mag oder ob er uns
die Wahrheit sagt, müssen wir demnach die subtilen Hinweise deuten, die sein Körper gibt. Und weil unsere Selbstbezogenheit uns davon abhält, die Dinge mit den Augen
eines anderen Menschen zu sehen, werden wir stets aufgefordert, »in die Haut des anderen zu schlüpfen«, wenn
es darum geht, soziale Missverständnisse zu beseitigen. So
erklärte Präsident Barack Obama vor den Vereinten Nationen, um die festgefahrenen Positionen in den Verhandlungen zwischen Israelis und Palästinensern zu überwinden,
müssten beide Seiten lernen, wie es sei, »in der Haut des
anderen zu stecken«.[1] Eine Änderung des Blickpunkts wird
als Allheilmittel für alle möglichen gesellschaftlichen Übel
betrachtet, gleichgültig, ob es sich um Konflikte zwischen
Kleinkindern auf dem Spielplatz oder zwischen großen
Kindern auf dem Schlachtfeld handelt. Indem man sich
vorstellt, wie man reagieren würde, wenn man sich in der
Lage eines anderen Menschen befände, kann man demnach
auch die Denkweise dieses Menschen verstehen.

Beide Lösungsansätze legen nahe, die intuitiven Werkzeuge einzusetzen, mit denen wir uns bereits beschäftigt
haben: Erstens kann man die eigene Wahrnehmung verbessern, zweitens kann man seine Vorstellungskraft verbessern.
Für welchen Ansatz sprechen die Forschungsergebnisse?

Für keinen von beiden. Stattdessen legen die Forschungsergebnisse einen dritten Ansatz nahe. Lassen Sie mich erklären.

Es heißt, jeder Lügner gebe Signale, die ihn verraten. Das gilt zweifellos für Kinder, deren erste, unbeholfene Versuche, uns mit der Unwahrheit hinters Licht zu führen, zum Lachen sind. Aber es wird allgemein angenommen, auch bei Erwachsenen seien die wahren Absichten und Gefühle an subtilen Hinweisen zu erkennen. Darwin sagte uns in *Der Ausdruck der Gemütsbewegungen bei den Menschen und den Tieren* sogar genau, wo wir suchen sollten: »Ein Mann, der verärgert oder auch wütend ist, kann die Bewegung seines Körpers beherrschen, aber [...] die Gesichtsmuskeln, die dem Willen am wenigsten gehorchen, können eine geringfügige und flüchtige Gefühlsregung verraten.« Der Oberste Gerichtshof Kanadas ist zumindest im Grundsatz damit einverstanden: Er verlangt mittlerweile, dass die Geschworenen einen Zeugen persönlich zu sehen bekommen, damit sie »Körpersprache, Gesichtsausdruck und andere Indikatoren der Glaubwürdigkeit angemessen beurteilen können«.[2] Kabelsender beschäftigen »Experten für nichtverbale Kommunikation«, um die wahren Beweggründe von Politikern zu ergründen, und einige dieser Experten gehen unter die Buchautoren und versprechen ihren Lesern, sie durch die Perfektionierung ihrer Fähigkeit zur Deutung der Körpersprache in »regelrechte Lügendetektoren« zu verwandeln.[3] Manchmal wird die Bedeutung der Körpersignale auf geradezu komische Art übertrieben. Wie es in einer sarkastischen Schlagzeile der Satirezeitschrift *Onion* heißt: »Amerikaner verlangen vor Debatten mehr Berichte über Körpersprache«.

Wie viel von dem, was in unserem Kopf vorgeht, zeigt unser Körper tatsächlich? Natürlich würde niemand auf die Idee kommen, komplexe Gedankengänge mit einer

Pantomime auszudrücken, beispielsweise, wenn er seine Lebensgeschichte oder die Bill of Rights erklären möchte. Der körperliche Ausdruck, so die Annahme, gibt eher über Gefühle als über Gedanken Aufschluss. Aber wie viel von unseren Emotionen zeigen wir mit dem Körper verglichen mit anderen Kommunikationsmitteln wie unserer Stimme?

Um das herauszufinden, kann man eine Versuchsperson vorübergehend des Gehörs oder des Gesichtssinns berauben und testen, wie gut sie andere Menschen beurteilen kann. Zum Glück muss man der Versuchsperson dafür nicht das Trommelfell durchstoßen oder die Augen ausstechen. Man muss ihr lediglich eine Videoaufnahme zeigen, in der jemand eine emotionale Erfahrung beschreibt, und dabei entweder den Ton oder das Bild abschalten. Anschließend vergleichen die Forscher die Annahmen der Versuchsperson in Bezug auf die Emotionen des Sprechers mit den Emotionen, die dieser tatsächlich zu Protokoll gab. In einem solchen Experiment wurden Versuchspersonen Aufnahmen einer Person vorgespielt, die entweder eine sehr positive oder eine sehr negative emotionale Erfahrung beschrieb. Dieser Sprecher musste mittels eines Schiebers auf einer Skala dokumentieren, wie gut oder schlecht er sich beim Vortrag fühlte. Die Freiwilligen verwendeten denselben Schieber, um anzugeben, wo sich der Sprecher in jedem Moment auf der Emotionsskala befand. Je besser ein Freiwilliger verstand, was der Sprecher fühlte, desto genauer entsprachen seine Positionen auf der Skala denen des Sprechers.

Als die Forscher die Treffgenauigkeit der Versuchspersonen ermittelten, stellten sie fest, dass jene, die den Sprecher nur *gesehen* hatten, seine Gefühle sehr viel weniger zutreffend beurteilt hatten als jene, die ihn lediglich *gehört* hatten. Die Emotionen wurden also in erster Linie von der Stimme des Sprechers transportiert.[4] Jene Versuchspersonen, die den Sprecher nur sehen konnten, beurteilten seine Emotionen immer noch genauer als durch zufälliges Raten – aber nicht viel genauer. Es stimmt also, dass der Körper spricht. Aber er flüstert nur.

Meine Frau und ich lernten, die Bedeutung der Körpersprache zu relativieren, nachdem wir mit unseren Adoptivkindern aus Äthiopien in die Vereinigten Staaten zurückgekehrt waren. Sie waren fünf und drei Jahre alt und sagten außer »Mommy« und »Daddy« kaum ein englisches Wort. Wir verstanden von der amharischen Sprache gerade genug, um unterscheiden zu können, ob sie zum Kühlschrank oder ins Badezimmer gehen wollten. Es schränkte unser Leben erheblich ein, dass wir nur die Körpersprache einsetzen konnten. Die Kommunikation mit unseren neuen Kindern war auf die Dinge beschränkt, auf die wir zeigen oder die wir in die Hand nehmen konnten. Alles, was in der Vergangenheit oder in der Zukunft lag, war außer Reichweite. Wir verloren Zeit und Raum. Wohin ich ging, wenn ich am Morgen ins Büro ging, wann ich nach Hause kommen würde, was ich tat, während ich außer Haus war, was zum Abendessen auf den Tisch kommen würde, was sie am Nachmittag tun konnten und die Tatsache, dass wir für den Rest unseres Lebens ihre Eltern sein würden: All das blieb im Dunkeln. In der Hoffnung, die beiden würden verstehen, was wir mit der Körpersprache zeigen konnten, fingen wir an, unsere Mimik und Gestik so zu übertreiben, dass wir wie Stummfilmkomiker wirkten. Es war lächerlich, aber wir machten uns so gut verständlich wie alle jungen Eltern mit präverbalen Kindern. Allerdings hatten wir nur ein sehr oberflächliches Verständnis unserer beiden neuen Kinder.

Eltern lernen im Lauf der Zeit, die körperlichen Signale ihrer Kinder besser zu entschlüsseln, so dass an die Stelle des vollkommenen Unverständnisses ein gewisses Verständnis tritt. Dass das Verständnis durch Training zunimmt, lässt sich auch wissenschaftlich nachweisen. Eine

Schulung in der Deutung von Körpersprache und Gesichtsausdrücken erhöht die Fähigkeit einer Person, diese Hinweise in der nahen Zukunft zu erkennen. Der Zugewinn
ist gering und flüchtig, aber nachweisbar.[5] Doch selbst von
diesem geringfügigen Zugewinn profitieren nur diejenigen, die von einem sehr geringen Kenntnisstand ausgehen
oder sehr wenig Interesse daran zeigen, die Körpersprache
anderer Menschen besser zu deuten. Beispielsweise ist es
für Autisten sehr nützlich, ihre Fähigkeit zur Erkennung
von Emotionen zu trainieren.[6] In Studien mit normalen Erwachsenen zeigt sich, dass Männer diese Fähigkeit eher als
Frauen verbessern können, weil sie von einer geringeren
Kompetenz ausgehen.[7] Aber wer die Körpersignale anderer
Menschen bereits einigermaßen gut deuten kann oder soziale Kompetenz besitzt, darf bestenfalls auf eine minimale
Verbesserung hoffen. All diese Menschen sind vermutlich
bereits so gut, wie sie werden können.

Darwin stellte allerdings eine anspruchsvollere Hypothese auf. Er erklärte, die nichtverbalen Signale im Gesichtsausdruck seien im Lauf der Evolution in unserem biologischen Programm festgeschrieben worden, weshalb sie von
der neuronalen Reflexmaschine gesteuert würden, die wir
mit anderen Tieren gemein hätten. Unsere tatsächlichen
Gefühle – etwa Furcht und Freude – würden daher in einem kurzen Ausdruck sichtbar und erst dann verdeckt werden. Wenn es nach Darwin geht, werden wir zu Experten
im Gedankenlesen, indem wir lernen, das, was ein Mensch
schnell und spontan zeigt, mit dem abzugleichen, was er
langsam sagt.

Der moderne Abkömmling von Darwins Hemmungs-
hypothese ist das, was die Psychologen als »Mikroexpressionen« bezeichnen. Gemeint sind kurz aufflackernde
mimische Signale für Emotionen, die weniger als eine Fünf-
telsekunde dauern und entweder im ganzen Gesicht oder

nur in einem kleinen Teil davon zu sehen sind. Zeigt eine Person eine Mikroexpression eines Stirnrunzelns, während sie erklärt, glücklich zu sein, so wird angenommen, dass sie mit dieser Mikromimik ihre wahren Gefühle verrät. Diese These klingt intuitiv überzeugend. Wenn man lügt, ist man sich sowohl der Wahrheit als auch der unstimmigen Geschichte bewusst, die man erzählt. Es ist schwer, das Gefühl zu unterdrücken, dass die Wahrheit erkennbar wird, sei es an Mikroexpressionen oder einem anderen Ausdruck, den man nicht vollkommen kontrollieren kann. Der intuitive Reiz dieser Theorie hat ihr außerhalb der wissenschaftlichen Gemeinschaft zu großer Beliebtheit verholfen. In der Fernsehserie *Lie to Me*, von der drei Staffeln ausgestrahlt wurden, ging es um die Fähigkeit, Kriminelle anhand ihrer Mikroexpressionen zu identifizieren, wobei es sich um fiktive Fälle handelte. Aber die Transportation Security Administration (TSA), die für die Sicherheit der amerikanischen Verkehrsnetze zuständige Behörde, meinte es vollkommen ernst, als sie ein großangelegtes Schulungsprogramm startete, das auf dem angeblichen Nutzen der Mikromimik beruht.[8] In diesem Programm, das unter dem Kürzel SPOT (Screening of Passengers by Observation Techniques, Kontrolle von Reisenden mit Beobachtungstechniken) bekannt geworden ist, werden TSA-Agenten darin geschult, Mikroexpressionen und andere unterschwellige Hinweise zu erkennen, um Täuschungsversuche zu entlarven. Diese »Verhaltensanalysten« stellen Flugreisenden an der Sicherheitskontrolle Fragen zu anscheinend harmlosen Themen. Bis 2010 wurden etwa 3000 solche Experten ausgebildet, die an 161 Flughäfen eingesetzt werden.[9]

Obwohl sie großen Reiz ausüben, gibt es kaum wissenschaftliche Belege für die Aussagekraft von Mikroexpressionen. Erstens scheint die intuitive Annahme, unsere Emotionen würden durchsickern und für andere sichtbar sein, eher eine egozentrische Illusion als eine objektive Tatsache zu sein. Werden Freiwillige in Experimenten aufgefordert, zu lügen oder starke Gefühle zu verbergen, so überschätzen sie die Fähigkeit anderer Menschen, die Wahrheit zu erkennen, deutlich.[10] Die meisten von uns sind bessere Lügner, als sie denken. Zweitens stellen Forscher, die aktiv nach Mikroexpressionen suchen, die Täuschungsversuche verraten, immer wieder fest, dass diese Signale nicht nur außerordentlich selten, sondern bei Menschen, die die Wahrheit sagen, mit ebenso großer Wahrscheinlichkeit zu beobachten sind wie bei Personen, die lügen. In einem Experiment zeigten Forscher ihren Versuchspersonen eine Reihe emotional berührender Fotos und forderten sie auf, ihre Gefühle entweder zu zeigen oder zu verbergen.[11] In keinem einzigen von 697 Gesichtsausdrücken, die in dieser Studie beobachtet wurden, war eine volle Mikroexpression (sowohl in der oberen als auch in der unteren Gesichtshälfte) zu erkennen, und nur in 14 Fällen (2 Prozent) konnte eine partielle Mikroexpression nachgewiesen werden (die sich also entweder in der oberen oder in der unteren Gesichtshälfte manifestierte). Und von diesen 14 partiellen Mikroexpressionen wurde die Hälfte bei Versuchspersonen beobachtet, die ihre tatsächlichen Emotionen zu verbergen versuchten, während die andere Hälfte bei Personen auftrat, die ihre wirklichen Gefühle zeigten. Das bedeutet natürlich nicht, dass sämtliche Emotionen verborgen werden können. Aber es überrascht, wie wenig von unseren wirklichen Gefühlen erkennbar ist, wie oft ein irreführender Ausdruck in unserem Gesicht auftaucht und wie schwierig es ist, diese subtilen Hinweise wahrzunehmen.[12]

Selbst auf Lügen von großer Tragweite scheint es nicht deutlich mehr Hinweise zu geben als auf kleine Notlügen. Eine Gruppe von Forschern fasste ihre Ergebnisse so zusammen: »Obwohl es Menschen möglicherweise schwerer

fällt, gravierende Lügen zu erzählen, sind die Verhaltens-
manifestationen weder offenkundig noch zwangsläufig
ausgeprägter als bei geringfügigen Lügen.«[13] Dass wir uns
unserer eigenen Gedanken und Gefühle deutlich bewusst
sind, bedeutet keineswegs, dass sie für andere auch nur
annähernd so klar erkennbar sind.

Das SPOT-Programm steht in der Kritik, weil sein wis-
senschaftliches Fundament unsolide ist. Man kann der TSA
kaum einen Vorwurf daraus machen, dass sie alles versucht, um gefährliche Terroristen oder Kriminelle besser zu
identifizieren, aber mit diesem Programm scheint das kaum
möglich zu sein. Aus einem Bericht des amerikanischen
Rechnungshofes an den Kongress geht hervor, dass von
etwa 2 Milliarden Reisenden, die in den Jahren 2004 bis
2008 die Flughäfen benutzten, an denen SPOT eingesetzt
wurde, rund 152 000 einer ergänzenden Befragung unterzogen wurden. 14 000 der befragten Fluggäste wurden für
ein Verhör durch Sicherheitsbeamte festgehalten, und 1083
wurden schließlich verhaftet. Das bedeutet, dass weniger
als 1 Prozent der Personen, die von den SPOT-Beamten aus-
gesondert wurden, tatsächlich wegen einer Straftat verhaftet wurden. 99 Prozent wurden unnötig festgehalten. Sieht
man von den 151 000 Reisenden ab, die grundlos aufgehal-
ten wurden, stellt sich die Frage, wie viele von denen, die
schließlich verhaftet wurden, tatsächlich Waffen, Drogen,
Bomben oder für Terroranschläge gesammelte Informationen bei sich hatten (solche Personen waren ja ursprünglich
das Ziel des Programms). Die Antwort: fast keine, und es
war nicht ein Terrorist darunter. Der häufigste Gesetzesver-
stoß, der zu 40 Prozent der Verhaftungen führte, bestand
darin, dass der Betroffene ein »illegaler Ausländer« war.
Das SPOT-Programm dürfte eher eine teure Methode des
ethnischen Profilings sein.[14]

Körpersprache und Mimik können Aufschluss über Gedanken und Gefühle geben, aber die Menge der von ihnen gelieferten Information ist überraschend begrenzt, und wer diese Signale deuten kann, hat anscheinend bestenfalls einen minimalen Nutzen davon.[15] Die Körpersprache besser deuten zu lernen scheint also kein erfolgversprechender Weg zu einem besseren Verständnis anderer Menschen zu sein. Sehen wir uns die wissenschaftlichen Belege für den Nutzen einer weiteren Methode an.

Die Aneignung einer anderen Sichtweise

In seinem Bestseller *How to Win Friends and Influence People* (dt. *Wie man Freunde gewinnt*) listet Dale Carnegie eine Reihe von Methoden auf, mit denen man erreichen kann, was der Titel verspricht. Eine davon preist er als »Zauberformel« an. Und wie lautet diese Formel? »Versuchen Sie ehrlich, die Dinge vom Standpunkt des anderen aus zu sehen.«

Um erfolgreich mit anderen Menschen zu interagieren, muss man Carnegies Formel zufolge ihre Absichten, Gedanken und Gefühle kennen. Das gelingt, indem man sich ihre Sichtweise aneignet, also ehrlich versucht, ihren psychischen Standpunkt einzunehmen. Natürlich kann man die Welt nicht buchstäblich mit den Augen eines anderen Menschen *sehen*, aber man kann sich *vorstellen*, wie man sie verstünde, wenn man in der Haut dieses Menschen steckte.

Diese Imagination kann etwas Wunderbares sein. Wenn mich mein zwölfjähriger Sohn um Hilfe bei seinem Schulaufsatz bittet, kritisiere ich ihn nicht so hart, wie ich einen Kollegen kritisieren würde. Kinder, die schreiben lernen, haben es nicht nötig, dass man ihnen die Augen öffnet: Sie brauchen Aufmunterung. So wie jeder Lehrer muss man die Beurteilung an die Bedürfnisse des Schülers anpassen. Die Fähigkeit, sich die Reaktionen eines anderen Menschen vorzustellen, bevor man sie beobachten kann, gehört zu den größten Leistungen des menschlichen Verstands.

Aber sogar großartige Fähigkeiten stoßen an Grenzen. Der aufrichtige Versuch, sich in die Lage eines anderen Menschen zu versetzen, verbindet die intuitiven Werkzeuge der egozentrischen Projektion und der Stereotypenbildung, um größtmöglichen Nutzen aus beiden zu ziehen. Man nimmt, was man bereits über andere weiß, und setzt den eigenen Verstand ein, um die Resultate aus Sicht einer anderen Person zu simulieren. Gefiele mir dieser Actionfilm, wenn ich eine Frau wäre? Was würde ich mir an Stelle meines Partners zum Geburtstag wünschen? Wie ginge es mir, wenn ich in Armut lebte? Verstünde ich diese Präsentation, wenn ich einer unserer Kunden wäre? Würde sich diese raue Vernehmungsmethode für mich wie Folter anfühlen?

Der Vorteil der Methode, den Standpunkt eines anderen Menschen einzunehmen, liegt auf der Hand. So kann man sein vorhandenes Wissen über diesen Menschen, das man anderenfalls möglicherweise übersehen hätte, bestmöglich nutzen. Nach der schlimmsten Ölpest der Geschichte verdiente sich BP-Chef Tony Hayward den Titel des dümmsten Unternehmensleiters der Welt, indem er eine ignorante Erklärung abgab, die bewies, dass er vollkommen unfähig war, die Katastrophe mit den Augen anderer Menschen zu sehen.[16] »Niemand wünscht sich mehr als ich, dass das ein Ende hat«, erklärte er. »Ich möchte mein Leben wiederhaben.« Es ist zu hoffen, dass Hayward anders gesprochen hätte, wenn er sich tatsächlich in die Lage der Küstenbewohner versetzt hätte, die ihre Lebensgrundlage verloren hatten.

Die Methode, sich die Sichtweise eines anderen anzueignen, hat jedoch auch einen offensichtlichen Schwachpunkt: Dazu muss man imstande sein, sich in die Lage der anderen Person zu versetzen. Wenn man nicht wirklich weiß, wie es ist, arm zu sein, unter chronischen Schmerzen zu leiden, aufgrund von Depressionen Selbstmordgedanken zu haben, in der Unternehmenshierarchie ganz unten zu stehen, einem Waterboarding unterzogen zu werden, in Isolationshaft zu sitzen oder nach einer Ölpest nicht mehr imstande zu sein, seine Familie zu ernähren, wird es einem kaum gelingen, sich ein zutreffendes Bild von der Lage eines anderen Menschen zu machen. Die Genauigkeit des Urteils über diesen Menschen kann sogar leiden. In einer Reihe von Experimenten unterzogen meine Kollegen und ich Freiwillige mehreren üblichen Tests zum Gedankenlesen. So sollten sie etwa voraussagen, was eine andere Person beim Anblick eines Fotos von ihrem Gesicht fühlen oder was jemand denken würde, der nur ihre Augen sähe. Wir fanden keinen einzigen Hinweis darauf, dass die Einnahme eines anderen Standpunkts – der Versuch, sich in die Lage eines anderen Menschen zu versetzen und die Welt mit seinen Augen zu sehen – das Urteilsvermögen dieser Versuchspersonen verbesserte. In beiden Fällen wurde ihr Urteil sogar *unzutreffender*, als sie versuchten, den Blickpunkt der anderen Person einzunehmen. Wenn man zu viel über die Emotionen oder Beweggründe eines anderen Menschen nachdenkt, ohne weitere Informationen zu haben, könnte das also eher zu Irrtürmern als zu Einsichten führen.

Problematischer ist Folgendes: Wenn wir uns ein falsches Bild vom Standpunkt des anderen machen, dann wird unsere sorgfältige Auseinandersetzung mit diesem Standpunkt die Folgen dieser Fehleinschätzung nur noch vergrößern. Das gilt insbesondere in Konflikten, wo die Konfliktparteien zumeist eine falsche Vorstellung voneinander haben. Doch ausgerechnet in Konfliktsituationen wird der

Versuch, die Situation mit den Augen der anderen Seite zu betrachten, besonders oft als Lösung vorgeschlagen. Wenn sich ein Israeli in die Lage eines Palästinensers hineinversetzen soll, stellt sich die Frage, welche abwertenden Stereotype er vermutlich heranziehen wird, um sich ein Bild davon zu machen, wie der Palästinenser denkt. Auf welche Annahmen über die Haltung der anderen Seite wird ein Gewerkschaftler zurückgreifen, der versucht, einen Arbeitskonflikt aus der Perspektive des Managements zu sehen? Und auf welche Geschlechterstereotype greift eine Frau zurück, die sich vorstellt, ein Mann zu sein? Kurzum: Wenn das Bild, das wir uns von der Lage anderer machen, falsch ist, kann das Unverständnis *wachsen*, wenn wir versuchen, uns in ihre Lage zu versetzen.[17]

Ein Beispiel dafür liefert ein Verhandlungsexperiment, in dem meine Kollegen und ich einen Konflikt um die Überfischung der Kabeljaubestände im Nordatlantik simulierten.[18] Wir haben es hier mit einem klassischen Beispiel für die *Allmendeklemme* zu tun: Jedem einzelnen Fischer würde es nutzen, so viele Fische wie möglich zu fangen, aber wenn alle Fischer so viel fangen wie möglich, werden die Fischbestände zusammenbrechen, was allen schadet. Die Lösung dieses Dilemmas besteht darin, jeden einzelnen Fischer dazu zu bewegen, möglichst viel zu fangen, aber genug Fische übrig zu lassen, damit sich der Bestand immer wieder erholen kann. Das Problem ist, dass die Fischer glauben, *die anderen Fischer* seien selbstsüchtiger, als sie tatsächlich sind. Wenn jeder Fischer irrtümlich annimmt, dass er den anderen nicht trauen kann, denkt er nur noch an seinen eigenen Vorteil, was zur Folge hat, dass die Fischbestände zusammenbrechen.

In unserer Simulation der Allmendeklemme forderten wir jeweils vier Versuchsteilnehmer auf, in einer Verhandlungsrunde verschiedene Gruppen von Fischern zu vertreten. Jeder Teilnehmer wusste, welche Fischmenge übrig bleiben musste, um den Bestand zu erhalten, wie viel Fisch jede Gruppe allein fangen konnte und welche Möglichkeiten des Lebensunterhalts sich den Fischern nach einem Zusammenbruch des Bestands boten. Jede Gruppe hatte 25 Minuten Zeit, um in einer »simulierten Konferenz« zu klären, wie dieses Dilemma fair gelöst werden konnte. Anschließend berichteten die einzelnen Gruppenmitglieder, wie viele Tonnen Fisch sie im folgenden Jahr fangen würden. In der Kontrollgruppe gab jeder Versuchsteilnehmer einfach an, welche Menge Fisch er im folgenden Jahr fangen konnte. In der Gruppe, in der es darum ging, sich in die Lage der anderen Fischer zu versetzen, sollten die Teilnehmer zunächst darüber nachdenken, welche Fangmenge die anderen Fischer, die jeweils eigene Interessen und Sorgen hatten, für angemessen halten würden, und anschließend entscheiden, welche Menge sie selbst fangen würden.

Die Ergebnisse waren eindeutig. Die Aneignung der Sichtweise der anderen Fischer führte dazu, dass die Versuchsteilnehmer die Unterschiede zwischen den Gruppen übertrieben, wodurch sich ihr Misstrauen und ihr Eigennutz verstärkten. Die Teilnehmer, die sich aufrichtig bemühten, sich in die anderen Fischer hineinzuversetzen, sahen Beweggründe, die ihnen nicht gefielen. Als unsere »Fischer« die Situation mit den Augen der anderen betrachteten, brach der Fischbestand besonders rasch zusammen. Genauso verhielten sich die echten Kabeljaufischer, als sie mit diesem Dilemma konfrontiert waren: Sie misstrauten einander, überfischten die Gewässer und provozierten den Zusammenbruch der Fischbestände. Viele Fischer verloren ihre Lebensgrundlage, als der Staat die Fangquoten senkte (oder den Kabeljau vollkommen unter Schutz stellte). Stereotype übertreiben die Unterschiede zwischen Gruppen, die aufgrund ihrer Unterschiede definiert werden, und diesen Fehler verstärkt man, indem man Vermutungen über die Sichtweise der anderen Seite anstellt.[19]

Nicht immer sind die Standpunkte derart unvereinbar, aber man macht sich nie ein besseres Bild vom Denken eines anderen Menschen, indem man sich seine Sicht der Dinge aneignet. In einem Experiment mit 104 (größtenteils verheirateten) Paaren sollten die Partner jeweils voraussagen, wie der andere 20 Fragen zu seinen Einstellungen beantworten würde. Ein Teil dieser Fragen betraf die Einstellung zu relativ unbedeutenden Aussagen – »Ich zahle, wenn möglich, lieber bar« –, während andere wichtige Themen betrafen – Beispiele dafür waren Aussagen wie »Könnte ich noch einmal von vorn beginnen, so würde ich mein Leben sicher anders führen« und »Unsere Familie ist mittlerweile zu hoch verschuldet«. In der Kontrollgruppe sagte der eine Partner einfach voraus, wie der andere die Fragen beantworten würde. In der Perspektiv-Gruppe wurde die Versuchsperson aufgefordert, sich in ihren Partner hineinzuversetzen und aus dessen Sicht zunächst einen typischen Tag in seinem Leben zu beschreiben und anschließend die Fragen zu beantworten. Die Paare in der Kontrollgruppe schätzten die Einstellungen ihrer Partner einigermaßen zutreffend ein. Die Korrelation zwischen vorausgesagten und tatsächlichen Einstellungen lag bei guten 0,5, und die Voraussagen wichen auf einer Skala von 0 bis 10 um 1,5 Punkte von den tatsächlichen Einstellungen der Partner ab. Die Versuchspersonen, die sich bemühten, sich in ihre Partner bzw. Partnerinnen hineinzuversetzen, während sie die Fragen beantworteten, sagten deren Einstellungen nicht genauer voraus – sie schnitten sogar ein wenig schlechter ab. Die Korrelation sank in dieser Gruppe auf 0,39, und die durchschnittliche Abweichung stieg auf 1,7. Was auch immer unsere Versuchsteilnehmer sahen, als sie versuchten, in die Haut der anderen Person zu schlüpfen, es hatte keine allzu große Ähnlichkeit mit dem, was ihre Partner/innen tatsächlich dachten.

Wir suchen seit langem vergeblich nach Belegen dafür, dass diese Art des Perspektivwechsels, also das aktive Bemühen, sich in die Lage einer anderen Person zu versetzen, die Fähigkeit verbessert, die Gedanken dieser Person nachzuvollziehen. Sie wollen voraussagen, welche Aktivitäten Ihrem Partner oder Ihrer Partnerin am besten gefallen? Die Aneignung seiner oder ihrer Sichtweise wird Ihnen dabei nicht helfen. Sie versuchen einzuschätzen, wie attraktiv Sie auf eine andere Person wirken, die nur ein Foto von Ihnen sieht (wie in dem in Kapitel 1 beschriebenen Experiment)? Auch hier werden Sie zu keinem besseren Urteil gelangen, wenn Sie sich in die andere Person hineinversetzen.[20] Forscher haben herausgefunden, dass dieser Perspektivwechsel bei Interaktionen von Angehörigen verschiedener Rassen sogar schädliche Auswirkungen hat, weil er die Beteiligten dazu bewegt, sich zu sehr mit der Frage zu beschäftigen, wie sie von der anderen Seite gesehen werden, anstatt sich auf die eigentliche Interaktion zu konzentrieren.[21] Dale Carnegies »Zauberformel« kann in manchen Situationen durchaus Wunder wirken, etwa wenn sie uns bewusst macht, *dass* andere Menschen die Dinge anders sehen als wir. Aber sie hilft uns anscheinend nicht zu verstehen, *wie* sie die Dinge sehen.

Leider ist eine gründliche Beschäftigung mit dem Standpunkt einer anderen Person keine Gewähr dafür, dass man ihre Sichtweise richtig versteht. Dieses Problem wird mir jedes Jahr zu Weihnachten vor Augen geführt: Mit meinen Geschenken, bei deren Auswahl ich mich so gut es geht in die Mitglieder meiner Familie hineinversetzt habe, liege ich genauso oft daneben, wie ich ins Schwarze treffe. Insbesondere ein Fauxpas ist mir in Erinnerung geblieben: Vor einigen Jahren war ich überzeugt, das bestmögliche Geschenk für meine Frau gefunden zu haben – einen Tag als Tierpflegerin im Aquarium von Chicago. Meine Frau liebt Delphine und ist begeistert vom Aquarium. Ich versuchte, in ihre Haut zu schlüpfen, und dachte mir: Wenn das meine Leidenschaft wäre, könnte man mir kein besseres Geschenk machen.

Es war ein furchtbarer Irrtum. Meine Frau reagierte freundlich wie immer, aber sie gab mein Präsent zurück. Mir war entgangen, dass ihre gegenwärtige Lebenssituation ihre Vorlieben, die ich für unveränderlich hielt, geändert hatte (was laut Forschung ein häufiger Fehler von Schenkenden ist).[22] Meine Frau hatte zwei Monate vorher unseren zweiten Sohn zur Welt gebracht und war nicht in der Stimmung, sich in einen Neoprenanzug zu zwängen und im Zustand der ständigen Erschöpfung stinkende Fische in Eimern herumzutragen. Rückblickend ist klar, was sie mit diesem Geschenk assoziierte, aber Schenkende neigen dazu, solche Details zu übersehen, wenn sie in die Zukunft schauen. Ich versuchte, mich in ihre Lage zu versetzen, verstand sie jedoch vollkommen falsch.

Was also ist die beste Vorgehensweise, um ein geeignetes Geschenk für jemanden zu finden? Die Forschungsergebnisse sind eindeutig: Wenn man nicht versucht, das Geschenk mit den Augen des Beschenkten zu sehen, wird man eine bessere Wahl treffen. Stattdessen sollte man *ermitteln*, was sich diese Person tatsächlich wünscht. Und das geht vermutlich nur, indem man sie fragt, was sie möchte, oder aufmerksam zuhört, wenn sie Hinweise gibt, um ihr dann zu schenken, was sie sich wünscht.[23] Wie sich herausstellt, gibt es für diese Weisheit zahlreiche Anwendungsgebiete.

Da die Möglichkeiten unseres sechsten Sinns begrenzt sind, sollten wir einen anderen Weg einschlagen, um zu verstehen, was im Kopf eines anderen Menschen vorgeht: Statt zu versuchen, uns in seine Lage zu versetzen, sollten wir uns bemühen, tatsächlich *herauszufinden*, welches seine Sichtweise ist. Ein praktischer Grundsatz für Ärzte lautet: »Der Patient versucht dir zu sagen, was mit ihm nicht in Ordnung ist. Also halt den Mund und hör zu.«

Sehen wir uns ein Beispiel dafür an, wie die Ermittlung einer anderen Sichtweise funktionieren könnte. Im Jahr 1993 wurde bei den amerikanischen Streitkräften der Grundsatz »Don't ask, don't tell« eingeführt (etwa: »Frag nicht danach, sprich nicht darüber«), der es schwulen und lesbischen Militärangehörigen untersagte, ihre sexuelle Orientierung offen zu zeigen. Im Jahr 2010 dachte die Regierung Obama darüber nach, diese Praxis wieder abzuschaffen. Abgesehen von moralischen Überlegungen musste man in Erfahrung bringen, wie die Soldaten über eine Abschaffung dachten, um die praktischen Konsequenzen dieses Schritts einschätzen zu können. Hier haben wir es mit einem klassischen Problem des Gedankenlesens zu tun, für das es mindestens zwei Lösungsansätze gibt.

Einen dieser Ansätze wählten jene 1167 ehemaligen Offiziere, die überzeugt waren, die Sichtweise der Soldaten zu kennen und zu wissen, wie sich eine Abschaffung des Gesetzes auf die Militärangehörigen auswirken würde. In einem offenen Brief an Präsident Obama und Kongressabgeordnete bekundeten sie ihre entschiedene Ablehnung. »Aufgrund unserer Erfahrung als Offiziere«, erklärten sie, »sind wir sehr besorgt über die Auswirkungen eines Widerrufs der Regel auf die Moral, die Disziplin, den Zusammenhalt der Einheiten und die militärische Einsatzbereitschaft. Wir glauben, dass diese Belastung unserer Uniformierten schließlich zu einer Spaltung der Streitkräfte führen würde.« Elaine Donnelly, die Leiterin des Center for Military Readiness, war der Meinung, diese Ablehnung müsse sehr ernst genommen werden. »Sie besitzen große militärische Erfahrung«, sagte sie, »und sie wissen, wovon sie sprechen.«

Das Verteidigungsministerium wählte einen anderen Zugang zu diesem Problem: Es fragte die Soldaten nach ihrer Meinung. 115 052 Soldaten und Soldatinnen und 44 266 Ehepartner und Ehepartnerinnen von Militärangehörigen nahmen an einer der größten Umfragen in der Geschichte der amerikanischen Streitkräfte teil. Wie sich herausstellte, hatten die Soldaten selbst kaum Bedenken. Tatsächlich waren 70 Prozent der Meinung, eine Aufhebung der Regel werde sich positiv oder gar nicht auf die Streitkräfte auswirken. Noch aufschlussreicher war, dass ebenso viele (69 Prozent) erklärten, sie hätten bereits gemeinsam mit homosexuellen Kameraden Dienst getan. 92 Prozent dieser Soldaten berichteten, das habe keine oder eine positive Wirkung auf die Zusammenarbeit in ihrer Einheit gehabt. Aus diesen Antworten schloss Verteidigungsminister Robert Gates, die Aufhebung der Regel werde »nicht die von vielen befürchteten und vorausgesagten dramatischen Folgen haben«. Also entschloss sich der Minister zur Abschaffung von »Don't ask, don't tell«.

Wer hatte recht? Im Jahr 2012, ein Jahr nach der Aufhebung der Regel, veröffentlichte die Armeeführung eine Studie über die Auswirkungen dieser Entscheidung. Das Ergebnis war eindeutig: Die homosexuellen Soldaten konnten nun offen sprechen, wenn sie direkt nach ihrer sexuellen Orientierung gefragt wurden, aber der von den Offizieren im Ruhestand befürchtete Zusammenbruch der Moral und

Wehrfähigkeit war ausgeblieben. Der Titel der Pressemitteilung sagt es deutlich: »Erste Studie über bekennende Homosexuelle im Militär zeigt nach einem Jahr keinerlei Auswirkungen.« Es war gelungen, tatsächlich zu ermitteln, wie die Soldaten die Dinge sahen, indem man sie danach fragte.

Wir vermitteln den Inhalt unserer Gedanken vor allem durch die Sprache. Wie Daniel Gilbert in *Stumbling on Happiness* schreibt: »Wenn Sie alles aufschreiben sollten, was Sie wissen, um die Liste anschließend erneut durchzugehen und all die Dinge abzuhaken, die Sie nur wissen, weil jemand sie Ihnen erzählt hat, würden Ihre Muskeln bald schmerzen, denn fast alles, was Sie wissen, stammt aus zweiter Hand.«[24] William Ickes, ein Experte für »empathic accuracy«, also die Genauigkeit, mit der wir auf die Gedanken, Gefühle und Absichten eines anderen schließen, ist der Meinung, dass verbale Intelligenz bislang der beste Prädiktor für das Einfühlungsvermögen zu sein scheint.[25] Um andere Menschen wirklich zu verstehen, muss man fragen und zuhören, nicht nur Gedanken lesen und raten.

Es kann große Vorteile haben, direkt zu ermitteln, wie andere Menschen denken, anstatt nur Vermutungen darüber anzustellen. Ich habe in diesem Kapitel das Experiment mit Liebespaaren beschrieben, in dem jeweils ein Partner Annahmen zu den Einstellungen des anderen machen sollte. In dieser Studie zeigte sich, dass die fehlerhaften Urteile über die Einstellung des Partners im Vergleich zur Kontrollgruppe zunahmen, wenn eine Versuchsperson ermutigt wurde, sich die Sichtweise des Partners anzueignen. Es gab noch eine Abwandlung der Versuchsanordnung, von der ich Ihnen bisher nicht erzählt habe: Ein Teil der Paare erhielt die Aufgabe, die Sichtweise des Partners zu ermitteln. Den Partnern wurde die Möglichkeit gegeben, einander tatsächlich die Fragen aus der Studie *zu stellen*, bevor sie die Antworten voraussagten. Die Paare in dieser Gruppe erhielten den Fragebogen, und eine der beiden Versuchspersonen führte praktisch ein Interview mit ihrem Partner, indem sie ihm sämtliche Fragen stellte – ein bisschen so, als könnte man den Lehrer nach den Antworten fragen, bevor man eine Prüfung ablegt. Um die Aufgabe ein bisschen zu erschweren, wurde der befragte Partner nicht aufgefordert, wie im eigentlichen Fragebogen seine Zustimmung zu einer Aussage auf einer Skala von 0 bis 10 anzugeben; stattdessen sprachen die Paare einfach über die Fragen, und es war verboten, die Antworten des Partners aufzuschreiben. Die Versuchspersonen mussten sich auf ihr Gedächtnis verlassen.

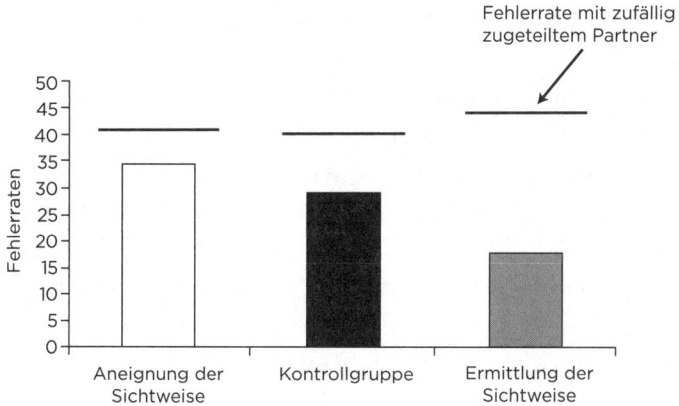

Ein Partner sagte die Einstellung des anderen voraus, wobei die Paare drei Versuchsbedingungen unterworfen wurden: Aneignung der Sichtweise, Kontrollgruppe oder Ermittlung der Sichtweise. Dieses Diagramm zeigt die Gesamtzahl der Fehler bei den 20 gestellten Fragen. Die Linien über den Balken geben die Gesamtfehlerrate an, die bei Ehepaaren beobachtet worden wäre, wenn sie die Antworten von zufällig ausgewählten anderen Partnern hätten vorhersagen sollen. Die Balken zeigen die tatsächliche Fehlerrate der Paare unter den drei Bedingungen. Ermittelt man die Sichtweise des Partners, indem man ihn direkt fragt, so kann man seine Einschätzung sehr viel besser beurteilen, als wenn man die eigene Vorstellungskraft nutzt, um sich in seine Lage zu versetzen.

Die Sichtweise der anderen Person zu ermitteln ist sehr viel erfolgversprechender als der Versuch, ihre Sichtweise zu verstehen, indem man sich in ihre Lage versetzt. Die Ergebnisse sehen Sie im ersten Balkendiagramm (auf Seite 283). Die Versuchspersonen, die ihre Partner nach ihrer Einstellung *fragten*, verringerten ihre Gesamtfehlerrate fast auf die Hälfte des Werts der Kontrollgruppe, und noch besser schnitten sie verglichen mit denen ab, die versuchten, sich in die Lage ihrer Partner zu versetzen. Es mag auf Sie ein wenig wie Schummelei wirken, wenn man den Ehepartner nach seiner Meinung fragt, anstatt seine Antwort zu erraten, aber bedenken Sie, dass das Leben keine Prüfung ist, in der Vorsagen und Abschreiben verboten sind. Wenn Sie etwas wissen wollen, sollten Sie nicht raten, sondern fragen.

Interessant ist, dass die Paare, die an unserem Experiment teilnahmen, vielleicht die Einzigen waren, die von diesen Resultaten überrascht wurden. Wir fragten sie: »Wie sicher sind Sie, dass Ihre Voraussagen korrekt waren?« Wie sich herausstellte, gab es trotz der enormen Unterschiede in der Genauigkeit der Voraussagen keine signifikanten Unterschiede zwischen den Gruppen, was die *Einschätzung* der eigenen Genauigkeit anbelangt. Als wir noch präziser fragten – »Bei wie vielen der 20 Fragen haben Sie die Einschätzung Ihres Partners Ihrer Meinung nach richtig vorausgesagt?« –, stellten wir fest, dass die Versuchspersonen ihre Leistungen sehr schlecht einschätzten.[26] Wie das zweite Schaubild zeigt, kamen jene, die ihren Partner direkt nach seiner Einstellung fragen konnten, zwar auf eine mehr als doppelt so hohe Treffergenauigkeit wie die Versuchspersonen, die versuchten, sich in ihren Partner hineinzuversetzen, schätzten die Genauigkeit ihrer Vorhersagen jedoch nur geringfügig höher ein als die Personen in der Gruppe, die nicht gefragt hatten. Unsere Paare waren alle übermäßig

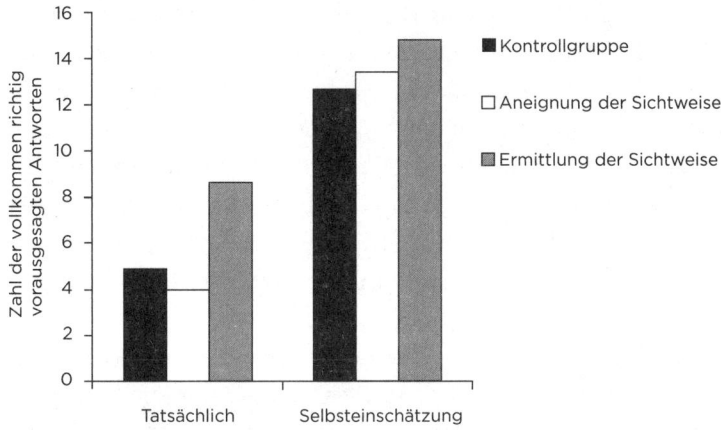

Die Versuchspersonen glaubten, die Antworten ihrer Partner sehr viel besser vorausgesagt zu haben, als tatsächlich der Fall war. Jene Versuchsteilnehmer, die die unpräziseste Strategie angewandt hatten, zeigten ein besonders übertriebenes Vertrauen in die Genauigkeit ihres Urteils, während jene, die die effektivste Strategie angewandt hatten, die am wenigsten übertriebene Zuversicht zeigten.

überzeugt von ihrem Urteil, aber diejenigen, die die wirkungsloseste Strategie anwandten (Aneignung der Sichtweise des anderen) zeigten eine besonders übermäßige Zuversicht, während diejenigen, die die wirksamste Strategie anwandten (Ermittlung der Sichtweise des anderen), die am wenigsten übertriebene Zuversicht an den Tag legten.

Die verbreitete Neigung, unserem sechsten Sinn zu sehr zu vertrauen, dürfte eine der Erklärungen dafür sein, dass Menschen darauf verzichten, andere direkt zu fragen, was sie denken. In einer Umfrage unter Exsoldaten im Jahr 2007 versuchten Forscher herauszufinden, warum so viele junge Offiziere ihre Karriere beim Militär aufgaben und ins Zivilleben zurückkehrten. 75 Prozent der Befragten gaben an, zum ersten Mal nach den Gründen für ihr Ausscheiden aus dem Militärdienst gefragt zu werden. Das lag daran, dass die höherrangigen Offiziere glaubten, den Grund bereits zu kennen. Ein Jahr früher hatte die Harvard University eine Umfrage zur Zufriedenheit der Fakultätsmitglieder durchgeführt. Jede Organisation wünscht sich zufriedene Mitarbeiter mit guter Arbeitsmoral, aber dies war das erste Mal in den 370 Jahren ihres Bestehens, dass sich die Universität entschloss nachzufragen. Um die Sichtweise anderer Menschen aktiv zu ermitteln, muss man wissen, dass ein solches Vorgehen nötig ist, um die gewünschte Information zu erhalten.

Einmal gab mir der Ehemann einer meiner MBA-Studentinnen ein besonders interessantes Beispiel dafür, wie nützlich es ist, die Sichtweise eines anderen Menschen zu ermitteln, anstatt sich lediglich vorzustellen, wie er denkt. Der Mann war als Offizier in Afghanistan stationiert. Seine Einheit nahm am Programm Guardians of Peace teil, mit dem die afghanische Zivilbevölkerung dazu bewegt werden soll, »sich selbst als Hüter des Friedens zu betrachten und die bösen Buben zu melden, um Gewaltakte zu verhindern«. Den afghanischen Zivilisten wurde eine Telefonnummer in die Hand gedrückt, die sie anrufen sollten, wenn sie Taliban in der Gegend sahen. Die Einheit dieses Offiziers teilte Tausende Flugzettel aus, verbreitete per Lautsprecherwagen Werbebotschaften und hatte nach seiner Schätzung etwa 2 Millionen Dollar für Werbeplakate und Banner ausgegeben. Aber kaum jemand rief an. Die Amerikaner glaubten, der Grund dafür sei, dass die Afghanen die Telefonnummer *nicht wussten* oder die Taliban *nicht ausliefern wollten*. In Wahrheit war dies ein Lehrbeispiel für die in Kapitel 7 behandelte Korrespondenzverzerrung.

Schließlich entschloss sich das Militär zur Aufklärung des Sachverhalts: Anstatt zu versuchen, sich in die Lage der afghanischen Zivilisten zu versetzen und Vermutungen darüber anzustellen, warum die Leute nicht anriefen, gingen die Amerikaner dazu über, direkt mit ihnen zu sprechen.

Und sie fanden rasch heraus, wo das Problem lag. Die afghanischen Zivilisten waren über das Programm informiert und wollten durchaus anrufen. Offenbar hatten es sogar viele Menschen versucht. Das Problem war, dass die Taliban nachts in die Ortschaften kamen und vorher die Mobilfunkmasten abschalteten. »Die Leute wollten anrufen, wenn die Taliban auftauchten«, erklärte mir der Offizier, »aber wenn es so weit war, funktionierten ihre Telefone nicht!« Die Lösung bestand nicht darin, mehr Flugblätter zu verteilen, um die Bevölkerung besser zu informieren, sondern darin, den Mobilfunk zu sichern.[27] Um andere Menschen richtig verstehen und ihre Probleme lösen zu können, muss man sich auf die relativ zeitraubende Arbeit einlassen, *festzustellen*, wie sie die Dinge sehen.

Wie man eine andere Sichtweise ermittelt

Man kann andere Menschen am besten verstehen, indem man sie dazu bewegt, zu erklären, was sie denken – aber es kann schwierig sein, das in die Tat umzusetzen. Jede mir bekannte Organisation wendet eine Methode an, die den Führungskräften dabei helfen soll, die Denkweise ihrer Mitarbeiter zu verstehen, und umgekehrt. Diese Methode wird als Leistungsbeurteilung bezeichnet: Manager und Mitarbeiter setzen sich zusammen und sollen einander direktes Feedback zu ihren Leistungen geben.

Ich lasse meine MBA-Studenten jedes Jahr eine gegenseitige Leistungsbeurteilung zwischen zwei Angestellten verschiedener Ebenen simulieren. Ein »Abteilungsleiter« und ein ihm untergebener »Gruppenleiter« erhalten Hintergrundinformationen zu ihrer Sicht auf die Situation. Es ist ein typisches Szenario. Der Abteilungsleiter erfährt, dass der Gruppenleiter durchaus gut arbeitet, aber auch einige Probleme hat, die gelöst werden müssen. Der Gruppenleiter weiß, dass seine Leistungen gut gewesen sind, erfährt jedoch wenig oder gar nichts über die Bedenken des Abteilungsleiters. Beispielsweise macht sich der Abteilungsleiter Sorgen darüber, dass der Gruppenleiter viel zu Hause arbeitet und daher nicht genug Zeit hat, um sein Team zu führen, während der Gruppenleiter glaubt, dass er zu Hause mehr leistet und dass seine Mitarbeiter auch ohne ständige Beaufsichtigung gut zurechtkommen. Diese unterschiedlichen Einschätzungen sind typisch: Der Gruppenleiter beurteilt seine eigene Leistung günstiger als sein Vorgesetzter. Am Ende der Simulation fordere ich die Studenten auf, die Einschätzung der anderen Seite vorauszusagen und anschließend anzugeben, wie genau deren Urteil zutreffen wird. Die Ergebnisse sind immer dieselben: Obwohl meine Studenten 30 Minuten miteinander sprechen, ohne den emotionalen Druck und die widersprüchlichen Anreize bewältigen zu müssen, die in einer realen Arbeitsumgebung die Kommunikation beeinträchtigen könnten, wissen sie am Ende wenig oder gar nichts über das, was ihr Gegenüber wirklich denkt. Insbesondere wissen sie nichts über konkrete Fragen wie die Aussichten der Person auf eine Beförderung in den nächsten zwei Jahren.

Das Versagen meiner Studenten ist aufschlussreich. Erstens scheitern unsere Versuche, die Sichtweise anderer Menschen zu verstehen, vor allem daran, dass sie uns nicht erzählen, was wir wissen wollen. Sie belügen uns, führen uns in die Irre, weichen uns aus oder weigern sich einfach, die Wahrheit preiszugeben. Wir müssen diese Einschränkung jedoch relativieren. Anonyme Umfragen zeigen, dass Menschen jeden Tag durchschnittlich ein oder zwei Lügen erzählen. Das sind natürlich mehr als null Lügen, und die tatsächliche Zahl ist mit einiger Sicherheit höher, aber selbst wenn wir das Ergebnis derart relativieren, besteht kein Zweifel daran, dass wir sehr viel öfter die Wahrheit sagen als lügen. Diese Umfragen zeigen auch, dass die meisten Lügen auf das Konto einer kleinen Gruppe chronischer Lügner gehen. In einer Zufallsstichprobe von 1000 Amerikanern berichteten 60 Prozent der Befragten unter Bedingungen, die eine aufrichtige Antwort ermöglichten, während der 24-stündigen Studiendauer kein einziges Mal absichtlich die Unwahrheit gesagt zu haben. Fast die Hälfte der zugegebenen Lügen waren von nur 5 Prozent der Befragten erzählt worden. In seinem Buch *Why Leaders Lie* (dt. *Lüge! Vom Wert der Unwahrheit*) weist der Politikwissenschaftler John Mearsheimer nach, dass selbst Politiker nicht die chronischen Lügner sind, die wir in ihnen sehen.[28] Ich möchte keine Lanze für die Blauäugigkeit brechen, sondern rate Ihnen einfach, Ihren Zynismus im Zaum zu halten. Viele Menschen werden Ihnen aufrichtig antworten oder zumindest etwas sagen, was der Wahrheit näher kommt, wenn Sie Ihre Fragen in einem Kontext stellen, in dem Ihr Gesprächspartner das Gefühl hat, ehrlich antworten zu können und bei Ihnen Verständnis zu finden.[29]

Allerdings können direkte Fragen die subtileren Formen der Täuschung nicht verhindern. Schlechte Nachrichten werden im Gespräch oft verschleiert, unangenehme Themen gemieden. Der wichtigste Grund dafür, dass Menschen die Unwahrheit sagen, ist der Wunsch, eine Strafe zu vermeiden. Wenn Sie eine Person dazu bewegen wollen, Ihnen zu verraten, wie sie wirklich denkt, müssen Sie also Bedingungen schaffen, welche die Furcht vor Sanktionen verringern. Hier können wir etwas von Verhörspezialisten lernen, deren Job es ist, die Wahrheit aus jemandem herauszuholen, der kein Interesse daran hat, sie preiszugeben. In *How to Break a Terrorist* beschreibt der Verhöroffizier Matthew Alexander, wie er Gefangenen die Möglichkeit eröffnete, die Wahrheit zu sagen. Diese Informationen führten zu Abu Musab al-Sarkawi, dem Führer von al-Qaida im Irak. Anstatt zu versuchen, Verdächtige so lange unter Druck zu setzen, bis sie zusammenbrechen, rät Alexander zu einer neuen und wirksameren Vernehmungsmethode, mit der eine Beziehung zwischen Vernehmendem und Gefangenem hergestellt und die Furcht vor Strafe abgebaut wird. Gefangene sagen die Wahrheit, wenn sie dazu bereit sind. Die Verhörspezialisten fördern diese Bereitschaft, indem sie eine Beziehung zu einem Gefangenen herstellen, ihm als Gegenleistung für die Wahrheit eine Verringerung seiner Strafe in Aussicht stellen, Schutz für seine Familie anbieten und ihm ein Gefühl der Sicherheit geben, anstatt ihn einzuschüchtern. In dieser Neuausrichtung der Verhörmethoden sieht Alexander einen grundlegenden Wandel der nachrichtendienstlichen Arbeit. Dieselbe Geschichte erzählt George Piro, der FBI-Agent, der Saddam Hussein nach dessen Gefangennahme im Jahr 2003 behutsam wertvolle Informationen entlockte.[30]

Sie verhalten sich in Ihren beruflichen und privaten Beziehungen (hoffentlich) nicht wie ein Verhörspezialist, aber die Lehren aus der Vernehmungspraxis können Sie trotzdem anwenden. Hier ein Beispiel aus meinem Familienleben: Vor nicht allzu langer Zeit hatten meine Frau und ich Erziehungsprobleme mit unserem fünfjährigen Sohn. Wann immer er etwas ausgefressen hatte, log er reflexartig. Normalerweise brachte uns das zum Lachen. »Das war ich nicht«, sagte er, während er noch mit der abgestrittenen Übeltat beschäftigt war. Die Verhörspezialisten stellen oft fest, dass sie selbst das größte Hindernis dafür sind, dass der Verhörte die Wahrheit sagt. Dasselbe galt im Fall meines Sohns: Ich war Teil des Problems. Wann immer er etwas falsch machte, wurde ich wütend und er geriet in Schwierigkeiten. Um Ärger zu vermeiden, log er. Damit er aufhören konnte zu lügen, musste ich die Hindernisse abbauen, die ihn davon abhielten, die Wahrheit zu sagen. Zunächst musste ich mein Temperament zügeln und seine Furcht verringern. Dazu führten wir eine fünfminütige Abkühlungssitzung ein. Ein sehr gut konzipiertes Experiment einer Forschergruppe hat gezeigt, dass Menschen *größere Bereitschaft* zeigen, zuzugeben, etwas Unmoralisches getan zu haben, wenn sie nicht unmittelbar nach dem Verstoß, sondern erst einige Minuten später damit konfrontiert werden, wenn ihre Furcht vor Sanktionen ein wenig nachgelassen hat.[31] Ausgehend von diesem Forschungsergebnis schickte ich meinen Sohn auf sein Zimmer und nahm mir ein paar Minuten Zeit, um mich zu beruhigen. Anschließend stellten wir die Regel vollkommener Straffreiheit auf, solange man die Wahrheit sagte. Die Kombination von Verzögerung und Immunität funktioniert in meiner Familie wunderbar. Mein Sohn zeigt mittlerweile eine sehr viel größere Bereitschaft, fast jeden Fehltritt zuzugeben. Er wird nicht bestraft, ich werde nicht wütend, und wir haben die Chance, konstruktiv über das Geschehene zu sprechen und eine Wiederholung zu vermeiden.

Bei Mitarbeiterbeurteilungen am Arbeitsplatz treten ganz ähnliche Probleme auf. Wenn der Mitarbeiter Strafe fürchtet und der Vorgesetzte nicht aufgeschlossen für die Wahrheit ist, spricht niemand aus, was er wirklich denkt, womit die Übung jeden Sinn verliert. Das ist einer der Gründe dafür, dass Menschen nicht zutreffend sagen können, wer in einer Gruppe sie mag und wer nicht: Niemand äußert offen seine wirklichen Gefühle.[32] Diesem Mechanismus versuchte ich entgegenzuwirken, als ich meine Studenten um Feedback zu einem Entwurf für dieses Buch bat: Ich sagte ihnen, dass ich nur Ratschläge dazu hören wollte, wie ich das Buch verbessern konnte, und dass mir nur wirklich kritische Kommentare nutzen würden. Natürlich konnte ich dadurch nicht alle Probleme lösen, von denen sie mir erzählt hatten, aber ich tat mein Bestes, um sie dazu zu bewegen, diese Probleme offen und ehrlich anzusprechen. Um herauszufinden, wie ein anderer Mensch denkt, muss man bereit sein, sich seine Meinung anzuhören, und ihm die Möglichkeit geben, sie ehrlich zu äußern.

Das zweite Hindernis bei dem Versuch, die Sichtweise anderer Menschen zu verstehen, besteht darin, dass die Menschen sich selbst nicht wirklich kennen. Erinnern wir uns an die Grenzen der Selbsterkenntnis, mit denen wir uns in Kapitel 2 beschäftigt haben. Hier hatten wir es mit einer anderen Art von Befragungsexperten zu tun: den Meinungsforschern. Und auch von ihnen können wir etwas lernen. Wichtige Wahlen lieferten früher stets überraschende Ergebnisse, aber das hat sich geändert. Die Meinungsforscher raten nicht mehr, was die Wähler denken, sondern gehen zur Quelle und fragen direkt. Noch wichtiger ist, dass sie nicht einfach irgendwelche Fragen stellen, sondern solche, die die Wähler einigermaßen präzise beantworten können. Erinnern Sie sich daran, wie schwer es vielen von uns fällt, genaue Angaben zu bestimmten Aspekten unseres Denkens zu machen, insbesondere wenn die Fragen mit »Warum« beginnen? Die Frage eines Meinungsforschers, *warum* Sie eine Partei wählen, ist genauso sinnlos wie die Frage eines Arztes, *warum* Sie sich krank fühlen. Deshalb fragen die Meinungsforscher die Wähler, *was* sie denken, nicht, *warum* sie es denken. Auch ist den Meinungsforschern bewusst, dass die Wähler ihre gegenwärtige politische Haltung besser kennen als die Haltung, die sie in mehreren Monaten voraussichtlich einnehmen werden. Also zielen die Fragen im Allgemeinen eher auf die Gegenwart als auf die Zukunft. Normalerweise fragen die Meinungsforscher, wen man wählen würde, wenn *heute* Wahlen wären, anstatt zu fragen, wen man am Wahltag wählen wird. Wenn

Sie versuchen, einen anderen Menschen zu verstehen, wird es Ihnen nicht gelingen, seine Denkweise kennenzulernen, indem Sie ihm spekulative Fragen stellen. Gute Meinungsforscher ziehen wie gute Verhörspezialisten Fragen vor, die die Befragten leicht beantworten können. Beim Versuch, die Sichtweise eines anderen Menschen zu ermitteln, sollte man sich eher auf das »Was?« als auf das »Warum?« konzentrieren.

Ein letztes Hindernis für das Verständnis der Sichtweise eines anderen Menschen besteht in der Mehrdeutigkeit seiner Aussagen, die Raum für Fehlinterpretationen lassen. Die egozentrische Voreingenommenheit, mit der wir uns in Kapitel 5 beschäftigt haben, verleitet uns zu dem falschen Glauben, dass wir unsere Gedanken, Überzeugungen, Einstellungen und Anweisungen deutlicher vermitteln, als tatsächlich der Fall ist. Damit jemand wirklich verstehen kann, was in unserem Kopf vorgeht, müssen wir uns nicht einfach nur klar ausdrücken: Wie müssen uns *schmerzhaft klar* ausdrücken. Wenn wir versuchen, die Sichtweise einer anderen Person zu verstehen, müssen wir nicht nur zuhören: Wir müssen überprüfen, ob wir diese Person richtig verstehen. Die amerikanischen Ureinwohner hatten eine Methode, um genau das zu bewerkstelligen, den sogenannten »Redestab«. Wenn es zu Streitigkeiten zwischen Stämmen kam, versammelten sie sich, um ihre Meinungsverschiedenheiten zu klären. In diesen Gesprächsrunden durfte immer nur der Mann das Wort ergreifen, der den Redestab in der Hand hielt. Wenn er fertig war, reichte er den Stab an einen anderen Ältesten weiter, der nun den Standpunkt seines Vorredners zu dessen Zufriedenheit wiederholen musste. Erst wenn der Vorredner überzeugt war, dass man ihn richtig verstanden hatte, durfte der neue Inhaber des Redestabs seine Meinung sagen. Die Brillanz dieser Methode beruht nicht darauf, dass sie die Debatte strukturiert, sondern darauf, dass sie die Beteiligten zwingt, richtig zuzuhören. Wenn man den Standpunkt des Gesprächspartners zu seiner Zufriedenheit wiedergeben muss, wird man herausfinden, ob man ihn richtig verstanden hat oder nicht.

Obwohl der Redestab immer wieder für öffentliche Debatten empfohlen wird, habe ich noch keine moderne Organisation und keinen Haushalt gesehen, wo er regelmäßig zum Einsatz kommt. Vielleicht ist die Umsetzung der Methode einfach zu kompliziert. Als wir sie in unserer Familie ausprobierten, war ihr Nutzen nicht von Dauer, da sich das Werkzeug rasch in eine Waffe verwandelte. Meine Kinder wollten sämtliche Gegenstände im Haus in Redestäbe verwandeln. »Seid still!«, hieß es eines Abends am Esstisch, »ich habe den Rede*löffel*!«

Es geht weniger darum, sich genau an das Verfahren zu halten, sondern vielmehr darum, die grundsätzliche Methode anzuwenden. In Leistungsbewertungen kann man auf Spielereien verzichten, indem man jemanden bittet, das Feedback zu wiederholen, um das Verständnis zu vertiefen. In Unternehmen und anderen Organisationen können jene Personen, die besser zuhören, auch besser führen und überzeugen.[33] Der Psychologe Howard Markman rät Ehepaaren, die Meinungsverschiedenheiten beilegen wollen, zur »Sprecher-Zuhörer-Technik«, einer ungezwungenen Version des Redestabs: Die Partner werfen eine Münze, um zu entscheiden, wer als Erster sprechen soll, und anschließend wiederholen sie abwechselnd, was der andere gesagt hat, bevor sie ihre eigene Meinung äußern.[34] In Schulen versuchen Lehrer, dieses sorgfältige Zuhören und Verstehen in Aktivitäten zu üben, für die ein psychologisches Äquivalent des Redestabs benötigt wird.[35] Um andere Menschen zu verstehen, müssen wir herausfinden, wie sie die Dinge sehen, und anschließend überprüfen, ob wir sie richtig verstanden haben.

Niemand will, dass jeder noch so unausgegorene und nebensächliche Gedanke kundgetan wird. Aber das Visier zu öffnen und ein bisschen mehr von sich preiszugeben, wenn die eigene Sichtweise zählt oder gefragt ist, hilft sowohl denjenigen, die ihren Standpunkt darlegen, als auch denjenigen, die bereit sind, sich damit auseinanderzusetzen.

Manchmal profitieren wir persönlich ganz direkt von einer solchen Öffnung. In einer Studie, an der 278 Studienanfänger teilnahmen, stellte sich heraus, dass emotional ausdrucksfähigere Studenten mehr soziale Unterstützung genossen, engere Beziehungen zu ihren Freunden unterhielten und mit ihrem Studium zufriedener waren als jene, die mit ihren Gefühlen hinter dem Berg hielten.[36] Eine andere Studie hat gezeigt, dass jene, die offener gegenüber anderen sind, nicht nur besser verstanden werden, sondern auch allgemein zufriedener mit ihrem Leben sind als jene, die eher wenig von ihrem Innenleben preisgeben.[37] Eine gute Methode, um rasch Freundschaften zu stiften, besteht tatsächlich darin, zwei Fremde dazu zu bewegen, persönliche Gedanken oder Erinnerungen miteinander zu teilen.[38] Und genau aus diesem Grund ist Schüchternheit eines der größten Hindernisse im Leben. Abgesehen davon, dass schüchterne Menschen im Allgemeinen fälschlich als arrogant eingestuft werden, beeinträchtigt ihre Ängstlichkeit die Beziehungen, die ihr Lebensglück vergrößern könnten.

Aber nicht nur der Einzelne, sondern auch die Allgemeinheit kann darunter leiden, wenn Menschen sich nicht offen miteinander austauschen. Einige Monate vor der Explosion auf der Bohrinsel Deepwater Horizon, die zur größten Ölpest der Geschichte führte, zeigte eine vertrauliche Umfrage unter den Arbeitern, dass sie erhebliche

Sicherheitsbedenken hatten, jedoch zu eingeschüchtert waren, um diese Missstände zu melden. Die *New York Times* berichtete, dass »nur etwa die Hälfte der befragten Arbeiter das Gefühl hatten, Vorgänge, die zu einer potentiell ›riskanten‹ Situation führen konnten, melden zu können, ohne Repressalien befürchten zu müssen«.[39] Einer der Arbeiter sagte: »Die Taktik des Unternehmens ist es, Furcht zu wecken. All diese Spielchen, und dein Kopf wird müde.« Um ihre Arbeitsplätze nicht zu verlieren und Strafen zu vermeiden, gewöhnten sich die Arbeiter an, offenkundige Risiken zu verschweigen und sogar die Daten im Sicherheitssystem des Unternehmens zu fälschen, um die Bohrinsel stabiler erscheinen zu lassen. Allein so war es möglich, dass die Deepwater Horizon nur einen Monat vor dem Unglück einen internen Sicherheitstest bestand. Hätte diese Katastrophe vermieden werden können, wenn die Manager des Unternehmens bereit gewesen wären, sich anzuhören, was die Belegschaft wusste? Ich würde darauf wetten.

Ärzte haben entdeckt, dass sie die Zahl der Klagen wegen Kunstfehlern verringern können, indem sie über das Problem sprechen und ihre Fehler eingestehen. Im Jahr 2001 führten die University of Michigan Hospitals ein Programm zur Offenlegung ärztlicher Fehler ein: Seitdem geben die Ärzte ihre Fehler in Gesprächen mit Patienten zu, erklären die Ursachen der Irrtümer und bieten eine angemessene Entschädigung an. So ist es gelungen, die Zahl der Klagen wegen Kunstfehlern gegenüber dem vorangegangenen Sechsjahreszeitraum zu halbieren (von 39 auf 17 pro Jahr) und die Dauer der Verfahren um rund 30 Prozent zu verringern (von 1,36 Jahren auf 0,95 Jahre).[40] Der für die Auswertung der Ergebnisse verantwortliche externe ärztliche Leiter erklärt: »Alle Welt befürchtet, die Offenlegung werde zu einem sprunghaften Anstieg der Schadenersatzforderungen führen, aber diese Einrichtung, die ihr Offenlegungsprogramm eigenständig startete und ihren Patienten die Möglichkeit gab, den Gang vor Gericht zu vermeiden, wurde nicht von der befürchteten Flut von Forderungen und Kosten überrollt.«[41] Tatsächlich hat das Programm die Gesamtkosten der Schadenersatzleistungen sogar um rund 60 Prozent gesenkt. Problematischer wäre es gewesen, von den Patienten zu verlangen, sich *vorzustellen*, was ihre Ärzte denken, oder sie vor Gericht zu zerren, um es herauszufinden. Stattdessen gibt das Krankenhaus einfach den Ärzten die Möglichkeit, ihren Patienten zu erklären, wie es zu einem Fehler gekommen ist.

Es ist natürlich vorteilhaft für das Krankenhaus, die Zahl der Schadenersatzklagen zu senken, aber der eigentliche Nutzen des Offenlegungsprogramms besteht nach Aussage des krankenhauseigenen leitenden Risikoanalysten Richard Boothman darin, dass »Ärzte und anderes Pflegepersonal die Möglichkeit erhalten, ihrer eigentlichen Aufgabe nachzugehen, die Patienten zu betreuen und dafür zu sorgen, dass sich Fehler nicht wiederholen. [...] Wenn man das Schadenersatzparadigma überwindet und den Patienten die Chance gibt, das menschliche Element auf der anderen Seite zu verstehen – die Herausforderungen, mit denen der Arzt konfrontiert ist –, stellt man fest, dass die Menschen sehr viel verständnisvoller sind, als gemeinhin angenommen wird.« Hier haben wir etwas, auf das unser sechster Sinn vielleicht nie gekommen wäre.

Wenn Transparenz die sozialen Bindungen stärkt, die das Leben lebenswert machen, wenn sie es uns erleichtert, Wissen auszutauschen, das unser Leben verbessern kann, und wenn sie anderen die Chance eröffnet, uns unsere Mängel zu verzeihen, dann stellt sich die Frage, ob wir es nicht öfter damit versuchen sollten.

* * *

Andere Menschen werden nie ein offenes Buch für uns sein. Der Schlüssel zu einem besseren gegenseitigen Verständnis scheint nicht in einer Steigerung unseres Einfühlungsvermögens zu liegen, sondern eher darin, dass wir uns auf die mühsame Beziehungsarbeit einlassen und andere Menschen dazu ermutigen, uns offen und ehrlich ihre Meinung zu sagen. Unternehmen verstehen ihre Kunden besser, wenn sie durch Gespräche, Umfragen oder direkte Interaktion ermitteln, was diese wollen – es genügt nicht, die Manager Vermutungen über die Motive der Kunden anstellen zu lassen. Vorgesetzte erfahren, was ihre Mitarbeiter denken, wenn sie offen für ehrliche Antworten sind und den Mitarbeitern die Angst vor Bestrafung nehmen – nicht, wenn sich die Manager auf ihre Intuition verlassen. Eheleute verstehen einander, wenn sie bereit sind, ihre Gedanken miteinander zu teilen und sich zu vergewissern, dass sie richtig verstanden wurden – nicht, wenn sie in dem Glauben, den anderen bereits in- und auswendig zu kennen, schweigend aneinander vorbeigehen. Und Eltern begreifen nur, was ihre Kinder durchmachen, wenn die Kommunikationskanäle vollkommen offen sind, wenn sie nicht nur sprechen, sondern auch zuhören, anstatt sich auf Schlussfolgerungen und Annahmen zu verlassen. Wenn wir verstehen wollen, was im Kopf eines anderen Menschen vorgeht, sollten wir uns eher auf unsere Ohren als auf unser Einfühlungsvermögen verlassen.

All das wusste ich bereits vor der Begegnung mit dem leiblichen Vater unserer Adoptivkinder. Als sich das Tor des Waisenhauses öffnete, hinter dem er auf uns wartete, schwirrten in meinem Kopf Annahmen darüber herum, was er denken und fühlen mochte. Ich extrapolierte von den kargen Informationen, die man uns gegeben hatte, und versuchte mir vorzustellen, was ich an seiner Stelle empfinden würde. Ich wehrte mich so gut wie möglich gegen diese Vorstellungen, denn mir war ja klar, welche Irrtümer sie wahrscheinlich hervorbringen würden und dass ich übermäßiges Vertrauen in mein Urteil setzen würde. Leider fehlte uns das einzige Werkzeug, das uns hätte helfen können, einander zu verstehen, denn wir hatten keinen Dolmetscher dabei, der uns einen äthiopischen Stammesdialekt ins Englische übersetzen konnte. Dieses Gespräch werden wir ein anderes Mal führen müssen, sollte es je dazu kommen. Am nächsten kam ich dem Verständnis mit einer Umarmung, ein paar Tränen und einigen rund um den Erdball verständlichen Gesichtsausdrücken, von denen mir bewusst ist, dass sie weniger verraten, als unsere Sinne uns glauben machen.

Ich lernte viel aus dieser Umarmung, aber ich hüte mich davor, diese Erkenntnis zu überschätzen. Da ich nicht direkt mit dem Vater sprechen konnte, womit mir das wirksamste Werkzeug des Begreifens fehlte, konnte ich nicht mehr tun, als das oberflächliche Verständnis zu akzeptieren, das mir unsere Umarmung vermittelte, ohne mich der Illusion hinzugeben, ihn wirklich zu begreifen. Das Wissen um die Grenzen unseres sozialen Sinns bedeutet nicht immer, dass wir diese Grenzen überwinden können. Manchmal scheint Demut die weiseste Haltung zu sein: Wir müssen anerkennen, dass im Kopf anderer Menschen mehr vorgeht, als wir uns jemals vorstellen können.

Nachwort

Nachhilfe für unseren sechsten Sinn

Das Universum ist nicht so schwer zu verstehen
wie das wirkliche Verhalten anderer Menschen.

Marcel Proust

Die uns bekannte Welt wäre beinahe ausgelöscht worden, weil zwei Konfliktparteien nicht verstanden, wie die
andere Seite dachte. Im Oktober 1962 standen die Vereinigten Staaten und die Sowjetunion an der Schwelle
eines Atomkriegs. In diese Lage waren die beiden Länder
geraten, weil sie einander jahrelang scheinbaren Provoka-
tionen und Bedrohungen ausgesetzt hatten. Zuletzt waren
von der CIA ausgebildete Einsatzkräfte mit einer Landung
in der Schweinebucht von Kuba gescheitert. Um das verbündete kommunistische Regime auf der Karibikinsel zu
verteidigen und die Vereinigten Staaten von weiteren An-
griffen abzuhalten, vereinbarte der sowjetische Staats- und
Parteichef Nikita Chruschtschow mit dem kubanischen
Führer Fidel Castro die Aufstellung von Atomraketen auf
der Karibikinsel. Aber die Vereinigten Staaten sahen darin keinen Selbstverteidigungsakt, sondern eine Aggression
und bereiteten sich auf eine erneute Invasion Kubas vor.
Glücklicherweise hatte Präsident John F. Kennedy wertvolle Lehren aus dem Fiasko in der Schweinebucht gezogen.
Er entschied sich gegen die Invasion und verhängte stattdessen eine Seeblockade über Kuba, um die sowjetischen
Schiffe aufzuhalten, die die Raketen liefern sollten. Was

die Amerikaner nicht wussten, war, dass die Sowjets die Atomraketen längst nach Kuba gebracht hatten. Für den Fall einer amerikanischen Invasion waren die sowjetischen Generäle bereits zum Einsatz der Atomwaffen ermächtigt worden.[1]

Die gesamte offizielle Kommunikation zwischen Chruschtschow und Kennedy fand über Mittelsmänner statt. Jeder, der schon einmal am Telefon verhandelt hat, kennt die Verzerrungen, die Falschinformationen und das Gehabe, mit denen diese indirekte Kommunikation behaftet ist. So kämpften beide Seiten mit einem Feind, der eher in ihrer Einbildung als in der Realität existierte.

Dass es gelang, einen atomaren Holocaust zu verhindern, lag vor allem an der privaten, direkten und für die Öffentlichkeit nicht zugänglichen Kommunikation zwischen Chruschtschow und Kennedy. Der Austausch der Botschaften, die auf dem Höhepunkt der Krise per Telegramm übermittelt wurden, dauerte quälend lang, aber auf diese Art konnten die beiden Männer einander direkt sagen, was sie dachten, ohne in der Öffentlichkeit ihre Positionen behaupten zu müssen. Am 26. Oktober forderte der sowjetische Führer den amerikanischen Präsidenten in einem Schreiben ausdrücklich auf, sich in seine Lage zu versetzen. Anschließend erklärte er seine Sichtweise im Detail und schlug eine mögliche Lösung vor.[2] Nachdem sie sich drei Tage lang direkt und zumeist auch offen miteinander ausgetauscht hatten, gelangten die beiden Seiten zu einer friedlichen Lösung.

Auf die Frage, was zwei Länder dazu bewegen konnte, einen Atomkrieg zu beginnen, erklärte ein Mitglied des sowjetischen Verhandlungsteams später: »Furcht voreinander, Fehlinformation und Misstrauen.«[3] Da ihnen klargeworden war, dass die Fehldeutung der Beweggründe der anderen Seite der Grund für diese Beinahekatastrophe war, vereinbarten Amerikaner und Russen die Einrichtung einer direkten Telefonverbindung zwischen den beiden Regierungen, um jederzeit miteinander kommunizieren zu können – sie ging als »rotes Telefon« in die Geschichte ein. Die sozialwissenschaftliche Forschung legt denselben Schluss nahe wie der Kalte Krieg: Wir könnten alle ein rotes Telefon brauchen. Unsere Fähigkeit, uns ein Bild von den Vorgängen in den Köpfen anderer Menschen zu machen, zählt zu den größten Leistungen unseres Verstands. Richtig angewandt, hilft sie uns zu verstehen, was andere gegenwärtig wollen, benötigen, glauben und wissen, und kann uns wertvolle Hinweise darauf geben, wie sie sich in Zukunft wahrscheinlich verhalten werden. Sie versetzt uns in die Lage, unsere eigenständigen Gehirne aufeinander abzustimmen, und ist unerlässlich für das komplexe Sozialleben, das wir heute führen.

Aber sogar unsere faszinierendsten Fähigkeiten sind alles andere als vollkommen, und die Fehler unseres sechsten Sinns können auch großes Leid verursachen. Zu den typischen Folgen dieser Fehler zählen zerbrochene Beziehungen, nicht funktionierende Organisationen, gescheiterte Karrieren und unnötige bewaffnete Konflikte.

Um die größte Fähigkeit unseres Verstands weiterzuentwickeln, müssen wir verstehen, wo unser sozialer Sinn versagt. Sie und ich und fast alle Menschen verfügen über eine reichhaltige bewusste Erfahrung, aus der wir ableiten können, wie es wäre, in der Haut eines anderen zu stecken. Aber so wie ein altes Schwarzweiß-Fernsehgerät im Vergleich zum HDTV ist unser Bild vom Denken anderer Menschen grobkörnig und beschränkt verglichen mit der detaillierten und reichhaltigen Vorstellung von unserem eigenen Bewusstsein. Die Fehler, die wir begehen, wenn wir darüber nachdenken, was im Kopf anderer Menschen vorgeht, führen alle zum selben Ergebnis: Wir unterschätzen die Komplexität und den Reichtum ihrer Gedankenwelt. Wenn uns andere Menschen gleichgültig sind, übersehen wir leicht, dass sie auch ein Bewusstsein haben, und betrachten sie eher wie relativ geistlose Tiere oder Gegenstände denn wie vernunftbegabte Wesen. Und wenn wir versuchen, andere Menschen zu verstehen, stellt uns unsere Intuition aufschlussreiche, aber auch übermäßig vereinfachende Werkzeuge zur Verfügung: Wir gehen von der Annahme aus, dass andere genauso denken oder fühlen wie wir, stützen uns bei der Informationssammlung auf Stereotype und schließen von der Handlungsweise, Körpersprache und Mimik anderer Menschen direkt auf ihre Beweggründe. Jede dieser Methoden liefert Einblicke, verringert in unseren Augen jedoch zugleich die Komplexität unseres Gegenübers. Anstatt den ganzen Reichtum der Innenwelt anderer Menschen zu erkennen, sehen wir in ihnen nur uns selbst, setzen sie mit der Gruppe gleich, der sie angehören, oder schließen von ihrem Verhalten auf ihr Denken.

Das Wissen um die Mängel Ihres sozialen Sinns sollte Sie dazu bewegen, Ihre Gedanken und Gefühle offener mit anderen Menschen zu teilen und ihnen aufgeschlossener zuzuhören. Dank der modernen Technologie kann jedermann seine Gedanken äußern, sei es in Blogs, auf Twitter oder durch Abgabe eines Kommentars in beliebigen Online-Foren – aber wenn alle reden, ist nicht sicher, ob noch irgendjemand zuhört. Und wenn sich oberflächliche Texte, Tweets und saloppe Einzeiler in die wichtigste Mitteilungsform verwandeln, erhalten wir nur noch mehrdeutige Schnappschüsse von den Vorstellungen anderer Menschen, die uns in unseren irrtümlichen Annahmen eher bestärken, als diese zu korrigieren. Kennedy erfuhr nicht aus einer 140 Anschläge zählenden Mitteilung, wie Chruschtschow dachte, sondern aus Tausenden sorgfältig abgewogenen Worten in einem mühevollen Gedankenaustausch. Hinter diesen Worten entdeckte Kennedy einen Widersacher, der sich in einer ganz ähnlichen Lage wie er selbst befand. »Mr Chruschtschow und ich nehmen in unseren Regierungen ähnliche Positionen ein«, erklärte er später im Gespräch mit einem Journalisten. »Er will einen Atomkrieg vermeiden, steht jedoch unter erheblichem Druck seitens der Hardliner in der sowjetischen Führung, die jeden Schritt in dieser Richtung als Appeasement-Politik deuten. Ich habe ähnliche Probleme. [...] Die Hardliner in der Sowjetunion und den Vereinigten Staaten treiben einander gegenseitig an.«[4]

Michael Rubens, der früher für *The Daily Show* Reportagen produzierte, machte dieselbe Entdeckung, als er fingierte Interviews inszenierte, um sich über Personen zu mokieren, die er für Verrückte hielt. Als er diesen Personen tatsächlich begegnete, musste er zu seiner Überraschung feststellen, dass sie bemerkenswert menschlich waren. »Es gefällt mir, Personen zu haben, die ich verabscheuen kann«, schrieb er. »Es fühlt sich einfach gut an. [...] Stellen Sie sich vor, wie unangenehm die Entdeckung war, dass die meisten dieser Leute keineswegs verabscheuungswürdig waren. Tatsächlich musste ich zu meiner großen Verblüffung und Enttäuschung oft feststellen, dass ich sie mochte.« Nach Ansicht von Stanley Fish, einem Professor für Geistes- und Rechtswissenschaft, der regelmäßig Beiträge für die *New York Times* verfasst, besteht das gleiche Risiko, wenn wir unseren Feinden tatsächlich begegnen, anstatt sie nur aus der Ferne zu betrachten. Daher meidet er die Begegnung mit einem bestimmten Erzfeind, um sich den Glauben zu bewahren, dass dieser Mensch nur Abscheu verdient: »Warum? Würde ich ihn je kennenlernen, so würde ich ihn vermutlich mögen. [...] Tatsächlich ist mir das schon mehrfach passiert. Ich begegnete langjährigen Hassfiguren und stellte fest, dass sie – können Sie es glauben? – menschliche

Wesen waren und obendrein sehr nette Menschen mit sehr netten Familien. Noch schlimmer waren die ersten Worte, die oft aus dem Mund einer solchen Person kamen: ›Ich bewundere Ihre Arbeit.‹«[5] Wenn Sie ein Feindbild brauchen, rate ich Ihnen, diese Menschen nie kennenzulernen. Aber wenn Sie andere nicht falsch interpretieren und hassen, sondern wirklich verstehen wollen, wissen Sie jetzt, was Sie dafür tun können.

Nur wenn wir uns der Beschränkungen der größten Fähigkeit unseres Gehirns bewusst sind, können wir die Demut aufbringen, die nötig ist, um andere nicht so zu verstehen, wie wir sie uns vorstellen, sondern so, wie sie wirklich sind.

Danksagungen

Müsste ich jedem klugen Kopf, der mitgeholfen hat, dieses Buch zu schreiben, einen Dollar zahlen, so müsste ich Konkurs anmelden.

Da sind zunächst die Studenten, Mitarbeiter und Mentoren, die mich bei der in diesem Buch beschriebenen Forschungsarbeit unterstützt haben. Tom Gilovich, der meine Doktorarbeit betreute, durchkreuzte die erste Seite des ersten Artikels, den wir zusammen geschrieben hatten, mit einem großen roten X. Seitdem hat er mir ein ums andere Mal gezeigt, wie man fast alles besser machen kann. Dank Leaf Van Boven, Kenneth Savitsky und Justin Kruger machte die Forschung an der Graduate School so großen Spaß, dass ich auf den Gedanken kam, ich könnte das mein ganzes Leben lang tun. Die Forschungsarbeit wurde mittlerweile von so vielen wunderbaren Menschen verbessert, deren Talent ich nicht verdient habe: Scott Akalis, Max Bazerman, John Cacioppo, Eugene Caruso, John Chambers, Benjamin Converse, Alexa Delbosc, David Dunning, Tal Eyal, Kurt Gray, Chuck Huff, Boaz Keysar, Nadav Klein, Carey Morewedge, Jesse Preston, Erin Rapien, Juliana Schroeder, Adam Waytz und Yan Zhang.

Eine Reihe von Kollegen hat unschätzbare Beiträge geleistet, selbst wenn ihre Namen nie in den Artikeln genannt wurden. Im Lauf des vergangenen Jahrzehnts hat mir Dan Gilbert mit Inspiration, Anleitung und einer Stimme zur Seite gestanden, die half, mir meinen ersten Dozentenposten zu sichern. Ich kann ihm unmöglich genug danken für alles, was er für mich getan hat. Dan Wegner, einer der kreativsten Köpfe und mit Abstand der schrägste Vogel auf dem Gebiet der Psychologie, drängte mich, dieses Buch zu schreiben, und erklärte mir anschließend, wie ich es anstellen sollte. Leider starb er, bevor es fertig war. Ich hoffe, er wäre stolz auf diese Arbeit gewesen, zu der er den Anstoß gegeben hat. Und Dick Thaler hat mich jedes Mal, wenn ich ihn fragte, zur richtigen Entscheidung gelenkt (wahrscheinlich habe ich ihn nicht oft genug gefragt). Nur wenige Leute wissen, dass er nicht nur der Vater, sondern auch die gute Fee der Verhaltensökonomie ist.

Die Idee zu diesem Buch kam mir während eines Sabbatjahrs am Center for Advanced Studies in the Behavioral Sciences der Stanford University, wo meine Familie und ich die bis dahin besten Jahre unseres Lebens verbrachten. Finanziert wurde der Studienurlaub von der Wirtschaftsfakultät der University of Chicago, die auch einen Großteil meiner Forschung unterstützt hat. Weitere Beiträge dazu haben die National Science Foundation und die Templeton Foundation geleistet. Ich bin diesen Einrichtungen sehr dankbar dafür, dass sie meine Arbeit ermöglicht haben.

Während meiner Tätigkeit am Center for Advanced Studies lernte ich meinen großartigen Literaturagenten Max Brockman kennen, der mir half, meinem wirren Kauderwelsch eine Struktur zu geben, in der man ein Buch vermuten konnte. Martin Asher sah die Geschichte, die sich dahinter verbarg, und war bereit, darauf zu wetten, dass ich tatsächlich ein Buch schreiben könnte, und Jeff Alexander leistete die brillante Lektoratsarbeit, die notwendig war, um es unter Dach und Fach zu bringen. Anschließend sah ich, warum Random House Bonnie Thompson für eine der besten Korrektorinnen hält. Kathleen Fridella, Maggie Hinders, Jocelyn Miller und Lisa Montebello gaben dem Buch den letzten Schliff und brachten eine Arbeit zu Ende, die manchmal unendlich schien. Und Peter Mendelsund schuf das beste denkbare Umschlagbild für ein Buch über die zwischenmenschlichen Illusionen. Ich hatte mir dieses Produktionsteam nicht ausgewählt, aber wenn ich mich je wieder auf ein solches Unterfangen einlassen sollte, dann nur mit ihnen.

Die Arbeit an diesem Buch war eine ermutigende Erfahrung, lernte ich doch, wie bereitwillig Menschen helfen, wenn man sie einfach darum bittet. Viele Leute beantworteten Fragen, schliffen meine Ideen, lasen Kapitel oder halfen auf andere Art, dieses Buch besser zu machen. Zu diesen Personen zählen Kaushal Addanki, Travis Carter, Farr Curlin, Dave DeSteno, Tom Gilovich, Reid Hastie, Lee Jussim, Nadav Klein, Elizabeth Majka, Ann McGill, Sarah Molouki, Liz Necka, Ara Norenzayan, Harold Pollack, Stephen Porter, Emily Pronin, Dennis Regan, Kenneth Savitsky, Juliana Schroeder, Anuj Shah, Emily Shaw, James VanderMeer, Adam Waytz, Natalie Wheeler, Kaitlin Wooley, Mike Yeomans und Haotian Zhou. Einige von ihnen taten sehr viel mehr, als die Freundschaft (oder auch die Verwandtschaft) gebietet, und kommentierten das ganze Buch, darunter Ben Converse, Rachel Epley, Dan Gilbert, Sendhil Mullainathan und Dick Thaler. Und vom Beginn dieses Buchprojekts bis zu seinem Abschluss leistete Jasmine Kwong jede erdenkliche Hilfe, gleichgültig, ob es sich um eine Korrekturlesung, die Suche nach Quellennachweisen oder um ein Foto des lächelnden VW-Käfers in den Anmerkungen zu Kapitel 4 handelte. Ihnen allen gebührt ein großes Dankeschön.

Schließlich möchte ich Jen und unseren Kindern Ben, Habtamu, Nathan und Tsion dafür danken, dass sie mir jeden Tag zeigen, warum es so wichtig ist, enge und aufrichtige Beziehungen zu anderen zu unterhalten und sich stets aufs Neue darum zu bemühen, ihr Innerstes kennenzulernen. Ich liebe euch.

Anmerkungen

Vorwort

1 Vgl. Bourdain, A., *Kitchen confidential: Adventures in the culinary underbelly* (New York: Bloomsbury, 2000), S. 205.

2 Dunbar, R. I. M., »The social brain hypothesis«, in: *Evolutionary Anthropology* 6 (1998): S. 178–90; Dunbar, R. I. M., und S. Shultz, »Evolution in the social brain«, in: *Science* 317 (2007): S. 1344–47.

3 Sallet, J., et al., »Social network size affects neural circuits in Macaques«, in: *Science* 334 (2011): S. 697–700.

4 Der Vollständigkeit halber sei gesagt, dass in diesem Experiment auch 36 Orang-Utans beobachtet wurden. Die Orang-Utans brachten die gleichen Leistungen wie die Schimpansen. Vgl. Herrmann, E., et al., »Humans have evolved specialized skills of social cognition: The cultural intelligence hypothesis«, in: *Science* 317 (2007): S. 1360–66.

5 In dieser Umfrage sollten die Befragen Angaben dazu machen, welche der folgenden übermenschlichen Kräfte sie am liebsten besitzen würden. Hier die Ergebnisse:

FÄHIGKEIT	% BEVORZUGT
Gedankenlesen	28
Zeitreisen	28
Fliegen	16
Telepathie	11
Unsichtbarkeit	10

Mehr über diese Umfrage finden Sie hier: http://maristpoll.marist.edu/28-holy-super-powers-batman-mind-reading-and-time-travel-top-list/.

1 Wyatt, C., »Bush and Putin: Best of friends«, in: *BBC News*, 16. Juni 2001. Abgerufen unter: http://news.bbc.co.uk/2/hi/1392791.stm.

2 Todorov, A., M. Pakrashi und N. N. Oosterhof, »Evaluating faces on trustworthiness after minimal time exposure«, in: *Social Cognition* 27 (2009): S. 813–33.

3 Todorov, A., et al., »Inferences of competence from faces predict election outcomes«, in: *Science* 308 (2005): S. 1623–26.

4 Kenny, D. A., und B. M. DePaulo, »Do people know how others view them? An empirical and theoretical account«, in: *Psychological Bulletin* 114 (1993): S. 145–61.

5 Kenny, D. A., *Interpersonal perception: A social relations analysis* (New York: Guilford Press, 1994), S. 159.

6 In einem Experiment fanden wir eine geringe positive Korrelation von 0,23 zwischen angenommener und tatsächlicher Beurteilung, aber in einem anderen Versuch fanden wir eine entsprechende negative Korrelation (-0,24). Nimmt man diese Experimente zusammen, so erhält man eine Gesamtkorrelation von etwa 0. Vgl. Eyal, T., und N. Epley, »How to seem telepathic: Enabling mind reading by matching self-construal«, in: *Psychological Science* 21 (2010): S. 700–705.

7 Bond Jr., C. F., und B. M. DePaulo, »Accuracy of deception judgments«, in: *Personality and Social Psychology Review* 10 (2006): S. 214–34.

8 Mearsheimer, J. J., *Why leaders lie: The truth about lying in international politics* (New York: Oxford University Press, 2011).

9 Rollings, K. H., et al., »Empathic accuracy and inaccuracy«, in: Strack, S. (Hg.), *Handbook of interpersonal psychology: Theory, research, assessment, and therapeutic interventions* (Hoboken, NJ: John Wiley & Sons, 2011), S. 143–56.

10 Savitsky, K., et al., »The closeness-communication bias: Increased egocentrism among friends versus strangers«, in: *Journal of Experimental Social Psychology* 47 (2011): S. 269–73.

11 Für den Bericht über das hier beschriebene Experiment vgl. Swann, W. B. J., und M. J. Gill, »Confidence and accuracy in person perception: Do we know what we think we know about our relationship partners?«, in: *Journal of Personality and Social Psychology* 73 (1997): S. 747–57. Das Zitat findet sich auf S. 755.

12 Ein ähnliches Resultat erhielten meine Kollegen und ich bei Versuchen, in denen wir Ehepaare aufforderten, entweder ihrem Partner/ihrer Partnerin oder einer fremden Person eine mehrdeutige Botschaft (etwa eine sarkastische Aussage) zu übermitteln. Die Partner glaubten, einander die mehrdeutigen Botschaften besser vermittelt zu haben als einem Fremden. Tatsächlich gab es keinen Unterschied. Eine enge Beziehung zu einem Menschen scheint eine Illusion des Verständnisses zu erzeugen, die über das tatsächliche Verständnis hinausgeht. Diesen Effekt bezeichnen die Psychologen als »closeness-communication bias« (Irrtum der vertrauten Kommunikation). Vgl. Savitsky, K., et al., »The closeness-communication bias: Increased egocentrism among friends versus strangers«, in: *Journal of Experimental Social Psychology* 47 (2011): S. 269–73.

13 Swann, W. B., D. H. Silvera und C. U. Proske, »On ›knowing your partner‹: Dangerous illusions in the age of AIDS?«, in: *Personal Relationships* 2 (1995): S. 173–86.

14 Für den Fall, dass Sie immer noch nicht vollkommen überzeugt sind, kommt hier ein weiteres Beispiel. In diesem Experiment sahen sich die Versuchsteilnehmer Fotos von Personen an, um herauszufinden, welches von sieben Gefühlen jede von ihnen ausdrückte (Wut, Verachtung, Missfallen, Furcht, Glück, Traurigkeit oder Überraschtheit). Dies ist eine leichte Aufgabe – Gedankenlesen für Vorschulkinder –, da diese Emotionen universell erkannt werden. Die Freiwilligen stuften auch ihre Fähigkeit ein, die Gedanken anderer zu lesen, indem sie angaben, inwieweit Aussagen wie die folgenden auf sie zutrafen: »Ich kann den Charakter einer Person auf den ersten Blick beurteilen.« – »Ich kann die Gefühle anderer auch dann nachvollziehen, wenn sie versuchen, sie vor mir zu ver-

bergen.« – »Normalerweise weiß ich im Voraus, was mein Gesprächspartner sagen wird.« Wenn Menschen richtig einschätzen, wie gut sie die Gedanken anderer lesen können, sollte diese Einschätzung ihrer tatsächlichen Fähigkeit entsprechen. Aber das ist nicht der Fall. In diesem spezifischen Test lag die Korrelation zwischen der Einschätzung der eigenen Fähigkeit zum Gedankenlesen und der tatsächlichen Fähigkeit, die auf dem Foto zu sehende Emotion richtig zu deuten, genau bei 0 (ja, die Korrelation betrug 0,000, was genau dem Zufallswert entspricht). Schwächer kann eine Korrelation nicht sein. In anderen Tests zum Gedankenlesen, etwa der Fähigkeit, die Eindrücke einer anderen Person nach einem Interview zu erraten oder die in einer menschlichen Stimme zum Ausdruck kommenden Emotionen richtig zu deuten, wurde ebenfalls ein völliger Mangel an Selbsterkenntnis beobachtet. Interessanterweise ist das einzige Persönlichkeitsmerkmal, das Aufschluss über die tatsächliche Fähigkeit eines Menschen zum Gedankenlesen gibt, der Intelligenzquotient. Hingegen ist die einzige Persönlichkeitsvariable, die Aufschluss darüber gibt, wie eine Person ihre Fähigkeit zum Gedankenlesen *einschätzt*, die Extraversion. Intelligente Menschen sind gute Gedankenleser, und extrovertierte Menschen *glauben*, gute Gedankenleser zu sein. Jeder, der Politiker beobachtet, weiß, dass Intelligenz und Extraversion nicht zwangsläufig Hand in Hand gehen. Für den Bericht über diese Studie vgl. Realo, A., et al., »Mind-reading ability: Beliefs and performance«, in: *Journal of Research in Personality* 37 (2003): S. 420–45.

15 Vgl. Titchener, E. B., *An outline of psychology* (Madison, WI: Macmillan, 1896), S. 341.

Kapitel 2

1 LaPiere, R. T., »Attitudes vs. actions«, in: *Social Forces* 13 (1934): S. 230–37.

2 Kawakami, K., et al., »Mispredicting affective and behavioral responses to racism«, in: *Science* 323 (2009): S. 276–78.

3 LaFrance, M., und J. Woodzicka, »Real versus imagined reactions to sexual harassment«, in: *Journal of Social Issues* 57 (2001): S. 15–30.

4 Milgram, S., »Behavioral study of obedience«, in: *Journal of Abnormal and Social Psychology* 67 (1963): S. 371–78. Bei einer Wiederholung des Experiments wurden vor kurzem identische Gehorsamsraten ermittelt: Burger, J. M., »Replicating Milgram: Would people still obey today?«, in: *American Psychologist* 64 (2009): S. 1–11.

5 Buehler, R., D. Griffin und M. Ross, »Exploring the ›Planning Fallacy‹: Why people underestimate their task completion times«, in: *Journal of Personality and Social Psychology* 67 (1994): S. 366–81.

6 Buehler, R., D. Griffin und M. Ross, »It's about time: Optimistic predictions in work and love«, in: *European Review of Social Psychology* 6 (1995): S. 1–32.

7 Hall, G. S., »Some aspects of the early sense of self«, in: *American Journal of Psychology* 9 (1898): S. 351–95.

8 Geller, U., *Uri Geller's mindpower kit* (New York: Penguin Studio, 1996).

9 Ramachandran, V. S., und S. Blakeslee, *Phantoms in the brain: Probing the mysteries of the human mind* (New York: William Morrow, 1998).

10 Murphy, S. T., und R. B. Zajonc, »Affect, cognition, and awareness: Affective priming with optimal and suboptimal stimulus exposures«, in: *Journal of Personality and Social Psychology* 64 (1993): S. 723–39.

11 Slater, A., et al., »Newborn infants prefer attractive faces«, in: *Infant Behavior and Development* 21 (1998): S. 345–54.

12 Perrett, D. I., et al., »Symmetry and human facial attractiveness«, in: *Evolution and Human Behavior* 20 (1999): S. 295–307; Rhodes, G., F. Proffitt, J. M. Grady und A. Sumich, »Facial symmetry and the perception of beauty«, in: *Psychonomic Bulletin and Review* 5 (1998): S. 659–69; Rhodes, G., et al., »Attractiveness of facial averageness and symmetry in non-Western cultures: In search of biologically based standards of beauty«, in: *Perception* 30 (2001): S. 611–25.

13 Betts, E. F., *The complete Mother Goose* (New York: A. Stokes, 1909).

14 Langer, E. J., A. Blank und B. Chanowitz, »The mindlessness of ostensibly thoughtful action: The role of ›placebic‹ information in interpersonal interaction«, in: *Journal of Personality and Social Psychology* 36 (1978): S. 635–42.

15 Epley, N., und E. Whitchurch, »Mirror, mirror on the wall: Enhancement in self-recognition«, in: *Personality and Social Psychology Bulletin* 349 (2008): S. 1159–70.

16 Jung, C. G., *Collected Works: Civilization in Transition,* Bd. 10 (New York: Pantheon Books, 1953).

17 Wilson, T., *Strangers to ourselves: Discovering the adaptive unconscious* (Cambridge, MA: Harvard University Press, 2004).

18 Nisbett, R. E., und T. D. Wilson, »Telling more than we can know: Verbal reports on mental processes«, in: *Psychological Review* 84 (1977): S. 231–59. Für ein weiteres Beispiel vgl. Nisbett, R. E., und T. D. Wilson, »The halo effect: Evidence for unconscious alteration of judgments«, in: *Journal of Personality and Social Psychology* 35 (1977): S. 250–56.

19 Johansson, P., et al., »Failure to detect mismatches between intention and outcome in a simple decision task«, in: *Science* 310 (2005): S. 116–19.

20 Strack, F., L. L. Martin und S. Stepper, »Inhibiting and facilitating conditions of the human smile: A nonobtrusive test of the facial feedback hypothesis«, in: *Journal of Personality and Social Psychology* 54 (1988): S. 768–77.

21 Stepper, S., und F. Strack, »Proprioceptive determinants of emotional and nonemotional feelings«, in: *Journal of Personality and Social Psychology* 64 (1993): S. 211–20; Brinol, P., R. E. Petty und B. Wagner, »Body posture effects on self-evaluation: A selfvalidation approach«, in: *European Journal of Social Psychology* 39 (2009): S. 1053–64.

22 Ross, L., und A. Ward, »Naive realism: Implications for social conflict and misunderstanding«, in: Brown, T., E. Reed und E. Turiel (Hg.), *Values and knowledge* (Hillsdale, NJ: Lawrence Erlbaum Associates, 1996), S. 103–35.

23 Kennedy, K. A., und E. Pronin, »When disagreement gets ugly:

Perceptions of bias and the escalation of conflict«, in: *Personality and Social Psychology Bulletin* 34 (2008): S. 833–48.

24 Für eine ausgezeichnete Beschreibung des naiven Realismus vgl. Gilbert, D. T., »I'm okay, you're biased«, in: *New York Times*, 16. April 2006.

TEIL 2
Kapitel 3

1 Mein Bericht über dieses Gerichtsverfahren beruht im Wesentlichen auf Stephen Dando-Collins' Buch *Standing Bear is a Person*. Ich habe das Verfahren nur skizziert; die Details sind noch bemerkenswerter. Vgl. Dando-Collins, S., *Standing Bear is a person: The true story of a Native American's quest for justice* (Cambridge, MA: Da Capo Press, 2004).

2 Jahoda, G., *Images of savages: Ancient roots of modern prejudice in Western culture* (London: Routledge, 1999).

3 Das älteste schriftlich überlieferte Beispiel dafür stammt von dem griechischen Historiker Herodot, der die Menschheit in zwei Gruppen unterteilte: jene, die Griechisch sprachen, und alle anderen, die es nicht taten. Wenig überraschend beschrieb er die Fremden, die sich in anderen Sprachen verständigten, als rückständig, unkultiviert, unfähig und tierisch, als nicht vollkommen menschlich. All diese Menschen bezeichnete Herodot als »Barbaren«. Vgl. Asherson, N., *Black Sea* (New York: Hill & Wang, 1996).

4 Wynter, S., »›No humans involved‹: An open letter to my colleagues«, in: *Voices of the African Diaspora: The CAAS Research Review* 8 (1992): S. 1–17, zitiert in: Goff, P. A., et al., »Not yet human: Implicit knowledge, historical dehumanization, and contemporary consequences«, in: *Journal of Personality and Social Psychology* 94 (2008): S. 292–306.

5 Anand, K. J. S., B. J. Stevens und P. J. McGrath (Hg.), *Pain in neonates* (Amsterdam: Elsevier, 2000).

6 Niedenthal, P., »Embodying emotions«, in: *Science* 316 (2007): S. 1002–1005.

7 Stepper, S., und F. Strack, »Proprioceptive determinants of emotional and nonemotional feelings«, in: *Journal of Personality and Social Psychology* 54 (1988): S. 211–20.

8 Strack, F., L. L. Martin und S. Stepper, »Inhibiting and facilitating conditions of the human smile: A nonobtrusive test of the facial feedback hypothesis«, in: *Journal of Personality and Social Psychology* 54 (1988): S. 768–77.

9 Alter, A., et al., »Overcoming intuition: Metacognitive difficulty activates analytical thought«, in: *Journal of Experimental Psychology: General* 136 (2007): S. 569–76. Stepper, S., und F. Strack, »Proprioceptive determinants of emotional and nonemotional feelings«, in: *Journal of Personality and Social Psychology* 64 (1993): S. 211–20.

10 Niedenthal, P. M., et al., »When did her smile drop? Facial mimicry and the influences of emotional state on the detection of change in emotional expression«, in: *Cognition and Emotion* 15 (2001): S. 853–64; Neal, D. T., und T. L. Chartrand, »Embodied emotion perception: Amplifying and dampening facial feedback modulates emotion perception accuracy«, in: *Social Psychological and Personality Science* 2 (2011): S. 673–78.

11 Havas, D. A., et al., »Cosmetic use of botulinum toxin-A affects processing of emotional language«, in: *Psychological Science* 21 (2010): S. 895–900.

12 Andere Forschungen haben die Bedeutung der sensorischen Beteiligung noch deutlicher gezeigt. In einem Experiment sah eine Person, die sich bei einem inszenierten Unfall gerade einen Finger eingequetscht hatte, entweder eine Versuchsperson direkt an und zeigte ihr ein schmerzverzerrtes Gesicht, oder sie stellte keinen direkten Blickkontakt zur Versuchsperson her. Auf Videoaufnahmen war zu sehen, dass die Versuchspersonen, die direkten Blickkontakt zu der angeblich unter Schmerzen leidenden Person hatten, deren Gesichtsausdruck nachahmten und deutlich größere Sorge um das Wohlbefinden des Opfers zeigten als jene Versuchsteilnehmer, die keinen direkten Blickkontakt zum »Opfer« hatten. Macht ein Baum, der im Wald umfällt, auch dann ein Geräusch, wenn niemand in der Nähe ist, der das Geräusch hören könnte? Selbstver-

ständlich. Hat ein Mensch, der im Wald umfällt, ohne dass wir sein schmerzverzerrtes Gesicht sehen können, trotzdem Schmerzen? Selbstverständlich. Aber möglicherweise können wir seine Schmerzen nicht nachempfinden.

In einem weiteren Experiment ließen sich die Versuchspersonen vom äußeren Erscheinungsbild einer Person davon abhalten, ihr ein vollwertiges Bewusstsein zuzusprechen. In diesem Experiment sahen sich die Probanden Bilder anderer Menschen an und schilderten anschließend ihre Eindrücke: Spärlich bekleidete Personen hielten sie für weniger geistreich als vollständig bekleidete – sie glaubten, die spärlich bekleideten hätten eine geringere Fähigkeit, sich zu erinnern, zu denken oder sich zu beherrschen. Dieses Ergebnis ist keine Anomalie. Bei Männern, die sich einem fMRI-Scan unterziehen, während sie Bilder von Frauen in Bikinis sehen, ist eine erhöhte neuronale Aktivität in dem Teil des Gehirns zu beobachten, der für die Beschäftigung mit Objekten und Werkzeugen zuständig ist, während jenes Gehirnareal, das aktiviert wird, wenn wir über das Bewusstsein anderer Menschen nachdenken, relativ untätig bleibt. Wenn unser Blick auf den Körper eines Menschen fällt, scheint dieser Mensch einen Teil seines Geists zu verlieren.

Für weitere derartige Experimente vgl. Bavelas, J. B., et al., »I *show* how you feel«: Motor mimicry as a communicative act«, in: *Journal of Personality and Social Psychology* 50 (1986): S. 322–29; Gray, K., et al., »More than a body: Mind perception and the nature of objectification«, in: *Journal of Personality and Social Psychology* 101 (2011): S. 1207–20; Cikara, M., J. L. Eberhardt und S. T. Fiske, »From agents to objects: Sexist attitudes and neural responses to sexualized targets«, in: *Journal of Cognitive Neuroscience* 23 (2011): S. 540–51.

13 Die Erkenntnisse über das Verhalten von Soldaten stammen aus Dave Grossmans Buch *On Killing: The psychological cost of learning to kill in war and society* (New York: Back Bay Books, 1996). Grossman beschreibt nicht nur, wie schwer es Soldaten fällt, feindliche Männer zu töten, sondern auch, was die modernen Armeen tun, um diese Hemmschwelle zu überwinden.

14 Interessant ist, dass Mediziner eine Ausbildung erhalten, die eine gewisse Distanz zu den Patienten erzeugt, damit sie tun können, was sie als Ärzte tun müssen. Der Desensibilisierungsprozess beginnt an der Universität. Medizinstudenten beginnen ihre Ausbildung nicht damit, dass sie lebende Menschen aufschneiden, sondern sie sezieren zunächst Leichen. Und auch beim Sezieren wird darauf geachtet, die natürliche Abneigung zu mildern, die ein Mensch dagegen empfindet, in den Körper eines anderen menschlichen Wesens zu schneiden. Wissen Sie, wo die Studenten das Seziermesser zuerst ansetzen? Schneiden sie direkt in das Gesicht der Leiche, oder holen sie ein Auge heraus? Keineswegs. Die medizinischen Leiter von Sezierkursen berichten, dass die übliche Methode darin besteht, die Studenten zunächst nicht mit dem Intimbereich zu konfrontieren. Die Leiche liegt mit dem Gesicht nach unten, und die Studenten beginnen, den Rücken aufzuschneiden. Anschließend werden die Beine aufgeschnitten, und erst später wird der Tote umgedreht. Erst nachdem die Studenten mehrere Monate an der Leiche gearbeitet haben und daran gewöhnt sind, in einen menschlichen Körper zu schneiden, wenden sie sich den heikleren Körperregionen zu. Das Gesicht kommt als Allerletztes dran.

15 Bei den Ärzten wurde auch eine im Vergleich zur Kontrollgruppe erhöhte Aktivität im Gyrus parahippocampalis, im Gyrus frontalis superior und im rechten temporoparietalen Übergang beobachtet. Die rechte temporoparietale Übergangsregion wird normalerweise ebenfalls bei der Beschäftigung mit den Gedanken anderer Menschen aktiviert. Vgl. Cheng, Y., et al., »Expertise modulates the perception of pain in others«, in: Current Biology 17 (2007): S. 1708–13.

16 Amodio, D. M., und C. D. Frith, »Meeting of minds: The medial frontal cortex and social cognition«, in: Nature Reviews Neuroscience 7 (2006): S. 268–77.

17 In einem interessanten Neuroimaging-Experiment wurde untersucht, wie amerikanische Wähler in den Monaten vor der Präsidentenwahl 2008 über ihren bevorzugten Kandidaten dachten (Obama oder McCain). Es stellte sich heraus, dass die

Wähler ihren MPFC bei der Beschäftigung mit ihrem bevorzugten Kandidaten intensiver nutzten als dann, wenn sie über den gegnerischen Kandidaten nachdachten, und der Unterschied zwischen den Aktivitätsniveaus wuchs, je näher der Wahltag rückte. Als die Bedeutung der Wahl zunahm, wurden im Gehirn der Versuchspersonen dann, wenn sie über »ihren« Kandidaten nachdachten, Areale aktiviert, die benutzt werden, wenn man über enge Freunde nachdenkt. Wenn sie über den gegnerischen Kandidaten nachdachten, wurden die Areale aktiviert, die benutzt werden, wenn man über unbeseelte Objekte nachdenkt. Vgl. Falk, E. B., R. P. Spunt und M. D. Lieberman, »Ascribing beliefs to ingroup and outgroup political candidates: Neural correlates of perspective taking, issue importance, and days until the election«, in: *Philosophical Transactions of the Royal Society 367* (2012): S. 731–43.

18 Harris, L. T., und S. T. Fiske, »Dehumanizing the lowest of the low: Neuroimaging responses to extreme out-groups«, in: *Psychological Science* 17 (2006): S. 847–53.

19 Harris, L. T., und S. T. Fiske, »Dehumanized perception: A psychological means to facilitate atrocities, torture, and genocide?«, in: *Zeitschrift für Psychologie* 219 (2011): S. 175–81.

20 Pronin, E., und M. B. Kugler, »People believe they have more free will than others«, in: *Proceedings of the National Academy of Sciences* 107 (2010): S. 22469–74.

21 Haslam, N., et al., »More human than you: Attributing humanness to self and others«, in: *Journal of Personality and Social Psychology* 89 (2005): S. 937–50.

22 Leyens, J.-P., et al., »The emotional side of prejudice: The attribution of secondary emotions to ingroups and outgroups«, in: *Personality and Social Psychology Review* 4 (2000): S. 186–97; Vaes, J., et al., »On the behavioral consequences of infrahumanization: The implicit role of uniquely human emotions in intergroup relations«, in: *Journal of Personality and Social Psychology* 85 (2003): S. 1016–34; Cuddy, A., M. Rock und M. Norton, »Aid in the aftermath of Hurricane Katrina: Inferences of secondary emotions and intergroup helping«, in: *Group Processes and Intergroup Relations* 10 2007): S. 107–18.

23 Wohl, M. J. A., M. J. Hornsey und S. H. Bennett, »Why group apologies succeed and fail: Intergroup forgiveness and the role of primary and secondary emotions«, in: *Journal of Personality and Social Psychology* 102 (2012): S. 306–22.

24 Vgl. Singer, P. W., *Wired for War* (New York: Penguin Books, 2009), S. 305.

25 Das vollständige Zitat findet sich auf S. X im Vorwort der Ausgabe von 2004: »It's beyond my skill as a writer to capture that day, and the days that would follow – the planes, like specters, vanishing into steel and glass; the slow-motion cascade of the towers crumbling into themselves; the ash-covered figures wandering the streets; the anguish and fear. Nor do I pretend to understand the stark nihilism that drove the terrorists that day and that drives their brethren still. My powers of empathy, my ability to reach into another's heart, cannot penetrate the blank stares of those who would murder innocents with abstract, serene satisfaction.« Obama, B., *Dreams from my father: A story of race and inheritance* (New York: Three Rivers Press, 2004).

26 Krueger, A. B., und J. Maleckova, »Education, poverty, and terrorism: Is there a causal connection?«, in: *Journal of Economic Perspectives* 17 (2003): S. 119–44.

27 Scott Atran liefert in *Talking to the Enemy: Faith, brotherhood, and the (un)making of terrorists* (New York: HarperCollins, 2010) eine überzeugende wissenschaftliche Analyse des parochialen Altruismus. Atran, der sich selbst als Anthropologen bezeichnet, der wie ein Psychologe vorgeht, interviewte islamistische Extremisten und legte ihnen eine Vielzahl von Fragebögen vor, um ihre Beweggründe zutage zu fördern. Er fand heraus, dass ihre Motivation, einer Sache zu dienen, die ihnen viel bedeutet, kaum als nihilistisch bezeichnet werden kann, sondern ausgesprochen menschlich ist.

28 Offenbar begingen die Amerikaner diesen Fehler nicht zum ersten Mal. Singer erklärt dazu: »Im Zweiten Weltkrieg befahl General Curtis LeMay, japanische Städte mit Brandbomben anzugreifen, um die japanische Bevölkerung zu demoralisieren und ihr zu zeigen, dass es keinen Sinn hatte, den Krieg fortzusetzen. Diesen Luftangriffen fielen Hunderttausende zum

Opfer, aber viele Japaner verstanden die Botschaft so, dass es gefährlich sei, vor einem Feind, der bereit war, Napalm auf die Holzhäuser von Zivilisten abzuwerfen, bedingungslos zu kapitulieren.« Vgl. Singer, P. W., *Wired for War*, a. a. O., S. 305.

29 Den Bericht findet man auf der Website der Zeitschrift *Foreign Policy*: http://www.foreignpolicy.com/files/fp_uploaded_documents/Falk-Rogers%20PAE%2003-11%20vF.pdf.

30 Heath, C., »On the social psychology of agency relationships: Lay theories of motivation overemphasize extrinsic incentives«, in: *Organizational Behavior and Human Decision Processes* 78 (1999): S. 25–62.

31 Unter den Experimenten, die den Einfluss der intrinsischen Motivation zeigen, ist eines, das mir besonders gefällt: Die Forscher forderten Versuchspersonen auf, geistig anspruchslose niedrige Arbeit zu verrichten – sie sollten aufeinanderfolgende Buchstabenpaare auf einem Blatt Papier einkringeln. Die Teilnehmer wurden für jedes fertige Blatt bezahlt und konnten bis zu zwölf Blätter abarbeiten. In einer Versuchsanordnung sah der Versuchsleiter die Versuchsperson jedes Mal, wenn sie ein Blatt fertig hatte, an und zeigte Anerkennung für ihre Leistung: »Ich danke Ihnen.« Dies war die Versuchsbedingung der intrinsischen Motivation: Die Versuchsperson erhielt eine geringfügige Anerkennung für ihre Leistung. Unter der Bedingung der Missachtung sammelte der Versuchsleiter lediglich jedes erledigte Blatt ein, ohne es oder die Versuchsperson anzusehen, und legte es auf einen großen Stapel anderer Blätter. Unter einer weiteren Bedingung nahm der Versuchsleiter die Blätter, die die Versuchspersonen abgaben, und steckte sie direkt in einen Schredder, ohne die geringste Anerkennung zu zeigen oder die geleistete Arbeit zu überprüfen. Wer arbeitete am meisten? Die Versuchspersonen, die einen geringfügigen intrinsischen Leistungsanreiz – ein »Ich danke Ihnen« – erhielten. Intrinsische Anreize sind anderen Menschen genauso wichtig wie Ihnen. Für den Bericht über dieses Experiment vgl. Ariely, D., E. Kamenica und D. Prelec, »Man's search for meaning: The case of Legos«, in: *Journal of Economic Behavior and Organization* 67 (2008): S. 671–77.

32 Keller, M., *Rude awakening: The rise, fall, and struggle for recovery of General Motors* (New York: William Morrow, 1989).

33 Diener, E., und M. E. P. Seligman, »Very happy people«, in: *Psychological Science* 13 (2002): S. 80–83.

34 Epley, N., et al., »Creating social connection through inferential reproduction: Loneliness and perceived agency in gadgets, gods, and greyhounds«, in: *Psychological Science* 19 (2008): S. 114–20.

Kapitel 4

1 Morris, M. W., et al., »Metaphor and markets: Agent and object schemas in stock market interpretations«, in: *Organizational Behavior and Human Decision Processes* 102 (2007): S. 174–92.

2 Dieses Bild hat eine interessante Geschichte. Es wurde am 11. September 2001 von Mark D. Phillips aufgenommen, einem Bildreporter, der zum Zeitpunkt des Terrorangriffs zu Hause war und seine Kamera holte, um Fotos zu machen. Das Bild ist eines von vielen, die Phillips an jenem Tag aufnahm, und es zählte zu den ersten, die an Associated Press weitergereicht wurden. Phillips teilte mir per E-Mail mit, dass er selbst das »Gesicht« erst bemerkte, als er es am nächsten Tag im *Delaware Journal* sah, wo es das ganze Titelblatt füllte. Mehr über die Geschichte des Fotos erfährt man auf Phillips' Website (http://www.markdphillips.com/) oder in seinem E-Book *Satan in the smoke? A photojournalist's 9/11 story*.

3 Landwehr, J. R., A. L. McGill und A. Herrmann, »It's got the look: The effect of friendly and aggressive ›facial‹ expressions on product liking and sales«, in: *Journal of Marketing* 75 (2011): S. 132–46. Oben rechts ein lächelnder VW-Käfer.

4 Welsh, J., »Why cars got angry«, in: *Wall Street Journal*, 10. März 2006, S. W1, W10.

5 In diesem Experiment absolvierten Hundebesitzer mit ihren Tieren einen Gehorsamstest im Labor. Jeder Hundebesitzer

verbot seinem Hund, eine bestimmte Leckerei zu fressen, und verließ anschließend den Raum. In Abwesenheit des Besitzers nahm ein Mitglied des Versuchsteams die Leckerei entweder weg (sodass sie für den Hund unerreichbar war) oder verfütterte sie an das Tier. Nach einer Minute erhielt der Besitzer die Anweisung, in den Raum zurückzukehren, wo ihm der Forscher mitteilte, ob sein Hund die Leckerei gefressen hatte. Die Hundebesitzer wussten, dass sie ihr Tier nun entweder rügen oder für seinen Gehorsam loben sollten. Aber sie wussten nicht, dass der Forscher die Leckerei entweder weggenommen hatte (womit gewährleistet war, dass der Hund sie nicht fressen würde) oder an den Hund verfüttert hatte (womit gewährleistet war, dass der Hund sie fressen würde). Anschließend wurde zufällig bestimmt, welchem Hundebesitzer die Forscher über Gehorsam oder Ungehorsam des Hundes berichten würden – nur ein Teil der Besitzer erfuhr also die Wahrheit über das Verhalten des Hundes, während die anderen in die Irre geführt wurden.

Der gesamte Ablauf wurde auf Video aufgezeichnet. Anschließend wurde beurteilt, inwieweit die Hunde den »schuldbewussten Gesichtsausdruck« zeigten. Sollten die Hunde tatsächlich *wissen*, dass sie ungehorsam gewesen waren, und sich deshalb schuldig fühlen, so würden die Hunde, die die Leckerei gefressen hatten, schuldbewusster dreinschauen als diejenigen, die sie nicht gefressen hatten. Die Hunde zeigten nicht den geringsten Hinweis auf Schuldbewusstsein. Vielmehr war in den Videoaufnahmen zu sehen, dass die Hunde nur einen »schuldbewussten Gesichtsausdruck« zeigten, wenn ihre Besitzer sie rügten, weil sie *glaubten*, sie hätten die

Leckerei gefressen. In ihrem Gesicht war kein »schuldbewusster Ausdruck« zu sehen, wenn sie *tatsächlich* ungehorsam gewesen waren, aber nicht gerügt wurden. Der »schuldbewusste Gesichtsausdruck« eines Hundes entsteht durch das, was sein Herr glaubt, nicht durch das, was der Hund »weiß«. Für den Bericht über dieses Experiment vgl. Horowitz, A. »Disambiguating the ›guilty look‹: Salient prompts to a familiar dog behavior«, in: *Behavioral Processes* 81 (2009): S. 447–52. Weitere Experimente wie dieses beschreibt Horowitz in ihrem Buch *Inside of a dog* (New York: Scribner, 2009).

6 Die Forschung über das Verhalten von Schimpansen hat jedoch gezeigt, dass sie viele der höherrangigen kognitiven Fähigkeiten besitzen, die den Menschen auszeichnen; gestützt auf diese Ergebnisse wird mittlerweile die Forderung erhoben, Schimpansen eingeschränkte Menschenrechte zuzugestehen.

7 Nagel, T., »What is it like to be a bat?«, in: *Philosophical Review* 83 (1974): S. 435–50.

8 Kass, J., »The worst Christmas story ever: Wisconsin vs. Charlotte the deer«, in: *Chicago Tribune*, 15. Dezember 2011. Abgerufen unter: http://articles.chicagotribune.com/2011-12-15/news/ct-met-kass-1215-20111215_1_charlotte-deer-population-horses.

9 Yoon, C. K., »No face, but plants like life too«, in: *New York Times*, 14. März 2011. Abgerufen unter: http://www.nytimes.com/2011/03/15/science/15food.html?pagewanted=all.

10 Audi, T., J. Scheck, und C. Lawton, »California votes for Prop 8«, in: *Wall Street Journal*, 5. November 2008; Glover, K., »California's Prop 2 restricts farm animal confinement«, in: CBS News, 6. September 2008. Abgerufen unter: http://www.cbsnews.com/news/californias-prop-2-restricts-farm-animal-confinement.

11 Rota, J., und D. L. Wagner, »Predator mimicry: Metalmark moths mimic their jumping spider predators«, in: *PloS ONE* 1 (2006): S. e45.

12 Eisner, T., und E. O. Wilson, *For Love of Insects* (Cambridge: Belknap Press, 2003), S. 97.

13 »Eye spots deter animals: spicebush swallowtail«, Biomimicry
3.8 Institute; abgerufen unter: http://www.asknature.org/strate
gy/52764d8222258823367873d6ca767d3b«section.

14 Viele Sozialwissenschaftler bringen dieses Argument vor, so
zum Beispiel Stewart Guthrie in seinem Buch *Faces in the
clouds* (New York: Oxford University Press, 1995), Pascal Boy-
er in *Religion explained* (New York: Basic Books, 2001) und
Justin Barrett in *Born believers* (New York: Free Press, 2012).

15 Vgl. Burnham, T. C., und B. Hare, »Engineering human cooperation: Does involuntary neural activation increase public
goods contribution?«, in: *Human Nature* 18 (2007): S. 88–108.
In einem weiteren Experiment erhielten Studenten der University of Michigan einen Bonus von 10 Dollar, begleitet von
dem Hinweis, sie könnten einen Teil davon ihrem Versuchs-
partner geben. Versuchen Sie, sich vorzustellen, Sie selbst
würden an diesem Experiment teilnehmen. Wenn Ihr Partner direkt neben Ihnen sitzen und Ihnen zuschauen würde,
während Sie über diese Entscheidung nachdenken, würden
Sie ihm dann mehr Geld geben? Natürlich würden Sie das.
Aber in diesem Experiment war der Partner nicht in der Nähe.
Das einzige Gesicht, das die Versuchsteilnehmer sahen, waren
ein paar gut platzierte Punkte auf einem Blatt Papier. Die Versuchspersonen in der einen Gruppe sahen ein »Gesicht«, das
aus zwei Punkten über einem einzelnen Punkt bestand – zwei
Augen über einem Mund (oder einer Nase) wie in meinem
Hühnerstall –, während die Versuchspersonen in der Kontrollgruppe dasselbe Bild auf dem Kopf sahen, also einen Punkt
über zwei anderen. Diese Punkte sind selbstverständlich nicht
so wirksam wie ein wirkliches menschliches Gesicht, aber sie
haben einen ähnlichen Effekt. In der Versuchsbedingung mit
dem »Gesicht« gaben 40 Prozent der Versuchspersonen ihrem
Partner Geld, während das nur 20 Prozent der Teilnehmer in
der Kontrollgruppe taten. Dieses Experiment beschreiben Rig-
don, M., et al., »Minimal social cues in the dictator game«, in:
Journal of Economic Psychology 30 (2009): S. 358–67.

16 Bateson, M., D. Nettle und G. Roberts, »Cues of being watched
enhance cooperation in a real-world setting«, in: *Biology Let-*

ters 2 (2006): S. 412–14. In einem weiteren Experiment sank die Wahrscheinlichkeit, dass Besucher einer Schulcafeteria Abfälle auf den Boden warfen, um über die Hälfte, also von 36 auf 16 Prozent, wenn an den Wänden Poster mit Augenpaaren aufgehängt wurden. Vgl. Ernst-Jones, M., D. Nettle und M. Bateson, »Effects of eye images on everyday cooperative behavior: A field experiment«, in: *Evolution and Human Behavior* 32 (2011): S. 172–78.

17 Zitiert in: Gould, S. J., »Can we truly know sloth and rapacity?«, in: ders., *Leonardo's mountain of clams and the diet of worms* (New York: Three Rivers Press, 1998), S. 375–91.

18 Zur mangelnden Empathie für Pflanzen vgl. Yoon, C. K., »No face, but plants like life too«, a.a.O.

19 Morewedge, C., J. Preston und D. M. Wegner, »Timescale bias in the attribution of mind«, in: *Journal of Personality and Social Psychology* 93 (2007): S. 1–11.

20 Manchmal kann die Bewegungsgeschwindigkeit einer Person interessante Illusionen erzeugen. Sehen wir uns zum Beispiel James Harrison an. Der Footballspieler ist in der National Football League für seine rüde Spielweise berüchtigt und hat schon so manchem gegnerischen Angreifer ein Schädeltrauma zugefügt. Die Liga hat ihn für böse Fouls wiederholt mit hohen Geldbußen belegt. Aber sowohl Harrison als auch viele Beobachter sind verblüfft darüber, dass er für viele dieser nachträglich mit Geldbußen geahndeten Fouls während der Spiele von den Schiedsrichtern nicht bestraft wurde. Das ganze Ausmaß seiner Heimtücke wird erst im Nachhinein sichtbar, wenn die Verantwortlichen der Liga ein Spiel, das in rasender Geschwindigkeit abläuft, in Zeitlupe studieren können. Erst dann erkennt man, dass Harrisons reflexartige Schläge tatsächlich absichtlich, geplant und böswillig sind. Zachary Burns hat in seiner Doktorarbeit an der University of Chicago gezeigt, dass auf Video festgehaltene Handlungen eher absichtlich wirken, wenn man die Aufnahmen langsamer abspielt. Zu diesen Handlungen zählt auch einer der berühmten Schläge von Harrison. Burns hat das Video in Zeitlupe auf YouTube eingestellt:

http://www.youtube.com/watch?v=mfOcHDuZssE
Für Harrison ist das kein allzu großes Problem, denn er verdient Millionen und zahlt Tausende Dollar an Geldbußen. Anders liegen die Dinge bei John »Jordan« Lewis, der des Mordes an dem Polizisten Chuck Cassidy in einem Dunkin' Donuts in Philadelphia beschuldigt wurde. Jordan bestritt nicht, den Beamten getötet zu haben, brachte zu seiner Verteidigung jedoch vor, er sei in Panik geraten und habe reflexartig reagiert. Der Staatsanwalt ging von vorsätzlichem Mord aus. Sein wichtigster Beweis? Ein drei Sekunden langes Video aus einer Überwachungskamera, das er den Geschworenen in Zeitlupe vorführte. Richter J. Michael Eakin vom Obersten Gerichtshof von Pennsylvania fragte: »Kann man in dem langsam abgespielten Video etwas sehen, das man in der schnellen Version nicht sehen kann?« Man kann, nämlich einen Verstand, der bedächtiger, berechnender und rationaler wirkt, als er in der Realität gewesen sein dürfte. Lewis wurde am 20. November 2012 schuldig gesprochen und zum Tode verurteilt. Für eine Beschreibung dieser Forschungsergebnisse vgl. Burns, Z., »It all happened so slow!«: The impact of action speed on assessments of intentionality (unveröffentlichte Doktorarbeit), University of Chicago.

21 Vgl. Nass, C., The man who lied to his laptop: What machines teach us about human relationships (New York: Current, 2010).

22 Newman, A., und A. O'Connor, »Woman mauled by chimp is still in critical condition«, in: New York Times. 17. Februar 2009. Abgerufen unter: http://www.nytimes.com/2009/02/18/nyregion/18chimp.html.

23 Hawke, C., »Chimp mauling under investigation«, Associated Press, 11. Februar 2009. Abgerufen unter: http://www.cbsnews.com/stories/zfü/03/04/national/main678061.shtml. Frans de Waal, ein führender Primatenforscher, hat wiederholt erklärt, dass Schimpansen wie Menschen Mitgefühl und Anteilnahme zeigen können. Er weist jedoch auch darauf hin, dass vielen ausgezeichneten Primatenforschern Finger fehlen. Vgl. auch Harmon, K., »Why would a chimpanzee attack a human?«,

in: *Scientific American*, 19. Februar 2009. Abgerufen unter: http://www.scientificamerican.com/article.cfm?id=why-would-a-chimpanzee-at.

24 American Foundation for Suicide Prevention, »American Foundation for Suicide Prevention calls on General Motors to pull advertising«, Pressemitteilung (2007). Abgerufen unter: http://www.afsp.org/files/Public_Relations//pr_GM.pdf.

25 »Godspeed, Tevatron«, *Clever Apes* Nr. 19, Radiosendung, WBEZ, Chicago, 27. September 2011. Abrufbar unter: http://www.wbez.org/blog/clever-apes/2011-09-27/clever-apes-19-godspeed-tevatron-92526.

26 Morewedge, C., *A mind of its own: Negativity bias in the perception of intentional agency* (unveröffentlichte Doktorarbeit), Harvard University, Cambridge (2006).

27 Waytz, A., et al., »Making sense by making sentient: Effectance motivation increases anthropomorphism«, in: *Journal of Personality and Social Psychology* 99 (2010): S. 410–35.

28 Teilweise scheint dieser Effekt darauf zurückzuführen zu sein, dass hinter einem unerwarteten negativen Ereignis eher eine Absicht vermutet wird als hinter einem unerwarteten positiven Erlebnis. In einem Experiment zeigte sich, dass Versuchspersonen, die von einer unfairen Aufteilung eines Preises betroffen waren, eher glaubten, dass die Aufteilung absichtlich von einer Person als zufällig von einem Computer vorgenommen worden war. Erhielten sie jedoch einen großzügigen Anteil, so glaubten sie eher, dass die Aufteilung zufällig von einem Computer als absichtlich von einer Person vorgenommen worden war. Wenn ein Computer oder ein Auto einen Defekt hat, ist dies nicht nur unerwartet, sondern auch negativ. Diese Studienergebnisse erlauben uns nicht, diese beiden Effekte voneinander zu trennen. Eine genaue Beschreibung der Experimente mit fairer und unfairer Aufteilung findet man bei Morewedge, C., »Negativity bias in the attribution of external agency«, in: *Journal of Personality and Social Psychology* 138 (2009): S. 535–45.

29 Waytz, A., et al., »Making sense by making sentient: Effectance motivation increases anthropomorphism«, in: *Journal of Per-*

sonality and Social Psychology 99 (2010): S. 410–35. Clocky können Sie sich hier ansehen: http://www.nandahome.com. Die Bedienungsanleitung bestätigt, wie leicht Clocky vermenschlicht werden kann, liest sie sich doch eher wie ein Ratgeber für junge Mütter als wie ein Handbuch für neue Besitzer eines Weckers: Ihre »Anleitung für den Umgang mit Ihrem neuen Familienmitglied« fordert Sie auf, »diese Anleitung zu befolgen, während Clocky seinen Platz in Ihrem Haus findet«, um »die Verletzungsgefahr« für das neue Familienmitglied zu verringern. Wie reizend. In der einseitigen Bedienungsanleitung wird das Weckgerät nicht weniger als 20-mal mit »er« bezeichnet: »Er kann von einem Nachttisch bis zu einem Meter in die Höhe springen.« Und »er kann auf Holzflächen und den meisten Teppichen laufen«. Diese Hinweise helfen, Clockys wichtigste anthropomorphe Eigenschaft zu erklären: Wenn man seine Schlummertaste zum zweiten Mal drückt, beginnen sich die Räder an seinen Seiten zu drehen, und Clocky rollt willkürlich im Raum umher, weshalb man aufstehen muss, um ihn auszuschalten. Er ist offenkundig ein Wecker, der unser Bestes will.

30 Heider, F., und M. Simmel, »An experimental study of apparent behavior«, in: *American Journal of Psychology* 57 (1944): S. 243–49. Das Originalvideo finden Sie hier: http://www.youtube.com/watch?v=sZBKer6PMtM.

31 Dennett, D. C., *The intentional stance* (Cambridge, MA: MIT Press, 1987).

32 Luo, Y., und R. Baillargeon, »Can a self-propelled box have a goal? Psychological reasoning in 5-month-old infants«, in: *Psychological Science* 16 (2005): 601–608.

33 Deborah Blum schildert Aufstieg und Fall des Behaviorismus in ihrer Biographie des berühmtesten Kritikers dieses Forschungszweigs, Harry Harlow, berührender, als man sich vorstellen würde. Vgl. Blum, D., *Love at Goon Park: Harry Harlow and the science of affection* (New York: Berkley Books, 2004).

34 Shenhav, A., D. G. Rand und J. D. Greene, »Divine intuition: Cognitive style influences belief in God«, in: *Journal of Ex-*

perimental Psychology: General 14 (2012): S. 423–28; Gervais, W. M., und A. Norenzayan, »Analytic thinking promotes religious disbelief«, in: *Science* 336 (2012): S. 493–96.

35 Medin, D. L., und S. Atran, »The native mind: Biological categorization, reasoning, and decision making in development and across cultures«, in: *Psychological Review* 111 (2004): S. 960–83.

36 Kozak, M., A. A. Marsh und D. M. Wegner, »What do I think you're doing? Action identification and mind attribution«, in: *Journal of Personality and Social Psychology* 90 (2006): S. 543–83.

37 Und mit Tieren: Vgl. Sherman, G. D., und J. Haidt, »Cuteness and disgust: The humanizing and dehumanizing effects of emotion«, in: *Emotion Review* 3 (2011): S. 543–55.

38 Man könnte meinen, diese Resultate zeigten lediglich, dass die heutigen Kinder besonders kindlich sind – nur dass ganz ähnliche Effekte auch unter Umständen zu beobachten sind, die auf das Erwachsenenleben beschränkt sind, nämlich bei Soldaten auf dem Schlachtfeld. Viele Armeeeinheiten setzen mittlerweile Warbots ein, also Roboter, die speziell für den Kampfeinsatz entwickelt wurden. Und obwohl ihre Entwickler sagen werden, diese Warbots seien »nur Maschinen«, beginnen die Soldaten, die in Kampfeinsätzen eine Beziehung zu ihnen knüpfen, ganz anders über sie zu denken. In seinem Buch *Wired for War* beschreibt P. W. Singer, wie weit die Vermenschlichung dieser Roboter geht. Sie erhalten personalisierte Namen. Sie erhalten Auszeichnungen. Und in Ermangelung eines besseren Begriffs muss man feststellen, dass sie *real* werden. Nach Aussage eines Soldaten war ein Warbot namens Frankenstein »Teil unseres Teams, er war einer von uns. Man hatte das Gefühl, dass er zur Familie gehörte«. Soldaten, die Warbots reparieren, beschreiben ihre Arbeit mit Worten, die man eher von Ärzten in Krankenhäusern hört. Singer zitiert einen Mechaniker: »Ich wünschte, ihr könntet dabei sein und die Befriedigung teilen, die man empfindet, wenn man jemandem das Leben gerettet hat. Ich wünschte, ihr könntet das Feuer in ihren Augen sehen, wenn sie in dem

Wissen hereinkommen, dass sie möglicherweise ohne Roboter wieder gehen werden. Ich wünschte, ihr könntet das Lächeln sehen und die Umarmungen und das Schulterklopfen fühlen, wenn sie unsere Werkstatt mit der Gewissheit verlassen, dass ihr ›kleiner Timmy‹ überlebt hat.« Ist das die Soldatenversion des *Velveteen Rabbit*?

Wenn ja, dann stehen wir hier vor einem Phänomen, das uns von der Geburt bis zum Tod begleitet, denn die sozialen Verbindungen scheinen den Dingen auch am Ende unseres Lebens Realität zu verleihen. Um alte Menschen im Kampf gegen Einsamkeit und Depressionen zu unterstützen, setzen manche Altenheime mittlerweile sozial interaktive Roboter wie Paro ein, der Ähnlichkeit mit einem Robbenbaby hat. Paro bringt die erforderlichen Augen, Bewegungen und interaktiven Fähigkeiten mit, die bei Menschen das Gefühl auslösen können, es mit einem vernunftbegabten Wesen zu tun zu haben, aber bei manchen Personen scheint es die im Lauf der Zeit entstehende Beziehung zu sein, die Paro zum Leben erweckt. Wie die Soldaten sind sich die alten Menschen durchaus über Paros Natur im Klaren. Sie wissen, dass sie es mit einer Maschine zu tun haben, aber ihre Sinne sagen ihnen, dass er gleichzeitig real ist. »Ich liebe Tiere«, erzählte Lois Simmeth, Bewohnerin eines Altenheims, einem Journalisten des *Wall Street Journal*. Dann wandte sie sich an Paro, der auf ihrem Schoß saß, und flüsterte: »Ich weiß, dass du nicht wirklich bist, aber irgendwie liebe ich dich.« Simmeth ist nicht im Unklaren über das Wesen Paros, aber wie wir alle ist sie im Unklaren über die Funktionsweise des menschlichen Gehirns, in diesem Fall darüber, wie unser Gehirn angesichts eines unbewussten, mechanischen, leblosen Roboters die Illusion eines bewussten, fühlenden und lebenden Wesens erzeugt. Vgl. Tergesen, A., und M. Inada, »It's not a stuffed animal, it's a $6,000 medical device«, in: *Wall Street Journal*, 21. Juni 2010.

39 Broyles Jr., W., *Cast away*. Regie R. Zemeckis. Twentieth Century Fox (2000).

40 Epley, N., et al., »Creating social connection through inferential reproduction: Loneliness and perceived agency in gadgets,

gods, and greyhounds«, in: *Psychological Science* 19 (2008): S. 114–20.

41 Andere Forscher haben ähnliche Ergebnisse über den Glauben an Gott gemeldet: Gebauer, J. E., und G. R. Maio, »The need to belong can motivate belief in God«, in: *Journal of Personality* 80 (2012): S. 465–501; Nilüfer, A., P. Fischer und D. Frey, »Turning to God in the face of ostracism: Effects of social exclusion on religiousness«, in: *Personality and Social Psychology Bulletin* 36 (2010): S. 742–53.

42 Adler, J., »In search of the spiritual«, in: *Newsweek* 146, 29. August 2005, S. 46–64.

43 Binti ist die Tochter des berühmten Gorillaweibchens Koko, das die Zeichensprache erlernte, und verbrachte wirklich keinen einzigen Tag ihres Lebens außerhalb der Gefangenschaft.

44 Hare, B., et al., »The domestication of social cognition in dogs«, in: *Science* 298 (2002): S. 1636–39. Für mehr dazu vgl. Hare, B., und V. Woods, *The genius of dogs* (New York: Dutton, 2013).

45 Fraser, O. N., und T. Bugnyar, »Ravens reconcile after aggressive conflicts with valuable partners«, in: *PLoS ONE* 6 (2011): S. e18118.

TEIL 3
Kapitel 5

1 Andere haben ähnliche Fehler begangen, die jedoch nicht mehr rückgängig zu machen sind. Der Basketballspieler DeShawn Stevenson, ein NBA-Profi und so etwas wie eine menschliche Litfaßsäule, ließ sich den Buchstaben *P* ins Gesicht tätowieren, um sich als Anhänger der Pittsburgh Pirates zu erkennen zu geben. »Das ist mein Lieblingsteam«, erklärte er. Auf die Frage eines Journalisten der *Washington Post*, warum der Buchstabe *verkehrt herum* geschrieben war, reagierte er verwirrt. »Nein, wenn Sie weiter weg stehen, sieht es aus wie ein *P*.« In Wahrheit ist und bleibt das *P* natürlich spiegelver-

kehrt. Andere haben das Problem besser gelöst. Als Apple seinen ersten Laptop herausbrachte, wollten die Entwickler für eine möglichst angenehme Benutzererfahrung sorgen. Also richteten sie das Logo nach dem Benutzer aus. Aus dessen Perspektive war das Logo bei zugeklapptem Deckel richtig herum angebracht. Klappte er das Gerät jedoch auf, verschwand das Logo aus seinem Gesichtskreis, aber stand nun für jeden, der dem Benutzer gegenübersaß, auf dem Kopf. Einige Jahre später, nachdem sich Apple des Bilds bewusst geworden war, änderte das Unternehmen das Design – das Logo auf dem Deckel wurde einfach um 180 Grad gedreht. Ein Ingenieur des Unternehmens erklärte:»Einen Laptop von der falschen Seite öffnen zu wollen, verursacht ein Problem, das innerhalb von wenigen Sekunden lösbar ist. Aber der Anblick des auf dem Kopf stehenden Logos stellt ein bleibendes Problem dar.« Vgl. Bonnington, C., »Former Apple employee explains ›upside-down‹ logo«, CNN, 22. Mai 2012. Abgerufen unter: http://www.cnn. com/2012/05/22/tech/gaming-gadgets/apple-upside-down-logo/index.html?hpt=hp_bn11.

2 Diamond, A., und N. Kirkham, »Not quite as grown-up as we like to think: Parallels between cognition in childhood and adulthood«, in: *Psychological Science* 16 (2005): S. 291–97. Die Autoren schreiben: »Möglicherweise wachsen Erwachsene nie vollkommen aus den kognitiven oder Wahrnehmungsfehlern ihrer Kindheit heraus.«

3 Lerouge, D., und L. Warlop, »Why it is so hard to predict our partner's product preferences: The effect of target familiarity on prediction accuracy«, in: *Journal of Consumer Research* 33 (2006): S. 393–402.

4 Richtig beleidigend wurde dieses Versehen aber dadurch, dass die DVDs für nordamerikanische DVD-Player formatiert waren und auf britischen Geräten nicht abgespielt werden konnten.

5 Epley, N., et al., »Perspective taking as egocentric anchoring and adjustment«, in: *Journal of Personality and Social Psychology* 87 (2004): S. 327–39; Keysar, B., et al., »Taking perspective in conversation: The role of mutual knowledge in comprehension«, in: *Psychological Sciences* 11 (2000): S. 32–38.

6 »Majority of parents abuse children, children report«, in: *Onion*, 13. April 2007. Abgerufen unter: http://www.theonion.com/articles/majority-of-parents-abuse-children-children-report,2183/.

7 Chambers, J. R., und P. D. Windschitl, »Biases in social comparative judgments: The role of nonmotivated factors in above-average and comparative-optimism effects«, in: *Psychological Bulletin* 130 (2004): S. 813–38; Krisan, Z., und P. D. Windschitl, »The influence of outcome desirability on optimism«, in: *Psychological Bulletin* 133 (2007): S. 95–121; sowie Kruger, J., »Lake Wobegon be gone! The ›below-average effect‹ and the egocentric nature of comparative ability judgments«, in: *Journal of Personality and Social Psychology* 77 (1999): S. 221–32.

8 Kruger, J., und J. Burrus, »Egocentrism and focalism in unrealistic optimism (and pessimism)«, in: *Journal of Experimental Social Psychology* 40 (2004): S. 332–40.

9 Klar, Y., und E. Giladi, »Are most people happier than their peers, or are they just happy?«, in: *Personality and Social Psychology Bulletin* 25 (1999): S. 586–95.

10 Für die Studienergebnisse vgl. Smith, T. W., K. A. Rasinski und M. Toce, *America rebounds: A national study of public response to the September 11th terrorist attacks* (Chicago: National Opinion Research Center, 2001).

11 Ross, M., und F. Sicoly, »Egocentric biases in availability and attribution«, in: *Journal of Personality and Social Psychology* 37 (1979): S. 322–36.

12 Diese Daten stammen aus Kruger, J., und T. Gilovich, »›Naive cynicism‹ in everyday theories of responsibility assessment: On biased assumptions of bias«, in: *Journal of Personality and Social Psychology* 76 (1999): S. 743–53.

13 Caruso, E., N. Epley und M. Bazerman, unveröffentlichte Daten, Harvard University (2005).

14 Gilovich, T., V. H. Medvec und K. Savitsky, »The spotlight effect in social judgment: An egocentric bias in estimates of the salience of one's own actions and appearance«, in: *Journal of Personality and Social Psychology* 78 (2000): S. 211–22.

15 Sollten Sie befürchten, dieser Effekt sei auf einen sonderbaren

Zauber von Barry Manilow zurückzuführen, so kann ich Sie beruhigen: Die Forscher beobachteten dieselben Ergebnisse mit John-Tesh- und Vanilla-Ice-T-Shirts. Der Rampenlichteffekt war auch bei anderen Motiven zu beobachten, die die Versuchspersonen mit Stolz trugen, beispielsweise dem Porträt von Martin Luther King Jr. Weder unsere gloriosen noch unsere peinlichen Momente fallen anderen so sehr auf, wie wir glauben. Der Effekt lässt sich auch in gewöhnlichen Situationen beobachten: Anderen bleiben unsere Bemerkungen in Gesprächen weniger im Gedächtnis, als wir glauben, und sie kümmern sich weniger darum, ob wir lügen oder die Wahrheit sagen. Dasselbe gilt für das Maß, in dem andere Notiz von Schwankungen in unseren Leistungen nehmen. Wir selbst wissen, ob wir einen guten oder schlechten Tag haben, und überschätzen leicht, wie deutlich anderen diese geringfügigen Schwankungen auffallen. In einem Experiment sagten College-Volleyballspieler voraus, wie ihre Mannschaftskollegen ihre Leistungen im Training über mehrere Tage hinweg beurteilen würden. Die Spieler erwarteten deutlich größere Schwankungen in den Beurteilungen, als tatsächlich zu beobachten waren: Sie nahmen irrtümlich an, dass den anderen Spielern bewusst war, wann sie einen guten oder schlechten Tag hatten. Und bevor Sie Ihren Partner oder Ihre Partnerin rügen, weil er oder sie nicht bemerkt, wenn Sie fröhlich oder traurig, wütend oder zufrieden sind, sollten Sie bedenken, dass andere Menschen nicht so viel über Ihre Emotionen wissen können wie Sie. Gilovich, T., J. Kruger und V. H. Medvec, »The spotlight effect revisited: Overestimating the manifest variability of our actions and appearance«, in: *Journal of Experimental Social Psychology* 38 (2002): S. 93–99; Gilovich, T., K. Savitsky und V. H. Medvec, »The illusion of transparency: Biased assessments of others' ability to read our emotional states«, in: *Journal of Personality and Social Psychology* 75 (1998): S. 332–46.

16 Dieses Zitat wird häufig dem Kinderbuchautor und Cartoonisten Dr. Seuss zugeschrieben. Das ist passend, scheint jedoch falsch zu sein. Weder findet sich diese Aussage in einem

Buch von Dr. Seuss, noch konnte ich sie in einem seiner Interviews aufspüren. Eine Quelle (vgl. Cerf, B., *Shake well before using: A new collection of impressions and anecdotes, mostly humorous*, New York: Simon and Schuster, 1948) ordnet sie Bernard Baruch zu, der gefragt wurde, wie er das Problem der Sitzordnung bei Dinnerpartys lösen würde. Baruch antwortete: »Darüber mache ich mir keine Gedanken. Diejenigen, die sich daran stören, sind unwichtig, und denjenigen, die wichtig sind, ist es egal.« Im Lauf der Jahre scheint sich dieser Kommentar in eine allgemeingültige Weisheit verwandelt zu haben.

17 Die Forschung hat bestätigt, dass die Auseinandersetzung mit einer bestimmten Version dieses egozentrischen Fehlers die Redeangst verringert (genau das war bei mir der Fall), vgl. Savitsky, K., und T. Gilovich, »The illusion of transparency and the alleviation of speech anxiety«, in: *Journal of Experimental Social Psychology* 39 (2003): S. 618–25.

18 Viele Menschen scheinen diese Lektion im Lauf ihres Lebens zu lernen. So hat der Journalist Roger Rosenblatt ein kluges kleines Buch mit dem Titel *Rules for aging* (New York: Harcourt Books, 2000) verfasst, in dem er 85 Regeln beschreibt, an die man sich halten sollte, um gut zu altern. Ich bin vollkommen mit seinen Regeln Nr. 1 – »Es ist unwichtig.« – und Nr. 2 – »Niemand macht sich Gedanken über dich.« – einverstanden. So etwas sollte man auf T-Shirts drucken.

19 Babcock, L., und G. Loewenstein, »Explaining bargaining impasse: The role of self-serving biases«, in: *Journal of Economic Perspectives* 11 (1997): S. 109–26.

20 Die Psychologen bezeichnen diesen häufigen Fehler als *Hostile-Media-Effekt*. Vgl. dazu Vallone, R. P., L. Ross und M. R. Lepper, »The hostile media phenomenon: Biased perception and perceptions of media bias in coverage of the Beirut massacre«, in: *Journal of Personality and Social Psychology* 49 (1985): S. 577–85. Politiker beschreiben, wie voreingenommen die Medien allabendlich in den Nachrichten über sie berichten; auf der anderen Seite dokumentieren die Psychologen den Hostile-Media-Effekt:

– Andere Aspekte des Nahostkonflikts: Giner-Sorolla, R., und S. Chaiken, »The causes of hostile media judgments«, in: *Journal of Experimental Social Psychology* 30 (1994): S. 165–80; und Perloff, R. M., »Ego-involvement and the third person effect of televised news coverage«, in: *Communication Research* 16 (1989): S. 236–62.

– Krieg in Bosnien-Herzegovina: Matheson, K., und S. Dursun, »Social identity precursors to the hostile media phenomenon: Partisan perceptions of coverage of the Bosnian conflict«, in: *Group Processes and Intergroup Relations* 4 (2001): S. 117–26.

– Arbeitskampf: Christen, C. T., P. Kannaovakun und A. C. Gunther, »Hostile media perceptions: Partisan assessments of press and public during the 1997 UPS strike«, in: *Political Communication* 19 (2002): S. 423–36.

– Berichterstattung über die Fernsehdebatte im amerikanischen Präsidentschaftswahlkampf: Dalton, R. M., P. A. Beck und R. Huckfeldt, »Partisan cues and the media: Information flows in the 1992 presidential election«, in: *American Political Science Review* 92 (1998): S. 111–26.

– Meinungen von Nachrichtenmoderatoren: Feldman, L., »Partisan differences in opinionated news perceptions: A test of the hostile media effect«, in: *Political Behavior* 33 (2011): S. 407–32.

– Berichterstattung über die Debatte über gentechnisch veränderte Lebensmittel: Gunther, A. C., und K. Schmitt, »Mapping boundaries of the hostile media effect«, in: *Journal of Communication* 54 (2004): S. 55–70.

– Berichterstattung über die Rechte von Tieren: Gunther, A. C., et al., »Congenial public, contrary press and biased estimates of the climate of opinion«, in: *Public Opinion Quarterly* 65 (2001): S. 295–320.

– Berichterstattung über die Debatte rund um die Sterbehilfe: Gunther, A. C., und C. T. Christen, »Projection or persuasive press? Contrary effects of personal opinion and perceived news coverage on estimates of public opinion«, in: *Journal of Communication* 52 (2002): S. 177–95.

21 Eibach, R. P., L. K. Libby und T. D. Gilovich, »When change in

the self is mistaken for change in the world«, in: *Journal of Personality and Social Psychology* 84 (2003): S. 917–31; Eibach, R. P., und S. E. Mock, »The vigilant parent: Parental role salience affects parents' risk perceptions, risk-aversion, and trust in strangers«, in: *Journal of Experimental Social Psychology* 47 (2011): S. 694–97.

22 Pinker, S., *The better angels of our nature: Why violence has declined* (New York: Penguin, 2012).

23 Krueger, J., »Enhancement bias in descriptions of self and others«, in: *Personality and Social Psychology Bulletin* 24 (1998): S. 505–16.

24 Ross, L., D. Greene und P. House, »The false consensus effect: An egocentric bias in social perception and attribution processes«, in: *Journal of Experimental Social Psychology* 13 (1977): S. 279–301.

25 Travers, R. M. W., »A study in judging the opinions of groups«, in: *Archives of Psychology* 266 (1941): S. 73; Krueger, J., und R. W. Clement, »The truly false consensus effect: An ineradicable and egocentric bias in social perception«, in: *Journal of Personality and Social Psychology* 67 (1994): S. 596–610; Ross, L., D. Greene und P. House, »The false consensus effect: An egocentric bias in social perception and attribution processes«, in: a.a.O.

26 Koudenburg, N., T. Postmes und E. H. Gordijn, »If they were to vote, they would vote for us«, in: *Psychological Science* 22 (2011): S. 1506–10.

27 Alicke, M. D., »Egocentric standards of conduct evaluation«, in: *Basic and Applied Social Psychology* 14 (1993): S. 171–92.

28 Francis Flynn, ein Organisationspsychologe an der Stanford University, gestaltete diese Umfrage für die Verwendung in seinen MBA-Studiengängen und war so freundlich, sie mir zur Verfügung zu stellen.

29 Genauer gesagt, in einer von mir durchgeführten Online-Umfrage unter 389 Personen fanden 72,3 Prozent nicht alle sechs *f* in folgendem Satz: FINISHED FILES ARE THE RESULT OF YEARS OF SCIENTIFIC STUDY COMBINED WITH THE EXPERIENCE OF YEARS. Von denen, die es nicht schafften,

338

entdeckten 61,4 Prozent überhaupt nur drei. Ähnliche Raten wurden in veröffentlichten Studien mit geringeren Stichproben ermittelt.

30 Wenn Sie Kinder haben, empfehle ich Ihnen, es einmal zu versuchen. Ich zeigte dieses Beispiel meinen drei Söhnen: unserem Adoptivsohn, der noch kein Jahr Englisch sprach, und meinen beiden leiblichen Söhnen, die sechs und elf Jahre alt waren und mit der englischen Sprache aufgewachsen waren. Sie fanden in dieser Reihenfolge sechs, fünf bzw. drei *f*. Der Elfjährige war nicht glücklich darüber, von zwei Kindergartenkindern überflügelt worden zu sein.

31 Meine Kollegin Linda Ginzel zeigte mir dieses Beispiel, und ihr Sohn Ely Keysar verwendete es in einem Forschungsprojekt, in dem die Leistungen von jüngeren und älteren Kindern verglichen wurden. Ich danke Linda für den Hinweis und Ely dafür, dass er mich auf die Idee brachte, das Beispiel an Kindern auszuprobieren.

32 Hinds, P. J., »The curse of expertise: The effects of expertise and debiasing methods on predictions of novice performance«, in: *Journal of Experimental Psychology: Applied* 5 (1999): S. 205–21.

33 Der Bericht stammt von Samson Hsia, der zu jener Zeit bei Clorox arbeitete, vgl. Gladwell, M., »The Bakeoff«, in: *New Yorker*, 5. September 2005.

34 Für eine detaillierte Beschreibung von Newtons Studie vgl. Pronin, E., C. Puccio und L. Ross, »Understanding misunderstanding: Social psychological perspectives«, in: Gilovich, T., D. Griffin und D. Kahneman (Hg.), *Heuristics and biases: The psychology of intuitive judgment* (New York: Cambridge University Press, 2002), S. 636–65. Newtons Dissertation an der Stanford University trug den Titel »Overconfidence in the communication of intent: Heard and unheard melodies« (1990).

35 Kruger, J., C. L. Gordon und J. Kuban, »Intentions in teasing: When ›just kidding‹ just isn't good enough«, in: *Journal of Personality and Social Psychology* 90 (2006): S. 412–25.

36 Chambers, J. R., et al., »Knowing too much: Using private

knowledge to predict how one is viewed by others«, in: *Psychological Science* 19 (2008): S. 542–48.

37 Gilovich, T., »Differential construal and the false consensus effect«, in: *Journal of Personality and Social Psychology* 59 (1990): S. 623–34.

38 Kruger, J., et al., »Egocentrism over e-mail: Can we communicate as well as we think?«, in: *Journal of Personality and Social Psychology* 89 (2005): S. 925–36.

39 Hagerty, B. B., »Christians debate: Was Jesus for small government?« Radiosendung, National Public Radio, 16. April 2012.

40 Für eine eingehendere Auseinandersetzung mit den verschiedenen Interpretationen in der christlichen Tradition vgl. Myers, D., und L. Dawson Scanzoni, *What God has joined together: The Christian case for gay marriage* (San Francisco: HarperOne, 2005).

41 Diese Frage schaffte es auf das Titelblatt von *Time*, 18. September 2006.

42 »Blankfein says he's just doing ›God's work‹«, Dealbook (Finanzbeilage der *New York Times*), 9. November 2009. Abgerufen unter: http://dealbook.nytimes.com/2009/11/09/goldman-chief-says-he-is-just-doing-gods-work/.

43 Lesher, J. H., *Xenophanes of Colophon: Fragments* (Toronto: University of Toronto Press, 1992).

44 Für die in diesem Absatz genannten Forschungsergebnisse vgl. Epley, N., et al., »Believers' estimates of God's beliefs are more egocentric than estimates of other people's beliefs«, in: *Proceedings of the National Academy of Sciences* 106 (2009): S. 21533–38.

45 Väter und Söhne sind oft unterschiedlicher Meinung, aber bemerkenswert ist, dass Christen bei der Beschäftigung mit den Überzeugungen Jesu Christi ebenso egozentrisch sind wie bei der mit denen Gottes. Vgl. Ross, L. D., Y. Lelkes und A. G. Russell, »How Christians reconcile their personal political views and the teachings of their faith: Projection as a means of dissonance reduction«, in: *Proceedings of the National Academy of Sciences* 109 (2012): S. 3616–22.

46 Derartige Probleme sind nicht überwunden. Im Jahr 1999,

mehr als drei Jahrhunderte nach dem Untergang der *Vasa*, verlor die NASA ihren 125 Millionen Dollar teuren Mars-Lander aufgrund eines ähnlichen Fehlers: Die für die Annäherung an den roten Planeten verantwortlichen Ingenieure von Lockheed Martin stellten ihre Berechnungen anhand englischer Maßeinheiten an, während das für die Landung zuständige Team der NASA das metrische System verwendete.

47 Savitsky, K., N. Epley und T. Gilovich, »Do others judge us as harshly as we think? Overestimating the impact of our failures, shortcomings, and mishaps«, in: *Journal of Personality and Social Psychology* 81 (2001): S. 44–56; vgl. auch Epley, N., K. Savitsky und T. Gilovich, »Empathy neglect: Reconciling the spotlight effect and the correspondence bias«, in: *Journal of Personality and Social Psychology* 83 (2002): S. 300–12.

48 Hedegaard, E., »Mark Wahlberg handles his business«, in: *Men's Journal* 21 (Februar 2012): S. 52–56. Das Zitat findet sich auf S. 56. Die Psychologen haben sogar einen eigenen Begriff für diese vorgebliche Kühnheit: »Tapferkeitsillusion«, vgl. Van Boven, L., et al., »The illusion of courage in self-predictions: Mispredicting one's own behavior in embarrassing situations«, in: *Journal of Behavioral Decision Making* 25 (2012): S. 1–12; Van Boven, L., G. Loewenstein und D. Dunning, »The illusion of courage in social predictions: Underestimating the impact of fear of embarrassment on other people«, in: *Organizational Behavior and Human Decision Processes* 96 (2005): S. 130–41.

49 Die Zitate über das Waterboarding von Mancow stammen aus: http://www.nbcchicago.com/news/archive/Mancow-Takes-on-Waterboarding-and-Loses.html. Christopher Hitchens unterzog sich ebenfalls dieser Tortur und gelangte zum selben Schluss. Die Erfahrung hatte ihn noch Monate später nicht losgelassen. »Wenn das Waterboarding keine Folter ist, dann gibt es so etwas wie Folter nicht«, erklärte er nachher. Für seine Beschreibung der Erfahrung vgl. Hitchens, C., »Believe me, it's torture«, in: *Vanity Fair*, August 2008.

50 Kahn, R. L., »Human relations on the shop floor«, in: Hugh-Jones, E. M. (Hg.), *Human relations and modern management* (Amsterdam: North Holland, 1958), S. 43–74.

51 Manchmal kann das noch extremere Formen annehmen. In einem Experiment gaben Forscher ihren freiwilligen Versuchsteilnehmern, die im tiefsten Winter entweder in einem warmen Raum oder an einer eiskalten Bushaltestelle saßen, eine Geschichte über einen Wanderer mit linken oder rechten politischen Überzeugungen, der sich an einem kalten Wintertag bei einer Wanderung verläuft. Anschließend sollten sie Annahmen dazu anstellen, worüber sich dieser Wanderer die größten Sorgen machen würde: Hunger, Durst oder Kälte. Die Freiwilligen gingen bei ihren Annahmen von egozentrischen Vorstellungen aus – allerdings nur, wenn der Wanderer dieselben politischen Ansichten wie sie hatte. Diejenigen Versuchsteilnehmer, die in eisiger Kälte an der Bushaltestelle saßen, waren der Meinung, dass sich der Wanderer, dessen politische Ansichten ihren eigenen ähnelten, eher über die Kälte als über Nahrung oder Wasser Gedanken machen, die Kälte als unangenehmer als Hunger oder Durst empfinden und vor allem bedauern würde, nicht genug warme Kleidung mitgenommen zu haben. Hatte der Wanderer jedoch andere politische Ansichten, so hatten die eigenen Empfindungen der Freiwilligen keinerlei Auswirkungen auf ihre Annahmen bezüglich seines Bewusstseinszustands. Das bedeutet: Hatte der Wanderer Überzeugungen, die »nicht die meinen« waren, so hatte er auch Gefühle und Sorgen, die »nicht die meinen« waren. Für eine Beschreibung des Experiments mit den frierenden Busfahrgästen, die Annahmen bezüglich der Sorgen eines Wanderers anstellen sollten, vgl. O'Brien, E. und P. C. Ellsworth, »More than skin deep: Visceral states are not projected onto dissimilar others«, in: *Psychological Science* 23 (2012): S. 391–96.

Kapitel 6

1 Norton, M. I., und D. Ariely, »Building a better America – one wealth quintile at a time«, in: *Perspectives on Psychological Science* 6 (2011): S. 9–12.

2 Die beiden Tortendiagramme B und C geben Aufschluss über

die Verteilung des Wohlstands in zwei realen Ländern. Das Land B ist Schweden, das Land C sind die Vereinigten Staaten. Die große Mehrheit der Amerikaner zieht Schweden vor.

3 Die Forscher fragten nicht nur, in welchem der beiden Länder mit unterschiedlicher Verteilung des Wohlstands die Teilnehmer an der Umfrage lieber leben würden, sondern baten die Befragten auch abzuschätzen, wie die fünf Wohlstandsquintile in den Vereinigten Staaten tatsächlich verteilt waren, und anzugeben, wie ihrer Meinung nach eine ideale Verteilung aussähe. Dabei zeigten sich drei interessante Effekte: Erstens unterschätzten die Amerikaner die tatsächliche Ungleichheit in der Verteilung des Wohlstands deutlich. Zweitens hielt die große Mehrheit der Befragten eine gerechtere Aufteilung des Wohlstands für besser. Drittens zogen politisch Progressive, Arme und Frauen eher eine ausgewogenere Verteilung vor als Konservative, aber diese Unterschiede waren relativ geringfügig im Vergleich zur Ähnlichkeit der Ansichten dieser Gruppen. Aus der ersten Zeile des folgenden Schaubilds geht hervor, welchen

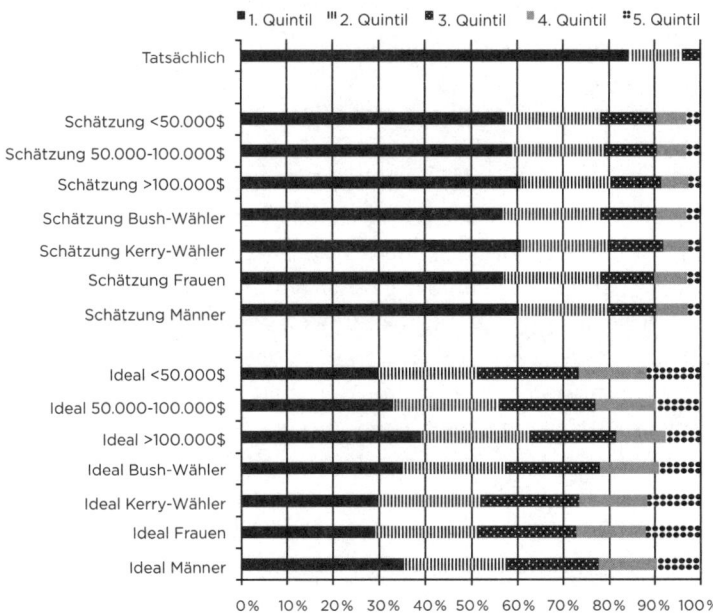

343

Anteil am Volksvermögen die einzelnen Quintile tatsächlich haben. Die folgenden sieben Zeilen geben Aufschluss darüber, wie verschiedene Gruppen die Ungleichheit des Vermögens einschätzten, wobei sie alle das tatsächliche Ausmaß der Ungleichheit unterschätzten. Die letzten sieben Zeilen zeigen, welches Maß an Ungleichheit die Befragten in den Vereinigten Staaten für ideal hielten: Sämtliche Gruppen würden eine gerechtere Verteilung des Wohlstands bevorzugen. Mein Dank geht an Mike Norton, der mir diese Resultate zur Verfügung gestellt hat.

4 Diese Studie führte ich im Jahr 2012 anhand von Amazons Crowdsourcing-Site »Mechanical Turk« über das Internet durch. Diese Website koordiniert den Einsatz der menschlichen Intelligenz für verschiedenste Aufgaben, die Computer gegenwärtig noch nicht durchführen können. Sie ermöglicht es Forschern, Umfrageexperimente wie dieses hier mit einer einigermaßen repräsentativen Stichprobe von Teilnehmern durchzuführen.

5 Ashmore, R., und F. Del Boca, »Conceptual approaches to stereotypes and stereotyping«, in: Hamilton, D. (Hg.), *Cognitive processes in stereotyping and intergroupbehavior* (Hillsdale, NJ: Erlbaum, 1981), S. 1–35.

6 Die Abbildung stammt aus Ariely, D., »Seeing sets: Representation by statistical properties«, in: *Psychological Science* 12 (2001): S. 57–162.

7 Um genau zu sein, waren es 600 Durchläufe, wenn Sie es unbedingt wissen wollen. Die Gruppen umfassten 4, 8, 12 oder 16 Kreise mit 15 verschiedenen Größenkonfigurationen, wobei jedes Schaubild zehnmal gezeigt wurde (4 Gruppengrößen × 15 Größenkonfigurationen × 10 Wiederholungen = 600 Durchläufe). Bedenken Sie das, wenn Sie das nächste Mal auf den Gedanken kommen, es könnte Spaß machen, an einem Psychologieexperiment teilzunehmen.

8 Weitere Beispiele: Albrecht, A. T., und B. J. Scholl, »Perceptually averaging in a continuous visual world: Extracting statistical summary representations over time«, in: *Psychological Science* 21 (2010): S. 560–67; Corbett, J. E., et al., »An aftereffect of adaptation to mean size«, in: *Visual Cognition* 20 (2012):

S. 211–31; Choo, H., und S. L. Franconeri, »Objects with reduced visibility still contribute to size averaging«, in: *Attention, Perception, and Psychophysics* 72 (2010): S. 86–99.

9 Tatsächlich scheint der Statistiker in Ihrem Kopf zu noch beeindruckenderen Leistungen als zur Berechnung eines Durchschnittswerts fähig zu sein. Ihr Gehirn schließt auch Ausreißer aus, die den Durchschnittswert einer Gruppe verzerren könnten, so wie ein Statistiker, der das Durchschnittsgehalt der Walmart-Mitarbeiter ausrechnen will, das Millionengehalt des Geschäftsführers nicht berücksichtigen würde, um ein zutreffendes Bild vom Einkommen der Belegschaft zu erhalten. Gäbe es einen extrem winzigen Kreis, so würde Ihr Gehirn ihn bei der Berechnung des Durchschnitts ignorieren. Denken Sie an diese beiden Tatsachen, wenn Sie das nächste Mal erklären, Sie seien sehr schlecht in Mathematik. Vgl. De Gardelle, V., und C. Summerfield, »Robust averaging during perceptual judgment«, in: *Proceedings of the National Academy of Sciences of the United States of America* 108 (2011): S. 1341–46.

10 Haberman, J., T. Harp und D. Whitney, »Averaging facial expression over time«, in: *Journal of Vision* 9 (2009): S. 1; Haberman, J., und D. Whitney, »Rapid extraction of mean emotion and gender from sets of faces«, in: *Current Biology* 17 (2007): R751–53; Haberman, J., und D. Whitney, »Seeing the mean: Ensemble coding for sets of faces«, in: *Journal of Experimental Psychology: Human Perception and Performance* 35 (2009): S. 718–34.

11 Diekman, A., A. Eagly und P. Kulesa, »Accuracy and bias in stereotypes about the social and political attitudes of women and men«, in: *Journal of Experimental Social Psychology* 38 (2002): S. 268–82.

12 Hogarth, R. M., *Educating intuition* (Chicago: University of Chicago Press, 2001).

13 Für die umfassendste verfügbare Überblicksdarstellung der Forschungsergebnisse zur Genauigkeit von Stereotypen vgl. Jussim, L., *Social perception and social reality: Why accuracy dominates bias and self-fulfilling prophecy* (New York: Oxford University Press, 2012).

14 Als die Psychologen Richard Nisbett und Ziva Kunda von der University of Michigan Studenten baten, typische Verhaltensweisen und Einstellungen ihrer Studienkollegen zu beschreiben, waren sie überrascht angesichts der Genauigkeit der Angaben: »Bevor wir diese Studie durchführten, konnten wir uns nur Mechanismen vorstellen, die Fehler produzieren würden.« Nisbett und Kunda baten die Studenten z.b. um Angaben dazu, wie viel Prozent ihrer Kommilitonen Einschlafschwierigkeiten hatten, sich regelmäßig betranken oder den Gottesdienst besuchten. Die Studenten gaben auch Schätzungen dazu ab, wie viel Prozent ihrer Kommilitonen die Amtsführung des Präsidenten guthießen, der Meinung waren, dass Frauen ein Recht auf Abtreibung haben sollten, oder eine Erhöhung der Militärausgaben befürworteten. Die Studenten formulierten einigermaßen zutreffende Annahmen darüber, welche Verhaltensweisen und Einstellungen unter ihren Kommilitonen verbreiteter waren, und machten einigermaßen zutreffende Angaben zu der Bandbreite von Verhaltensweisen und Einstellungen. Beispielsweise wussten sie, dass die meisten ihrer Kommilitonen nicht so oft Billard spielten, wie sie sich betranken, die konservative Politik des gegenwärtigen Präsidenten ablehnten, im Allgemeinen das Recht auf Abtreibung befürworteten und Hamburger von McDonald's mehr mochten als die religiöse Rechte. Diese Studenten wussten nicht nur ziemlich gut übereinander Bescheid, sondern waren einander auch ziemlich ähnlich, was bedeutet, dass sie die Verhaltensnormen und Einstellungen ihrer Gruppe gut kannten. Vgl. Nisbett, R. E., und Z. Kunda, »The perception of social distributions«, in: *Journal of Personality and Social Psychology*, 48 (1985): S. 297–311; Kunda, Z., und R. E. Nisbett, »Prediction and the partial understanding of the law of large numbers«, in: *Journal of Experimental Social Psychology* 22 (1986): S. 339–54.

15 Ryan, C. S., »Accuracy of black and white college students' ingroup and outgroup stereotypes«, in: *Personality and Social Psychology Bulletin* 22 (1996): S. 1114–27.

16 Epley, N., und J. Kruger, »When what you type isn't what they read: The perseverance of stereotypes and expectancies over

e-mail«, in: *Journal of Experimental Social Psychology* 41 (2005): S. 414–22.

17 Kring, A. M., und A. H. Gordon, »Sex differences in emotion: Expression, experience, and physiology«, in: *Journal of Personality and Social Psychology* 74 (1998): S. 686–703; Van Boven, L., und M. D. Robinson, »Boys don't cry: Cognitive load and priming increase stereotypic sex differences in emotion memory«, in: *Journal of Experimental Social Psychology* 48 (2012): S. 303–309.

18 Nelson, L. J., und D. T. Miller, »The distinctiveness effect in social categorization: You are what makes you unusual«, in: *Psychological Science* 6 (1995): S. 246–49.

19 Riggs, L. A., und F. Ratliff, »The effects of counteracting the normal movements of the eye«, in: *Journal of the Optical Society of America* 42 (1952): S. 872–73.

20 Tajfel, H., und A. L. Wilkes, »Classification and quantitative judgment«, in: *British Journal of Psychology* 54 (1963): S. 101–14.

21 Hyde, J. S., »The gender similarities hypothesis«, in: *American Psychologist* 60 (2005): S. 581–92.

22 Tatsächlich gibt es eine Ausnahme. Eine spanische Stichprobe ergab eher gleiche Präferenzen von Männern und Frauen, allerdings war das Resultat statistisch nicht relevant. Im Allgemeinen waren die geschlechtsspezifischen Unterschiede groß und konsistent. Das umgekehrte Ergebnis war nirgendwo zu beobachten.

23 Hyde, J. S., »The gender similarities hypothesis«, in: *American Psychologist* 60 (2005): S. 581–92. Hydes wichtigster Nachweis beruht auf einer Metastudie sämtlicher von ihr aufgespürten veröffentlichten Studienberichte, in denen die Ergebnisse nach Geschlecht aufgeschlüsselt waren. Es wurden die geschlechtsspezifischen Auswirkungen über verschiedene Kategorien hinweg beurteilt: kognitive Variablen (Mathematik, Gedächtnis, allgemeine Intelligenz, räumliches Denken), verbale und nichtverbale Kommunikation (Gesprächigkeit, sprachliche Ausdrucksfähigkeit, Lächeln), soziale und Persönlichkeitsvariablen (körperliche und verbale Aggressivität, Führungsstil

und Führungsfähigkeiten, Extraversion), psychisches Wohlbefinden (Glück, Ängstlichkeit, Selbstwertgefühl, Depression)
sowie motorische Fähigkeiten (Wurfgeschwindigkeit und
-weite, Laufgeschwindigkeit, Aktivitätsniveau). Bei 80 Prozent von 124 verschiedenen Variablen konnten keinerlei oder
nur geringfügige Unterschiede festgestellt werden. Nur bei 2
von 124 Variablen waren wirklich große Unterschiede zu beobachten: Wurfgeschwindigkeit und Wurfweite. Die meisten
Männer werfen einen Ball härter und weiter als die Mehrzahl
der Frauen.

24 Für eine gründliche Analyse des tatsächlichen Ausmaßes der
Geschlechterunterschiede im Gehirn vgl. Fine, C., *Delusions
of gender: How our minds, society, and neurosexism create
difference* (New York: W. W. Norton, 2010).

25 Fisher, T., Z. T. Moore und M. J. Pittenger, »Sex on the brain?
An examination of frequency of sexual cognitions as a function
of gender, erotophilia, and social desirability«, in: *Journal of
Sex Research* 49 (2011): S. 69–77.

26 Es kommt noch schlimmer. Neben Brizendine hat sich auch
Leonard Sax, der Autor von *Why Gender Matters*, einen Platz
in unserer Ruhmeshalle der Übertreiber von Geschlechterunterschieden verdient. In seinem Aufsatz »Six Degrees of
Separation: What Teachers Need to Know About the Emer-
ging Science of Sex Differences« (*Educational Horizons*, Frühjahr 2006) beginnt auch Sax mit einer vernünftigen Analyse:
»Generell lässt sich sagen, dass die Unterschiede in Bezug
auf diese Parameter innerhalb der Geschlechter normalerweise sehr viel größer sind als die Unterschiede zwischen
den Geschlechtern.« Doch wie nicht anders zu erwarten,
geht er augenblicklich dazu über, die Unterschiede in Bezug
auf *neue* neurowissenschaftliche Parameter zu übertreiben
und die Ähnlichkeiten zu untertreiben, und am Ende spricht
sich Sax für die Geschlechtertrennung an den Schulen aus.
Sax ist selbst kein Neurowissenschaftler, sondern hat sich
wie Brizendine auf populärwissenschaftliche Darstellungen
spezialisiert. Die Neurowissenschaftlerin Lise Eliot fasst die
vorhandenen Forschungsergebnisse anders zusammen: »Das

vermutlich schwächste Argument für die Geschlechtertrennung in der Schule ist die Behauptung, Jungen und Mädchen sollten getrennt unterrichtet werden, weil ihre Gehirne unterschiedlich seien. Die Neurowissenschaft hat bisher kaum zuverlässige Hinweise auf für das Lernen oder die Bildung relevante Unterschiede zwischen den Gehirnen von Jungen und Mädchen gefunden. Dennoch haben prominente Befürworter der getrennten Erziehung viele Eltern davon überzeugt, dass es erhebliche Unterschiede zwischen einem ›männlichen‹ und einem ›weiblichen‹ Gehirn gebe, und diese Behauptung stützt den verbreiteten, aber gleichermaßen unbegründeten Glauben, dass ›Jungen und Mädchen unterschiedlich lernen‹.« Vgl. Eliot, L., »Single-sex education and the brain«, in: *Sex Roles* Jahrgang (2011).

27 Hyde, J. S., »The gender similarities hypothesis«, in: *American Psychologist* 60 (2005): S. 581–92; Hyde, J. S., »Gender similarities still rule«, in: *American Psychologist* 61 (2006): S. 641–42; Hall, J. A., »On explaining gender differences: The case of nonverbal communication«, in: Shaver, P., und C. Hendrick (Hg.), *Sex and gender: Review of personality and social psychology*, Bd. 7 (Thousand Oaks, CA: Sage, 1987), S. 177–200.

28 Eyal, T., und N. Epley, *Exaggerated stereotypes of »essential« gender differences.* Unveröffentlichtes Manuskript, University of Chicago, 2013.

29 Briton, N. J., und J. A. Hall, »Beliefs about female and male nonverbal communication«, in: *Sex Roles* 32 (1995): S. 79–90.

30 Westfall, J., J. R. Chambers und L. Van Boven, *False polarization among Americans (1970–2004): Partisan identification, attitude extremity, and civic action.* Unveröffentlichtes Manuskript, University of Florida, Gainesville, 2012.

31 Rutchick, A. M., J. M. Smyth und S. Konrath, »Seeing red (and blue): Effects of electoral college depictions on political group perception«, in: *Analyses of Social Issues and Public Policy* 9 (2009): S. 269–82.

32 Chambers, J. R., R. S. Baron und M. L. Inman, »Misperceptions in intergroup conflict«, in: *Psychological Science* 17 (2006): S. 38–45; Robinson, R. J., et al., »Actual versus assumed diffe-

rences in construal: ›Naive realism‹ in intergroup perception and conflict«, in: *Journal of Personality and Social Psychology* 68 (1995): S. 404–17; Farwell, L., und B. Weiner, »Bleeding hearts and the heartless: Popular perceptions of liberal and conservative ideologies«, in: *Personality and Social Psychology Bulletin* 26 (2000): S. 845–52; Sherman, D. K., L. D. Nelson und L. D. Ross, »Naive realism and affirmative action: Adversaries are more similar than they think«, in: *Basic and Applied Social Psychology* 25 (2003): S. 275–89.

33 Fiorina, M. P., und S. J. Abrams, »Political polarization in the American public«, in: *Annual Review of Political Science* 11 (2008): S. 563–88; Seyle, D. C., und M. L. Newman, »A house divided? The psychology of red and blue America«, in: *American Psychologist* 61 (2006): S. 571–80.

34 Epley, N., E. M. Caruso und M. H. Bazerman, »When perspective taking increases taking: Reactive egoism in social interaction«, in: *Journal of Personality and Social Psychology* 91 (2006): S. 872–89.

35 Mallett, R. K., T. Wilson und D. T. Gilbert, »Expect the unexpected: Failure to anticipate similarities leads to an intergroup forecasting error«, in: *Journal of Personality and Social Psychology* 94 (2008): S. 265–77.

36 Masoro, E. J., und S. N. Austad (Hg.), *Handbook of the biology of aging* (Burlington, MA: Academic Press, 2011).

37 Diese Daten zeigen die Ergebnisse bei den Woodcock-Johnson-Intelligenztests in den Jahren 1989 und 1990. Das Diagramm stammt aus Salthouse, T. A., »Pressing issues in cognitive aging«, in: Schwarz, N., et al. (Hg.), *Cognition, aging, and self-reports* (Levittown, PA: Psychology Press, 1999), S. 189.

38 Levy, B. R. und E. Langer, »Aging free from negative stereotypes: Successful memory in China and among the American deaf«, in: *Journal of Personality and Social Psychology* 66 (1994): S. 989–97.

39 Levy, B. R. et al., »Age stereotypes held earlier in life predict cardiovascular events in later life«, in: *Psychological Science* 20 (2009): S. 296–98.

40 Levy, B. R., et al., »Longevity increased by positive self-per-

ceptions of aging«, in: *Journal of Personality and Social Psychology* 83 (2002): S. 261–70.

41 Levy, B. B., »Improving memory in old age through implicit self-stereotyping«, in: *Journal of Personality and Social Psychology* 71 (1996): S. 1092–1107.

42 Steele, C. M., und J. Aronson, »Stereotype threat and the intellectual test performance of African Americans«, in: *Journal of Personality and Social Psychology* 69 (1995): S. 797–811.

43 Inzlicht, M., und T. Schmader, *Stereotype threat: Theory, process, and application* (New York: Oxford University Press, 2011). Vgl. auch Steele, C., *Whistling Vivaldi* (New York: W. W. Norton, 2010).

44 Cohen, G. L., et al., »Reducing the racial achievement gap: A social-psychological intervention«, in: *Science* 313 (2006): S. 1307–10; Cohen, G. L., et al., »Recursive processes in self-affirmation: Intervening to close the minority achievement gap«, in: *Science* 324 (2009): S. 400–403; Walton, G., und G. L. Cohen, »A brief social-belonging intervention improves academic and health outcomes of minority students«, in: *Science* 331 (2011): S. 1147–51; Ramirez, G., und S. L. Beilock, »Writing about testing worries boosts exam performance in the classroom«, in: *Science* 331 (2011): S. 211–13.

45 Ickes, W., P. R. Gesn und T. Graham, »Gender differences in empathic accuracy: Differential ability or differential motivation?«, in: *Personal Relationships* 7 (2000): S. 95–109. Vgl. auch Kapitel 6 von Ickes, W., *Everyday mind reading: Understanding what other people think and feel* (Amherst, NY: Prometheus Books, 2003).

46 Koenig, A. M., und A. H. Eagly, »Stereotype threat in men on a test of social sensitivity«, in: *Sex Roles* 52 (2005): S. 489–96.

47 Baum, C., »Throw the bums out as long as my bum stays put«, Bloomberg, 14. Juli 2010. Abgerufen unter: http://www.bloomberg.com/news/2010-07-15/throw-the-bums-out-as-long-as-my-bum-stays-put-caroline-baum.html.

48 Kunda, Z., et al., »The dynamic time course of stereotype activation: Activation, dissipation, and resurrection«, in: *Journal of Personality and Social Psychology* 82 (2002): S. 283–99.

Kapitel 7

1 Kattalia, K., »Man dies after collapsing in shopping center during Black Friday«, in: *New York Daily News*, 27. November 2011. Abgerufen unter: http://articles.nydailynews.com/2011-11-27/news/30445630_1_black-friday-shopper-early-bird-sales-shopping-center; Kelly, T., »Black Friday: Target shoppers step over Walter Vance as he collapses, dies«, in: *Huffington Post*, 27. November 2011. Abgerufen unter: http://www.huffingtonpost.com/2011/11/27/black-friday-target_n_1115372.html; N. N., »Not a single Good Samaritan: Frenzied bargain hunters unfazed as they step around and even OVER collapsed man at Target who later died«, in: *Daily Mail*, 26. November 2011. Abgerufen unter: http://www.dailymail.co.uk/news/article-2066622/Not-single-Good-Samaritan-Frenzied-bargain-hunters-unfazed-step-OVER-collapsed-man-Target-died.html.

2 Nach Angaben der Centers for Disease Control and Prevention: http://www.cdc.gov/features/heartmonth/.

3 Gilbert, D. T., und P. Malone, »The correspondence bias«, in: *Psychological Bulletin* 117 (1995): S. 2–38.

4 Bevor das menschliche Auge dank der Technologie ins Weltall fliegen und von dort aus sehen konnte, dass die Erde rund ist, konnte sich der Mensch nur eine größere Perspektive aneignen, indem er die Schatten maß, die von identischen Statuen zur selben Tageszeit an *verschiedenen* Orten auf der Erde geworfen wurden. Wenn eine Säule auf dem Höhepunkt der Sonnenwende in Athen keinen Schatten mehr wirft, während in Alexandria noch ein Schatten zu sehen ist, so zeigt der aus dem Abstand der Säulen und der Länge des Schattens errechenbare Krümmungsgrad (zumindest den Mathematikern) die Rundheit der Erde. Unsere Vorfahren, die zu jedem gegebenen Zeitpunkt immer nur an einem Ort sein konnten, ohne in diesem Augenblick mit einer Person an einem fernen Ort kommunizieren oder den Satz des Pythagoras anwenden zu können, erfuhren das nie.

5 Für eine anschauliche Erklärung vgl. Gladwell, M., »The talent myth: Are smart people overrated?«, in: *New Yorker*, 22. Juli

2002. Abgerufen unter: http://www.newyorker.com/archive/
2002/07/22/020722fa_fact.

6 Ross, L., T. Amabile und J. Steinmetz, »Social roles, social control, and biases in the social-perception process«, in: *Journal
of Personality and Social Psychology* 35 (1977): S. 485–94.

7 All das sind Beispiele tatsächlicher Fragen, die von den Fra-
gestellern im Rahmen einer Demonstration entwickelt worden
sind, die ich alljährlich mit meinen MBA-Studenten an der
University of Chicago durchführe.

8 Das Chertoff-Zitat stammt aus einem Interview, das Miles
O'Brien mit Michael Chertoff führte, vgl. *American Morning*,
1. September 2005, CNN Transcripts. Abgerufen unter: http://
transcripts.cnn.com/TRANSCRIPTS/0509/01/ltm.03.html.

9 »FEMA chief: Victims bear some responsibility«, CNN, 1. September 2005. Abgerufen unter: http://edition.cnn.com/2005/
WEATHER/09/01/katrina.fema.brown/index.html?iref=all-
search.

10 Palazzolo, R., »Why do some stay, despite evaluation or-
ders?«, ABC News, 30. August 2005. Abgerufen unter: http://
abcnews.go.com/Health/Katrina/story?id=1080873&page=1«.
UFCWYY7koZI.

11 Die Daten und Zitate in diesem und den vorhergehenden Absätzen stammen aus Stephens, N. M., et al., »Why did they
›choose‹ to stay? Perspectives of Hurricane Katrina observers
and survivors«, in: *Psychological Science* 20 (2009): S. 878–86.

12 Lieberman, R. C., »›The storm didn't discriminate‹: Katrina and
the politics of color blindness«, in: *Du Bois Review* 3 (2006):
S. 7–22. Weitere Aufsätze zu der Frage, wer warum blieb oder
flüchtete, vgl. Elder, K., et al., »African Americans' decisions
not to evacuate New Orleans before Hurricane Katrina: A quali-
tative study«, in: *American Journal of Public Health* 97 (2007):
S. 2122; Eisenman, D. P., et al., »Disaster planning and risk
communication with vulnerable communities: Lessons from
Hurricane Katrina«, in: *American Journal of Public Health* 97
(2007): S. 109–15; und Sherman, A., und I. Shapiro, *Essential facts about the victims of Hurricane Katrina* (Washington,
D. C.: Center for Budget and Policy Priorities, 2005).

13 Folkenflik, D., »›Carefully choreographed dance‹: Armstrong's complicated media past«, NPR, 16. Januar 2013. Abgerufen unter: http://www.npr.org/2013/01/16/169523207/oprah-interview-adds-to-armstrongs-complicated-media-history.

14 Choi, I., R. E. Nisbett und A. Norenzayan, »Causal attribution across cultures: Variation and universality«, in: *Psychological Bulletin* 125 (1999): S. 47–63.

15 Krauss, M. W., P. K. Piff und D. Keltner, »Social class, sense of control, and social explanation«, in: *Journal of Personality and Social Psychology* 97 (2009): S. 992–1004.

16 Li, Y. J., et al., »Fundamental(ist) attribution error: Protestants are dispositionally focused«, in: *Journal of Personality and Social Psychology* 102 (2012): S. 281–90.

17 Edelstein, R. S., et al., »Detecting lies in children and adults«, in: *Law and Human Behavior* 30 (2006): S. 1–10; DePaulo, B. M., et al., »The accuracy-confidence correlation in the detection of deception«, in: *Personality and Social Psychology Review* 1 (1997): S. 346–57; Malone, B. E., und B. M. DePaulo, »Measuring sensitivity to deception«, in: Hall, J. A., und F. J. Bernieri (Hg.), *Interpersonal sensitivity: Theory and measurement* (Mahwah, NJ: Lawrence Erlbaum Associates, 2001), S. 103–24; sowie Vrij, A., und M. Baxter, »Accuracy and confidence in detecting truths and lies in elaborations and denials: Truth bias, lie bias and individual differences«, in: *Expert Evidence* 7 (1999): S. 25–36.

18 Risen, J. L, und T. Gilovich, »Target and observer differences in the acceptance of questionable apologies«, in: *Journal of Personality and Social Psychology* 92 (2007): S. 418–33.

19 Chan, E., und J. Sengupta, »Insincere flattery actually works: A dual attitudes perspective«, in: *Journal of Marketing Research* 47 (2010): S. 122–33. Sogar geistlose Computer können uns schmeicheln: Fogg, B. J., und C. Nass, »Silicon sycophants: The effects of computers that flatter«, in: *International Journal of Human-Computer Studies* 46 (1997): S. 551–61.

20 Kelemen, D., »Why are rocks pointy? Children's preference for teleological explanations of the natural world«, in: *Developmental Psychology* 35 (1999): S. 1440–53.

21 Kelemen, D., und E. Rosset, »The human function compunction: Teleological explanation in adults«, in: *Cognition* 111 (2009): S. 138–43; Rosset, E., »It's no accident: Our bias for intentional explanations«, in: *Cognition* 108 (2008): S. 771–80.

22 Gilbert, D. T., B. W. Pelham und D. S. Krull, »On cognitive busyness: When person perceivers meet persons perceived«, in: *Journal of Personality and Social Psychology* 54 (1988): S. 733–40.

23 Steblay, N., et al., »The impact on juror verdicts of judicial instruction to disregard inadmissible evidence: A meta-analysis«, in: *Law and Human Behavior* 30 (2006): S. 469–92.

24 Kassin, S. M., und H. Sukel, »Coerced confessions and the jury: An experimental test of the ›harmless error‹ rule«, in: *Law and Human Behavior* 21 (1997): S. 27–46; Kassin, S. M., D. Bogart und J. Kerner, »Confessions that corrupt: Evidence from the DNA exoneration case files«, in: *Psychological Science* 23 (2012): S. 41–45; Wallace, D. B., und S. M. Kassin, »Harmless error analysis: How do judges respond to confession errors?«, in: *Law and Human Behavior* 36 (2012): S. 151–57.

25 Gilbert, D. T., und E. E. Jones, »Perceiver-induced constraint: Interpretations of self-generated reality«, in: *Journal of Personality and Social Psychology* 50 (1986): S. 269–80; Hansen, E. M., C. E. Kimble und D. W. Biers, »Actors and observers: Divergent attributions of constrained unfriendly behavior«, in: *Social Behavior and Personality* 29 (2001): S. 87–104; Napolitan, D. A., und G. R. Goethals, »The attribution of friendliness«, in: *Journal of Experimental Social Psychology* 15 (1979): S. 105–13; Ross, L., M. R. Lepper und M. Hubbard, »Perseverance in self-perception and social perception: Biased attributional processes in the debriefing paradigm«, in: *Journal of Personality and Social Psychology* 32 (1975): S. 880–92.

26 Eine vollständige Liste findet sich unter http://voices.yahoo. com/falling-love-movie-set-1267023.html.

27 Zimbardo, P., *The Lucifer effect: Understanding how good people turn evil* (New York: Random House, 2007).

28 Fama, E. F., und K. R. French, »Luck versus skill in the cross-

section of mutual fund returns«, in: *Journal of Finance* 65 (2010): S. 1915–47.

29 Thaler, R. H., und C. R. Sunstein, *Nudge: Improving decisions about health, wealth, and happiness* (New Haven: Yale University Press, 2008).

30 Willis, L. E., »Evidence and ideology in assessing the effectiveness of financial literacy education«, in: *San Diego Law Review* 46 (2008): S. 415–58.

31 Mullainathan, S., und E. Shafir, *Scarcity: Why having too little means so much* (New York: Times Books, 2013).

32 Wansink, B., und J. Kim, »Bad popcorn in big buckets: Portion size can influence intake as much as taste«, in: *Journal of Nutrition Education and Behavior* 37 (2005): S. 242–45. Für eine Beschreibung zahlreicher weiterer derartiger Experimente vgl. Wansink, B., *Mindless eating: Why we eat more than we think* (New York: Bantam Dell, 2006).

33 Geier, A. B., P. Rozin und G. Doros, »Unit bias: A new heuristic that helps explain the effect of portion size on food intake«, in: *Psychological Science* 17 (2006): S. 521–25.

34 Van Ittersum, K., und B. Wansink, »Plate size and color suggestibility: The Delboeuf illusion's bias on serving and eating behavior«, in: *Journal of Consumer Research* 39 (2012): S. 215–28.

35 Latané, B., und S. Nida, »Ten years of research on group size and helping«, in: *Psychological Bulletin* 89 (1981): S. 308–24.

36 Eines der berühmtesten psychologischen Experimente hat gezeigt, wie leicht uns ein unerwartetes Ereignis genau vor unseren Augen entgeht, wenn unsere Aufmerksamkeit auf etwas anderes gerichtet ist. Den Versuchspersonen wurde ein Video gezeigt, auf dem ein Basketballspiel zu sehen war. Die Spieler der einen Mannschaft trugen weiße, die der anderen schwarze Trikots. Etwa in der Mitte des Videos war ein Mann in einem Gorilla-Kostüm zu sehen, der von rechts nach links durchs Bild lief, sich wie ein Gorilla mit den Fäusten auf die Brust trommelte und wieder verschwand. Eigentlich ist der Gorilla nicht zu übersehen, doch wenn man beim Zuschauen versucht, die Pässe der Spieler der weißen Mannschaft zu

zählen, so bemerkt man den Gorilla normalerweise nicht. Im Originalexperiment nahmen nur 8 Prozent der Versuchspersonen, die alle über ein normales Sehvermögen verfügten, den Gorilla wahr. Mehr über dieses und viele andere derartige Experimente finden Sie in einem Buch von Daniel Simons und Christopher Chabris, *The invisible gorilla and other ways our intuitions deceive us* (New York: Random House, 2011).

37 Die inhärente Mehrdeutigkeit einer Notsituation wurde der Öffentlichkeit im Jahr 1993 vor Augen geführt, als der zweieinhalbjährige James Bulger in einem Einkaufszentrum bei Liverpool von zwei Zehnjährigen entführt wurde, die ihn anschließend folterten und töteten. Man war entsetzt darüber, dass zwei zehnjährige Kinder zu einem so furchtbaren Verbrechen fähig waren, aber nicht minder groß war die Betroffenheit darüber, dass so viele Passanten die drei in der Stadt gesehen hatten, ohne einzugreifen. Im Gerichtsverfahren wurde klar, woran das lag: 38 Zeugen sagten aus, dass sie die drei Jungen gesehen hatten, aufgrund der fehlenden Reaktion der anderen Passanten jedoch davon ausgegangen waren, dass es sich um Brüder handeln müsste. Mehr über den Fall können Sie hier lesen: Levine, M., »Rethinking bystander nonintervention: Social categorization and the evidence of witnesses at the James Bulger murder trial«, in: *Human Relations* 52 (1999): S. 1133–55.

38 Mehr über diese Theorie des Psychologen Phil Zimbardo unter: http://heroicimagination.org/.

39 Wenn Sie Ihren sechsten Sinn stärker auf die Erkennung des Kontextes ausrichten, werden Sie auch besser verstehen, wie Sie den Heroismus anderer wecken können – für den Fall, dass Sie irgendwann einmal in der Öffentlichkeit in eine Notlage geraten. Anstatt darauf zu warten, dass ein guter Samariter auftaucht, sollten Sie *einen* – irgendeinen – Passanten direkt ansehen und nach Möglichkeit laut sagen, dass Sie in Not sind. Teilen Sie mit, dass Sie Hilfe brauchen und welcher Art diese Hilfe sein soll. Und bitten Sie darum. Die Neuausrichtung unseres gesunden Menschenverstands hilft uns, andere besser zu verstehen, aber es zahlt sich trotzdem aus, höflich zu sein.

Kapitel 8

1 Obama, B. H., »Remarks by President Obama in address to the United Nations General Assembly«, New York, 21. September 2011. Abgerufen unter: http://www.whitehouse.gov/the-press-office/2011/09/21/remarks-president-obama-address-united-nations-general-assembly.

2 Zitiert in: Porter, S., L. ten Brinke und B. Wallace, »Secrets and lies: Involuntary leakage in deceptive facial expressions as a function of emotional intensity«, in: *Journal of Nonverbal Behavior* 36 (2012): S. 23–37.

3 Vgl. Lambert, D., *Body language 101: The ultimate guide to knowing when people are lying, how they are feeling, what they are thinking, and more* (New York: Skyhorse, 2008).

4 Andere Forscher sind zu ähnlichen Ergebnissen gelangt. Bei diesen Experimenten hat sich auch gezeigt, dass wir die Emotionen einer anderen Person, die wir hören, besser einschätzen können, als wenn wir sie nur sehen. Vgl. Gesn, P., und W. Ickes, »The development of meaning and contexts for empathic accuracy: Channel and sequence effects«, in: *Journal of Personality and Social Psychology* 77 (1999): S. 746–61; Hall, J. A., und M. Schmid Mast, »Sources of accuracy in the empathic accuracy paradigm«, in: *Emotion* 7 (2007): S. 438–46; Reinhard, M. A., et al., »Listening, not watching: Situational familiarity and the ability to detect deception«, in: *Journal of Personality and Social Psychology* 101 (2011): S. 467–84.

5 Blanch-Hartigan, D., S. A. Andrzejewski und K. M. Hill, »The effectiveness of training to improve person perception: A meta-analysis«, in: *Basic and Applied Social Psychology* 34 (2012): S. 483–98.

6 Lopata, C., et al., »Effectiveness of a manualized summer social treatment program for high-functioning children with autism spectrum disorders«, in: *Journal of Autism and Developmental Disorders* 38 (2008): S. 890–904; McKenzie, K., et al., »Impact of group training on emotion recognition in individuals with a learning disability«, in: *British Journal of Learning Disabi-*

lities 28 (2000): S. 143–47; Moffatt, C. W., C. Hanley-Maxwell und A. M. Donnellan, »Discrimination of emotion, affective perspective-taking and empathy in individuals with mental retardation«, in: *Education and Training in Mental Retardation and Developmental Disabilities* 30 (1995): S. 76–85; Silver, H., et al., »Brief emotion training improves recognition of facial emotions in chronic schizophrenia: A pilot study«, in: *Psychiatry Research* 128 (2004): S. 147–54.

7 Blanch-Hartigan, D., S. A. Andrzejewski und K. M. Hill, »The effectiveness of training to improve person perception: A meta-analysis«, a.a.O.

8 Frank, T., »Airport security arsenal adds behavior detection«, in: *USA Today*, 25. September 2007. Abgerufen unter: http://usatoday30.usatoday.com/travel/flights/2007-09-25-behavior-detection_N.htm.

9 Weinberger, S., »Airport security: Intent to deceive?«, in: *Nature* 465 (2010): S. 412–15.

10 Gilovich, T., K. Savitsky und V. H. Medvec, »The illusion of transparency: Biased assessments of others' ability to read one's emotional states«, in: *Journal of Personality and Social Psychology* 75 (1998): S. 332–46.

11 Porter, S., und L. ten Brinke, »Reading between the lies: Identifying concealed and falsified emotions in universal facial expressions«, in: *Psychological Science* 19 (2008): S. 508–14.

12 In der beschriebenen Mikromimikstudie wurden Hinweise darauf gefunden, dass der Gesichtsausdruck von Menschen, die versuchen, ihre Gefühle zu verbergen, nicht zu jedem Zeitpunkt konsistent ist, allerdings nicht viele. Beim Studium der oberen Gesichtshälfte von Personen, die ihre Gefühle entweder zeigten oder verbargen, konnten die Forscher keine signifikanten Unterschiede in der Mimik finden. Ein signifikanter Unterschied war nur in der unteren Gesichtshälfte festzustellen, und selbst dort war der Effekt überraschend gering. Selbst wenn sie echte Gefühle zeigten, waren die Gesichtsausdrücke der Freiwilligen 31 Prozent der Zeit nicht im Einklang damit. Wenn sie ihre wirklichen Gefühle verbargen, erhöhte sich die Inkonsistenz des gezeigten Ausdrucks auf 40 Prozent. Man

könnte also die wahre Gefühlslage anderer Menschen besser erkennen, wenn es einem gelänge, die Inkonsistenz in ihrer Mikromimik mit der gleichen Genauigkeit zu ermitteln wie die Forscher mit ihrer Analyse von 30 Einzelbildern pro Sekunde.

13 Porter, S., und L. ten Brinke, »The truth about lies: What works in detecting high-stakes deception?«, in: *Legal and Criminological Psychology* 15 (2010): S. 57–75. Das Zitat findet sich auf S. 59.

14 Schmidt, M. S., und E. Lichtblau, »Racial profiling rife at airport, U.S. officers say«, in: *New York Times*, 11. August 2012. Abgerufen unter: http://www.nytimes.com/2012/08/12/us/racial-profiling-at-boston-airport-officials-say.html?pagewanted=all&_r=0.

15 Einer Studie zufolge kann unser übertriebenes Vertrauen in unsere Fähigkeit, die Körpersprache und Mimik anderer richtig deuten zu können, dazu führen, dass wir sie de facto schlechter interpretieren. Dieses Vertrauen wird etwa durch die TV-Serie *Lie to Me* gestärkt, wo ein Sozialpsychologe vorführt, wie man solche nonverbalen Signale erfolgreich entschlüsselt und auf diese Weise Verbrechen aufklärt. Die Serie ist fiktiv, soll aber den Machern zufolge auf wissenschaftlicher Grundlage beruhen. In der Studie sahen sich Freiwillige eine Episode von *Lie to Me* an. Ihre Fähigkeit, Lügen zu erkennen, verbesserte sich nicht im Geringsten im Vergleich zu den Versuchspersonen in der Kontrollgruppe, denen diese Episode nicht gezeigt wurde. Allerdings zeigten sie eine größere Neigung, wahre Aussagen als Lügen zu identifizieren. Wie der Studienanfänger, der etwas lernt und glaubt, alles zu wissen, kann das wenige, was man aus dem Studium der »verräterischen Zeichen« gelernt hat, dazu führen, dass nicht die tatsächliche Fähigkeit zum Erkennen dieser Hinweise, sondern nur das Vertrauen in diese Fähigkeit wächst. Vgl. Levine, T. R., K. B. Serota und H. C. Shulman, »The impact of *Lie to Me* on viewers' actual ability to detect deception«, in: *Communication Research* 37 (2010): S. 847–56. Vgl. auch Lord, C. G., et al., »Leakage beliefs and the correspondence bias«, in: *Personality and Social Psychology Bulletin* 23 (1997): S. 824–36.

16 Vgl. Kennedy, H., »BP's CEO Tony Hayward: The most ha-
ted – and most clueless – man in America«, in: *Daily News*,
2. Juni 2010. Abgerufen unter: http://www.nydailynews.com/
news/national/bp-ceo-tony-hayward-hated-clueless-man-
america-article-1.178007«ixzz2KzfYiYdS.

17 Mehrere Studien haben das deutlich gezeigt. Je parteiischer
die Teilnehmer an einer Debatte sind, desto negativer waren
sie der anderen Seite gegenüber eingestellt – allerdings erst,
nachdem sie aufgefordert worden waren, sich deren Sichtweise anzueignen. Vgl. Tarrant, M., R. Calitri und D. Weston, »Social identification structures the effects of perspective taking«,
in: *Psychological Science* 23 (2012): S. 973–78.

18 Epley, N., E. M. Caruso und M. H. Bazerman, »When perspective taking increases taking: Reactive egoism in social interaction«, in: *Journal of Personality and Social Psychology* 91
(2006): S. 872–89.

19 Todd, A. R., et al., »When focusing on differences leads to
similar perspectives«, in: *Psychological Science* 22 (2011):
S. 134–41.

20 Vgl. Experiment 3a in: Eyal, T., und N. Epley, »How to seem
telepathic: Enabling mind reading by matching construal«, in:
Psychological Science 21 (2010): S. 700–705.

21 Vorauer, J. D., V. Martens und S. J. Sasaki, »When trying to understand detracts from trying to behave: Effects of perspective-
taking in intergroup interaction«, in: *Journal of Personality
and Social Psychology* 96 (2009): S. 811–27; Vorauer, J. D., und
S. J. Sasaki, »Helpful only in the abstract? Ironic effects of empathy in intergroup interaction«, in: *Psychological Science* 20
(2009): S. 191–97; Vorauer, J. D., und S. J. Sasaki, »In need of li-
beration or constraint? How intergroup attitudes moderate the
behavioral implications of intergroup ideologies«, in: *Journal
of Experimental Social Psychology* 46 (2010): S. 133–38.

22 Lerouge, D., und L. Warlop, »Why it is so hard to predict our
partner's product preferences: The effect of target familiarity
on prediction accuracy«, in: *Journal of Consumer Research* 33
(2006): S. 393–402. Leider waren mir diese Ergebnisse nicht
bekannt, als ich vor einigen Jahren ein Weihnachtsgeschenk

für meine Frau suchte. Volkswirte haben festgestellt, dass die Empfänger von Geschenken auf die Frage, für welchen Preis sie ein Geschenk verkaufen würden, Beträge nennen, die durchschnittlich um 20 Prozent *unter* dem Preis liegen, den der Schenkende bezahlt hat. Das ist ein deutlicher Hinweis darauf, dass ich nicht der Einzige bin, der schlechte Geschenke macht, wenn er den Geschmack der beschenkten Person zu erraten versucht, anstatt sie direkt nach ihren Wünschen zu fragen. Paare, die ihre Heirat planen, versuchen oft, die Zahl der nutzlosen Hochzeitsgeschenke zu verringern, indem sie eine Liste erstellen, in der sie ganz genau festhalten, was sie sich am meisten wünschen. Aber die Hochzeitsgäste ignorieren diese Wünsche oft und kaufen Geschenke, die nicht auf der Liste stehen. Der Grund dafür ist leicht nachvollziehbar: Wenn man glaubt, jemanden wirklich zu kennen, muss man ihn nicht fragen, was er will – man muss ihm nicht einmal zuhören, wenn er es sagt. So verhielt ich mich auch bei der Suche nach einem Geschenk für meine Frau. Das ist ein Fehler. Als Forscher in Harvard und Stanford Ehepaare nach den Geschenken fragten, die sie zur Hochzeit erhalten hatten, berichteten die Paare, dass sie für die Geschenke von der Hochzeitsliste dankbarer waren als für jene, die nicht auf der Liste gestanden hatten. Sie bezeichneten die Geschenke von der Liste auch als besser durchdacht als die anderen. Wenn Ihre Freunde sich zu ihrer Hochzeit ausdrücklich Geschirr wünschen, Sie jedoch sicher sind, dass der originelle Aschenbecher, den Sie gesehen haben, viel besser wäre, sollten Sie auf den Aschenbecher verzichten und die Teller kaufen. Auch wenn die Redensart etwas anderes sagt: Für den Empfänger eines Geschenks zählt nicht die Absicht, sondern das Geschenk. Schenken Sie den Menschen, die Sie lieben, was sie sich wünschen, nicht was sie sich Ihrer Meinung nach wünschen. Sie werden es Ihnen danken.

23 Gino, F., und F. J. Flynn, »Give them what they want: The benefits of explicitness in gift exchange«, in: *Journal of Experimental Social Psychology* 47 (2011): S. 915–22. Zhang, Y., und N. Epley, »Exaggerated, mispredicted, and misplaced: When

›it's the thought that counts‹ in gift exchanges«, in: *Journal of Experimental Psychology: General* 141 (2012): S. 667–81.

24 Gilbert, D., *Stumbling on happiness* (New York: Vintage, 2007). Das Zitat findet sich auf S. 213.

25 Ickes, W., et al., »On the difficulty of distinguishing ›good‹ from ›poor‹ perceivers: A social relations analysis of empathic accuracy data«, in: *Personal Relationships* 7 (2000): S. 210–34.

26 Die tatsächliche Korrelation zwischen der Zahl der nach Meinung unserer Versuchsteilnehmer richtigen Antworten und der Zahl ihrer tatsächlich korrekten Annahmen betrug 0,25. Das ist ein typisches Ergebnis von Experimenten, in denen die Genauigkeit von Urteilen mit der Einschätzung des eigenen Urteilsvermögens verglichen wird. Die Korrelation ist normalerweise höher als 0, aber alles andere als perfekt.

27 Genau an dem Tag, an dem ich diesen Teil des Buchs schrieb, machte ich eine ganz ähnliche, wenn auch sehr viel profanere Erfahrung. Ich nehme an, dass Sie bereits Vergleichbares erlebt haben. Ich lernte meine Lektion, während ich voller Wut versuchte, meinen Personalausweis verlängern zu lassen. Die Behörde hatte eine offizielle Telefonnummer. Rief man vor 8:30 Uhr morgens an, wurde man von einer Tonbandstimme aufgeklärt, dass das Telefon zwischen 8:30 Uhr und 17:00 Uhr besetzt sei. Ich versuchte es eine Woche lang und hörte nichts anderes als ein Besetztzeichen. Rief man um 17:00 Uhr an, so erfuhr man, dass man die Behörde ab 8:30 Uhr wieder erreichen könne. Meine E-Mails ließen die Beamten ebenfalls unbeantwortet. Ich versuchte, mir die Szene in dem Büro vorzustellen: Ich sah einen leeren Raum, der auf die Rückkehr eines erschöpften Beamten wartete, der eine stundenlange Pause bei Starbucks eingelegt hatte. Meine Gedanken sprangen zwischen dem Café und dem verwaisten Büro hin und her, was meine Wut nur vergrößerte. Warum zum Teufel gingen sie nicht ans Telefon? Wie konnte der Staat ein Gesetz erlassen, die Bürger dann jedoch daran hindern, es zu befolgen? Ich versuchte, mich in die Lage der Beamten zu versetzen, was die Dinge nur noch verschlimmerte. Schließlich fand ich die Durchwahl eines Mitarbeiters der Behörde heraus. Einen Tag, nachdem

ich eine Nachricht auf seinem Anrufbeantworter hinterlassen hatte, erhielt ich einen Rückruf. Der Beamte entschuldigte sich überschwänglich für seinen späten Rückruf und erzählte mir, dass das gesamte Büro wegen der neuen Telefon-Hotline im Aufstand sei, die alle Bürger – genau wie ich – vergeblich anriefen. Er berichtete, dass die Verwaltung die Stellen der Mitarbeiter gestrichen hatte, die für die Beantwortung telefonischer Anfragen zuständig waren, und nun der einzige Mitarbeiter, der übriggeblieben war, täglich 1500 Anrufe bewältigen sollte. Und er erklärte mir auch, dass das Telefonsystem veraltet sei; seines Wissens war es nicht einmal möglich, bei Überlastung des Systems eine Mitteilung abzuspielen, um den Anrufern die Situation zu erklären. Seine tatsächliche Lage hatte wenig mit der zu tun, die ich mir vorgestellt hatte. Die Beamten waren weder faul noch gleichgültig. Sie taten alles, um eine Vorschrift anzuwenden, die sie befolgen mussten, ohne über ausreichende Mittel zu ihrer Durchführung zu verfügen. Mein Fehler.

28 Mearsheimer, J. J., *Why leaders lie: The truth about lying in international politics* (New York: Oxford University Press, 2011).

29 Selbst wenn sie Ihnen unter diesen Umständen nicht die Wahrheit sagen, deuten die Forschungsergebnisse darauf hin, dass man eine Lüge sehr viel besser erkennen kann, wenn man jemandem eine direkte Frage stellt, anstatt eine unbestimmte oder indirekte Frage zu stellen. Wenn Sie also die Wahrheit erfahren wollen, dann fragen Sie geradeheraus danach. Vgl. Levine, T. R., A. Shaw und H. Shulman, »Increasing deception detection accuracy with strategic questioning«, in: *Human Communication Research* 36 (2010): S. 216–31.

30 Pelley, S., »Interrogator shares Saddam's confessions«, in: *60 Minutes* (New York: CBS News, 24. Januar 2008). Einen Bericht über George Piros Befragung durch das FBI findet man hier: http://www.fbi.gov/news/stories/2008/january/piro012808.

31 Sie können sich auf der folgenden Website ein Video ansehen, das Daniel Gilbert bei einer Beschreibung dieser Studie zeigt:

http://www.wjh.harvard.edu/~wegner/wegstock.html. Für einen Bericht über die Daten vgl. Burum, B., D. T. Gilbert und T. Wilson, unveröffentlichtes Manuskript, Department of Psychology, Harvard University, Cambridge, MA., 2013.

32 Hingegen erklärt es, warum Menschen durchaus sagen können, welchen Status sie in einer Gruppe genießen. Festzustellen, wie sehr uns jemand mag, ist schwieriger, als Hinweise darauf zu bekommen, wie prominent, angesehen und einflussreich wir in einer Gruppe sind. Noch wichtiger ist, dass wir sehr rasch von anderen Gruppenmitgliedern auf den Boden der Tatsachen zurückgeholt werden, wenn wir uns so verhalten, als hätten wir einen höheren Status, als uns tatsächlich zugestanden wird. Aus diesem Grund kennen die Menschen ihren Status in einer Gruppe besser als fast jeden anderen Aspekt ihres Ansehens bei anderen. Vgl. Anderson, C., et al., »Knowing your place: Self-perceptions of status in face-to-face groups«, in: *Journal of Personality and Social Psychology* 91 (2006): S. 1094–1110.

33 Johnson, S. D., und C. Bechler, »Examining the relationship between listening effectiveness and leadership emergence: Perceptions, behaviors, and recall«, in: *Small Group Research* 29 (1998): S. 452–71; Ames, D. R., L. Benjamin und J. Brockner, »Listening and interpersonal influence«, in: *Journal of Research in Personality* 46 (2012): S. 345–49.

34 Markman, H. J., S. M. Stanley und S. L. Blumberg, *Fighting for your marriage: Positive steps for preventing divorce and preserving a lasting love* (San Francisco: Jossey-Bass, 2001).

35 Ein Beispiel für eine solche Aktivität ist das gemeinsame Spinnen einer Geschichte: Jeder Teilnehmer erweitert eine Geschichte durch einen Satz, wobei er die vorhergehenden Sätze wiederholt, bevor er seinen eigenen hinzufügt. Es gibt viele weitere Übungen. Adele Diamond beschreibt einige Forschungsergebnisse zur Wirksamkeit dieser von dem Unternehmen Tools of the Mind entwickelten Aktivitäten. Vgl. Diamond, A., und K. Lee, »Interventions shown to aid executive function development in children 4 to 12 years old«, in: *Science* 333 (2011): S. 959–64.

36 Srivastava, S., et al., »The social costs of emotional suppression: A prospective study of the transition to college«, in: *Journal of Personality and Social Psychology* 96 (2009): S. 883–97.

37 Human, L. J., und J. C. Biesanz, »Target adjustment and self-other agreement: Utilizing trait observability to disentangle judgeability and self knowledge«, in: *Journal of Personality and Social Psychology* 101 (2011): S. 202–16.

38 Aron, A., et al., »The experimental generation of interpersonal closeness: A procedure and some preliminary findings«, in: *Personality and Social Psychology Bulletin* 23 (1997): S. 363–77.

39 Urbina, I., »Workers on doomed rig voiced concern about safety«, in: *New York Times*, 21. Juli 2010. Abgerufen unter: http://www.nytimes.com/2010/07/22/us/22transocean. html?pagewanted=all.

40 Kachalia, A., et al., »Liability claims and costs before and after implementation of a medical error disclosure program«, in: *Annals of Internal Medicine* 153 (2010): S. 213–21.

41 Chen, P. W., »When doctors admit their mistakes«, in: *New York Times*, 19. August 2010. Abgerufen unter: http://www. nytimes.com/2010/08/19/health/19chen.html?pagewanted=- all.

Nachwort

1 Ein Großteil dieser Informationen stammt aus Arthur Schlesingers Vorwort zu *Thirteen Days*, Kennedys autobiographischer Schilderung der Kubakrise. In vielen anderen Büchern wird die Krise detaillierter dargestellt.

2 Sämtliche Briefe, die Chruschtschow und Kennedy einander vor und nach der Kubakrise schrieben, findet man hier: http://www.state.gov/www/about_state/history/volume_vi/ exchanges.html. Der erste Brief, auf den ich mich beziehe, stammt vom 26. Oktober 1962.

3 Kislyakov, A., »Hotline: 40 years of building up trust«, in: *CDI Russia Weekly* 263: Artikel 12.

4 Zitiert in: Schlesingers Vorwort zu *Thirteen Days*.

5 Fish, S., »When Harry should avoid meeting Sally«, in: *New York Times*, 3. Oktober 2011. Abgerufen unter: http://opinionator.blogs.nytimes.com/2011/10/03/when-harry-should-avoid-meeting-sally/?_r=0.

Bildnachweis

Register

Kursiv gesetzte Seitenzahlen beziehen sich auf Fotos oder Illustrationen